# Incognito

David Eagleman'ın diğer kitapları

*Ve... Sonraki Hayattan Kırk Öykü*

*Why the Net Matters*

*Wednesday Is Indigo Blue*

# Incognito

**Beynin Gizli Hayatı**

David Eagleman

Çeviri: Zeynep Arık Tozar

domingo

domingo

INCOGNITO
DAVID EAGLEMAN

Özgün ismi: Incognito



Sertifika No: 12746
Domingo, Bkz Yayıncılık markasıdır.

Çeviri: Zeynep Arık Tozar
Editör: Şiirsel Taş
Kapak tasarımı: Ayşe Nur Ataysoy
Sayfa uyarlama: Bahadır Erşık

ISBN: 978 605 4729 07 4

I. Baskı: Nisan 2013
VII. Baskı: Ekim 2013
Pasifik Ofset Ltd. Şti.
Cihangir Mah. Güvercin Cad. No: 3/1
Baha İş Merkezi A Blok Kat: 2 Haramidere Avcılar 34310 İstanbul
Tel: (212) 412 17 77 Sertifika No: 12027



Bkz Yayıncılık Ticaret ve Sanayi Ltd. Şti.
Asmalımescit Mah. Ensiz Sok.
No: 2 D: 6 Tünel İstanbul
Tel: (212) 245 08 39
e-posta: domingo@domingo.com.tr

**www.domingo.com.tr**

İnsanoğlu, içinden belirdiği hiçliği ve onu yutmuş sonsuzluğu anlamakta aynı ölçüde beceriksizdir.

–Blaise Pascal, *Pensées* (Düşünceler)

# İçindekiler

# I

# Kafamın İçinde Biri Var Ama O Ben Değilim

Kendinize aynada şöyle iyice bir bakın. O çarpıcı güzel görüntünün altında, aslında ağlardan yapılı gizli bir düzenek evreni tıkır tıkır işlemektedir. Bu düzenek birbirine kenetli kemiklerden oluşmuş bir çatı, güçlü kaslardan oluşmuş bir ağ, özelleşmiş durumda epeyce bir sıvı ve sizi canlı tutmak için gözden uzak çalışıp duran bir iç organlar ortaklığı içerir. Deri adını verdiğimiz, kendi kendini iyileştirme özelliğine sahip yüksek teknolojili duysal tabaka ise bu düzeneği kusursuz biçimde kaplayarak göze hoş görünen güzel bir paket çıkarır ortaya.

Sonra bir de beyniniz vardır: yaklaşık 1,5 kg ağırlığında, evrende keşfedilegelmiş en karmaşık malzeme. Bu organ, kafa içindeki zırhlı haznede yer alan küçük geçitlerden istihbarat toplayarak bütün operasyonu yöneten bir görev kontrol merkezi konumundadır.

Beyniniz "nöron" ve "gliya" adı verilen yüz milyarlarca hücreden oluşmuştur. Bu hücrelerden her biri başlı başına bir kentin karmaşıklığına sahiptir. Çünkü tek bir hücre, bütün insan genomunu içermenin ötesinde çetrefilli bir ekonomik sistemin trafiğini düzenler. Her hücre, saniyede 100 defaya varabilen bir hızla diğer hücrelere elektrik sinyalleri gönderir. Beyninizde dolaşıp duran bu trilyonlarca sinyalin her birini tek bir ışık fotonuyla temsil edecek olsanız, elde edeceğiniz genel toplam karşısında gözleriniz kamaşırdı.

Hücreleri birbirine bağlayan ağ öylesine akıl almaz bir karmaşıklık içerir ki, ne insan dili yeter bunu açıklamaya, ne de mevcut matematik. Genel olarak tek bir nöron, komşu nöronlarla yaklaşık 10.000 bağlantı kurmuş durumdadır. Milyarlarca nöron bulunduğunu düşünecek olursak, beyin dokusunun tek bir santimetre küpünde, Samanyolu gökadasındaki yıldızların sayısı kadar bağlantı olduğunu söyleyebiliriz.

Kafatasınızın içindeki pembe jöle kıvamlı, ortalama 1400 gramlık organ, aslında alışık olmadığımız türden bir bilgisayımsal (kompütasyonel) malzemedir. Kendi kendini yapılandırabilen minyatür ölçekli parçalardan oluşan bu malzeme, inşa etmeyi düşlediğimiz ya da düşleyebileceğimiz her şeyi rahatlıkla geride bırakacak özelliktedir. Bu nedenle kendinizi tembel ya da kalın kafalı hissettiğiniz zamanlarda, aslında gezegendeki en çalışkan ve parlak nesne olduğunuzu düşünüp moralinizi yükseltebilirsiniz.

İnanılmaz bir hikâyedir bizimkisi. Bildiğimiz kadarıyla, gezegende kendi programlama dilini çözme oyununa bodoslama dalacak kadar karmaşık tek sistemi oluşturuyoruz. Farz edin ki bilgisayarınız kendi donanımını denetlemeye başladı, kasasını söktü ve kamerasını kendi devrelerine yönlendirdi. İşte biz buyuz.

Kafatasının içine bakarak keşfetmiş olduğumuz şey ise, türümüzün üstesinden geldiği en önemli entelektüel gelişmeler arasında yer alır. Bu büyük adım, davranışlarımızın, düşüncelerimizin, deneyimlerimizin, sayısız yönleriyle birlikte sinir sistemi adı verilen engin ve ıslak bir kimyasal-elektriksel ağ içine örülmüş olduğu gerçeğinin ayırdına varmış olmamızdır. Bize tümüyle yabancı olan bu düzenek, aslında kendimizden başkası değildir.

## MÜTHİŞ SİHİR

1949 yılında Arthur Alberts, New York'un Yonkers kentindeki evinden yola çıkıp Batı Afrika'nın Altın Kıyısı ve Timbuktu arasındaki köylerine seyahat etti: beraberinde karısı, fotoğraf makinesi, cipi ve –müzik tutkusuna bağlı olarak da– gücünü cipten alan bir ses kayıt cihazı... Batı dünyasının kulaklarını açmak niyetiyle kaydettiği müzik, Afrika'dan o güne kadar çıkmış en önemli müziklerin bir bölümünü oluşturuyordu.[1] Ancak kayıt cihazını kullanırken, toplumsal nitelikli bazı sıkıntılar da yaşadı. Batı Afrikalı yerlilerden biri, cihazdan kendi sesinin çıktığını duyunca Alberts'ı "dilini çalmak"la suçladı. Alberts, bulduğu bir aynayla adamı dilinin yerinde durduğuna ikna ederek, dayak yemekten kıl payı kurtulabildi.

Yerlilerin kayıt cihazını neden böylesine akla aykırı bulduğunu anlamak çok zor değil. Sesler gelip geçici ve tanımsız gibidir; tıpkı rüzgâra bırakılmış ve yeniden toplanması olanaksız bir çuval dolusu kuş tüyü gibi. Seslerin ağırlığı ve kokusu yoktur, onları elinizle tutamazsınız.

Bu nedenle, sesin *gerçekten de* fiziksel bir olgu olması şaşırtıcıdır. Havadaki moleküllerin oluşturduğu belli belirsiz basınçları ölçebilecek kadar duyarlı küçük bir cihaz geliştirirseniz, cihazın algıladıklarını kaydedip daha sonra da yoğunluk farklarını yeniden üretebilirsiniz. Bu cihazlara mikrofon adını veriyoruz; gezegendeki milyarlarca radyonun her biri ise bir zamanlar yeniden yakalanması olanaksız olduğu düşünülen tüy çuvallarını gururla sunuyor bizlere. Alberts müziği kayıt cihazından dinlettiğinde, Batı Afrikalı yerlilerden biri, tanık olduklarını "müthiş bir sihir" olarak betimlemişti.

Aynı şey düşünceler için de geçerlidir. Düşünce tam olarak nedir? Ağırlığı yok gibidir; gelip geçici ve tanımsız olduğu hissini verir. Bir düşüncenin şekli, kokusu olduğunu söyleyemediğiniz gibi, onu fiziksel olarak da zapt edemezsiniz. Düşünce de bir tür müthiş sihir gibidir.

Ama tıpkı sesler gibi düşünceler de fiziksel bir temele oturur. Beyinde gerçekleşen değişimlerin düşüncelerimizi de değiştirebilmesinden biliriz bunu. Derin uyku sırasında düşünce de yoktur. Beyin rüya uykusuna geçiş yaptığında davetsiz ve tuhaf düşünceler kendini gösterir. Gün içindeyse insanların alkol, uyuşturucu, sigara, kahve ya da bedensel egzersizler aracılığıyla beynin kimyasal karışımlarını hevesle değişime uğrattığı bildik, kabullenilmiş düşünceler baskındır. Sonuçta fiziksel malzemenin durumu, düşüncenin de durumunu belirleyen etkendir.

Bu fiziksel malzeme, normal düşünme sürecinin devamı için olmazsa olmaz konumundadır. Serçe parmağınız kazara zarar görecek olsa, biraz keyfiniz kaçar belki ama bilinç durumunuz her zamankinden farksızdır. Aksine, aynı boyutlardaki bir beyin dokusu parçasının hasara uğraması müziği anlama, hayvanları adlandırma, renkleri görme, riskleri değerlendirme, karar verme, vücut içinden gelen sinyalleri okuma, ayna kavramını anlama kapasitenizi etkiler ya da altta işleyen mekanizmanın gizemli ve örtülü işleyişini gözler önüne seren yüzlerce başka tuhaf kusur ortaya çıkarır. Umutlarımız, düşlerimiz, büyük hedeflerimiz, korkularımız, gülünç güdülerimiz, yüce fikirlerimiz, fetişlerimiz, mizah anlayışımız ve arzularımızın tümü bu tuhaf organın çıktılarıdır; beyin değiştiğinde biz de değişiriz. Bu nedenle düşüncelerin fiziksel temeli olmadığı, rüzgârda uçuşan tüylerden pek de farklı sayılamayacakları sezgisine kapılmak kolay olsa da, düşünceler aslında bu esrarengiz, bir buçuk kiloluk görev kontrol merkezinin bütünlüğüne doğrudan bağımlıdır.

Kendi devrelerimiz üzerine çalışırken öğrendiğimiz ilk şey, basit bir derstir: Yaptıklarımızın, düşündüklerimizin, hissettiklerimizin çoğu bilincimizin kontrolü dışındadır. Geniş nöron ormanlarından her biri kendi programını kendisi yürütür. Bilinçli durumdaki siz, yani sabah uyandığınızda sizinle birlikte uyanan *ben*, beyninizde olup bitenlerin dışarı sızan en küçük parçasıdır aslında. İçsel yaşamımızın varlığı için beynin işleyişine bağımlı olduğumuz halde, beyin kendi gösterisine kendisi karar verir; yürüttüğü etkinliklerin çoğu da bilinçli zihnin güvenlik yetki alanı dışında çalışmaktadır. Sözünü ettiğimiz *ben*'in bu bölgeye giriş hakkı yoktur bile.

Bilinciniz, koca bir transatlantik buhar gemisinde yolculuk yapan ama kıyıda köşede kalmış bir kaçak yolcudan farksızdır; yolculuktan nasiplenmiştir ama derinlerde işlemekte olan o heybetli mühendislik gözüne görünmez bile. Bu kitap, işte bu şaşılası olguyla ilgilidir: Bu işleyişi nasıl bilebildiğimiz, taşıdığı anlam ve aklınıza gelebilecek her şey –insanlar, pazarlar, gizler, striptizciler, emeklilik hesapları, suçlular, sanatçılar, Odysseia, sarhoşlar, inme vakaları, kumarbazlar, sporcular, tazılar, ırkçılar, aşıklar ve kendinize ait olduğunu öne sürebileceğiniz bütün kararlarınız– üzerine getirdiği açıklamaları içerir.

* * *

Yakın geçmişte yapılan bir deneyde katılımcı erkeklerden, kendilerine gösterilen farklı kadın yüzü fotoğraflarını çekicilik bakımından değerlendirmeleri istenmişti. 20 cm x 25 cm boyutlarındaki fotoğraflarda kadınların yüzleri ya kameraya doğrudan dönüktü ya da kameradan dörtte üçlük bir dönüş yapmış durumdaydı.

Erkeklerin farkında olmadığı gerçek ise, fotoğrafların yarısında gözbebeklerinin büyümüş, diğer yarısında büyümemiş olduğuydu. Katılımcılar tutarlı biçimde gözbebeği büyümüş kadınları yeğlemişlerdi; ama şaşırtıcıdır ki, kendi kararlarıyla ilgili herhangi bir içgörüye sahip değillerdi. "Bu fotoğraftaki kadının gözbebeklerinin diğer fotoğraftakinden 2 milimetre daha büyük olduğunu fark ettim" diyen çıkmamıştı içlerinde. Üzerine parmak basamadıkları bir nedenden dolayı, bazı kadınlar onlara diğerlerinden daha çekici gelmişti yalnızca.

Öyleyse seçme işini kim yürütmüştü? Beynin büyük çoğunluğu erişilmez olan işleyişi içinde *bir şeyler*, bir kadındaki büyümüş gözbebeklerinin cinsel heyecan ve hazırlık durumuna işaret ettiğini biliyordu. Çalışmaya katılan erkekler ise beyinlerinin bildiği şeyi bilmiyordu – en azından açık biçimde. Bilmedikleri bir diğer şeyse, güzellik ve çekicilik algılarının aslında içlerinde derinlere bir yerlere kazınmış olduğu, milyonlarca yıllık doğal seçilimin incelikle ördüğü programlarla doğru tarafa yönlendirilebildiği olsa gerek. Denekler kendilerine en çekici gelen kadını seçerken, kararın *gerçekte* kendilerine değil, yüz binlerce nesil boyunca beyinlerinin derinlerine kazınan başarılı programlara ait olduğunun farkında bile değillerdi.

Beynin işi, özünde bilgi toplayıp davranışları uygun biçimde yönlendirmektir. Karar verme sürecinde bilincin devreye girip girmemesi durumu değiştirmez; çoğunlukla da girmez zaten. İster büyümüş gözbebeklerinden söz ediyor olalım, ister kıskançlıktan, cinsler arasındaki çekimden, yağlı yiyeceklere düşkün olmaktan ya da geçen haftaki müthiş fikrinizden, beynin işleyişi içindeki en küçük rol, bilince ait olanıdır. Beyinlerimiz çoğunlukla otomatik pilot üzerinden çalışır; bilinçli zihnin, altında işleyip duran dev ve esrarengiz fabrikaya erişimi ise son derece kısıtlıdır.

Bunun kanıtlarından biri, kırmızı bir Toyota'nın garajdan geri geri çıkıp bulunduğunuz yola doğru ilerlemekte olduğunu fark ettiğiniz anda, ayağınızın frene doğru çoktan hamle yapmış olmasıdır. Odanın diğer köşesinde dinlemediğinizi sandığınız bir konuşma sırasında isminizin telaffuz edildiğini duymanız, nedenini bilmeden birini çekici bulmanız, sinir sisteminizin vereceğiniz karar konusunda size bir "önsezi" sunması da yine hep aynı olguya verilebilecek örneklerdir.

Beynin karmaşık bir sistem olması, yine de onun kavranamaz olduğu anlamına gelmez. Nöral devrelerimiz, türümüzün evrimsel tarihi içinde atalarımızın karşılaştığı sorunları çözmek üzere doğal seçilim tarafından biçimlendirilmiştir. Dalağınız ve gözleriniz nasıl evrimsel baskıların etkisiyle biçimlenmişse, beyniniz için de geçerlidir aynı şey. Ve bilinciniz için de. Bilinç, avantaj sağladığı için gelişmiştir *ama sağladığı avantaj sınırlıdır.*

Herhangi bir zaman diliminde bir ülkede gerçekleşen faaliyetleri düşünün. Fabrikalar işliyor, telekomünikasyon hatları vızır vızır çalışıyor, şirketler ürünlerini sağa sola gönderiyor, insanlar sürekli yiyor, kanalizasyon hatları atıkları yönlendiriyor, ülkenin her yerinde polisler suçluları kovalıyor, pazarlıklar el sıkışmalarıyla son buluyor, sevgililer buluşuyor, sekreterler telefonlara bakıyor, öğretmenler ders veriyor, sporcular yarışıyor, doktorlar ameliyat yapıyor, otobüs şoförleri yol alıyor. Herhangi bir anda bu koca ülkede neler olup bittiğini bilmek isteseniz de, bunca bilgiyi bir anda alıp sindirmeniz olanaksız. Bunu başarsanız bile işinize yaramayacak. Bir özete ihtiyacınız var. Elinize bir gazete alıyorsunuz. *New York Times* gibi yoğun değil de, *USA Today* gibi daha hafif türden bir gazete. Olan bitenle ilgili ayrıntıların gazetede yer almaması sizi şaşırtmıyor; ne de olsa özet istemiştiniz. Ailenizi etkileyecek yeni bir vergi yasasının Kongre'den geçmiş olduğu bilgisi sizin için önemli ama fikrin kökeninin, avukatlar, şirketler, muhalifler vs. ile kaynayan ayrıntıları, sonuç ve öz açısından hiç de önemli değil. Ülkenin gıda kaynaklarıyla ilgili ayrıntılar da (sözgelimi ineklerin nasıl beslendiği ya da kaçının et olarak tüketildiği) kesinlikle bilmek isteyeceğiniz şeylerden değil; sizin bilmek istediğiniz, ülkenizde deli dana hastalığının artış gösterip göstermediği. Çöplerin nasıl üretildiği ya da toplandığı değil, arka bahçenize atılıp atılmayacağı ilgilendiriyor sizi. Yine fabrikaların şebekesi ve altyapısını değil, işçilerin greve gidip gitmeyeceğini bilmek istiyorsunuz. Gazete, size işte bunu sağlıyor.

Bilinçli zihniniz aslında bu gazetenin ta kendisi. Beyniniz de çeşitli faaliyetlerle gece gündüz vızır vızır işler ve tıpkı ülke benzetmesinde olduğu gibi, neredeyse her şey bölgesel olarak gerçekleşir: Küçük gruplar sürekli olarak kararlar alır ve diğer gruplara mesajlar gönderir. Bu küçük etkileşimlerden daha büyük koalisyonlar ortaya çıkar. Zihinsel bir "manşet" okuduğunuzda, önemli olan eylem çoktan gerçekleşmiş, pazarlık tamamlanmıştır bile. Sahne arkasında olanlara erişiminiz ise şaşırtıcı ölçüde kısıtlıdır. "Siyasi" hareketler tam destek almış ve siz herhangi bir duyum alana, sezgilerinizle varlığını hissedene ya da anlık bir düşünce oluşturana kadar, çoktan durdurulamaz hale gelmiştir. Son duyan sizsinizdir hep.

Gerçi siz de az buz tuhaf bir gazete okuru sayılmazsınız. Başlığı okur ve sanki sizden çıkmış gibi söz konusu düşünceden kendinize pay çıkarırsınız. Neşeyle "Aklıma bir şey geldi!" diye böbürlendiğinizde beyniniz aslında muazzam bir iş çıkarmış ve bu deha anınıza hazırlamıştır oysa sizi. Sahne arkasından çıkarıp da ortaya sunduğunuz bir bilgi, nöral devrelerinizin bu bilgi üzerine saatler, günler, belki de yıllar öncesinden başladığı çalışmanın, onu pekiştirip sürekli olarak denediği yeni kombinasyonların ürünüdür. Ancak siz, sahne arkasında gizlenmiş bu muazzam düzeneğin üzerinde bile durmadan, sonucu rahatlıkla kendinize yontarsınız.

Ama bunun için sizi kim suçlayabilir ki? Beyin işlerini gizlilik içinde halleder ve fikirleri müthiş birer sihir ürünüymüş gibi sunar size. Bu devasa operasyon sisteminin bilinç ve biliş tarafından eşilip deşilmesine izin vermez. Beyin gösterisini kılık değiştirerek –"incognito"– icra eder.

Öyleyse büyük bir fikir için alkışı hak eden tam olarak kimdir? 1862'de İskoçyalı matematikçi James Clerk Maxwell elektrik ve manyetizmayı birleştiren bir grup temel denklem geliştirdi. Ölüm döşeğindeki tuhaf sayılabilecek itirafı ise, bu meşhur denklemleri keşfedenin kendisi değil, "içindeki bir şey" olduğu yolundaydı; basitçe "gelivermişlerdi" kendisine. William Blake de benzeri bir deneyim aktarmış ve uzun öyküsel şiiri *Milton* için şöyle bir ifade kullanmıştı: "Bu şiiri anlık dikte yoluyla, herhangi bir ön düşünme süreci yaşamadan, hatta neredeyse iradem dışında, bir seferde bazen on iki, bazen yirmi mısra yazarak ortaya çıkardım. Johann Wolfgang von Goethe ise kısa romanı *Genç Werther'in Acıları*'nı pratikte herhangi bir bilinçli girdi olmaksızın, sanki kendiliğinden hareket eden bir kalemi tutarcasına yazdığını iddia etmişti.

İngiliz şair Samuel Taylor Coleridge'i de atlamayalım bu arada. Diş ağrıları ve yüzündeki nevralji için 1796'da kullanmaya başladığı afyona kısa süre sonra geri dönüşsüz bir bağımlılık geliștiren şair, haftada iki litreye varan miktarda afyon ruhu çeker hale gelmişti. Egzotik ve düşsel imgeleriyle "Kubla Khan" ("Kubilay Han") şiiri, kendisinin "bir tür düş" olarak betimlediği bir afyon sarhoşluğu içindeyken yazılmıştı. Afyon, onun için bilinçaltının nöral devrelerini uyaracak bir araç haline gelmişti. *Kubilay Han*'ın güzellik dolu dizelerinden ötürü Coleridge'i takdir etmemizin nedeni, bu dizelerin başkasının değil de *onun* beyninden çıkmış olması değil midir? Ancak şair o sözcükleri ayıkken yakalayamadığına göre, şiir için övgüyü hak eden tam olarak kimdir aslında?

Carl Jung'un ifadesiyle, "her birimizin içinde, tanımadığımız biri daha vardır." Pink Floyd'un ifadesiyle de "kafamın içinde biri var, ama o ben değilim."

* * *

Zihinsel yaşamınız içinde olup bitenlerin neredeyse tümü, bilincinizin kontrolü dışında gerçekleşir ve işin doğrusu, böylesi de çok daha isabetlidir. Bilinciniz kendisine istediği kadar pay çıkarsın, beyninizde tıkırdayıp giden karar verme süreçlerinin çoğunda ikinci planda kalması sizin hayrınızadır sonuçta. Ayrıntılara karışmaya kalktığında olan biteni kavrayamadığından işlemlerin verimi düşer. Parmaklarınızın piyano klavyesi üzerinde nereye zıpladığına kafa yormaya başladığınızda, parçayı çalamaz hale gelirsiniz.

Bilincin müdahalesinin etkilerini küçük bir numarayla sergilemek isterseniz, arkadaşlarınızdan birine iki keçeli kalem verip (her eline bir tane) adını sağ eliyle yazdığı sırada sol eliyle de tersten (ayna yazısıyla) yazmasını isteyin. Bunu yapmanın tek yolu olduğunu hızla fark edecektir: yaptığı işin üzerinde *düşünmemek*. Bilincin müdahalesini dışladığı sürece, elleriyle karmaşık ayna hareketlerini gerçekleştirebilecektir ama hareketleri düşünecek olursa iş bağlantısız kalem darbelerinden ibaret bir arapsaçına dönüşecektir.

Özetle bilincin devreye sokulmaması çoğu durumda en iyisidir. İşin içine girdiğinde ise, olan bitenden son haberdar olan da genellikle yine bilincin kendisidir. Beyzbolu örnek alalım. 20 Ağustos 1974'te Detroit Tigers ile California Angels arasında oynanan maçta Nolan Ryan'ın yaptığı atışın hızı *Guinness Rekorlar Kitabı*'na saniyede 44,7 metre (saatte 161 kilometre) olarak geçmişti. Rakamları biraz kurcalarsak Ryan'ın atışıyla topun tepeden yola çıkıp 18,4 metre mesafedeki başlangıç plakasının üzerinden geçmesi saniyenin onda dördü içinde gerçekleşmiş olmalı. Toptan yayılan ışık sinyallerinin vurucunun gözüne çarpması, retinanın devrelerinde işlenip başın arka kısmındaki görme sisteminin çetrefilli anayollarına dizili hücreler silsilesini uyarması, geniş alanlardan geçip beynin motor bölgelerine ulaşması ve sopayı savurmada kullanılan kasların kasılmalarını sağlaması için anca yetecek bir süredir bu. Bütün bu işlemler dizgesinin saniyenin onda dördünden kısa bir sürede gerçekleşebiliyor olması ise hayret vericidir ama işin asıl şaşırtıcı yönü, bilinçli farkındalığın bundan uzun sürmesidir: 2. Bölüm'de de göreceğimiz üzere, saniyenin yarısı kadar. Sonuçta top, vurucuların bilinçli olarak farkına varamayacakları kadar hızlı hareket etmektedir. Çapraşık ve incelikli motor eylemleri gerçekleştirmek için mutlaka ayrıntıların bilincinde olmaya gerek yoktur. Üzerinize düşmekte olduğunun farkında bile olmadığınız bir ağaç dalının altından kaçmanız ya da telefonun çaldığını ilk fark ettiğiniz anda kendinizi zaten yerinizden sıçramış halde bulmanız bunu anlamanıza yeter.

Bilinçli zihin, beyin etkinliklerinin merkezinde değildir; aksine kıyıda köşede, etkinliğin ancak fısıltılarını duyabileceği kadar uzak bir konuma yerleşmiş durumdadır.

## TAHTTAN İNDİRİLMENİN GETİRİSİ

Beyinle ilgili olarak belirmekte olan anlayış, kendimize bakışımızı da ciddi biçimde değiştirmekte, bizi bütün işlemlerin merkezinde olduğumuz yolundaki sezilerimizden alıp daha ileri, daha aydınlatıcı ve daha şaşılası bir bakış açısına taşımaktadır. Bu türden bir ilerleme, daha önce de görmüş olduğumuz bir şeydir üstelik.

1610 Ocak ayının ilk günlerindeki yıldızlı bir gecede, Galileo Galilei adlı Toskanalı bir gökbilimci, gözü tasarladığı bir tüpün ucuna dayalı, geç saatlere kadar ayakta kalmıştı. Bu tüp, nesneleri yirmi kat büyütebilen bir teleskoptu. O gece Jüpiter'i gözlemlemekte olan Galileo gezegenin yakınlarında, ondan çıkan bir hat boyunca dizilmiş gibi görünen sabit yıldızlar olduğunu düşündüğü üç cisim fark etti. İlgisini çeken bu oluşumu ertesi gece yeniden incelerken, üç cismin de beklentilerinin tersine Jüpiter'le birlikte hareket etmekte olduğunu izledi. Hesaplara uymuyordu bu durum; çünkü yıldızlar gezegenlerle birlikte hareket etmezler. Galileo bunun üzerine aynı oluşuma geceler boyunca dikkat kesildi. Ocak ayının 15'inde durumu çözmüştü: Bunlar sabit yıldızlar değil, Jüpiter'in çevresinde dolanan gezegensi cisimlerdi. Jüpiter'in ayları vardı.

Bu gözlemle göksel küreler kuramı da paramparça oldu. Ptolemaios'un kuramına göre, her şeyin çevresinde dolandığı tek bir merkez vardı: Dünya. Kopernik ise Dünya'nın Güneş, Ay'ın da Dünya çevresinde dolandığı bir başka seçenek önermiş, ancak bu fikir, iki hareket merkezi gerektirdiğinden geleneksel kozmologlarca saçma bulunmuştu. Ama işte burada, bu sessiz Ocak gecesinde Jüpiter'in ayları çoklu merkezlere kanıt sunmaktaydı: Koca kırmızı gezegenin *çevresinde* dönüp duran bu dev kayalar, aynı zamanda göksel kürelerin yüzeyinin de birer parçası olamazdı. Dünya'nın eşmerkezli yörüngelerin merkezinde oturduğunu ileri süren Ptolemaios modeli böylece yıkılmış oluyordu. Galileo'nun keşfini anlattığı *Sidereus Nuncius* adlı kitabı, 1610 Martında Venedik'te baskıdan çıkarak adını dünyaya duyurdu.

Başka yıldız gözlemcilerinin de Jüpiter'in aylarını izlemelerine elverecek kalitedeki aygıtların yapılabilmesi için altı ay geçmesi gerekecekti. Bundan sonra teleskop üretim pazarı hızla büyük hareketlilik kazandı. Gökbilimciler ise kısa süre sonra evrendeki yerimizi belirleyecek ayrıntılı haritalar çıkarmak üzere gezegenin dört bir yanına yayılmışlardı bile. İzleyen dört yüzyıl, bizi merkezden giderek daha uzağa atarak, sonunda 500 milyon gökada grubu, 10 milyar büyük gökada, 100 milyar cüce gökada ve 2000 milyar kere milyar güneş içeren görünür evrende küçük bir nokta olarak yerimizi sağlam biçimde belirledi. (Üstelik 15 milyar ışık yılı genişliğindeki görünür evrenin kendisi de, henüz göremediğimiz çok daha büyük bir çokluğun içinde küçük bir noktadan ibaret olabilir.) Bu muazzam sayıların, varlığımız hakkında daha önceleri ileri sürülenlerden ciddi biçimde farklı bir öyküye işaret ettiği gerçeği ise bizim için şaşırtıcı olmasa gerek.

Dünya'nın evrenin merkezinden düşüşü birçokları için derin bir huzursuzluk yaratmıştı. Dünya, artık yaratılışın kusursuz simgesi sayılamayacaktı; gezegenler arasında bir başka gezegendi yalnızca. Yetkiye yapılan bu meydan okuma, insanoğlunun evrenle ilgili felsefi algısında da bir değişimi gerekli kılacaktı. İki yüz yıl kadar sonra Johann Wolfgang von Goethe (1749-1832) Galileo'nun keşfinin büyüklüğünü şu sözlerle anıyordu:

> Bütün keşifler ve fikirler içinde, insan ruhunu bu denli etkileyen bir başkası daha olmasa gerek... Dünya'nın yuvarlak ve kendi içinde bir bütün olduğu daha yeni anlaşılmışken, ondan bir de evrenin merkezi olmak gibi muazzam bir ayrıcalıktan feragat etmesi beklenmişti. İnsanoğlu kendisini bundan daha büyük bir taleple karşı karşıya bulmamıştır belki de; zira bu itirafla öyle çok şeyi bir anda is ve pus içinde kaybetmiş oluyordu ki! Ne olacaktı şimdi Cennet'imize, masumiyet dünyamıza, dindarlığımıza ve şiirimize, duyularımızın tanıklığına, şiirsel-dinsel inanç konusundaki yargılarımıza? Çağdaşlarının bütün bunları kaybetmek konusundaki isteksizliklerine; bütün dönüşümleriyle birlikte fikir özgürlüğünü ve büyük düşünmeyi talep edip yetkili kılan, henüz bilinmemesi bir yana, o ana kadar düşlenmesi dahi olanaksız bir doktrine karşı mümkün olan her biçimde direnmelerine şaşmamak gerek.

Galileo karşıtları, onun bu yeni kuramını insanın tahttan indirilişi betimlemesiyle kötülemekteydiler. Göksel kürelerin yerle bir edilmesinin ardından, Galileo da yerle bir edildi. 1633'te Kilise Engizisyonu'nun karşısına çıkarıldı, zindana atılarak cesareti kırıldı ve keder dolu imzasını, çalışmasını inkâr eden Dünya-merkezli metnin üzerine atmaya zorlandı.[2]

Galileo aslında şanslı da sayabilirdi kendisini. Birkaç yıl önce Giordano Bruno adlı bir başka İtalyan da Dünya'nın merkezde olmadığı fikrini ileri sürmüş ve 1600 yılının Şubatında Kilise'ye karşı taşıdığı aykırı düşünceler gerekçe gösterilerek halk meydanına sürüklenmişti. Belagatiyle tanınan Bruno'nun kalabalığı galeyana getirmesinden korkan yetkililer, konuşmasını önlemek amacıyla yüzüne bir demir maske geçirmişlerdi. Kazığa bağlı halde diri diri yakılırken maskenin ardındaki gözleri, her şeyin merkezinde bulunmak sevdasıyla evlerinden çıkıp meydanda toplanmak üzere gelen kalabalığa bakıyordu.

Bruno neden apar topar yok edilmişti? Galileo'nun dehasına sahip bir adam, nasıl oluyordu da kendini zindanda prangalanmış yatar halde buluyordu? Geçerli dünya görüşünde gerçekleşen kökten ve ani sıçramaların herkesçe takdir edilmediği ortada.

Oysa tüm bunların varacağı noktayı bir bilebilselerdi! İnsanoğlunun kesinlik ve benmerkezcilikten verdiği ödünün yerini artık evrende işgal ettiğimiz yere ilişkin hayret ve merak duygusu almıştır. Başka gezegenlerde yaşam bulunması olasılığı son derece düşük olsa bile (diyelim ki milyarda birden az), birkaç milyar gezegende yaşamın çim adam misali filizlendiğini düşünebiliriz. Ve yaşam barındıran gezegenlerde anlamlı diyebileceğimiz düzeyde (sözgelimi uzay bakterilerininkinden fazla) zekâ bulunması olasılığı da yalnızca milyonda bir bile olsa, elimizde nereden bakarsak bakalım, hayal gücümüzü aşan tuhaf uygarlıklarla kaynayan birkaç milyon küre var demektir. Bu uzak gezegenlerle yakın gelecekte iletişim kurup kuramayacağımız apayrı bir konudur elbette; burada asıl mesele, merkezden düşüşümüzün, zihinlerimizi çok daha büyük bir şeye açmış olmasıdır.

Eğer uzay bilimini büyüleyici buluyorsanız, beyin biliminde olup bitenler için kemerlerinizi bağlayın: Algılarımızda kendimizi kendi merkezimize oturttuğumuz o konumdan edildik ve şimdi bizim için çok daha görkemli bir evren yavaş yavaş belirmeye başlıyor. Bu kitapta, yabancı yaşam biçimlerini incelemek üzere bu iç evrene yelken açacağız.

## İÇ UZAYIN ENGİNLİĞİNE ATTIĞIMIZ İLK BAKIŞLAR

Aziz Thomas Aquinas (1225-1274) insan edimlerinin, neyin "iyi" olduğu üzerinde kafa yormanın birer sonucu olduğuna inanıyordu. Ancak akılcı düşünceyle pek de ilgisi olmayan onca davranışın varlığı da dikkatinden kaçmamıştı; hıçkırmak, ayakla bilinçsizce ritim tutmak, bir espriye aniden gülmek gibi. Kuramsal çerçevesinin zayıf noktasını oluşturan bu durumdan kurtulmak için bu tür edimlerin tümünü temel insan davranışlarının dışında kalan farklı bir kategoriye havale etti; "zira bunlar akıl yürütme ve mantıktan köken almıyor"du[3]. Bu ek kategoriyi tanımlarken, aslında "bilinçdışı" fikrinin de ilk tohumlarını atmış oluyordu.

Dört yüz yıl boyunca kimse sulamadı bu tohumu; ta ki matematikçi-filozof Gottfried Wilhelm Leibniz (1646-1716), zihnin erişilebilir ve erişilemez kısımların bir karışımı olduğunu öne sürene dek. Leibniz henüz gençken bir sabah oturup üç yüz heksametrelik Latince bir şiir yazmış, daha sonra kalkülüsü, ikili sayı sistemini bulmuş, birkaç yeni felsefe ekolü geliştirmiş, siyasi kuramlar ve jeolojik varsayımlar ileri sürmüş, bilgi teknolojilerinin temelini atmış, bir kinetik enerji denklemi geliştirmiş, yazılım ve donanımda ayrıştırma fikrinin ilk tohumlarını atmıştı.[4] Kendisinden fışkıran bunca fikirden yola çıkan Leibniz de tıpkı Maxwell, Blake ve Goethe gibi, içinde belki de daha derin, erişilmez mağaralar olduğundan kuşkulanmaya başlamıştı.

Leibniz, farkına varmadığımız bazı algılar olduğunu öne sürerek bunları "küçük algılar" ("petites percetions") olarak tanımladı. Hayvanlarda bilinçdışı algılar söz konusu olabiliyorsa insanlarda neden olmasındı? Bu mantık biraz tartışmalıydı belki ama en azından bilinçdışı gibi bir kavram varsayım dışı bırakıldığında, tablonun temel bir unsurunun eksik kalacağını ileri sürmüş oluyordu Leibniz. "Hissedilemez cisimcikler doğal bilimler için ne kadar önemliyse, hissedilemez algılar da [insan zihniyle ilgili bilimler için] o kadar önemlidir" sonucuna varmıştı.[5] Leibniz daha da ileri giderek bilincinde olmadığımız ama yine de davranışlarımızı yönlendiren çaba ve eğilimler (bir başka ifadeyle arzu ve istekler – "appetition") olduğunu da ileri sürmüştü. Bu aynı zamanda, bilinçdışı dürtülerle ilgili o güne kadarki ilk önemli beyandı ve Leibniz de fikrinin, insan davranışlarını açıklamada kritik önem taşıyacağı düşüncesindeydi.

Leibniz, tüm bu fikirleri *İnsan Anlağı Üzerine Yeni Denemeler* (*New Essays on Human Understanding*) kitabına hevesle aktardıysa da eserin yayınlanması ölümünden neredeyse yarım yüzyıl sonrasını, 1765 yılını beklemek zorunda kaldı. Denemeler, Aydınlanma'nın "kendini bilme" anlayışıyla ters düştüğü için kıyıda köşede kalıp unutuldu; neredeyse bir yüzyıl sonrasına kadar. Tohum, yine uykuya bırakılmıştı.

Bu arada gerçekleşen başka olaylar da psikolojinin deneysel ve somut bir bilim olarak yükselişine zemin hazırlamaktaydı. İskoçyalı anatomist ve dinbilimci Charles Bell (1774-1842) bütün sinirlerin –omurilikten köken alıp bütün vücuda yayılan ince uzantıların– aynı olmadığını ve iki türe ayrılabileceğini keşfetti: motor sinirler ve duyu sinirleri. Birinci grup beynin komuta merkezinden aldığı bilgiyi taşıyor, ikincisi de bilgiyi beyne geri iletiyordu. Bu, beynin gizemli yapısı içinde yer alan bir örüntüyle ilgili ilk temel keşifti. Bunun bir sonucu olarak, Bell'i izleyen başka öncülerin de çabalarıyla beyin, gölgelere bürünmüş, yeknesak bir yapı olarak değil, ayrıntılı biçimde örgütlenmiş bir organ olarak kimliğine kavuştu.

Bilinegelen şekliyle bir buçuk kilo civarındaki bu şaşırtıcı doku kütlesinde böylesine bir "mantığın" varlığını belirlemek, oldukça cesaretlendirici bir adımdı. 1824'te Alman düşünür ve psikolog Johann Friedrich Herbart, *fikirlerin* yapılandırılmış, matematiksel bir çerçeve kapsamında ele alınabileceği önerisini getirdi: Herhangi bir fikir, kendisini zayıflatacak ve farkındalık eşiğinin altına düşürecek bir karşı fikirden direnç görebilir, buna karşılık benzerlik taşıyan fikirler de birbirini destekleyip farkındalık eşiğine doğru yükseltebilirdi.[6] Yeni bir fikir, kendisi tırmandıkça benzerlerini de peşinden sürükleyecekti. Herbart bunları "tamalgısal (apperceptive) kütle" olarak isimlendirdi. Bu ifade, bir fikrin, yalıtık durumda değil, ancak bilinç düzeyine daha önce ulaşmış başka fikirler kompleksiyle bütünleşerek bilinçli hale gelebileceğini ima etmekteydi. Herbart, böylece bilinçli ve bilinçdışı düşünceler arasında bir *sınır* olduğu yolunda önemli bir kavramı da ileri sürmüş oluyordu; bazı fikirlerin ve düşüncelerin farkında olduğumuz, bazılarınınsa olmadığımız gerçeğini.

Bu gelişmelerin sunduğu yeni ortamda, Alman fizikçi Ernst Heinrich Weber (1795-1878) de fiziğin daha katı ve keskin kurallarını zihinle ilgili çalışmaların hizmetine sunma fikrinin cazibesine kapılmıştı. Geliştirdiği yeni alan, "psikofizik", insanların neler duyumsayabildiklerini, hangi hızla tepki verebildiklerini ve tam olarak neler algılayabildiklerini nicelendirmeyi hedeflemekteydi.[7] Algıların böylece ilk kez bilimsel kurallar eşliğinde ölçülebilir hale gelmesiyle yeni sürprizler de belirmekte gecikmeyecekti elbette. Sözgelimi, duyuların dış dünyayı doğru biçimde temsil ettiği daha önceleri sorgusuz sualsiz kabul edilirken, Peter Müller

(1801-1858) adlı Alman fizyolog, 1833'te şaşırtıcı bir durumun farkına varmıştı bile. Göze ışık tuttuğu, basınç uyguladığı ya da göz sinirlerini elektrikle uyardığında, her üç durum da benzer görsel duyumlar oluşturuyordu; ortaya çıkan şey basınç ya da elektrikten çok, ışıkla ilgili bir duyumdu. Müller bu sonuç karşısında aslında doğrudan dış dünyanın değil, yalnızca sinir sisteminde yayılan sinyallerin farkında olduğumuz varsayımında bulundu.[8] Buna göre, sinir sisteminiz size "oralarda" bir şeyler olduğunu (ışık gibi) söylediğinde, sinyallerin sisteme nasıl ulaştığından bağımsız olarak söylenene inanıyordunuz.

Sahne, şimdi de fiziksel beynin algıyla ilişkisi olduğunu düşünmeye elverişli hale gelmişti. Weber ve Müller öldükten yıllar sonra 1886'da, Amerikalı James McKeen Cattell "Serebral [beyinle ilgili] operasyonların aldığı süre" başlıklı bir makale yayımladı.[9] Makalenin püf noktası yanıltıcı denebilecek ölçüde basitti: Bir soruya yanıt verme hızınız, düşünme biçiminize bağlıdır. Ani bir parıltı ya da ışık patlaması gördüğünüz yolunda basit bir yanıt vermeniz gerekiyorsa, bunu oldukça hızlı yapabilirsiniz (parıltı için 190, patlama için 160 milisaniye). Ama bir karar vermek durumundaysanız ("parıltı kırmızı mıydı, yoksa yeşil mi?") bu sürelerin üzerine onlarca milisaniye eklemeniz gerekir. Gördüğünüz şeyi isimlendirmeniz de istenirse ("Mavi bir parıltı gördüm.") süre daha da uzar.

Cattell'ın bu basit ölçümleri gezegen üzerinde yaşayan hemen hiç kimsenin ilgisini çekmediyse bile, bunlar yine de bir paradigma değişiminin habercisiydi. Endüstri çağının başlamasıyla, entelektüel kesim de *makineler* üzerinde düşünür olmuştu. Bilgisayar metaforu günümüzde nasıl kullanılıyorsa makine metaforu da o zamanların popüler düşüncesine aynı biçimde işlemişti. Bu noktaya, yani 19. yüzyılın sonlarına gelindiğinde, biyolojideki ilerlemelerle artık davranışın birçok yönü, sinir sisteminin makine benzeri operasyonlarına atfedilir olmuştu. Biyologlar, sinyallerin gözlerde işlenmesi, onları talamusa bağlayan aksonlar boyunca yol alması, kortekse giden sinir yolundan geçip sonunda bütün beyin çapında etkinlik gösteren işleme örüntüsünün parçası haline gelebilmesi için belirli bir süreye gereksinim olduğunu artık biliyorlardı.

Ama *düşünmek,* büyük ölçüde hâlâ bunların dışında bir eylem olarak ele alınmaktaydı; somut süreçlerin bir ürünü olarak ortaya çıkmadığı düşünülüyor ve daha çok zihinsel (sıklıkla da ruhsal) olarak betimlenen özel bir sınıfa dahil ediliyordu. Cattell'ın yaklaşımı ise düşünme problemiyle doğrudan yüzleşmekteydi. Uyaranları aynı bırakıp görevi değiştirerek (*şimdi şöyle şöyle bir karar ver*) kararın verilmesi için gereken ek sürenin uzunluğunu, bir başka deyişle *"düşünme zamanını"* ölçebiliyordu. Cattell bu yaklaşımın, beyin ve zihin arasında bağ kurmanın dolaysız ve basit bir yolu olarak kullanılabileceğini ileri sürdü. Bu basit deneyin "fiziksel ve zihinsel olgular arasındaki tam paralelliğin belki de bugüne kadarki en güçlü kanıtı" olduğunu, "kararlarımızın aynı zamanda hem beyindeki hem de bilinçteki değişim hızını belirlediği" konusunda artık neredeyse hiç kuşku kalmadığını yazıyordu.[10]

Düşünmenin zaman aldığı bulgusu, 19. yüzyılda hâkim olan genel bakış açısıyla uyum içindeki "düşünmek, tinsel bir eylemdir" paradigmasının temelini derinden sarsıyordu. Çünkü buna göre tıpkı davranışın diğer boyutları gibi düşünmek de müthiş bir sihir değil, mekanik temele dayanan bir olguydu.

Düşünmek, sinir sisteminin işlem yürütme etkinliğiyle denk tutulabilir miydi? Zihin, bir makine gibi işliyor olabilir miydi? Kimse, yeni doğmakta olan bu görüşe itibar etmiyor, çoğu kişi zihinsel operasyonların kendi buyruklarının hemen ardından beliriverdiği sezgisinde ısrar ediyordu. Ama bir kişi için, bu basit fikir her şeyi değiştirmişti.

## BEN, KENDİM VE BUZDAĞI

Charles Darwin'in devrimsel nitelikteki eseri *Türlerin Kökeni* yayımlandığı sıralarda dört yaşında Moravyalı bir çocuk ailesiyle Viyana'ya taşınıyordu. Sigmund Freud adlı bu çocuk, insanın herhangi bir başka yaşam biçiminden farklı sayılmadığı, dolayısıyla da bilim spotlarının insan davranışlarının karmaşık dokusuna rahatlıkla yönlendirilebileceği yepyeni bir Darwinci dünya görüşünün hüküm sürdüğü bir ortamda büyüyecekti.

Genç Freud, klinik yönünden çok bilimsel araştırma yönünün cazibesine kapılmış olarak tıp eğitimi aldı, nörolojide uzmanlaştı ve kısa süre sonra psikolojik rahatsızlıkların tedavisine yönelik özel bir klinik açtı. Hastalarını dikkatle ve titizlikle gözlemleyen Freud, çok geçmeden insan davranışlarının çeşitli biçimlerinin ancak görünmez zihinsel süreçlerle açıklanabileceğinden kuşkulanmaya başlamıştı; sahne gerisinde işleri yürüten bir düzenek işliyor olmalıydı. Freud, hastalarda davranışların bilinçli zihince yönlendirildiğine ilişkin bariz bir işaretin çoğunlukla bulunmadığını fark etti ve beyne yeni atfedilen makine benzeri çalışma biçiminden yola çıkarak, altta erişime kapalı başka nedenlerin yatıyor olması gerektiği sonucuna vardı. Bu yeni görüşe göre zihin, alışık olduğumuz bilinçli kısımdan ibaret olmayıp, daha çok, kütlesinin büyük bölümü gözlerden ırak bir buzdağı gibiydi.

Bu basit görüş, psikiyatri alanını dönüşüme uğratmaya yetmişti. Önceleri zayıf irade, cin çarpması gibi durumlara atfedilemeyen kural dışı zihinsel süreçlerin açıklanamaz olduğu kabul edilirdi. Freud ise nedeni fiziksel beyin içinde aramakta ısrar ediyordu. Modern beyin teknolojilerinden onlarca yıl önce yaşamış olan Freud'un bu dönemde yararlanabileceği en iyi yöntem, sistemin "dışından" mümkün olduğunca çok veri toplamak –yani hastalarla konuşarak, zihinsel durumlarından beyinsel durumlarını çıkarsamak– olabilirdi ancak. Bu yaklaşımı benimseyerek dil sürçmeleri, yanlış yazımlar, davranış örüntüleri ve rüyaların içeriğinde gizlenmiş bilgileri mercek altına aldı. Freud'un vardığı sonuç, bütün bunların, gizli nöral mekanizmaların, kişinin doğrudan erişimi bulunmayan bir düzeneğin ürünü olduğu yolundaydı. Yüzeye fırlamış davranışları inceleyerek, derinlerde olup bitenler hakkında fikir sahibi olabileceğinden emindi Freud.[11] Buzdağının ucundaki pırıltıya eğildikçe, derinlerdeki kütleyi daha iyi kavradığını hissediyordu. Gözlerden uzaktaki bu kütle, insanların düşünceleri, rüyaları ve güdüleri hakkında bir şeyler söyleyebilirdi.

Freud'un hem akıl hocası hem de yakın arkadaşı Josef Breuer ise, bu yaklaşımdan yola çıkarak, isteri hastalarına yardımcı olmada başarılı görünen bir strateji geliştirdi: hastalardan belirtilerin ilk ortaya çıkışı hakkında kısıtsızca, özgürce konuşmalarını istemek.[12] Freud bu stratejiyi başka nevrozlara da uygulayarak, fobi, isterik felç, bazı paranoyalar gibi rahatsızlıkların gizli köklerinin, gömülü kalmış travmatik deneyimler olduğunu ileri sürdü. Ona göre bu tür sorunlar hastanın bilincinden saklanmayı başarsa da bilinçaltından kaçamıyordu. Çözüm ise sorunları bilinç düzeyine çıkarıp hastanın bunlarla hem duygusal hem de entelektüel açıdan yüzleşmesini sağlamak ve sonunda altta yatan sıkıntıları, birer nevroz kaynağı olma gücünden etmekti. İzleyen yüzyılda psikanalizin temelini oluşturan yaklaşım, bu olacaktı.

Psikanalizin popülerliği ve içeriği zaman içinde epeyce bir değişikliğe uğramış olsa da, Freud'un temel düşüncesi, beynin gizlenmiş işleyişlerinin düşünce ve davranışları nasıl yönlendirdiğini anlama yolunda atılan ilk sistematik adımı oluşturuyordu. Freud ve Breuer ortak makalelerini 1895'te yayımladılar; ancak Freud'un bilinçdışı düşüncelerin cinsel kökenine yaptığı vurgudan giderek daha fazla soğuyan Breuer sonunda yolunu onunkinden ayırdı. Freud ise bilinçdışıyla ilgili temel incelemesini oluşturan ve babasının ölümüyle tetiklenen duygusal kriz ve rüyalarını analiz ettiği *Rüyaların Yorumu (The Interpretation of Dreams)* eserini yayımladı. Kendisine dair bu analizi, babasıyla ilgili beslediği beklenmedik duyguları (ona duyduğu hayranlığın nefret ve utançla karışık olması gibi) açığa çıkarmasını sağlamıştı. Yüzeyin altında yatan bu uçsuz bucaksız alanla ilgili sezgileri, Freud'u özgür irade olgusunu da irdelemeye yöneltmişti. Ona göre, yapılan seçimler ve verilen kararlar gizlenmiş zihinsel süreçlerden köken alıyorsa, özgür seçim ya bir kuruntu ya da en azından düşünüldüğünden çok daha sıkı biçimde sınırlandırılmış bir olgu olmalıydı.

Yirminci yüzyılın ortalarına gelindiğinde, düşünürler artık kendimizi çok az tanıdığımız görüşüne ısınmaya başlamışlardı. Kendi merkezimizde durmuyor, tıpkı Samanyolu'ndaki Dünya ve evrendeki Samanyolu gibi kıyıda köşede bir yerlerde oturuyor ve olup bitenin ancak çok azından haberdar olabiliyorduk.

* * *

Freud'un beyindeki bilinçdışı işleyiş hakkındaki sezgileri yerinde olsa da, kendisi modern nörobilimin filizlendiği dönemin çok öncesinde yaşamıştı. Bizler artık tek bir hücredeki elektrik dalgalarından beynin geniş bölgeleri arasında dolaşan etkinlik örüntülerine kadar, insan beynine birçok farklı düzeyde göz atabiliyoruz. Sahip olduğumuz modern teknoloji bu iç evrenle ilgili oluşturduğumuz tabloya biçim ve odak kazandırmış durumda. Kitabın bundan sonraki bölümlerinde ise bu tablonun gözden uzak bölgelerine birlikte yol alacağız.

İnsan nasıl olur da kendine öfkelenebilir? Bu durumda tam olarak kim kime kızar? Bir şelaleye belirli bir süre baktığınızda kayalar neden yukarı tırmanır gibi görünür gözünüze? Yüksek mahkeme yargıcı William Douglas, geçirdiği inmeden sonra felçli kaldığı ayan beyan ortadayken neden futbol oynayıp yürüyüşe çıkabildiğini iddia etmişti? Topsy adlı fil neden 1903'te Thomas Edison tarafından elektrikle öldürülmüştü? İnsanlar neden paralarını faiz getirmeyen Noel hesaplarına yatırmaya bayılırlar? Sarhoş Mel Gibson bir Yahudi düşmanı, ayık Mel Gibson özür dilemesini bilen, nazik bir kişiyse, "gerçek" bir Mel Gibson'ın varlığından söz edilebilir mi? Odysseus ile yüksek faizli ipotek kredisi krizi arasında ortak olan şey nedir? Striptizciler neden ayın belirli zamanlarında daha çok para kazanır? İsmi J harfiyle başlayanların, ismi yine J harfiyle başlayan biriyle evlenme olasılığı neden yüksektir? Sır vermek bize neden bu kadar cazip gelir? Evlilikte eşlerden bazıları aldatmaya daha mı yatkındır? Parkinson hastalığı için sürekli ilaç kullanan bazı hastalar neden saplantılı kumarbazlara dönüşür? Eski bir izci olan, yüksek IQ'lu banka veznedarı Charles Whitman, neden durup dururken Austin'deki Teksas Üniversitesi kulesinden 48 kişiye ateş açmaya karar verdi?

Tüm bunların, beynin sahne arkasındaki işleyişiyle ne ilgisi var? Az sonra göreceğimiz üzere, çok hem de çok ilgisi var.

# 2

# Duyuların Tanıklığı: Deneyim *Gerçekte* Nasıl Bir Şeydir?

## DENEYİMİ BİLEŞENLERİNE AYIRMAK

1800'lerin sonlarında bir öğle sonrası fizikçi ve düşünür Ernst Mach, yan yana dizili ve homojen biçimde renklendirilmiş birkaç kâğıt şeridine dikkatlice baktı. Algılama konusuna ilgi duyan biri olarak, dikkatini çeken bir durum vardı ortalıkta: Şeritlerde göze ters görünen bir şeyler vardı sanki; bir şeyler eksikti. Şeritleri birbirinden ayırdı, her birine tek tek baktı ve sonra tekrar bir araya getirdi. Sonunda olup biteni anlayabildi. Şeritler tek tek ele alındığında homojen bir renk dağılımı sergilemekle birlikte, yan yana geldiklerinde dereceli bir gölgeleme var gibiydi: solda biraz daha açık, sağda biraz daha koyu. (Şekildeki her bir şeridin aslında homojen dağılımlı bir parlaklık içerdiğini görmek için şeritleri, yalnızca bir tanesini açıkta bırakacak şekilde kapatın.)[1]

Mach bantları

"Mach bantları" yanılsamasının artık farkında olduğunuza göre, bu yanılsama başka yerlerde de dikkatinizi çekecek. Sözgelimi, iki duvarın birleştiği köşede, aradaki ışıklanma farkı, köşeye hemen bitişik bölümlerdeki boyanın daha açık ya da daha koyu olduğu izlenimini verecektir. Olasılıkla da bu algısal gerçekle sürekli yüzyüze gelmiş olduğunuz halde onu şimdiye kadar gözden kaçırmışsınızdır. Aynı şekilde Rönesans ressamları da, uzaktaki dağların hafifçe maviye çaldığını fark ettikleri andan itibaren, dağları o şekilde boyar oldular. Oysa sanatın o noktaya kadar uzanan tarihinde, tümüyle atlanmış bir gerçekti bu; üstelik veriler göz önünde olduğu halde. Öyleyse bu denli bariz ayrıntıları algılamayı neden beceremiyoruz? Kendi deneyimlerimizi gözlemede gerçekten bu kadar başarısız mıyız?

Evet. Şaşılası ölçüde kötü birer gözlemciyiz. Ve bu konularda iç gözlem becerilerimiz de tümüyle yararsız kalır: Aksi duruma dikkatimizi çekecek bir şey olmadığı sürece, dünyayı olması gerektiği gibi gördüğümüzden gayet eminizdir. Sonra da kendi deneyimimizi gözleyebilmemizi sağlayacak bir öğrenme sürecinden geçeriz; Mach'ın, şeritlerdeki gölgelenmeyi gözlemesi örneğinde olduğu gibi: Bilinçli deneyimimiz *gerçekte* nasıldır ve nasıl değildir?

* * *

Sezgiler der ki, gözünüzü açtınız ve işte! Dünya karşınızda. Bütün muhteşem kızıl ve altın renkleriyle, köpekleri ve taksileriyle, vızır vızır işleyen kentleri ve bol çiçekli manzaralarıyla. Görüş çaba gerektirmez, önemsiz birkaç ayrıntı dışında da keskin ve tamdır. Gözlerinizle yüksek çözünürlüklü bir dijital video kamera arasında önemli fark yok gibidir. Benzer şekilde kulaklarınız dünyadaki sesleri doğru biçimde kaydeden kompakt birer mikrofon, parmak uçlarınız da dış dünyadaki nesnelerin üç boyutlu biçimlerini keşfeden birer algılayıcıdır sanki. Ama sezgilerin bu söyledikleri tümüyle yanlıştır. Öyleyse gerçekte neler olduğuna bir göz atalım.

Kolunuzu oynattığınızda olup bitenleri bir düşünün. Beyniniz kasılma ve gerilme durumlarını kaydeden binlerce sinir lifine bağımlıdır, ama siz sinirsel etkinliklerin oluşturduğu bu şimşek fırtınasının varlığına ilişkin en ufak bir duyum bile almazsınız. Tek farkında olduğunuz şey, kolunuzun hareket ettiği ve şu anda farklı bir yerde olduğudur. Nörobilimin erken dönem öncülerinden Sir Charles Sherrington, geçen yüzyılın ortalarında bu konu hakkında kafa yoranlardan biriydi. Yüzeyin altında işleyen böylesine geniş çaplı bir düzeneğin farkında bile olmayışımız onu hayrete düşürüyordu. Sinirler, kaslar ve kirişler (tendonlar) konusunda hatırı sayılır bir bilgi ve uzmanlığa sahip olduğu halde, eline bir kâğıt parçası almaya kalkıştığında "devreye giren kasların hiçbir şekilde farkında olmadığı"nı, ama "hareketi yine de kolaylıkla ve doğru biçimde gerçekleştirebildiği"ni belirtmişti.[2] Hatta kendisi bir nörobilimci olmasa, sinir, kas ve kirişlerin var olduğunu düşünmek için bir nedeni de olmayacaktı. Bu durumu son derece ilgi çekici bulan Sherrington, sonunda kolunu oynatma deneyiminin "zihinsel olarak deneyimlenmeyen çeşitli öğelerden türeyen ... zihinsel bir ürün" olduğu ve zihnin "bu öğeleri algı duyusunun üretiminde kullandığı" sonucuna vardı. Bir başka deyişle sinir ve kas etkinliği fırtınası beyin tarafından kaydediliyordu kaydedilmesine, ama farkındalık düzeyine ulaşan, bundan çok farklı bir şeydi.

Bunu anlayabilmek için, bilinci bir ulusal gazete olarak ele aldığımız çerçeveye dönelim. Gazete manşetinin görevi, sıkı biçimde paketlenmiş bir özet vermektir. Aynı şekilde bilinç de sinir sisteminiz içinde gerçekleşen onca etkinliği daha basit bir biçime kavuşturmanın bir yoludur. Milyarlarca özelleşmiş mekanizma, radara yakalanmadan işlemektedir; kimi duyusal verileri toplar, kimi motor programlar gönderir, çoğu da sinirsel işgücü toplamınca belirlenen ana görevleri (toplanan bilgileri bir araya getirmek, bir sonraki aşamada olacaklar hakkında tahminde bulunmak ve o an yapılacaklar hakkında karar vermek) yerine getirir. Bilinç ise, böylesi bir karmaşa karşısında size büyük resim için yararlı olacak özet bilgiyi sunar; elmalar, nehirler ve eşleşebileceğiniz insanlar ölçeğinde bir yarar sağlar.

## GÖZLERİ AÇMAK

"Görme" eylemi bize öylesine doğal gelir ki, sürecin altında yatan muazzam karmaşıklıktaki düzeneği takdir etmek güçtür. Beynin yaklaşık üçte birinin görmeye adanmış olması bu nedenle şaşırtıcı

gelecektir size. Gözlere akın eden milyarlarca fotona berrak bir yorum getirebilmek için beynin akıl almayacak düzeyde büyük bir işin altından kalkması gerekir. İşin doğrusu, bütün görsel sahneler belirsiz ve bulanıktır. Sözgelimi, sağdaki şekil, beş yüz metre ötedeki Pisa Kulesi'ni de, kulenin bir kol boyu uzaklıktaki oyuncak modelini de temsil ediyor olabilir; her ikisi de gözünüze aynı görüntüyü düşürür çünkü. Ama beyniniz, gözünüze çarpan bu görüntüleri belirsizlikten arındırmak için koşullar ve bağlamı hesaba katarak, varsayımlarda bulunarak ve birazdan göreceğimiz hilelere başvurarak epeyce bir sıkıntıya girer. Ancak tüm bunlar, yıllar sürmüş körlüğün ardından ameliyatla görme yetisini yeniden kazanmış hastalarda izleneceği üzere, öyle pek de zahmetsiz gerçekleşen şeyler değildir. Bu hastalar dünyayı birdenbire görmek yerine, görmeyi yeniden *öğrenmek* zorundadır.[3] Dünya, onlar için başlangıçta çevrelerinde uğuldayıp duran bir şekil ve renk bombardımanından ibarettir; gözleri, görüntüleri son derece berrak biçimde algılama yetisine sahip olduğu halde, beyinlerinin gelen verileri yorumlamayı öğrenmesi zaman alacaktır.

Ömrü boyunca görebilmiş olanlarımız için, görme olgusunun aslında bir inşa işi olduğu gerçeğini anlamanın en iyi yolu, görme sistemlerimizin sıklıkla hataya düştüğünü hatırlamak olacaktır. Görsel yanılsamalar (illüzyonlar), bu sistemin evriminin, ulaştığı noktada yapmamıza izin verdiği işlerin tam sınırında gerçekleşir ve bu özellikleriyle de beyin içine bakmaya olanak sağlayan sağlam birer pencere görevi görürler.[4]

"Yanılsama" sözcüğüne keskin ve tam bir tanım getirmek kolay değildir; zira bir başka açıdan bakıldığında, görme olgusu da aslında başlı başına bir yanılsama sayılabilir. Görüş alanının çevresel bölgelerindeki çözünürlük, yarı-saydam, buzlu bir duş kabininden içeri baktığınız zamanki görüntüyle kabaca eşdeğer sonucu verir; ama siz yine çevre bölgeleri de net gördüğünüz yanılsamasına kapılmışsınızdır. Bunun nedeni, merkezi görme düzeneğini yönlendirdiğiniz her bölgeye birdenbire odaklanmanızdır. Bu gerçeği evde, küçük bir oyunla gözlemeniz mümkün. Bir arkadaşınız, bir avuç dolusu renkli gazlıkalemi kolunu hafifçe yana doğru açarak tutsun, siz de bakışlarınızı onun burnuna kilitleyerek elindeki kalemlerin renklerini sırasıyla söylemeye çalışın. Sonuç sizi şaşırtacaktır: Görüş alanının dış bölgelerinde birtakım renklerin varlığını saptasanız da, renk sıralamasını doğru biçimde kestiremediğinizi göreceksiniz. Çevresel görüşünüz, tahmin edebileceğinizden çok daha kötüdür aslında, çünkü normal koşullarda beyniniz göz kaslarınıza, yüksek çözünürlüklü merkezi görüşünüzü doğrudan ilgilendiğiniz nesnelere yöneltmenizi sağlayacak komutları vermektedir. Gözünüzü çevirdiğiniz her yere keskin biçimde odaklanmış gibisinizdir; dolayısıyla görme alanınızın tümüne odaklandığınızı varsayarsınız.*

Ve bu yalnızca bir başlangıç. Görme alanımızın *sınırları* olduğunun farkında olmadığımızı düşünün. Tam karşınızdaki duvarın üzerindeki bir noktaya gözünüzü dikip bakın, kolunuzu öne uzatın ve parmaklarınızı oynatın. Şimdi de elinizi yavaşça arkaya, kulaklarınıza doğru hareket ettirin. Belirli bir noktada parmaklarınızı göremez olacaksınız. Elinizi tekrar öne getirdiğinizde ise parmaklarınız yeniden görünür olacaktır. Yaptığınız, aslında görme alanının sınırlarını aşmaktır. Yine aynı noktaya dönersek, gözlerinizi her zaman ilgili olduğunuz noktaya yönlendirebildiğiniz için, normalde görüş alanının sınırlara sahip olduğunun zerre kadar farkında değilsinizdir. İnsanların çoğunluğunun, yaşamlarını sınırlı bir görüş alanıyla geçirdiklerinden habersiz olmaları ise gerçekten ilginç bir durumdur.

Görme olgusunun biraz daha derinlerine indikçe, doğru anahtarları doğru kilitlere yerleştirmeniz koşuluyla beyninizin size son derece ikna edici algılamalar sunduğu bariz hale gelir. Derinlik algısını ele alalım. İki göz, birbirine birkaç santimetre arayla konumlanmış olduğu için, çevreden aldıkları görüntüler de az da olsa farklıdır. Bunu görmek için birbirinden yine birkaç santimetre arayla ayrılmış iki fotoğrafı alıp yan yana koyun. Gözlerinizi şaşılaştırarak bakın; iki fotoğraf birleşerek üçüncü bir fotoğraf olarak görünmeye başlayacak. *Derinliği de olan* bir resim belirecek karşınızda. Bu derinliği tam anlamıyla deneyimleyecek ve algıyı silemeyeceksiniz. Derinliğin, düz bir görüntüden türemesi gibi olanaksız görünen

* Buna benzer bir durum olarak, buzdolabı ışığının sürekli açık olduğundan asla emin olamamayı gösterebiliriz. Işığın hep açık olduğu yanılgısına kolaylıkla kapılabilirsiniz; çünkü buzdolabına gizlice yanaşıp kapısını her açtığınızda ışığı yanıyor bulursunuz.

böylesi bir olgu, görsel sistem kapsamında gerçekleşen hesaplamaların mekanik ve otomatik doğasını ortaya serer: Sisteme doğru girdileri sağlarsanız, o da size zengin bir dünya inşa edecektir.

Belki de düşülen en yaygın yanılgı, görme sisteminin karşınızdaki dünyayı, bir sinema kamerasının sadakatiyle temsil ettiğine inanmaktır.

Gözlerinizi şaşılaştırın: Bu iki görüntü, beyninize yanıltıcı bir derinlik sinyali gönderecektir.

Birkaç basit örnek sizi bu yanılgıdan hızla kurtaracaktır. Aşağıdaki şekilde iki resim gösteriliyor.

Nedir aradaki fark? Söylemesi zor, değil mi? Testin dinamik versiyonunda bu iki görüntü sıra ile gösterilir (diyelim ki, her

Değişim körlüğü

görüntü yarım saniye duracak ve arada saniyenin onda biri kadar bir süre kalacak biçimde). Sonuçta anlarız ki, karşımızdaki sahnede insanı hayrete düşürecek kadar büyük olan değişimlere karşı bile körüzdür. Fotoğraflardan birinde koca bir kutu varken, diğerinde yoktur; ya da bir cip veya bir uçak motoru. Ve bu fark gözden rahatlıkla kaçabilir. Sonra yavaş yavaş devreye dikkat girer, değişen şeyin ne olduğunu anlayana kadar ilginç işaretleri analiz etmeye başlarsınız.[*] Beyin doğru nesneye bir kez kilitlendiği zaman, farkı görmek artık kolaydır; ama bu, ancak yorucu bir incelemeyle ulaşılabilen bir sonuçtur. "Değişim körlüğü" adını alan bu olgu, dikkatin önemini vurgular: Bir nesnedeki değişimi görmek için, ona dikkat etmeniz gerekir.[5]

Dünyayı, gördüğünüzü sandığınız zengin ayrıntılarla görmediğiniz ortada; bunun da ötesinde gözünüze çarpan çoğu şeyin de farkında değilsiniz. İçinde tek bir oyuncunun yer aldığı bir kısa film izlediğinizi düşünün. Adam omlet pişiriyor. O pişirmeyi sürdürürken kamera aniden başka bir açıdan çekmeye başlıyor. Yeni sahnede oyuncu farklı biri olsaydı, bunu elbette ki fark ederdiniz, değil mi? Ama gözlemcilerin üçte iki kadarı fark etmiyor işte.[6]

Değişim körlüğüyle ilgili şaşırtıcı bir başka denemede, bir avludan geçmekte olan yayalar deneyci tarafından gelişigüzel biçimde durdurulmuş ve yol tarif etmeleri istenmiştir. Her şeyden habersiz olan denek yolu tarif etmeye çalışırken lafının orta yerinde, bir kapı taşımakta olan işçiler kendisiyle deneyci arasından kaba biçimde yürüyüp gidiyor ve bu arada da, kapının ardına gizlenmiş yardımcısı, deneycinin yerine geçmiş oluyordu. Kapı geçtikten sonra deneğin karşısında duran kişi, artık başka biriydi sonuçta. Deneklerin çoğu, konuşmakta oldukları kişinin başlangıçtaki kişi olmadığını fark etmeksizin yol tarifine devam etmişti.[7] Bir başka ifadeyle, gözlerine çarpan bilginin ancak küçük bir bölümünü kodlamışlardı. Gerisi varsayımdı.

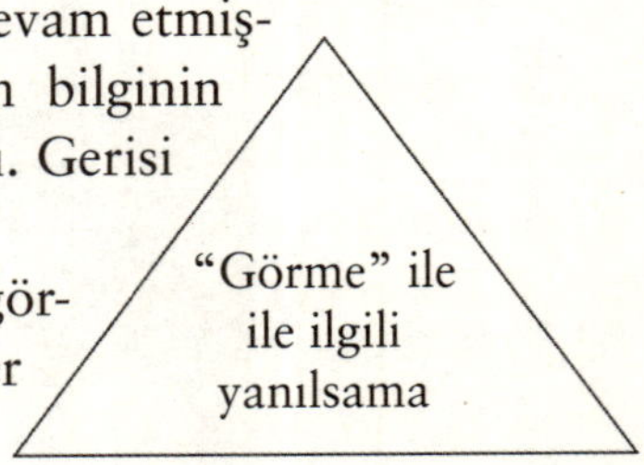


Gözleri belirli bir şeye dikmenin onu görmek anlamına gelmediğini ilk keşfedenler nörobilimciler değildi. Sihirbazlar duru-

* Eğer henüz anlamadıysanız, iki resim arasındaki fark, heykelin arkasındaki duvarın yüksekliğindedir.

mun farkına çok önceleri varmış ve bu bilgiyi kullanıp geliştirmenin yollarını bulmuşlardı.[8] Sihirbazlar, dikkatinize yön vererek becerilerini aslında görüşe tümüyle açık olarak sergilerler. Hareketlerinin yaptıkları numarayı ele vermesi *gerekirken*, beyninizin retinaya çarpan her şeyi değil, gördüklerinizin ancak küçük parçalarını işlediğini bildiklerinden içleri rahattır.

Bu durum, sürücülerin nasıl olup da gözleri önündeki yayalara ya da hemen önlerindeki arabalara çarpabildiklerini, hatta talihsiz biçimde trenlerin önüne çıkabildiklerini açıklamaya yardımcı olacaktır. Bu tür olayların önemli bir bölümünde gözler doğru yere yönlendirilmiş olsa da beyin uyarıları görmemektedir. Görmek, bakmaktan fazlasını gerektirir. Bir önceki sayfada yer alan üçgenin içinde "ile" sözcüğünün iki kez geçmiş olduğunu bir ihtimal gözden kaçırmış olmanızın açıklaması da burada yatmaktadır.

Bu örneklerden alınacak dersler basit olsa da, beyin bilimcileri için bile açık değildir. Görme araştırmacıları, beynin görmeyle ilgili bölgelerinin dış dünyanın üç boyutlu temsilini nasıl oluşturduğunu uzun yıllardan beri anlamaya çalışırken aslında yanlış ata oynamaktaydılar. Beynin aslında bir üç boyutlu model kullanmak yerine, en iyi ihtimalle "iki buçuk boyutlu" bir *eskize* benzetilebilecek bir yapı kurduğu ancak yavaş yavaş açıklık kazanabildi.[9] Beynin dünyanın tam modeline de ihtiyacı yoktur zaten; çünkü yapması gereken, uçuş sırasında nereye, ne zaman bakması gerektiğini kestirmektir.[10] Sözgelimi, beyninizin bulunduğunuz kafedeki bütün ayrıntıları kodlamasına gerek yoktur; bilmesi gereken şey, belirli bir şeyi bulması gerektiğinde neyi nasıl arayacağıdır. Kurmuş olduğunuz iç model sizin bir kafede olduğunuz, solunuzda insanlar, sağınızda bir duvar, masanın üzerinde de birtakım nesneler olduğu hakkında genel bir fikre sahiptir. Eşiniz size kaç tane kesmeşeker kaldığını sorduğunda, dikkatle ilgili sistemleriniz şeker kâsesinin ayrıntılarını sorgulayarak iç modelinize yeni veriler kazandırır. Şeker kâsesi, aslında orada bulunduğunuz süre boyunca görüş alanınız kapsamında olsa da, beyninizin ilgisini çekecek herhangi bir ayrıntı barındırmıyordu. Resmin daha incelikli noktalarını doldurmak için fazladan iş yapması gerekiyordu.

Benzer biçimde, herhangi bir uyaranın belirli bir özelliğini bilirken diğerleriyle ilgili soruları yanıtlayamadığımız çok olur. Diyelim ki sizden şöyle bir şekle bakmanızı ve içeriğini söylemenizi istedim: IIIIIIIIIII. Bana doğru bir yanıt vererek şeklin dikey çizgilerden oluştuğunu söylersiniz. Ancak size çizgilerin *sayısını* sorduğumda kısa bir süre kalakalırsınız. Orada çizgiler olduğunu görseniz de, sayılarını söylemeniz için epeyce bir çaba harcamanız gerekir. Sonuçta, belirli bir sahnenin bazı yönlerini bilseniz de diğerlerini bilmeyebilirsiniz; neleri gözden kaçırmış olduğunuzu ise, ancak uygun soru sorulduğunda fark edersiniz.

Diliniz, ağzınızın içinde nasıl konumlanmıştır? Bu soru size bir kez sorulduğunda cevabını verebilirsiniz; ama tahminen, soru sorulmadan önce cevabın farkında bile değildiniz. Genel olarak beynin çoğu şeyi bilmesine gerek yoktur; asıl bildiği şey, verileri toplayıp getirmektir. Hesaplamalarını *bilme gerekliliği* temelinde yapar. Dilinizin aldığı konumu her an bilinçli şekilde izlemiyor olmanız şaşırtıcı değildir; çünkü bu bilgi ancak nadiren işinize yarar.

Aslına bakarsanız, üzerinde kendimize soru sormaksızın bilincinde olduğumuz pek az şey vardır. Sol ayağınızdaki ayakkabı size şu anda nasıl bir his veriyor? Arkada çalışan klimanın vızıltısı hangi tonda? Tıpkı değişim körlüğünde gördüğümüz gibi, duyularımız için bariz olması gereken şeylerin çoğunun farkında değilizdir aslında; ancak dikkatle ilgili bütün kaynaklarımızı sahnenin küçük parçalarına akıttıktan sonradır ki, ne kaçırdığımızın ayırdına varabiliriz. Konsantrasyon gücümüzü devreye sokmadan önce, bu ayrıntıların farkında olmadığımızın bile farkında değilizdir. Öyleyse dünyayı algılama biçimimiz, dışarıyı doğru biçimde temsil etmeyen bir inşa işleminin sonucudur. Bunun da ötesinde, aslında yalnızca ve yalnızca bilmeye gereksinim duyduğumuz şeyleri gördüğümüz halde, tam ve zengin bir resimle karşı karşıya olduğumuz yanılgısına da kapılmışızdır.

Beynin daha fazla ayrıntı toplamak için dünyayı sorgulama biçimi, 1967'de Rus psikolog Alfred Yarbus tarafından incelenmişti. Bir göz izleme cihazı kullanarak insanların baktıkları noktaları kesin biçimde belirleyebilen Yarbus, deney katılımcılarından Repin'in *Beklenmedik Ziyaretçi* tablosuna (*bkz. izleyen sayfa*) bakmalarını istemişti.[11] Katılımcıların yapacağı iş oldukça basitti: Tablodaki insanların "beklenmedik ziyaretçi" gelmeden hemen önce ne yapmakta olduklarını; kimi koşullarda da, bu insanların

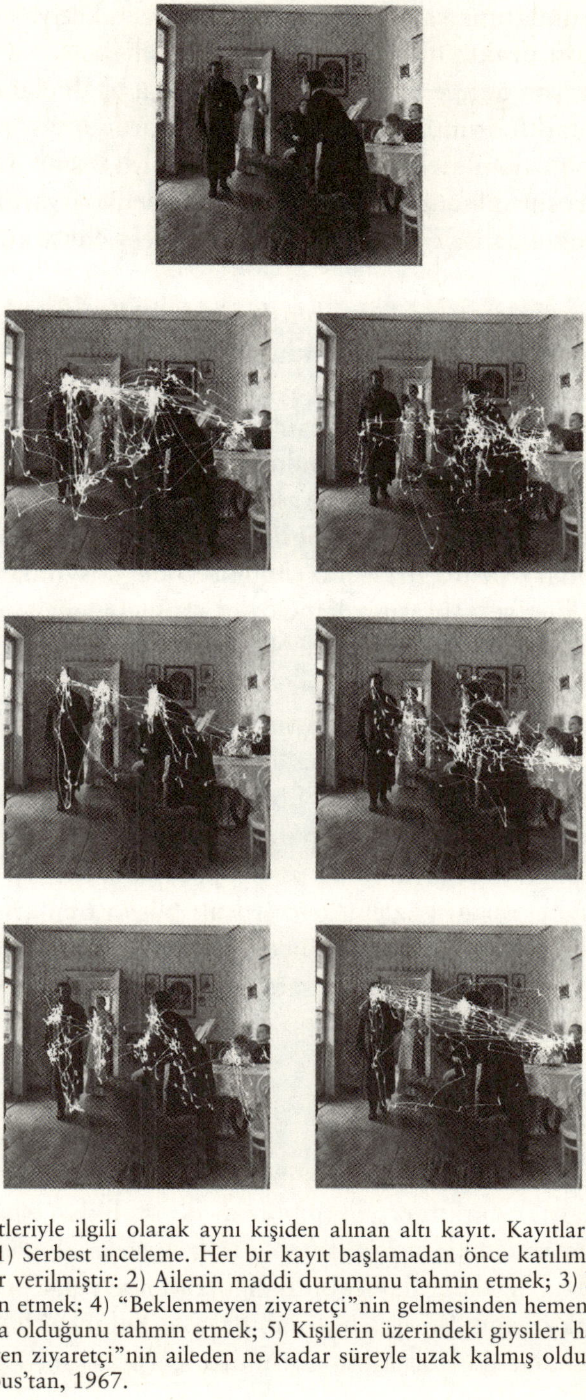

Göz hareketleriyle ilgili olarak aynı kişiden alınan altı kayıt. Kayıtlar üçer dakika sürmüştür. 1) Serbest inceleme. Her bir kayıt başlamadan önce katılımcıya sırasıyla şu talimatlar verilmiştir: 2) Ailenin maddi durumunu tahmin etmek; 3) Kişilerin yaşlarını tahmin etmek; 4) "Beklenmeyen ziyaretçi"nin gelmesinden hemen önce ailenin ne yapmakta olduğunu tahmin etmek; 5) Kişilerin üzerindeki giysileri hatırlamak; 6) "Beklenmeyen ziyaretçi"nin aileden ne kadar süreyle uzak kalmış olduğunu tahmin etmek. Yarbus'tan, 1967.

maddi durumlarını, yaşlarını ya da beklenmedik ziyaretçinin ne kadar süredir uzakta olduğunu tahmine çalışmak.

Sonuçlar son derece ilginçti. Sorulan soruya bağlı olarak, gözler bütünüyle farklı örüntülerle hareket etmiş, sorunun yanıtıyla ilgili en çok bilgiyi alabilecekleri şekilde taramışlardı resmi. Tablodakilerin yaşları sorulduğunda gözler yüzlere yöneliyor, varlık durumları sorulduğunda ise odak noktası giysilerle eşyalar arasında dans ediyordu.

Bunun ne anlama geldiğini bir düşünelim: Beyin, dış dünyaya uzanır ve ihtiyacı olan bilgiyi etkin biçimde çekip çıkarır. *Beklenmedik Ziyaretçi* ile ilgili her şeyi aynı anda görmek zorunda olmadığı gibi, her şeyi depolamak zorunda da değildir; bilmek zorunda olduğu tek şey, aradığı bilgiyi bulmak için nereye yönlenmesi gerektiğidir. Gözleriniz dünyayı araştırıp sorgularken, aradığı verilere ulaşmak için stratejilerini optimize etmeye çalışan birer ajan gibidir. Bunlar "sizin" gözleriniz olduğu halde, misyonları hakkında pek az bilgiye sahipsinizdir. Gözler, tıpkı bir gizli operasyon görevinde olduğu gibi kendilerini ele vermeden, hantal bilincinizin yakalayamayacağı bir hızla çalışır.

İç gözlem becerilerinin sınırlarını kanıtlayacak güçlü bir örnek olarak, bu kitabı okumakta olduğunuz şu anda gerçekleştirdiğiniz göz hareketlerine dikkat edin. Gözleriniz şu anda bir noktadan diğerine atlayıp durmakta. Bu hareketlerin ne kadar hızlı, kasıtlı ve kesin olduğunu anlayabilmek için yapacağınız tek şey, okumakta olan bir başkasını gözlemektir. Ancak bütün bunlara rağmen, sayfa üzerinde yaptığımız etkin incelemenin farkında bile olmayız. Onun yerine, düşünceler adeta sabit ve dengeli bir dünyadan kafamızın içine akar.

* * *

Görme öylesine zahmetsiz bir iş gibidir ki, suyu anlamaya zorlanan balıklardan farkımız yoktur bizim de: Balıklar başka hiçbir şey deneyimlemedikleri için suyu görüp kavramaları neredeyse olanaksızdır. Ama sorgulayıcı bir balığın önünde yükselmekte olan bir kabarcık önemli bir ipucu sunabilir ona. Baloncuklar gibi görsel yanılsamalar da normalde gözümüze çarpmayan, kanıksamış olduğumuz şeylere dikkatimizi çekebilir; bu yönleriyle, beyinde sahne arkasında işleyen mekanizmaları anlamamıza yardımcı olan kritik birer araçtırlar.

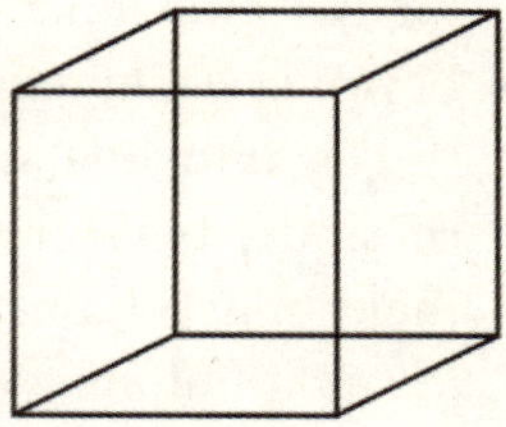

Sağdaki gibi bir küp çizimini kuşkusuz daha önce görmüşsünüzdür. Bu küp "çoklu kararlılık" durumundaki, yani farklı algılamalar arasında ileri geri gidip gelen uyaranlara bir örnektir. Kübün "ön" olarak algıladığınız yüzünü ele alın. Resme bir süre baktıktan sonra ön yüzün ara sıra arka yüze dönüştüğünü ve kübün yöneliminin değiştiğini fark edeceksiniz. Bakmaya devam ederseniz, eski durumuna yeniden dönecek ve kübün yönelimine ilişkin bu iki algılama biçimi arasında gidip gelecektir. Burada çarpıcı bir noktayla karşı karşıya buluruz kendimizi: *Sayfada herhangi bir değişim olmadığına göre, değişimin beyninizde gerçekleşiyor olması gerekir*. Görme edilgen değil, etkin bir olgudur. Görme sistemi, uyaranı birden fazla biçimde yorumlayabildiği için olasılıklar arasında gidip gelir. Benzer tersinmeler yüz-vazo yanılsamasında da kendini gösterir: Sayfada herhangi bir değişiklik gerçekleşmediği halde bazen yüzleri, bazen vazoyu algılarsınız. İkisini aynı anda göremezsiniz.

Etkin görüşün ilkeleri hakkında daha da çarpıcı örnekler bulmak mümkün. Algısal "değiştokuş", sol gözünüze bir görüntü (ör. bir inek), sağ gözünüze başka bir görüntü (ör. bir uçak) sunulduğunda da gerçekleşir. İkisini aynı anda görmediğiniz gibi, ikisinin birleşimini de görmezsiniz; önce birini, sonra diğerini, sonra yine bir öncekini görürsünüz.[12] Görme sisteminiz bu arada birbiriyle çelişen iki bilgi arasında savaş vermektedir; siz ise gerçekte olanları değil, yalnızca hangi algının diğerini yendiğine bağlı olarak anbean değişen bir görüntüyle karşı karşıyasınızdır. Dış dünya sabit kaldığı halde beyniniz size dinamik biçimde farklı yorumlar sunmaktadır.

Dış dünyada olup bitenleri etkin biçimde yorumlamanın da ötesinde, beyin bazen görev sınırlarını aşarak kendisi de uydurmaktan geri kalmaz. Retina örneğini ele alalım. Retina, gözün arkasında bulunan ve "fotoreseptör" adı verilen hücrelerden oluşan özelleşmiş hücre tabakasıdır. 1668'de Fransız düşünür ve matematikçi Edme Mariotte göz üzerinde çalışmalar yaparken oldukça beklenmedik bir durumla karşılaştı: Retinada fotoreseptörlerden yoksun ve hatırı sayılır büyüklükte bir yama vardı.[13] Bu yamanın Mariotte'u şaşırtmasının nedeni, görme alanının, sürekli ve kesintisiz olduğu izlenimini vermesidir; görüşte, fotoreseptörlerin bulunmadığı bu bölgeye karşılık gelen bir boşluk ortaya çıkmaz.

Yoksa çıkar mı? Mariotte konunun derinlerine indikçe, görüşümüzde aslında gerçekten de bir "delik" olduğunu fark etti: Her bir göz için artık "kör nokta" olarak bilinen küçük bir bölge. Bunu görebilmek için sol gözünüzü kapatın ve sağ gözünüzü aşağıdaki artı işaretine sabitleyin.

Şimdi sayfayı, siyah nokta yok olana kadar (tahminen 30 cm kadar uzaklıkta) yavaşça yüzünüze yaklaştırıp uzaklaştırın. Noktayı artık göremiyor oluşunuzun nedeni, kör noktaya denk gelmesidir.

Kör noktanın küçük olduğu yanılgısına düşmeyin sakın; çünkü aslında devasa sayılabilecek boyutlardadır. Gece gökyüzündeki Ay'ın çapını düşünün. İşte bu Ay'lardan on yedi tanesini sığdırabilirsiniz kör noktanıza.

İyi ama nasıl oldu da kimse görüşteki bu deliği daha önce fark etmedi? Nasıl oldu da Michelangelo, Shakespeare ve Galileo gibi büyük dehalar, görüşle ilgili bu temel gerçeği hiç fark etmeden yaşayıp öldüler? Bunun nedenlerinden biri, iki gözümüz olması ve her ikisindeki kör nokta konumlarının birbiriyle çakışmamasıdır. Yani iki göz açıkken sahne kesintisizdir. Ancak daha da önemlisi, beyin aslında kör noktadaki eksik bilgiyi kendisi "tamamlar". Sayfadaki siyah nokta kör nokta üzerine düştüğünde, onun olması gerektiği yerde gördüklerinize dikkat edin. Siyah nokta gözden kaybolduğunda, onun yerinde beyaz ya da siyah bir delik yoktur, çünkü beyniniz fondaki desenden örülü bir yama *icat etmiş*; görsel uzamda o noktayla ilgili herhangi bir bilgiye sahip olmadığından, çevredeki fonu alıp boşluğu onunla doldurmuştur.

"Orada" var olanları algılamazsınız sonuçta. Beyniniz ne isterse onu algılarsınız.

* * *

1800'lerin ortalarında Alman fizikçi ve hekim Hermann Hemholtz (1821-1894), gözlerden beyne damla damla akmakta olan verilerin, yaşadığımız zengin görme deneyimini açıklayamayacak kadar zayıf olduğu yönünde bir kuşkuya kapılmıştı. Vardığı sonuç ise beynin, gelen verilerle ilgili *varsayımlarda* bulunuyor olması gerektiği ve bu varsayımların daha önceki deneyimlere dayalı olduğu yolundaydı.[14] Bir başka deyişle beyin, kendisine gelen az miktardaki bilgiyi, en iyi tahminleri bir araya getirerek daha büyük bir şeye dönüştürmekteydi.

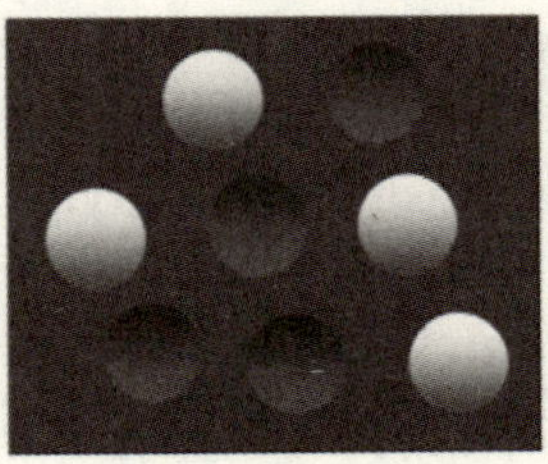

Şöyle düşünün: Daha önceki deneyimlere dayanarak, beyniniz görsel sahnelerin yukarıdaki bir ışık kaynağınca aydınlatıldığını varsayar.[15] Böylece, üst kısmı açık, alt kısmı koyu olacak biçimde gölgelendirilmiş yassı bir daire şişkin, tersi durumda da çukurlaşmış algılanacaktır. Ancak şekli doksan derece döndürmek yanılsamayı yok edecek ve dairelerin yassı olduğu açıkça ortaya çıkacaktır. Şekil, tekrar eski konumuna döndüğünde ise aldatıcı bir derinlik duygusu ister istemez yeniden belirecektir.

Beyin ışık kaynaklarıyla ilgili mevcut fikirlerinden yola çıkarak, gölgelerle ilgili bilinçsiz varsayımlarda da bulunur. Herhangi bir karenin gölgesi birden yer değiştirirse, o karenin bulunduğu derinliğin de değiştiğine inanırsınız.[16]

Aşağıdaki şekle şöyle bir bakın: Kare, aslında hiç yer değiştirmemiştir; tek yapılan, gölgeyi temsil eden koyu renkli karenin yerinden hafifçe oynatılmasıdır. Böyle bir şey, yukarıdaki aydınlatma kaynağının birden yer değiştirmesiyle *gerçekten de* olabilirdi elbet; ama güneşin yavaş hareketi ve sabit elektrik aydınlatmasıyla ilgili önceki deneyimleriniz, algılarınızın ister istemez daha olası açıklamaya yönelmesini ve nesnenin size doğru hareket ettiğini düşünmenize yol açmıştır.

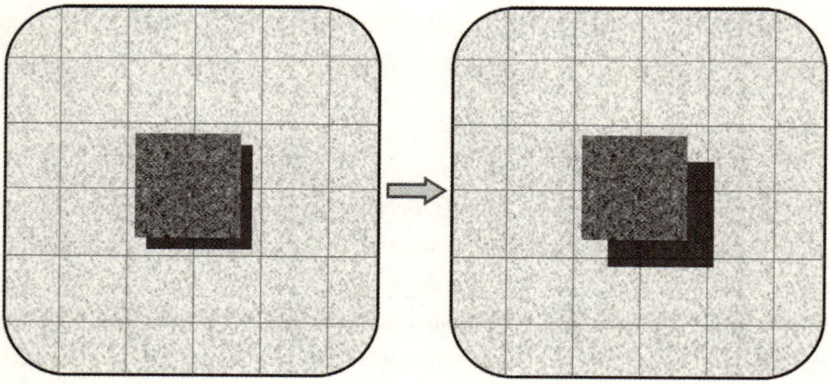

Helmholtz, görmeyle ilgili bu kavrama "bilinçsiz çıkarsama" (unconscious inference) adını verdi. Çıkarsama sözcüğü, burada beynin olup bitenler hakkında kestirimlerde bulunduğu fikrine gönderme yapmakta, *bilinçsiz* sözcüğü ise süreçle ilgili hiçbir farkındalık taşımadığımızı bize hatırlatmaktadır. Dünyaya ilişkin istatistikleri toplayıp kestirimlerde bulunan hızlı ve otomatik düzeneğe hiçbir erişimimiz yoktur. Biz, bu düzeneğin üzerine kurulmuş oturan, oturduğumuz yerden de ışık ve gölge oyunlarının keyfini süren birer hak sahibiyizdir yalnızca.

## KAYALAR YER DEĞİŞTİRMEDEN NASIL YUKARI TIRMANIR?

Bu düzeneğe yakından bakmaya başladığımızda, beynin görsel korteks adı verilen kısmında özelleşmiş hücreler ve devrelerden oluşan karmaşık bir sistemle karşılaşırız. Bu devreler arasında işbölümü vardır: Kimi renkler, kimi hareket, kimi kenar ve sınırlar ve yığınla başka devre de çeşitli farklı işlevler için özelleşmiştir. Birbirine yoğun bir ağla bağlı olan bu devreler, kararlarını grupça verir ve gerektiğinde *Bilinç Gazetesi* için manşetler de hazırlarlar. Manşetin size tek söylediği, bir otobüsün gelmekte olduğu ya da birinin size cilveli bir gülücük gönderdiğidir; size bilginin kaynaklarını tek tek sunmaz. Kimi zaman görmenin, altta yatan karmaşık sinirsel mekanizmaya *karşın* kolay olduğunu düşünme eğilimine kapılırsınız; ama aksine görmek, tam da bu karmaşık mekanizma *nedeniyle* kolaydır.

Düzeneğe yakından baktığımızda, görmenin parçalara ayrılabileceği ortaya çıkar. Birkaç dakika boyunca bir şelaleye bakın. Bakışlarınızın yönünü değiştirdiğinizde, yakınınızdaki kayalar gibi aslında hareketsiz duran nesneler, size yukarı tırmanıyormuş gibi gelir.[17] Tuhaftır ki hareketleri bariz olsa da, konumlarında zaman içinde herhangi bir değişiklik gerçekleşmemiştir. Bu örnekte hareket algılayıcılarının dengesiz etkinlikleri (normalde yukarıyı işaret eden nöronlar, aşağıyı işaret eden nöronlarla bir it-çek dengesi içindedir) dış dünyada tanık olunması imkânsız bir durumu görmenize olanak tanır: yer değişimi olmaksızın hareket. "Hareket artetkisi" ya da "şelale yanılsaması" olarak bilinen bu aldanma, Aristo zamanından beri epeyce çalışmaya konu olmuştur. Bu yanılsama, görmenin farklı modüllerin bir ürünü olduğunu gösterir. Örneğimizde ise görsel sistemin bazı bileşenleri –yanlış da olsa– kayaların hareket ettiği, diğer bileşenler ise kayaların konum değiştirmediği konusunda ısrar etmektedir. Düşünür Daniel Dennett'in savunduğu üzere deneyimsiz gözlemci, aynı anda hem hareketlilik hem hareketsizliğin mümkün olmadığı televizyon ekranı benzetmesine sığınır genellikle[18] ki, kötü bir benzetmedir bu. Ama beyindeki görsel dünyanın televizyon ekranıyla uzaktan yakından ilgisi yoktur; konumda bir değişiklik olmaksızın yapılan hareket de beynin kimi zaman vardığı sonuçlardan biri olabilir pekâlâ.

Herhangi bir konum değişikliği söz konusu olmadığı halde, bu şekillerde hareket algılanabilir. (a) Buna benzer yüksek kontrastlı şekiller hareket algılayıcılarını uyararak, halkaların çevresinde sürekli bir hareket olduğu izlenimini verir. (b) Şekildeki zikzaklı tekerlekler yavaşça dönüyor gibidir.

Sabit konumda hareketin söz konusu olduğu birçok yanılsama örneği vardır. Yukarıdaki şekiller, hareket algılayıcılarının doğru biçimde uyarılmasıyla durağan görüntülerin hareket ettiği izlenimini verebildiklerini gösterir. Buradaki yanılsamaların ortaya çıkış nedeni, şekillerdeki keskin gölgelemenin görsel sistemdeki hareket algılayıcılarını uyarmasıdır. Bu reseptörlerdeki etkinlik, hareket algısına başlı başına *eşdeğerdir*. Eğer hareket algılayıcılarınız oralarda bir şeylerin kıpırdamakta olduğunu beyan ederse, bilinçli durumdaki siz, buna sorgusuz sualsiz inanır, hatta inanmakla da kalmaz, bu deneyimi *yaşarsınız*.

Bu ilkeyle ilgili çarpıcı bir örnek, 1978'de karbon monoksit zehirlenmesi geçiren bir kadını konu alır.[19] Kadının yaşaması bir şans, görme sistemiyle ilgili bazı beyin bölgelerinde (özellikle de hareketin temsilinde devreye giren alanlarda) ortaya çıkan kalıcı hasar ise tümüyle şanssızlıktı. Sistemin geri kalanı sağlam olduğu için durağan nesneleri sorunsuzca görebiliyor, orada bir top, burada bir telefon olduğunu söyleyebiliyordu. Karşıdan karşıya geçmek üzere kaldırımda beklerken ise "orada", derken bir an sonra "burada", daha da sonra önünden geçmiş olarak yine "orada" bir kırmızı kamyon görebiliyor, ancak kamyonda herhangi bir *hareket* saptayamıyordu. Bir sürahiden su boşaltmaya kalktığında gördükleri sırasıyla eğim verilmiş bir sürahi, sürahiden aşağı sarkan pırıl

pırıl bir su sütunu ve nihayet bardaktan taşan suyun oluşturduğu su birikintisiydi. Suyu hareket eder halde göremiyordu. Yaşamı bir dizi fotoğraf karesinden ibaretti. Tıpkı şelale etkisi gibi bu kadının hareket körlüğü de, bize konum ve hareketin beyinde birbirinden ayrılabildiğini gösterir. Hareket, sol sayfadaki çizimlerde nasıl hatalı biçimde resmedildiyse, bizim dünyayla ilgili görüşümüze de o şekilde "resmedilmiştir."

Fizikçiler hareketi, konumun zaman içindeki değişimi olarak ele alırlar. Ama beynin kendine özgü bir mantığı vardır; bu nedenle hareketi bir nörobilimci olarak değil de fizikçi olarak irdelemek, insanlardaki zihinsel işleyiş ile ilgili yanlış izlenimlere neden olacaktır. Beyzbolda yükseğe atılan topları ("popfly") yakalamaya çalışan dış saha oyuncularını düşünün. Topu yakalamak için hangi noktaya koşacaklarına nasıl karar verirler? Olasılıkla beyinleri topun yerini anbean temsil etmektedir: İşte şimdi orada, şimdi yaklaştı, şimdi daha da yakında. Doğru mu? Yanlış.

Öyleyse oyuncunun beyni topun hızını hesaplıyor olabilir mi? Hayır.

Belki de ivmesini? Yine hayır.

Bilimci olduğu kadar beyzbol meraklısı da olan Mike McBeath işte bu "popfly" toplarını yakalamada devreye giren gizli sinirsel hesaplamaları anlamak için kolları sıvamış[20] ve dış saha oyuncularının, hangi noktaya değil, yalnızca nasıl koşacaklarını onlara söyleyen bilinçdışı bir programdan yararlandıklarını keşfetmişti. Oyuncular öyle yer değiştiriyordu ki, aslında parabolik bir yol izleyen top, oyuncunun bakış açısından hep düz bir çizgi üzerinde ilerliyormuş gibi görünüyordu. Yol düz bir çizgiden sapar görünmeye başladığı anda, oyuncular da koştukları yönü değiştiriyordu.

Bu basit program, dış saha oyuncularının doğrudan topun iniş noktasına fırlamak yerine, oraya ulaşmak için farklı türden bir eğim izledikleri gibi tuhaf bir öngörüde bulunmaktadır. McBeath ve meslektaşlarının havadan çekilmiş video filmleriyle de doğruladıkları üzere, oyuncuların yaptığı tam olarak budur.[21] Bu koşma stratejisi topla kesişme noktasının yeri hakkında herhangi bir bilgi vermeyip yalnızca oraya ulaşmak için nasıl bir hareket çizgisi izlemek gerektiğine temellenmiştir. Bundan hareketle, söz konusu program da oyuncuların yakalanamaz topları yakalayayım derken neden sıklıkla duvara tosladıklarını açıklamaktadır.

Böylece görüyoruz ki sistemin yakalamak ya da hedefle kesişmek için konum, hız ya da ivmeyi ille de açık biçimde temsil etmesi gerekmiyor. Bu, bir fizikçinin öngöreceği bir durum değildir olasılıkla; bunun da ötesinde, iç gözlem yoluyla sahne gerisinde olup bitenler hakkında anlamlı denebilecek pek az kestirimde bulunulabileceğinin altını çizer. Ryan Braun ve Matt Kemp gibi büyük dış saha oyuncularının, zihinlerinde böyle bir programın işlemekte olduğundan haberleri bile yoktur elbette; onlar yalnızca programın ve sayesinde kazandıkları paranın tadını çıkarmaya bakarlar.

## GÖRMEYİ ÖĞRENMEK

Mike May üç yaşındayken bir kimyasal patlama tümüyle kör kalmasına neden olmuş, ama bu durum onu dünyanın en iyi Alp disiplini iniş kayakçısı, yanı sıra iyi bir işadamı ve aile babası olmaktan alıkoyamamıştı. Patlamanın görme yetisini elinden almasının üzerinden geçen kırk üç yılın sonunda, bu yetiyi ona yeniden kazandırabilecek yeni bir cerrahi yönteminin geliştirildiğini duydu. Yaşamında kör bir insan olarak az buz başarı elde etmemişti belki, ama yine de ameliyatı deneyecekti.

Ameliyattan sonra gözündeki bandajlar çıkarıldı ve Mike, bir fotoğrafçının da eşliğinde oturup beklerken iki çocuğu içeri alındı. Büyük an gelmişti. Yenilenmiş gözleriyle onların yüzüne baktığı ilk an olacaktı bu. O sırada çekilen fotoğrafta çocukları ona heyecanla bakarken Mike yüzünde biraz mutlu, biraz şaşkın bir gülümsemeyle oturur halde görülmektedir.

Sahnenin dokunaklı olması beklenirdi elbet, ama hiç de öyle olmadı. Ortada bir sorun vardı. Gözleri artık kusursuz biçimde çalışıyor olsa da Mike önündeki nesnelere tam bir şaşkınlıkla bakmaktaydı. Beyni böylesi bir girdi bombardımanı karşısında ne yapacağını bilmiyordu. Gözleriyle deneyimlediği şey oğullarının yüzlerinin görüntüsü değil, yorumlanamaz bir kenarlar, renkler ve ışıklar karmaşasıydı. Gözleri işlev görüyor, ama *görmeyi* başaramıyordu.[22]

Bütün bunların nedeni, beynin görmeyi öğrenmek zorunda olmasıdır. Kafatasının zifiri karanlığı içinde kendini gösteren tuhaf elektrik fırtınaları, dünyadaki nesneleri duyularla eşleştirmeye çalıştığımız uzun çabalardan sonra bilinç düzeyinde algılanabilen birer özete dönüşür. Koridorda yürüme deneyimini ele alalım. Ömrü boyunca koridorlardan geçmiş biri olarak Mike, koridor boyunca duvarların bir kol boyu mesafede birbirine paralel uzandığını biliyordu. Bu nedenle görme yetisini yeniden kazandığında perspektif ilkelerince birbirine yakınsayan koridor çizgileri, onun anlayışının çok üzerinde kalan bir kavram olarak çıkmıştı karşısına. Bu durum, beyni için hiçbir şey ifade etmemekteydi.

Benzer biçimde, çocukluğumda tanıştığım görme engelli bir kadının, odalarının yerleşimi ve eşyalarının konumunu ne kadar derinlemesine bildiğini gördüğümde şaşırmıştım. Odaların tasarımını, görebilen kişilerden daha büyük kesinlikle çizip çizemeyeceğini sorduğumda aldığım yanıt ise daha da şaşırtmıştı beni: Tasarımları, bırakın ayrıntıyı, *hiçbir biçimde* çizemezdi, çünkü gören kişilerin üç boyutu (oda) iki boyuta (bir kâğıt parçası) nasıl dönüştürdüğünü başta anlamıyordu zaten. Bu düşünce, basitçe anlam veremediği bir şeydi.[23]

Görmek, dünyayı berrak bakışlarla karşınıza almaktan ibaret değildir; sistemin, görme sinirleri boyunca ilerleyen elektrokimyasal sinyalleri yorumlamayı da öğrenmesi gerekir. Mike'ın beyni, onun kendi hareketlerinin duyusal sonuçları nasıl değiştirdiğini anlayamamıştı. Örnek vermek gerekirse, başını sola oynattığında sahne sağa kayıyordu. Görme yetisine sahip kişilerin beyinleri bu tür şeylere artık alışmış ve bunları görmezden gelmeyi öğrenmiştir. Ama Mike'ın beyni bu tür tuhaf ilintiler karşısında afallamıştı. Bu örneğin aydınlattığı önemli bir nokta var: Görmeyle ilgili bilinçli deneyim, birazdan göreceğimiz üzere ancak duyusal sonuçlarla ilgili doğru ve kesin öngörülerin varlığında gerçekleşebilir.[24] Sonuçta görüş, nesnel anlamda karşınızda duran bir şeyin basit bir temsili ya da yorumu gibi *görünse* de, aslında ciddi bir bedeli vardır. Görmek, öğrenmek zorunda olduğumuz bir şeydir.

Birkaç hafta boyunca ortalıkta dolaşıp nesnelere gözünü dikerek, sandalyelere tekme atarak, gümüşleri inceleyerek, karısının yüzünü ovalayarak, Mike sonunda bizimki gibi bir görme deneyimini kazanmayı başardı. Aramızdaki tek fark, bu deneyimi bizden daha fazla takdir etmesi.

* * *

Mike'ın öyküsü, beynin bir girdi çağlayanını alıp ona anlam vermeyi öğrenebildiğini gösterir. Peki ama bu durum, bir duyuyu bir diğerinin *yerine koyabileceğiniz* yolundaki tuhaf öngörüye de işaret eder mi? Bir başka ifadeyle, bir video kameradan veri akışını alıp bunu farklı bir duyuya girdi olacak biçimde dönüştürürseniz, dünyayı da bu şekilde mi görürsünüz? İnanması güç olsa da yanıt "evet"tir ve bunun sonuçları da birazdan göreceğimiz üzere epeyce derinlere ulaşır.

## BEYİNLE GÖRMEK

1960'lı yıllarda Wisconsin Üniversitesi'nde bir nörobilimci olan Paul Bach-y-Rita, görme engellileri yeniden görüşe kavuşturmanın yolları üzerinde kafa yormaya başladı.[25] Babası geçirdiği inmeden sonra yakın geçmişte mucizevi bir iyileşme göstermiş, Paul ise beynin dinamik biçimde yeniden düzenlenme potansiyeli karşısında büyülenmişti.

Kafasında giderek büyüyen bir soru vardı: Beyin, bir duyunun yerine yenisini koyabilir miydi? Bach-y-Rita sonunda görme engellilere dokunsal bir "gösterim" sunmaya karar verdi.[26] Düzeneğin işleyiş ilkesi şöyle açıklanabilir: Kişinin alın bölgesine yerleştirilmiş bir video kameraya gelen video bilgisi, sırtta yer alan ve ufacık titreştiricilerden oluşan bir dizgeye girdi olacak şekilde dönüştürülür. Böyle bir aygıtı takıp gözleriniz bağlı halde odada yürüdüğünüzü düşünün. Önce sırtınızın bir bölümünde tuhaf bir örüntüyle kendini gösteren titreşimler hissedeceksiniz. Titreşimler sizin kendi hareketinize doğrudan bağlı olarak değişim gösterdiği halde neler olup bittiğini anlamak size oldukça zor gelecek. Bacağınızı sehpaya vurduktan sonra ise "bunun görmeyle uzaktan yakından ilgisi yok" diye düşüneceksiniz.

Ama acaba öyle midir gerçekten? Gözleri görmeyen deney katılımcıları bu görsel-dokunsal değişim gözlüklerini takıp bir hafta kadar ortalıkta dolaştıktan sonra, yeni bir ortamda yönlerini bulmada oldukça başarılı hale gelirler. Sırtlarında hissettiklerini, yönelecekleri doğrultunun bilgisine çevirebiliyorlardır artık. Ama işin asıl şaşırtıcı yönü bu değildir. Asıl şaşırtıcı olan, dokunsal girdileri algılamaya; onlar aracılığıyla *görmeye* başlamalarıdır. Yeterince uygulama yaptıktan sonra bu dokunsal girdiler, çevrilmeye ihtiyaç duyan bilişsel bir bilmece olmanın ötesine geçerek, dolaysız bir duyum haline gelir.[27]

Sırttan gelen sinirsel uyarıların görmeyi temsil edebildiğine inanmak size güç geliyorsa, kendi görme duyunuzun da aslında tıpkı bunlar gibi, yalnızca farklı kablolardan geçmeyi seçmiş bulunan milyonlarca sinirsel uyarıyla taşındığını hatırlayın, yeter. Beyniniz, kafatasının içindeki sığınağında mutlak bir karanlıkla çevrelenmiştir. Hiçbir şey *görmez*. Tek bildiği, bu küçücük sinyallerden ibarettir. Ama siz buna rağmen dünyayı ışık ve rengin bütün farklı dereceleri ve tonlarıyla algılarsınız. Beyniniz karanlıktadır, ama zihniniz ışığı kurgulayabilir.

İster gözlerden, ister kulaklardan, ister bambaşka yerlerden olsun, uyarıların nereden geldiği, beyni hiç mi hiç ilgilendirmez. Uyarılar, siz nesneleri itip, yerden yere vurup, onlara tekmeler atarken yaptığınız hareketlerle tutarlı biçimde ilişkilendirilebilir olduğu sürece beyniniz de görme adını verdiğimiz dolaysız algıyı inşa edebilir.[28]

Bu türden başka duyusal değiştokuşlar da etkin biçimde incelenmektedir.[29] Kaya tırmanıcısı Eric Weihenmayer'i düşünün: Vücudunu hamlelerle ileri itip, son derece tehlikeli ve küçük kaya basamaklarına tutunmasını sağlayan konumlar alarak dimdik kayalıklarda kademe kademe ilerliyor. Kör olması ise başarısını katlayan bir etken. Weihenmayer, kendisini 13 yaşında kör bırakan ve retinoşizis adı verilen ender bir göz hastalığıyla dünyaya gelmişti. Bu durumun dağcı olma düşünü yıkmasına izin vermeyerek 2001 yılında Everest Dağı'na tırmanan ilk (ve kitabın yayımlandığı tarih itibariyle de tek) görme engelli dağcı oldu. Artık tırmanışlarını 600 ufacık elektrot içeren ve BrainPort olarak bilinen küçük bir levha parçasını ağzında taşıyarak gerçekleştiriyor.[30] Bu, onun tırmanırken *dili aracılığıyla görmesini* sağlıyor. Dil, normalde bir tat alma organı olduğu halde, taşıdığı nem ve yarattığı kimyasal ortam, yüzeyine karıncalanma duygusu veren bir elektrot levhası yerleştirildiğinde onu kusursuz bir beyin-makine arayüzü haline getirir.[31] Levha, video girdisini bir elektriksel uyarı örüntüsüne çevirerek dilin normalde görme duyusuna atfedilen özellikleri (uzaklık, biçim, hareket doğrultusu ve boyut gibi) algılamasını sağlar. Bu düzenek, bize gözümüzden çok beynimizle gördüğümüzü hatırlatır niteliktedir. Başlangıçta Eric gibi görme engellilere yardımcı olmak üzere geliştirilen tekniğin yeni uygulamalarında dil levhasına kızılötesi ve sonar girdileri de verilmekte ve böylece dalgıçların bulanık sularda görmesi, askerlerin de karanlıkta 360 derecelik görüşe sahip olması sağlanmaktadır.[32]

Eric, dilin bu şekildeki uyarımını başlangıçta tanımlanamaz kenarlar ve şekiller olarak algıladığını, ancak uyarımı daha derin bir düzeyde tanımayı hızla öğrendiğini ifade etmişti. Kendisi artık kahve fincanını rahatlıkla eline alabiliyor, bir futbol topuna vurup kızıyla karşılıklı paslaşabiliyor.[33]

Dilinizle görmek düşüncesi size hâlâ tuhaf geliyorsa, Braille alfabesiyle okumayı öğrenmeye çalışan kör bir insanın deneyimini düşleyin. Başlangıçta her şey küçük tümseklerden ibarettir, bir süre sonra tümsekler anlam kazanmaya başlar. Bilişsel bir bulmacadan dolaysız algıya geçiş sürecini anlamada zorlanıyorsanız da, bu sayfadaki harfleri nasıl okuduğunuza daha yakından bakın, yeter. Gözleriniz şu anda süslü püslü şekillerin üzerinden hızla ve kolaylıkla geçip gitmekte, siz ise onları aslında başka bir dile çevirmekte olduğunuzun farkında bile değilsiniz: Sözcüklerin anlamı öylesine ulaşıyor size. Yazı birimlerinin alt düzeydeki ayrıntılarını değil, dili algılıyorsunuz. Durumu iyice kavramak için aşağıdakini okumaya çalışın:

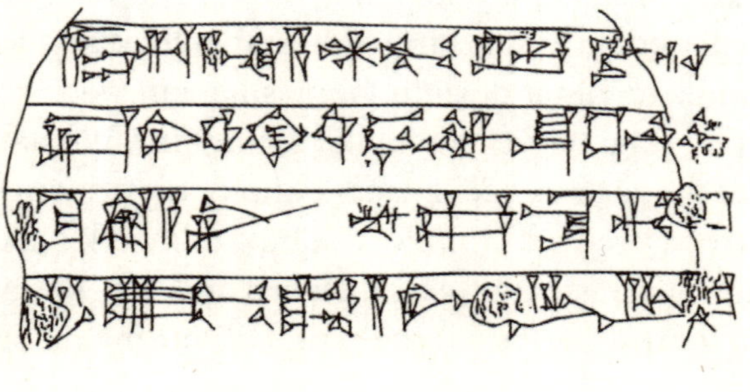

Çok eskilerde yaşayan bir Sümerli olsaydınız, anlamı sizin için son derece açık olur, tabletten dolaysızca önünüze dökülürdü; üstelik de siz, arabulucu rolündeki şekillerin farkında bile olmadan. Ve eğer Çin'in Jinghong bölgesindenseniz, (ama yalnızca bu bölgeden), aşağıdaki cümlenin anlamı da ortadadır sizin için:

[illegible]

Bir sonraki cümle ise, kuzeybatı İran'da konuşulan Beluci dilini biliyor olmanız koşuluyla size son derece komik gelecektir:

توامیں انسان بنی صورتءَ شرپداریں ءُ آجوئیں دروشمءَ ودی بنت ایں. اشانی تہا زانت، سرپدی ءُ شعور است بیت .اے وت ما وتا براتی منیل ءُ یکجانیءَ بہ ودین انت.

Çivi yazısı, Yeni Tai Lue ya da Beluci dilini bilenler için bu sayfadaki cümlelerin geri kalanı, size onların dillerinin geldiği kadar yabancı ve yorumlanamaz görünür. Ama siz, buradaki harflerin anlamını hiç çaba göstermeden sökersiniz; çünkü bilişsel çeviriyi dolaysız algıya dönüştürme işini zaten önceden yapmışsınızdır.

Aynı şey, beyne gelen elektrik sinyalleri için de geçerlidir: Bunlar önceden yoksun oldukları anlamı sonradan kazanır. Siz bu sözcüklerin anlamını anında nasıl "görüyorsanız", beyniniz de kendisini hedef alan elektriksel ve kimyasal sinyaller bombardımanını tıpkı öyle, karla kaplı çam ağaçları arasından koşarak giden bir atı gördüğü gibi "görür". Mike May'in beynine ulaşan nöral harfler ise hâlâ çeviriye ihtiyaç duymakta. Attan kaynaklanan görsel sinyaller, olan biten hakkında olsa olsa çok az fikir veren, yorumlanamaz etkinlik patlamaları durumunda; retinaya düşen sinyaller, her biri tek tek çevrilmek için çırpınıp duran Beluci harfleri gibi. Eric Weihenmayer'in beynini ele alırsak da, dili, ona Yeni Tai Lue dilinde sinyaller göndermekte; ama kendisi pratik yaptıkça beyni de bu dili çözmeyi öğreniyor. Geldiği bu noktada ise görsel dünyaya ilişkin anlayışı, onun için anadilinin sözcükleri kadar açık ve berrak.

Beynin "plastisite" adı verilen bu esnekliğinin inanılmaz sonuçlarından biri de, gelecekte beyni doğrudan yeni veri akışlarıyla (kızılötesi ya da morötesi görüş, hatta iklim ve borsa verileri bile) yükleyebilecek olmamız.[34] Böyle bir durumda beyin verileri sindirmek için epeyce uğraşacak ama er veya geç dili konuşmayı öğrenecek. Bizlerse programa kattığımız bu yeni işlevlerle nihayet Beyin 2.0 sürümünü piyasaya sürebileceğiz.

Bu konudaki çalışmaların zaten başlamış olduğunu düşünürsek, bu düşü bilimkurgu olarak nitelendirmek yanlış olur. Yakın geçmişte Gerald Jacobs ve Jeremy Nathans adlı araştırmacılar bir insan fotopigmentini (belirli dalga boylarındaki ışığı soğurabilen bir retina proteini) kodlayan geni alarak renkkörü farelerin genlerine eklediler.[35] Ortaya ne çıktı dersiniz? Renkli görüş. Bu fareler şimdi renkleri birbirinden ayırabiliyor. Onlara, mavi düğmeye bastıklarında ödül kazandıkları, kırmızı düğmeye bastıklarındaysa bir şey kazanmadıkları bir görev veriyorsunuz. Her denemede düğmelerin konumunu gelişigüzel değiştiriyorsunuz. Genetik olarak değiştirilmiş fareler mavi düğmeyi seçmeyi öğrenecekler, renkkörü olarak kalmış fareler için düğmeler birbirinden ayırt edilemez olduğundan, onlar da seçimlerini gelişigüzel biçimde yapacaklardır. Yeni farelerin beyinleri, gözlerinin konuştuğu bu yeni lehçeyi dinlemeyi öğrenmiştir artık.

İnsanlar için geçerli olan benzeri bir durum da, karşımıza evrimin doğal laboratuvarından çıkar. İnsan dişilerinin en az yüzde 15'i, onlara fazladan (dördüncü) bir renk fotoreseptörü kazandıran bir genetik mutasyon taşır ve bu sayede yalnızca üç tip renk fotoreseptörüne sahip olan çoğumuz için aynı görünen renkleri birbirinden ayırt edebilir.[36] Renk kartelası içinde bize aynı görünen iki renk, onlar için alenen farklı olabilir. (Moda tartışmalarının yüzde kaçının bu mutasyondan kaynaklandığıysa bilinmemektedir)

O halde beyne yeni veri akışları yükleme stratejisi sadece kuramsal bir görüş değil, karşımıza zaten çeşitli kılıklarda çıkıyor. Girdilerin ne kadar kolayca işlenebilir hale geldiğini görmek şaşırtıcı olsa da, Paul Bach-y-Rita'nın yıllarca süren araştırmasını özetlediği ifadeyle "siz beyne bir kez bilgiyi verin, o üstesinden gelmeyi başaracaktır."

Eğer bu anlatılanlardan herhangi biri, gerçekliği nasıl algıladığınız konusundaki görüşlerinizde bir fark yarattıysa hazır olun. Çünkü işler daha da tuhaflaşıyor. Bir sonraki adımda, görmenin gözlerle neden bu kadar az ilişkisi olduğunu keşfedeceğiz.

## İÇ KAYNAKLI ETKİNLİKLER

Algılarla ilgili geleneksel öğreti, duyular aracılığıyla gelen verilerin beyne aktığını ve burada duyusal hiyerarşi katmanlarından yukarı tırmanarak sonunda kendilerini görünür, işitilir, koklanır, tadılır ya da dokunsal olarak hissedilir kıldıkları, yani "algılandıklarını" söyler. Ama veriler daha dikkatli incelendiğinde bunun pek de doğru olmadığı anlaşılır. Beyin, kendi iç yapısından türeyen etkinlikler temelinde işleyen kapalı bir sistemdir.[37] Bu tür etkinliklere verilebilecek çeşitli örnekler zaten hazırda vardır: Sözgelimi solunum, sindirim ve yürüme, beyin sapı ve omurilikte yer alan otonom özellikli etkinlik üreteçlerince denetlenir. Rüya uykusu sırasında ise beyin normal girdilerden yalıtıldığı için, içeride gerçekleşen etkinleşmeler, korteksin uyarımında devreye giren tek kaynaktır. Bu içsel etkinlik, uyanıkken de hayal gücünün ve sanrıların (halüsinasyon) temelini oluşturur.

Çizilen bu çerçevenin asıl şaşırtıcı yönü, içsel verilerin duyusal dış verilerce *üretilmediği*, onlar tarafından yalnızca *ayarlamaya (modülasyona) tabi tutulduğu* gerçeğidir. 1911'de İskoç dağcı ve nörofizyolog Thomas Graham Brown, yürümede devreye giren kasların hareketini denetleyen programın, omuriliğin çarkları arasında kurulu olduğunu gösterdi.[38] Bacaklarındaki duyu sinirlerini kestiği bir kedi, koşu bandı üzerinde yine de rahatlıkla yürüyebiliyordu. Bu sonuç, yürümede yararlanılan programın omurilik kaynaklı olduğunu ve bacaklardan gelen duyusal geribildirimin yalnızca, gerektiğinde (sözgelimi kaygan bir yüzeye basan kedinin ayakta kalabilmesi için) programda *ayarlama yapmak* üzere kullanıldığına işaret etmekteydi.

Beynin büyük sırrı, yalnızca omuriliğin değil, bütün merkezi sinir sisteminin bu şekilde çalışıyor olmasıdır: İç kaynaklı etkinlikler duyusal girdilerle ayarlamaya tabi tutulur. Bu açıdan bakıldığında uyanıklıkla uyku arasındaki fark, gözlerden gelen verilerin, algıyı *sabitlemesidir*. Uykuda görüş (rüya) gerçek dünyada herhangi bir şeye sabitlenemeyen ya da bağlanamayan bir algıya işaret ederken, uyanma algısı da önünüzdekilere biraz daha fazla adanmış olduğunuz bir rüya görme deneyimini andırır. Zifiri karanlıkta yalıtılmış mahkûmlar ya da duyusal yoksunluk tanklarında kalmış kişiler de sabitlenmemiş algıya ilişkin başka örnekler sunarlar. Her iki durum da hızla sanrılara yol açmaktadır.

Göz hastalıklarına yakalanan ya da görme kaybı yaşayan insanların yüzde 10 kadarı görsel sanrılar deneyimler. Charles Bonnet Sendromu olarak bilinen tuhaf rahatsızlıkta, görme yetilerini kaybeden kişiler, gerçek olmadığını bildikleri çiçekler, kuşlar, insanlar, binalar gibi nesneler görmeye başlarlar. 1700'lü yıllarda yaşamış İsviçreli düşünür Charles Bonnet, kataraktan dolayı görüşünü kaybetmekte olan büyükbabasının aslında orada bulunmayan nesneler ve hayvanlarla etkileşim kurmaya çalıştığını fark ettikten sonra tanımlamıştır bu bozukluğu.

Bu sendrom tıp literatüründe yüzyıllardır yer almakla birlikte tanıda sıklıkla gözden kaçar. İki nedenle: Birincisi, çoğu hekimin sendromdan haberdar olmayıp belirtileri bunama olarak yorumlaması; ikincisi, halüsinasyonları görenlerin, gördükleri şeylerin en azından kısmen beynin bir oyunu olduğu bilgisine yenik düşmesi. Bazı araştırmalara göre bu kişilerin çoğu, zihinsel hastalık tanısından korktukları için doktora gördükleri sanrılardan bahsetmemektedir bile.

Klinisyenlere göre ise bu noktada en önemli şey, hastanın kendisine bir tür gerçeklik testi uygulayarak, gördüğü şeyin sanrı olup olmadığını anlayabilmesidir. Böyle durumlarda rahatsızlık *yalancı sanrı* olarak adlandırılır. Sanrı görüp görmediğinizi bilmek bazen çok zor olabilir elbette. Şu anda bile masanızın üzerinde bir gümüş kalem sanrısı görüyor ve gerçekliğinden kuşkulanmıyor olabilirsiniz; varlığı, ne de olsa akla aykırı değil. Saptanması görece kolay olan sanrılar, gerçekten de tuhaf olanlarıdır. Çünkü bildiğimiz kadarıyla sanrı, hepimizin sürekli gördüğü bir şeydir.

Gördüğümüz üzere, normal algı dediğimiz şey aslında sanrılardan pek de farklı değildir; ikincisinin dış kaynaklı girdilerle sabitlenmiyor olması dışında. Aslında sanrı dediğimiz şeyi basitçe, sabitlenmemiş görüş olarak tanımlamak da mümkündür.

Bütün bu tuhaf gerçekler bir araya geldiğinde, birazdan göreceğimiz gibi, bize beyne bakmanın ilginç ve şaşırtıcı bir yolunu sunar.

* * *

Beyin işlevleriyle ilgili ilk görüşler, bilgisayarla kurulan benzeşime dayandırılmaktaydı: Beyin, duyusal bilginin farklı işlemleme aşamaları boyunca ilerleyip sonunda da bir sonuç noktasına ulaşmasını sağlayan bir girdi-çıktı aygıtıydı.

Ancak beyindeki hatların basitçe A'dan B'ye, B'den C'ye yol almadığı keşfedildikten sonra bu "montaj hattı" modeli de kuşku çekmeye başladı. Çünkü C'den B'ye, C'den A'ya ya da B'den A'ya ilerleyen geribildirim döngülerinin varlığı da söz konusuydu. Şimdi biliyoruz ki, beynin bütünü boyunca ne kadar ileribildirim yolu varsa bir o kadar da geribildirim yolu var. Bu durum, teknik bakımdan yinelenme (recurrence), daha genel olarak da döngüsellik (loopiness) olarak ifade edilen bir beyinsel devre özelliğidir.[39] Beyin, bu bakımdan bir montaj hattından çok, bir pazar yerine benzer. Beyinsel devrelerin bu özelliği, dikkatli gözlemcinin kuşkularını derhal uyandıracak ve onu, görsel algının gözlerde başlayıp beynin arkasında bir yerlerdeki gizemli bir noktada son bulan bir veri işlemleme süreci olmadığı yönünde düşünmeye itecektir.

Bunun da ötesinde, yerleşik geribildirim bağlantıları öylesine yaygındır ki, sistem geriye doğru bile çalışabilir. Buna göre beyindeki birincil duyu bölgelerinin tek yaptığının, aldıkları girdileri, giderek karmaşıklaşan bir yorumla işlemleyip hiyerarşide bir üst basamaktaki bölgeye göndermek olduğunu savunan görüşün tersine, yüksek beyin bölgeleri de bir yandan daha aşağı bölgelerle doğrudan konuşup onlara karşılık vermektedir. Diyelim ki, sizden gözlerinizi kapamanızı, sonra da kırmızı-beyaz bir masa örtüsünün üzerinde mor reçelle dolu bir kavanoza doğru ilerleyen bir karınca hayal etmenizi istedim. Görsel sisteminizin daha alt kademelerdeki bileşenleri birden etkinlikle parlayıverdi. Karıncayı gerçekte görmediğiniz halde, onu zihninizin gözüyle bir anlamda yine de görebildiniz. Daha üst düzeydeki alanlar, aşağıdakileri yönetmekteydi o sırada. Sonuçta, gözler daha alt düzeydeki alanları beslediği halde, sistem bileşenleri arasındaki sayısız ara bağlantı, bu alanların karanlıkta da tek başlarına pekâlâ iş görebilmesini sağlar.

İşler daha da tuhaflaşmaya başlıyor. Bu zengin pazar yeri dinamiğine bağlı olarak farklı duyular birbirini de etkileyerek, olan bitenle ilgili hikâyeyi değiştirebilirler. Gözlerden gelen bilgiler yalnızca görme sistemini değil, beynin diğer bölgelerini de ilgilendirir. Vantrilogların yararlandığı yanılsama yönteminde ses bir noktadan gelir (vantriloğun ağzı) ama gördüğünüz kıpırdayan ağzın yeri başkadır (vantriloğun kuklası). Beyniniz ise, sesin doğrudan kuklanın ağzından geldiği sonucuna varır. Vantriloglar seslerini bir yere "atmazlar"; beyniniz onların bütün işini üstlenir.

Bir başka örnek olarak McGurk etkisini ele alalım. Bir hecenin ("ba") telaffuzuyla çıkan ses, farklı bir heceyi ("ga") seslendiren bir ağzın dudak hareketlerinin video görüntüsüyle senkronize edildiğinde, üçüncü bir heceyi ("da") işittiğinize dair güçlü bir yanılsama yaşatır size. Bu durum, beynin "döngüselliği" ve içindeki bağlantı yoğunluğunun bir sonucu olarak ses ve dudak hareketine ilişkin ipuçlarının, işlemleme sürecinin erken bir aşamasında bir araya gelmesiyle gerçekleşir.[40]

Görme, genelde işitmeye baskın gelen bir duyudur; ama flaş etkisi adı verilen durumda olduğu gibi, bunun tersi de söz konusu olabilir: Herhangi bir noktanın iki "bip" sesi eşliğinde flaş ya da benzeri bir ışıkla aydınlatılması, ışığın iki kez çaktığı gibi bir izlenim yaratır.[41] "İşitsel yönlendirme" (auditory driving) adı verilen bu olguda ışığın yanıp sönme hızı, farklı hızdaki ardışık "bip" seslerinin eşliğinde artırılabilir ya da düşürülebilir.[42] Bu tür basit yanılsamalar, bize nöral devrelerle ilgili güçlü ipuçları sunarak görme ve işitme sistemlerinin, dünyada gerçekleşen olaylarla ilgili tutarlı bir hikâye anlatabilmek için birbiriyle sıkı ilişki içinde olduklarını gösterir. Ve böylece anlarız ki, giriş niteliğindeki ders kitaplarında görmeyle ilgili olarak geçen montaj hattı modeli yalnızca yanıltıcı değil, düpedüz yanlıştır da.

* * *

Öyleyse döngüsel olarak işleyen bir beynin avantajı nedir? Birincisi, canlının uyarı-cevap davranışının ötesine geçerek, gerçek duyusal uyarı gelmeden önce öngörülerde bulunmasını sağlar. Beyzbol topu örneğini yeniden ele alalım. Eğer yalnızca bir montaj hattı aygıtı olsaydınız, o topu yakalayamazdınız: Siz herhangi bir motor komutu yerine getirene kadar, retinanıza çarpan ışıktan kaynaklanan yüzlerce milisaniyelik bir gecikme söz konusu olur, eliniz sürekli olarak topun daha öncesinde bulunduğu yere doğru uzanmış olarak kalırdı. Topları yakalayabilmemizin nedeni, yalnızca ve yalnızca sistemin derinlerine gömülü, çeşitli yerleşik fizik modellerine sahip olmamızdır.[43] Bu içsel modeller, kütleçekimsel ivmenin etkileri doğrultusunda topun ne zaman ve nereye ineceğiyle ilgili beklentiler üretir.[44] İşleyişlerini belirleyen ölçütler ise yaşam süresince maruz kaldıkları normal, dünyevi deneyimlerce ayarlanır. Sonuçta beyinlerimiz, böylece yalnızca en son maruz kaldıkları duyusal verilerle çalışmanın ötesine geçerek, topun varmak üzere olduğu noktalarla ilgili öngörüler de oluşturabilir.

Bu, "dış dünyanın içsel modelleri" olarak özetlenebilecek daha geniş bir kavram için iyi bir örnektir. Beyin, belirli koşullarda belirli bir iş yapmaya niyetlenmeniz durumunda neler olacağının içsel simülasyonunu gerçekleştirir. Bu içsel modeller motor eylemlerde (yakalamak ya da kaçmak gibi) rol oynamanın ötesinde bilinçli *algıların* da temelinde yatar. Algının, yalnızca verileri hiyerarşik bir düzene göre bir araya getirmek değil, *beklentileri* gelen duyusal verilerle eşleştirmek temelinde işlediği düşüncesinin izlerini 1940'lı yıllara kadar sürmek mümkündür.[45]

Bu çerçeve, beklentilerimizin gördüklerimizi etkileyebildiği gözleminden esinlenilerek çizilmişti. Yoksa inanmıyor musunuz? Bir sonraki sayfadaki şeklin içeriğini belirlemeye çalışın. Beyniniz, bu lekelerin anlamı hakkında daha önce bir beklenti oluşturmadıysa gördükleriniz de lekelerden ibaret olacaktır. Herhangi bir şeyi "görebilmeniz" için beklentilerinizle gelen verilerin eşleşmesi zorunludur.

Bu düşünceye ilişkin ilk örneklerden biri, 1956'da görme korteksinin temelde dünyanın modelini oluşturmakla görevli bir makine olduğu varsayımını ileri süren nörobilimci Donald MacKay'den gelmişti.[46] MacKay'e göre birincil görme korteksi, retinadan akan verilerle ilgili beklenti oluşturmasını sağlayan bir iç model kuruyordu (bkz. Ek). Buna göre korteks, öngörülerini talamusa gönderir, talamus da gözden gelen bilgiyle önceki beklentiler arasındaki *farkı* rapor eder. Kortekse geri gönderdiği bilgi, yalnızca bu farkla ilgili olan, yani daha önce beklentisi kurulmamış bilgidir. Bu beklenmedik bilginin iç model üzerinde yaptığı ayarlama sayesinde gelecekteki olası uyumsuzluk azaltılmış olur; çünkü beyin bu

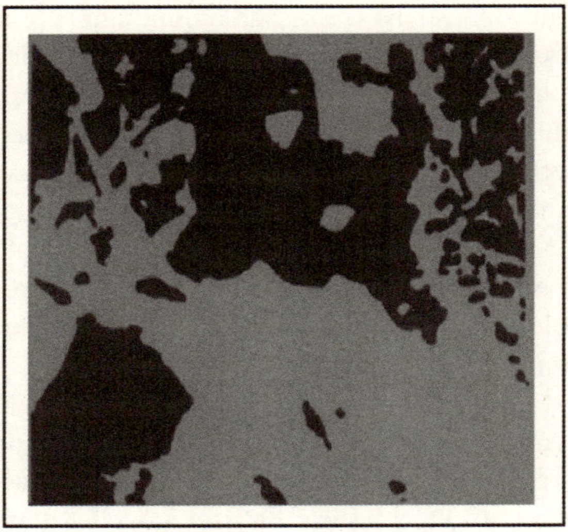

Algılamada beklentinin rolüne bir örnek. Bu tür lekelere ilk bakışta genellikle herhangi bir anlam atfedilemez; içeriğin anlaşılması, ancak bir ipucunun algılanmasından sonra mümkün olur. (Eğer lekeler sizin için hâlâ bir şey ifade etmiyorsa meraklanmayın; biraz ileride ipucunu göreceksiniz.) Ahissar ve Hochstein'dan, 2004.

şekilde hatalara dikkat ederek içsel modeli geliştirme şansı bulur. MacKay bu modelin anatomik bir gerçekle de tutarlı olduğuna işaret etmişti: Birincil görme korteksinden talamusun görmeyle ilgili bölgesine geri dönen sinir lifleri, diğer yöne giden liflerin on katı kadardı. Ayrıntılı beklentilerin korteksten talamusa gönderilmesi, daha ileriye yönlenen bilgilerin ise yalnızca farkı taşıyan küçük bir sinyalce temsil edilmesi durumunda beklenecek bir durumdu bu.

Bütün bunlar bize, algının, duyusal girdilerle içsel öngörüler arasında yapılan etkin kıyaslamayı yansıttığını söyler ve bu, bize daha da büyük bir kavramı anlama olanağı sunar: Çevrenizin farkına, ancak duyusal girdilerin beklentilerle çeliştiği zamanlarda varırsınız. Dünya beklentilerinizle uyuştuğunda farkındalığa gereksinim yoktur, çünkü beyin işini gayet iyi biçimde görmektedir. Örnek verecek olursak; bisiklete binmeyi ilk öğrendiğinizde epeyce bir bilinçli konsantrasyona gereksinim duyarsınız ama bir süre sonra, duyusal beklentilerle motor eylemler kusursuz biçimde uzlaşınca bisiklete binmek de bilinç gerektirmeyen bir eylem haline gelir. Bununla kastettiğim, bisiklete bindiğinizin farkında olmadığınız değil, gidonu nasıl tuttuğunuzun, pedallara uyguladığınız basıncın ve gövdenizi nasıl dengelediğinizin farkında olmadığınız. Beyniniz engin deneyimlerine dayanarak, siz hareket ettikçe ne beklemesi gerektiğini tam olarak bilir. Bu nedenle bir şeyler değişmedikçe (kuvvetli bir rüzgârın esmesi ya da lastiğin patlaması gibi) ne hareketlerinizin ne de aldığınız duyuların farkındasınızdır. Yeni durumlar normal beklentilerinizi sarstığında bilinciniz devreye girer ve içsel model üzerinde ayarlamalar yapılabilir.

Kendi eylemlerinizle sonuç duyumlar arasında geliştirdiğiniz bu öngörülebilirlik durumu, kendinizi gıdıklayamamanızın da nedenidir aynı zamanda. Başka insanlar sizi gıdıklayabilir çünkü yararlanacakları manevralar sizin için öngörülebilir değildir. Ama eğer gerçekten isterseniz, kendi eylemlerinizdeki öngörülebilirliği de ortadan kaldırıp kendinizi gıdıklayabilirsiniz. Bir kuş tüyünün konumunu zaman-gecikmeli bir kumanda koluyla denetleyebildiğinizi düşünün: Kolu oynatmanızla tüyün ona uygun biçimde hareket etmesi arasında en az bir saniye geçecektir. Bu durum öngörülebilirliği ortadan kaldıracak ve size kendinizi gıdıklama becerisini kazandıracaktır. İlginçtir ki şizofreni hastaları kendilerini gıdıklayabilirler. Bunun nedeni, motor hareketlerle sonuç duyumların doğru biçimde sıralanmasını engelleyen bir zamanlama sorunu yaşamalarıdır.[47]

Beyni kendi iç dinamiğine sahip döngüsel bir sistem olarak kabul etmek, bize normalde tuhaf gelecek bazı bozuklukları anlamanın kapılarını da açacaktır. Sözgelimi, beynin kanlanmasındaki bir soruna bağlı olarak körlüğün geliştiği Anton sendromunda, hasta göremediğini *inkâr eder*.[48] Hastane yatağının çevresinde toplaşmış doktorlar hastaya "söyleyin Bayan Green, şu anda yatağınızın çevresinde kaç kişi var?" diye sorduğunda, aslında yedi kişi olduğu halde hasta, büyük bir güvenle "dört" yanıtını verecektir. Doktorlardan biri "kaç parmağımı kaldırdığımı söyleyebilir misiniz?" diye sorduğunda ise "üç" diyecek, oysa doktor o sırada hiç parmak kaldırmamış olacaktır. Rengi mavi olan gömleğinin rengini sorduğunda da, "beyaz" yanıtını alacaktır. Bu insanların yaptıkları, kör *değilmiş gibi davranmak* değildir; kör olmadıklarına yürekten inanmakta, durumlarını yürekten inkâr etmektedirler. Sözel ifadeleri kusurlu olmakla birlikte, yalan değildir. Görme olduğunu sandıkları bir deneyim yaşamaktadırlar gerçekten de; ancak görüntü tümüyle içeride üretilmektedir. Anton sendromlu hastalarda sık görülen bir durum, hastalığa neden olan beyin kanaması ya da damar tıkanıklığı gerçekleştikten bir süre sonrasına kadar tıbbi yardıma başvurmamalarıdır, çünkü kör olduklarının farkında bile değildirler. Bir şeylerin ters gittiğini anlayana kadar genelde epeyce eşyaya çarpmaları gerekir. Hastanın verdiği yanıtlar tuhaf gelse de, bunlara kurmuş olduğu içsel model çerçevesinde bakmak gerekir: Beyin kanlanmasında yaşanan sorundan dolayı dış veriler doğru yerlere ulaşamamakta, hastanın yaşadığı gerçeklik duyusu da, büyük ölçüde beyninin ürettiğiyle sınırlı kalmaktadır. Bu gerçekliğin, gerçek dünyayla pek az bağlantısı kalmıştır artık. Hastanın deneyimlerinin, bu anlamda rüya görmekten, uyuşturucuya bağlı "uçuşlardan" ya da sanrılardan farkı kalmamıştır.

## GEÇMİŞİN NE KADAR GERİSİNDE YAŞIYORSUNUZ?

Beynin kurguları görme ve işitmeyle sınırlı değildir; zaman algısı da bu tür bir kurgudur.

Parmaklarınızı şıklattığınızda gözleriniz ve kulaklarınızın bu hareketle ilgili olarak kaydettiği bilgi daha sonra beyin tarafından işlenir. Ancak sinyallerin beyinde ilerleme hızı oldukça yavaştır; bakır bir tel boyunca sinyal taşıyan elektronların hızından milyonlarca kez daha yavaş. Bu nedenle bu şıklatma hareketinin sinirsel olarak işlenmesi biraz zaman alır. Siz algıladığınız anda eylem çoktan olup bitmiştir bile. Algı dünyanız her zaman gerçek dünyanın gerisinde kalır. Bir başka deyişle dünyaya ilişkin algınız, *gerçek anlamda* canlı olmayan bir canlı yayın gibidir (*Saturday Night Live* programını düşünün). Bu tür programlar, birinin uygunsuz sözcükler kullanması, yaralanması ya da kazara giysisinin açılması gibi durumlara karşı önlem olarak birkaç saniyelik gecikmeyle yayınlanır. Aynı şey, canlı yayına geçmeden önce epeyce bir bilgi toplayan bilinçli yaşamınız için de geçerlidir.[49]

Daha da tuhafı, görsel ve işitsel bilgi beyinde farklı hızla işlendikleri halde, parmaklarınızın görüntüsüyle şıklatmanın sesi, size göre eşzamanlı gerçekleşmiştir. Dahası, parmaklarınızı şıklatmaya karar verdiğiniz *an* ile eylemin kendisi de eşzamanlı gelir size.

Hayvanların doğru zamanlama yapabilmeleri önem taşıdığından, beyniniz de sinyalleri yararlı biçimde bir araya getirebilmek için epeyce bir düzenleme-düzeltme işi gerçekleştirir.

İşin özü şu ki zaman, "oralarda olup bitenler" hakkında şaşmaz bir barometre değil, bir zihinsel inşa ürünüdür. Zamanla ilgili tuhaf bir şeyler döndüğünden emin olabilmeniz için, işte size küçük bir deneme: Gözlerinize aynada bakın ve sonra da bir sağ gözünüz, bir sol gözünüze bakacak şekilde odak noktanızı sağa sola kaydırın. Gözünüzün bir konumdan diğerine yer değiştirmesi onlarca milisaniye alacaktır; ama asıl mesele, kendi gözlerinizi hareket ederken asla göremeyecek olmanızdır. Gözleriniz hareket ederken, zamandaki boşluklara ne olur? Beyniniz, görsel girdilerdeki küçük yokluk anları konusunda neden umursamaz davranmaktadır?

Tıpkı bu örnekte olduğu gibi, bir olayın gerçekleşme süresi de kolaylıkla çarpıtılabilir. Duvardaki saate baktığınızda bunu fark etmiş olabilirsiniz: Yelkovan, yeniden normal hızla ilerlemeye başlayana kadar, bulunduğu yerde olması gerektiğinden biraz fazla donup kalmış gibidir. "Süre" algısının esnekliği, laboratuvarda gerçekleştirilebilecek küçük oyunlarla da açıkça görülebilir. Farz edin ki bilgisayar ekranınıza yarım saniye süreyle bir kare görüntüsü gönderdim. Hemen ardından, birincisinden daha büyük ikinci bir kare gönderirsem, bu ikincisinin ekranda daha uzun süre kaldığını düşüneceksiniz. Aynı şey daha parlak, ya da hareketli bir kare gönderdiğimde de olacaktır. Bunların hepsi, ilk kareden daha uzun süreli olarak algılanacaktır.[50]

Zamanın tuhaflığıyla ilgili bir başka örnek olarak, belirli bir eylemde ne zaman bulunduğunuzu ve onun sonuçlarını ne zaman hissettiğinizi nasıl bilebildiğinizi düşünün. Eğer bir mühendis olsaydınız, akla uygun bir çıkarımda bulunup zamanın "1" noktasında yaptığınız şeyin, zamanın "2" noktasında gerçekleşecek bir duyusal geribildirimle sonuçlanacağını varsayabilirdiniz. Bu nedenle de, laboratuvarda size 2'nin 1'den önce gerçekleştiği izlenimini verebileceğimizi düşünmek sizi şaşırtırdı. Farz edin ki bir düğmeye basarak bir ışığın çakmasını sağlayabiliyorsunuz. Şimdi de düğmeye basmanız ile ışığın çakması arasında, diyelim saniyenin onda biri kadar bir gecikme olacak şekilde bir ayarlama yaptığımızı düşünün. Düğmeye birkaç kez bastıktan sonra beyniniz bu gecikmeye uyum sağlayacaktır; öyle ki, bu iki olay zaman çizgisi üzerinde birbirine biraz daha yaklaşmış gibi gelecektir size. Artık gecikmeye uyum sağladığınıza göre, şimdi de sizi bir kez daha şaşırtıyor ve ışığın, siz düğmeye bastıktan hemen sonra çakmasını sağlıyoruz: Bu sefer de ışığın düğmeye basma eyleminizden önce çaktığına inanacak, eylem ve duyumun tersindiği bir yanılsama yaşayacaksınız. Bu yanılsama, olasılıkla motor etki-duyusal tepki zamanlamasında yapılan ve duyusal sonuçların motor eylemlerin hemen ardından gelmesi gerektiği yolundaki geçmiş beklentilerden kaynaklanan bir ayarlamayı yansıtmaktadır. Gelen sinyallerin zamanlamasıyla ilgili beklentileri ayarlamanın en iyi yolu, dünyayla etkileşime girmektir: Kişi ne zaman bir şeye tekme atsa ya da çarpsa, beyin ses, görüntü ve dokunuşun eşzamanlı olduğu varsayımında bulunabilir. Sinyallerden birinin gecikmeli gelmesi durumunda, beyin, iki olayın birbirine daha yakın zamanda gerçekleştiği izlenimini verecek şekilde, beklentilerinde ayarlama yapar.

Motor sinyaller ve duyu sinyallerinin zamanlamasını yorumlama işi, beynin ortaya sürdüğü bir parti oyunu değildir elbet; nedensellik sorununun çözülmesinde de çok önemli bir rol oynar. Nedensellik, aslında ta temelinde zamansal sıralama değerlendirmesine gereksinim duyar: Yaptığım motor hareket, duyusal uyarıdan önce mi, sonra mı geldi? Çoklu duyulara açık bir beyinde bu sorunun doğru biçimde yanıtlanmasının tek yolu, sinyallerle ilgili zamanlama beklentilerini iyi ayarlanmış biçimde tutmaktır; böylelikle, farklı hızlarla işleyen farklı duyusal yolların varlığında bile "öncelik" ve "sonralık" kesin biçimde belirlenebilir.

Zaman algılaması, gerek benim laboratuvarımda gerekse başkalarında, üzerinde etkin biçimde çalışılan bir alandır; ama burada vurgulamak istediğim kapsayıcı husus, zaman duygusunun (neyin ne zaman gerçekleştiği ve ne kadar sürdüğü) beynimiz tarafından oluşturulduğu ve üzerinde kolaylıkla oynanabildiğidir; tıpkı görmede olduğu gibi.

Öyleyse duyularınıza güvenmek konusunda alacağınız ilk ders şudur: Siz siz olun, güvenmeyin. Bir şeyin doğru olduğuna *inanmanız* ya da doğru olduğunu *bilmeniz*, onun gerçekten doğru olduğu anlamına gelmez. Savaş pilotlarının akıldan çıkarmamaya çalıştığı en önemli ders "cihazlarınıza güvenin"dir. Çünkü duyularınız size en alçakça yalanları söyleyebilir ve siz kokpit kadranları yerine bunlara güvenmeyi yeğlerseniz, yere çakılırsınız. Sonuç olarak, biri size bir daha "Kime inanıyorsun, bana mı, yoksa gözünün gördüğüne mi?"sorusunu sorduğu zaman, yanıt vermeden önce iyice düşünün.

Ne de olsa "oralarda" olan bitenin çok azının farkındayız. Beyin, zaman ve kaynaktan tasarruf sağlayan varsayımlarda bulunarak, dünyayı yalnızca ihtiyacı olduğu kadarıyla görmeye çalışır. Kendimize onlarla ilgili sorular sormaya başlayana kadar çoğu şeyin bilincine varmadığımızı anlamaya başladığımız anda, kendi derinlerimize inme yolunda yaptığımız yolculuğun ilk adımını da atmış sayılırız. Bu noktada, dış dünyada algıladığımız şeylerin, beynin erişme olanağı bulamadığımız bölgelerince üretildiğini anlarız.

Bu erişilmez düzenek ve yaşadığımız zengin yanılsama çeşitliliğiyle ilgili ilkeler, yalnızca görme ve zamana ilişkin temel algılara değil, birazdan göreceğimiz üzere daha üst düzeydeki işleyişlere de (düşüncelerimiz, duygularımız ve inançlarımız) uygulanabilir.

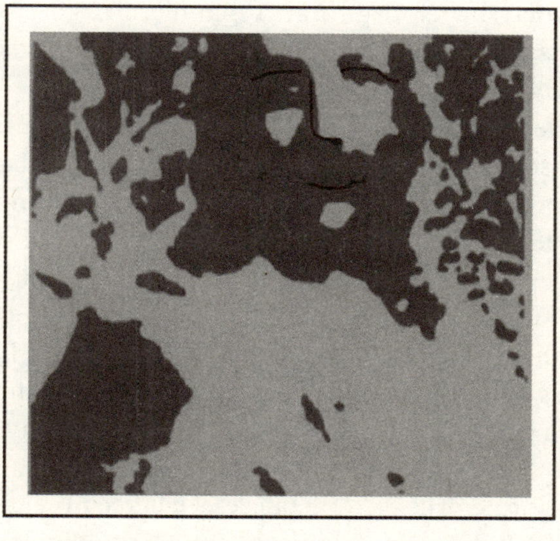

Küçük bir ipucu, şeklin sakallı bir yüz anlamını kazanmasına olanak tanır. Gözünüze çarpan ışık örüntüleri, beklentilerin yokluğunda genellikle görme için yeterli değildir.

# 3

# Aradaki Boşluk: Zihin

"Beni ben yapan bütünü kavrayamıyorum."

–Aziz Augustinus

## ŞERİT DEĞİŞTİRMEK

Beyninizin bildikleriyle zihninizin erişebilecekleri arasında, yerinde durmakta direnen bir uçurum vardır. Araba sürerken şerit değiştirmek gibi basit bir eylemi düşünün ve şunu bir deneyin: Gözlerinizi kapatın, hayali bir direksiyonu kavrayın ve şerit değiştirdiğinizde devreye giren hareketleri tek tek gözden geçirin. Farz edin ki sol şeritte gidiyor ve sağ şeride geçmek istiyorsunuz. Okumaya devam etmeden önce bu kitabı elinizden bırakın ve deneyin bunu. Eğer doğru yaparsanız, benden size 100 puan.

Epeyce kolay bir iş, değil mi? Tahminlerime göre direksiyonu düz tuttunuz, sonra kısa bir süreliğine sağa çevirdiniz, sonra da yeniden düzelttiniz. Sorun yok.

Ama hemen herkes gibi, siz de yanlış yaptınız bu işi.[1] Direksiyonu birazcık sağa çevirip ardından düzeltmek sizi yoldan çıkarırdı; az önce yaptığınız şey de sol şeritten doğruca kaldırıma çıkmak oldu. Şerit değiştirmek için asıl izlenmesi gereken yol direksiyonu önce sağa çevirmek, sonra yeniden ortalamak ve *ancak gerektiği kadar sola kırıp* ardından yine toplamaktır. İnanmadınız mı? Öyleyse bir dahaki sefere arabayı kullanırken dikkat edin ve kendi gözlerinizle görün. Bu öylesine basit bir motor eylemdir ki, gündelik sürüşlerinizde hiçbir zorluk yaşatmaz size. Ama aynı işi bilinç eşliğinde yapmaya kalkıştığınızda afallar kalırsınız.

Şerit değiştirme örneği, verilebilecek yüzlerce örnekten bir tanesidir yalnızca. Beyninizin dalmış olduğu işlerin büyük çoğunluğunun bilincinde değilsinizdir, olmak da istemezsiniz doğrusu; çünkü bunu yapabilseydiniz, beynin tıkır tıkır işleyip giden süreçlerine müdahale etmiş olurdunuz. Çaldığınız piyano parçasını berbat etmek istiyorsanız, parmaklarınıza konsantre olun yeter; soluksuz kalmak istiyorsanız, soluk alıp verme işini düşünün; golf topunu kaçırmak istiyorsanız da vuruşunuzu analiz edin. Çocuklar için bile aşikâr olan bu dersin "Şaşkın Kırkayak" gibi şiirlerde ölümsüzleştiğine tanık oluyoruz:

Yaşayıp gidiyordu kırkayak, oldukça mutlu,
Ta ki bir kurbağa gelip de eğlencesine
Sorana dek ona şu soruyu:
"Hangi ayağın, hangisini izliyor, yalvarırım söyle."
Aklı öyle karıştı ki kırkayağın
Kalakaldı hendekte, pek bir dalgın
Bilemedi nasıl koşacağını, kıpırdayamadı şaşkın.

Şerit değiştirmek gibi motor eylemleri hatırlama becerisi işlemsel belleğe atfedilir ki, bu da örtülü belleğin bir tipidir. Örtülü bellek beyninizin, zihninizin açık biçimde erişemediği bir bilgiyi sakladığına işaret eden bir kavramdır.[2] Bisiklete binmek, ayakkabı bağlamak, klavyeyle yazmak ya da bir yandan cep telefonuyla konuşurken bir yandan arabayı park etmek buna verilebilecek örneklerdir. Bu işleri kolaylıkla yapar, ancak nasıl yaptığınızın ayrıntılarını bilmezsiniz. Yemekhanede elinizde tepsiniz, insanların arasından dolanarak yolunuzu bulmaya çalışırken hiç zorlanmazsınız, ama bu arada kaslarınızın, zamanlaması kusursuz biçimde ayarlanmış bir koreografi gereğince kasılıp gevşemesini açıklamanız olanaksızdır. İşte bu, beyninizin yapabildikleriyle sizin bilinçli olarak erişebildikleriniz arasındaki boşluğun ta kendisidir.

Fazla bilinmese de, örtülü bellek kavramı zengin bir geleneğe sahiptir. Daha 1600'lerin ortalarında René Descartes, dünyevi deneyimlerin bellekte depolanmasına karşın, belleğin tümüne ulaşılamadığından kuşkulanmaya başlamıştı bile. Bu kavram, 1800'lerin sonlarına doğru psikolog Hermann Ebbinghaus tarafından yeniden gündeme getirildi. Ebbinghaus şöyle yazıyordu: "Bu tür deneyimlerin çoğu bilinçten gizlenmiş halde kalır, ancak yine de önemli ve önceki varlıklarını doğrulayıcı bir etkide bulunur."[3]

Eğer yarardan söz edeceksek bilinç, ancak küçük ölçülerde ve yine ancak belirli işlerde işe yarar. Kas hareketlerinizin incelikleri hakkında neden bilinçli farkındalık taşımak istemeyeceğinizi anlamak kolaydır; ancak aynı durum, yine milyarlarca sinir hücresinin etkinliğinin ürünü olan algılarınıza, düşünce ve inançlarınıza uygulandığında daha az anlaşılır olur. Öyleyse şimdi de bunları ele alalım.

## TAVUK SEKSÖRLERİNİN VE UÇAK GÖZCÜLERİNİN ESRARI

Dünyanın en iyi tavuk seksörleri* Japonlardır. Civcivler yumurtadan çıktığında genellikle büyük ticari kuluçkahanelerde hızla erkek-dişi olarak ayrılır. Cinsler birbirinden farklı beslenme programlarına tabi tutulduklarından, zorunlu bir uygulamadır bu: Sonunda yumurta üretecek olan dişiler bir programa, yumurta üretimi sektöründe değer taşımayan ve etlerinden yararlanmak üzere ayrılıp semirtilen küçük bir bölümü dışında genellikle imha edilen erkekler de başka bir programa göre beslenir. Sonuçta tavuk seksörünün işi her bir civcivi eline alıp, konulacağı bölmeyi belirlemek üzere hızla cinsiyetini saptamaktır. Ancak bu iş, bilindiği üzere olağanüstü zordur, çünkü erkek ve dişi civcivler birbirinden farksız görünürler.

Yani neredeyse. Japonların icadı olan ve civcivin arka kısmındaki açıklığın özelliklerine bakarak cinsiyetini tayin eden uzman tavuk seksörleri, bir günlük civcivlerin cinsiyetini hızla belirleyebiliyorlardı. 1930'lu yıllardan başlayarak dünyanın dört bir yanındaki kümes hayvanı üreticileri, tekniği öğrenmek için Japonya'daki Zen-Nippon Civciv Cinsiyet Tayini Okulu'na seyahat eder olmuştu.

İşin gizemli yanı, kimsenin tekniğin işleyişini tam olarak açıklayamamasıydı.[4] Yöntem nasıl oluyorsa belli belirsiz görsel ipuçlarına dayanıyor, ama profesyoneller bile bu ipuçlarının ne olduğunu söyleyemiyordu. Görünüşe göre, civcivin gerisindeki deliğe bakar bakmaz hayvanı atacakları doğru bölmeyi *biliyorlardı.*

Profesyonellerin öğrencileri eğitme yöntemleri de bundan iba-

* Seksör: Hayvanlarda cinsiyet tayini yapan kişi, Ç.N.

retti. Usta, çırağının yanı başında dikilir ve onu seyrederdi. Öğrenci ise eline bir civciv alır, hayvanın gerisini inceler ve bölmelerden birine atıverirdi. Ustanın tek yaptığı geribildirimde bulunmaktı: *Evet* ya da *hayır* diyerek. Bu etkinlikle geçen haftalar sonunda öğrencinin beyni de ustasınınkinin düzeyine erişirdi; tabii bilinçsizce.

Bu arada okyanuslar ötesinde benzer bir hikâye daha gelişmekteydi. İkinci Dünya Savaşı sırasında sürekli bombalanma tehdidi altında yaşayan İngilizler için, gelen uçakları hızlı ve doğru biçimde ayırt etme gereksinimi doğmuştu. Hangi uçaklar eve dönen İngiliz uçakları, hangileri bomba atmaya gelen Alman uçaklarıydı? Bu alanda kusursuz birer "gözcü" olduklarını ispatlayan bazı uçak meraklıları ordu tarafından hızla görevlendirildi. Bu kişiler öylesine değerliydi ki, hükümet kısa sürede sayılarını artırabilmek için kolları sıvadı; ancak sayıları çok az, bulunmaları da çok zordu. Hükümet bunun üzerine "gözcüleri" diğerlerini eğitmekle görevlendirdi. Zorlu bir girişimdi bu. Gözcüler izledikleri stratejiyi anlatmaya çalışıyor ancak başarısız oluyorlardı. Kimse bir şey anlamıyordu; gözcülerin kendileri bile. Tıpkı tavuk seksörleri gibi, gözcülerin de ne yaptıkları hakkında pek fikirleri yoktu; doğru yanıtı bir şekilde buluyorlardı, o kadar.

İşe biraz yaratıcılık katan İngilizler, nihayet yeni gözcüleri başarıyla eğitmenin yolunu buldular: deneme-yanılma geribildirimi. Acemi gelişigüzel bir tahminde bulunuyor, uzman da *evet* ya da *hayır* demekle yetiniyordu. Sonunda acemiler de, tıpkı akıl hocaları gibi bu gizemli ve tarifsiz uzmanlıktan nasibini alıyordu.[5]

Bilgiyle farkındalık arasında büyük uçurumlar olabilir. İçgözlem yöntemiyle ele alınmaya uygun olmayan becerileri incelediğimizde karşımıza çıkan ilk sürpriz, örtülü bellekle açık belleğin tümüyle birbirinden ayrılabilir olduğudur: Birine zarar verirken diğerini sağlam bırakmanız mümkündür. İleriye dönük bellek bozukluğu (anterograd amnezi) tanısı konmuş hastaları düşünün. Bu hastalar yaşadıkları yeni deneyimleri bilinçli biçimde hatırlayamazlar. Bütün bir öğleden sonrayı onlara video oyunu Tetris'i öğretmeye çalışarak geçirdiğiniz halde, ertesi gün size bu deneyim hakkında hiçbir şey hatırlamadıklarını, oyunu daha önce hiç görmediklerini ve büyük olasılıkla kim olduğunuzla ilgili en ufak bir fikirleri bile olmadığını söyleyeceklerdir. Ancak ertesi gün oyunda kaydettikleri *performan-*

*sa* baktığınızda, amnezi hastası olmayanlar kadar gelişme göstermiş olduklarını fark edersiniz.[6] Beyinleri oyunu "örtülü" biçimde öğrenmiştir; bilgi, bilinçleri için erişilemez durumdadır yalnızca. (İlginçtir, bir amnezi hastasını Tetris oynadığı günün gecesinde uyandırırsanız, size rüyasında düşmekte olan renkli bloklar gördüğünü ama nedeni hakkında herhangi bir fikri olmadığını söyleyecektir.)

Bilinçdışı öğrenmenin tadını çıkaranlar yalnızca seksörler, gözcüler ve amnezi hastaları değildir elbette; dünyayla kurduğunuz etkileşimin neredeyse her yönü bu sürece dayanır.[7] Babanızın kendine özgü yürüyüşünü, burun şeklini, gülüşünü anlatmakta zorluk çekseniz de onun gibi yürüyen, gülen ya da ona benzeyen birini gördüğünüzde hemen farkına varırsınız.

## IRKÇI OLUP OLMADIĞINIZI NASIL ANLARSINIZ?

Bilinçdışının derin mağaralarında nelerin gömülü kalmış olduğunu çoğunlukla bilmeyiz. Bunun bir örneği en çirkin biçimiyle, ırkçılıkla çıkar karşımıza.

Şu durumu bir düşünün: Beyaz bir şirket sahibi, siyahi bir çalışan adayına iş vermeyi reddediyor ve durum mahkemeye intikal ediyor. İşveren, ırkçı olmadığı konusunda ısrarlı; aday ise tersini savunmakta. Yargıç çıkmazda: Herhangi birinin bilinçdışında ne tür önyargılar yattığını, bilinçli biçimde farkında olmasa da bunların kararlarını nasıl etkilediğini nereden bilebilir? İnsanlar her zaman zihinlerinde dönüp duranları aktarmıyorlarsa, bunun bir nedeni de zihinlerinde ne döndüğünü *bilmemeleridir*. E. M. Forster'ın esprili sözlerinde olduğu gibi: "Ne düşündüğümü, konuşmadan nasıl bilebilirim?"

Peki, *konuşmak* konusunda isteksiz birinin bilinçdışında neler olup bittiğini kurcalamanın, gizli inançları davranışları inceleyerek araştırmanın yolları var mıdır?

Farz edin ki önünüzde iki düğme var ve ekranda olumlu bir sözcük (*sevinç, aşk, mutluluk*, vs.) belirdiğinde sağdaki, olumsuz bir sözcük (*korkunç, sevimsiz, başarısızlık* gibi) belirdiğindeyse soldaki düğmeye basmanız istendi. Oldukça dolaysız bir işlem. Şimdi işler biraz değişecek: Kilolu bir insanın resmini her gördüğünüzde sağ düğmeye, ince birinin resmini gördüğünüzde de sol düğmeye basacaksınız. Yine kolay. Ancak bir sonraki aşamada eşleşmeler de yapacak, olumlu bir sözcük *ya da* kilolu bir insanın resmini gördüğünüzde sağ, olumsuz bir sözcük *ya da* zayıf bir insanı gördüğünüzde sol düğmeye basacaksınız. Aynı şey, bir başka denemede de karşınıza çıkacak, fakat bu sefer eşleşmeler yer değiştirmiş olarak: Sağ düğmeye şimdi de olumsuz bir sözcük *ya da* zayıf bir insanın resmini gördüğünüzde basacaksınız.

Böyle bir deneyin sonuçları rahatsız edici olabilir. Deneklerin tepki süreleri, çağrışımlar bilinçdışında güçlü olduğunda daha kısadır.[8] Sözgelimi, kilolu insanlar deneğin bilinçdışında olumsuz bir çağrışımla ilişkilendirilmişse, denek kilolu bir insanın fotoğrafına, olumsuz sözcükte kullanılan düğmenin aynı olması durumunda daha hızlı tepki vermektedir. Kavramların tersi biçimde ilişkilendirildiği (*zayıf* ile *kötü*) deneylerde ise, olasılıkla eşleştirmenin daha zor olması nedeniyle yanıt süresi uzar. Bu deney ırklara, dinlere, eşcinselliğe, deri rengine, yaşa, dahası başkanlık adaylarına karşı geliştirilmiş örtülü tutumu ölçmeye yönelik biçimde çeşitli uyarlamalara tabi tutulmuştur.[9]

Örtülü önyargıları ortaya çıkarmak için geliştirilen bir başka yöntem, katılımcının bir bilgisayar imlecini oynatış biçimi üzerinde ölçüm yapmak gibi basit bir ilkeye dayanır.[10] Farz edin ki, imleciniz ekranın alt tarafına konumlanmış olarak başladınız işe. Ekranın üst köşelerinde ise üzerlerinde "seviyorum" ve "sevmiyorum" yazan iki düğme var. Derken ekranın ortasında bir sözcük beliriyor (diyelim ki dinlerden birinin ismi) ve o dinden insanları sevip sevmediğinize ilişkin yanıtınıza ulaşmak üzere, fareyi mümkün olduğunca hızlı biçimde hareket ettirmeniz isteniyor sizden. Bu arada farkında olmadığınız şey, imlecin aldığı konumun anbean kaydediliyor olduğu. Araştırmacılar bu yolu inceleyerek motor sisteminizin önce bir düğmeye doğru yönelirken, daha sonra devreye giren başka bilişsel sistemlerin etkisiyle diğer yanıta doğru yön değiştirdiğini anlayabilirler. Bu nedenle, sözgelimi bir din için "seviyorum" yanıtını vermiş olsanız bile, izlediğiniz yolun önce hafifçe "sevmiyorum" düğmesine doğru kayıp, toplumsal açıdan daha uygun olan yanıta daha sonradan varmış olması mümkündür.

Farklı ırklara, cinslere ve dinlere karşı tavrı konusunda kuşku duymayan kişilerin bile, kendi beyinlerinde dönüp duranlar karşısında şaşkınlığa uğramaları –ve dehşete kapılmaları– mümkündür. Ve tıpkı başka örtülü ilişkilendirme biçimleri gibi bu önyargılar da bilinçli iç gözleme tümüyle kapalıdır.*

## NASIL SEVERİM SENİ?** VER İSMİNİN HARFLERİNİ

İki kişi birbirine âşık olduğunda neler olduğunu bir düşünelim. Sağduyumuz, bize bu heyecanın birçok farklı kaynaktan köken aldığını söyler: yaşam koşulları, anlayış, cinsel cazibe ve karşılıklı beğeni. Kendinize eş olarak kimi seçtiğinizde bilinçdışının örtülü düzeneğinin parmağı olduğunu söyleyemeyiz elbette. Yoksa söyleyebilir miyiz?

Varsayalım ki, arkadaşınız Joel'la karşılaştınız ve size hayatının aşkını, Jenny adlı kadını bulduğunu söyledi. Tuhaf, diye düşünüyorsunuz, çünkü arkadaşınız Alex, kısa süre önce Amy ile evlenmiş, Donny de Daisy için deli divane. Yoksa bu harf eşleşmelerinin altında bir şeyler mi yatıyor? Yok canım, diyorsunuz; yaşamınızı kiminle geçireceğiniz gibisinden önemli, yaşamsal kararların, bir ismin baş harfi gibi önemsiz bir ayrıntıdan etkilenmesi olanaksız. Belki de bu harf eşleşmelerinin tümü de aslında birer rastlantı.

Fakat işin aslı hiç de öyle değil. 2004'te psikolog John Jones ve meslektaşları, Georgia'nın Walker, Florida'nın da Liberty bölgelerinden on beş bin evliliğe ilişkin kayıtları incelediler. Bulgularına göre, isimleri, kendi isimlerinin baş harfiyle başlayan kişilerle evlenmeyi yeğleyenlerin sayısı, gerçekten de şansa atfedilebilecek bir oranın üzerindeydi.[11]

* Mahkemelerin, sözgelimi, bir işveren, saldırgan ya da katilin ırkçılık belirtileri gösterip göstermediğini inceleyen bu tür testleri kanıt olarak kabul edip etmeyeceği, henüz ucu açık bir konudur. Şu anda bu testlerin mahkeme salonu dışında tutulması olasılıkla daha iyi olacaktır, çünkü karmaşık insan kararları, erişilemez ilişkilendirmeler sonucu önyargıya açık olsa da bu önyargıların nihai davranışları ne ölçüde etkilediğini bilmek güçtür. Örnek verecek olursak, ırkçılığa yatkın birinin, bu yatkınlığını toplumsal bakımdan daha uygun karar verme mekanizmalarıyla bastırması ya da azılı bir ırkçının, bambaşka bir nedenle cinayet işlemiş olması da mümkündür.

** Elizabeth Barrett Browning'in "How Do I Love Thee?" şiirine atıf, Ç. N.

Peki ama neden? Mesele aslında bütünüyle harflerde yatmaz; işin aslı, bu tür durumlarda seçilen eşin, kişiye kendisini hatırlatmasıdır. İnsanlar kendi yansımalarını başkalarında bulmayı severler. Psikologlar bu durumu bilinçdışı bir özsevgi olarak, bir başka deyişle yakın ve aşina gelen şeyler karşısında duyulan bir rahatlık düzeyi olarak yorumlar ve *örtülü benlikçilik (implicit egotism)* olarak tanımlarlar.

Örtülü benlikçilik, yalnızca eş bulmayla ilgili değildir; almayı tercih ettiğiniz ürünleri bile etkiler. İki hayali çay markasının katılımcılarca lezzet testine tabi tutulduğu bir çalışmada, markalardan birinin ilk üç harfi, katılımcının adındaki harflerden oluşmaktaydı; örneğin Tommy adlı katılımcının deneyeceği çaylar Tomeva ve Lauler olacaktı. Katılımcılar çayların tadına bakmış, dudaklarını şapırdatmış, ikisi üzerinde de dikkatle düşünmüş ve neredeyse her seferinde, isimlerinin ilk üç harfiyle başlayan çay markalarını yeğlemişlerdi. Laura adlı katılımcı, bekleneceği üzere Lauler marka çayı seçmişti örneğin. Katılımcılar, bu harf bağlantısının açık biçimde *farkında* değillerdi; seçtikleri çayın tadının daha iyi olduğuna inanıyorlardı yalnızca. Bilmedikleri bir şey vardı ki, iki çay fincanı da aynı çaydanlıktan doldurulmuştu.

Örtülü benlikçilik isminizden öteye, sizinle ilgili gelişigüzel birçok özelliğe ulaşır; doğum gününüz gibi. Üniversite öğrencilerinin Rus keşiş Rasputin ile ilgili bir makale okumalarının istendiği bir çalışmada, öğrencilerin yarısına verilen makalelerde Rasputin'in doğum günü belirtilmişti ("tesadüfen" öğrencinin kendi doğum günüyle aynı olacak biçimde). Öğrencilerin diğer yarısı için, kendininkilerden farklı bir doğum günü seçilmişti. Bu ayrıntı dışında bütün öğrencilerin elindeki makale aynıydı. Okuma seansının sonunda öğrencilere, Rasputin'in kişiliği üzerine düşüncelerini ortaya serecek birkaç soru soruldu. Rasputin'le aynı gün doğduğunu sanan öğrenciler, daha cömert bir değerlendirme yapmışlardı.[12] Nedeni hakkında bilinç düzeyinde herhangi bir bilgiye sahip olmasalar da, basitçe, diğer öğrencilere kıyasla onu daha fazla sevmişlerdi.

Bilinçdışı özsevginin manyetik gücü neyi ya da kimi yeğlediğinizin ötesine geçer. Şaşılası olsa da, yaşadığınız yeri ve yaptıklarınızı da gizliden gizliye etkileyebilir. Psikolog Brett Pelham ve meslektaşları çeşitli kamusal kayıtları inceleyerek 2 Şubat (2/2) doğumlu insanların, adında iki sayısına bir biçimde atıfta bulunan kentlere (Wisconsin'deki Twin Lakes/İkiz Göller gibi) taşınma olasılığının görece yüksek olduğunu keşfetmişlerdi. 3/3 doğumlular Montana'nın Three Forks (Üç Çatal) kenti gibi yerlerde, 6/6 doğumlular ise Güney Carolina'daki Six Mile'da (Altı Mil) istatistiksel olarak diğerlerine baskındı. Aynı durum, yazarların bulabildiği bütün doğum günü ve kent eşleşmeleri için geçerliydi. Bunun aslında ne kadar inanılmaz bir şey olduğunu bir düşünün: İnsanların doğdukları günle ilgili olarak yaptıkları sayı ilişkilendirmeleri, ne kadar belli belirsiz olursa olsun, yaşadıkları yeri belirleyebilecek kadar etkili olabilir. Ve bu da yine bilinçdışı bir sürecin ürünüdür.

Örtülü benlikçilik, seçeceğiniz mesleği de etkileyebilir. Çeşitli üyelik kayıtlarını inceleyen Pelham ve çalışma arkadaşları, Denise ya da Dennis gibi isimlere sahip kişilerin diş hekimi [İng. "dentist"], ismi Laura ya da Lawrence olanların avukat [İng. "lawyer"], George ya da Georgina olanlarınsa jeolog [İng. "geologist"] olma olasılığının görece yüksek olduğunu da buldular. Bunun da ötesinde, çatı kaplama [İng. "roofing"] şirketi sahiplerinin isimlerinin H değil de R, hırdavat [İng. "hardware"] dükkânı sahiplerinin isimlerinin de R yerine H ile başlaması daha olasıydı.[13] Bir başka çalışmada ise erişimi serbest çevrimiçi mesleki veritabanları üzerinden gidilmiş ve doktorların soyadlarında yer alan *doc*, *dok* ya da *med* harf gruplarının görece yüksek oranda tekrarlandığı ortaya çıkmıştı. Aynı şekilde avukatların [İng. "lawyer" ya da "attorney"] soyadlarında *law*, *lau* ya da *att* hecelerinin bulunma olasılığı yüksekti.[14]

İnanması güç gelse de, bütün bu bulgular istatistiksel bakımdan anlamlı sayılabilecek eşiği geçmiş durumdadır. Etki büyük olmasa da doğrulanabilir özelliktedir. Çok sınırlı bir erişime sahip olduğumuz ve istatistikler göz önüne sermeseydi varlığına bile inanmayacağımız güdülerin etkisi altında yaşadığımız, bir gerçektir.

## BEYNİ FARKINDALIK YÜZEYİNİN ALTINDA GIDIKLAMAK

Beyniniz küçük hilelerle, gelecekteki davranışlarınızı etkileyecek biçimde manipüle edilebilir. Farz edin ki, elinize birkaç sayfalık bir metin verdim. Daha sonra sizden yarım bırakılmış sözcükleri tamamlamanızı istiyorum; örneğin, *tav__ se__*. Sözcükle yakın geçmişte karşılaştığınızı hatırlayın veya hatırlamayın, yeni gördüğünüz sözcükleri seçmeniz, daha büyük olasılıktır (örneğin; *tavla seti* yerine *tavuk seksörü)*.[15] Benzer şekilde, belirli bir sözcük içindeki boşlukları doldurmanızı istemem durumunda (örneğin; b_l_nç_ış_), sözcüğü daha önce bir liste kapsamında görmüşseniz, yine gördüğünüzü hatırlayıp hatırlamamanızdan bağımsız olarak bu işi kolayca yaparsınız.[16] Beyninizin bir parçası, o listedeki sözcükler tarafından etkilenmiş ve değişmiştir. Bu etkiye "hazırlama" ("priming") adı verilir: Beyniniz, tıpkı çalıştırılmadan önce içinden su geçirilen bir pompa gibi "hazır" hale getirilmiştir.[17]

Hazırlama süreci, örtülü bellek sistemlerinin açık bellek sistemlerinden temelde farklı olduğu gerçeğini vurgular: İkincisi verilerini kaybetse bile, birincisi bunları kilit altına almıştır. Sistemlerin birbirinden ayrılabilirliği, yine beyin hasarına bağlı olarak ileriye dönük bellek bozukluğu (anterograd amnezi) deneyimleyen hastalarda kendini belli eder. Ağır amnezisi olan hastalar, başlangıçta kendilerine sunulan metni bilinçli olarak hatırlamasalar da, sözcüklerdeki boşlukları tamamlamalarına olanak tanıyacak bir hazırlama sürecine tabi tutulabilirler.[18]

Beynin geçici olarak "gıdıklanmasının" ötesinde, bir şeye daha önce maruz kalmış olmanın etkileri uzun süreli olabilir. Bir yüzün resmini daha önce görmüşseniz, resmi daha sonra yeniden gördüğünüzde o kişi size daha çekici gelecektir; o kişiyi daha önce görmüş olduğunuzu hatırlamasanız bile.[19] *Salt maruz kalma etkisi* adını alan bu durum, örtülü belleğinizin, dünyayı yorumlama biçiminizi (neleri sevip neleri sevmediğiniz gibi) etkilediğini gösteren kaygı verici bir gerçeği de gözler önüne serer. Bu durumda, salt maruz kalma etkisinin ürün markalama, şöhret yaratma ve siyasi kampanyalardaki sihirde parmağı olduğunu duymak size şaşırtıcı gelmeyecektir: Belirli bir ürüne ya da yüze tekrar tekrar maruz kaldığınızda, onu giderek daha fazla tercih eder hale gelirsiniz. Sürekli göz önündeki şahsiyetlerin, beklenenin tersine olumsuz basından her zaman rahatsız olmamalarının nedeni de bu etkidir. Ünlülerin sıklıkla söylediği gibi "tek kötü reklam, reklam olmamasıdır" ya da "gazetelerin hakkımda ne yazdığı umurumda bile değil, yeter ki adımı doğru yazsınlar."[20]

Örtülü belleğin bir başka dışavurum biçimi de *doğruluk yanılsaması etkisi* olarak bilinir: Doğru olsun olmasın, eğer daha önce duyduysanız, bir ifadenin doğru olduğuna inanmanız olasılığı görece yüksektir. Katılımcıların, akla uygun cümlelerin geçerliliğini iki haftada bir değerlendirdikleri bir çalışmada, araştırmacılar deney seansı süresince çaktırmadan daha önceki seanslarda kullanılan cümleleri de (kimi doğru, kimi yanlış) araya sıkıştırdılar. Sonuç açıktı: Katılımcı, daha önceki haftalarda da duyduğu belirli bir cümleyi, daha önce duymadığına yemin bile etse, "doğru" olarak değerlendiriyordu.[21] Araştırmacı, katılımcıya duymak üzere olduğu cümlenin yanlış olduğunu *söylese* bile durum değişmiyordu. Sonuçta, belirli bir fikre salt maruz kalmış olmak, onunla yeniden karşılaştığınızda fikrin size daha inanılır gelmesi için yeterlidir.[22] Doğruluk yanılsaması etkisi, aynı dini etkiler ya da siyasi sloganlara yinelemeli biçimde maruz kalan kişiler için söz konusu olan potansiyel tehlikenin altını çizer.

Kavramlar arasında yapılan basit bir eşleştirme, bir bilinçdışı ilişkilendirmeyi tetiklemek için yeterlidir. Bunun sonucu, eşleştirmenin doğru ve tanıdık bir şeyler içerdiği duygusudur. Belirli bir ürünün çekici, güler yüzlü ve cinsel cazibeye sahip insanlarla eşleştirildiği bütün reklamların temelinde yatan ilke budur. Aynı ilke George W. Bush'un reklam ekibinin 2000 yılında Al Gore'a karşı yürüttüğü kampanyanın da temelini oluşturmuştu. Bush'un 2,5 milyon dolarlık televizyon reklamında, ekranda görülen "Gore'un reçete-ilaç programı" yazısı ile birlikte RATS* sözcüğü ekranda bir anda parlayıp sönüyor ve hemen ardından bunun aslında BUREAUCRATS [bürokratlar] sözcüğünün devamı olduğu anlaşılıyordu. Reklam yapımcılarının peşinde oldukları –ve hatırlanmasını umdukları– etki ortadaydı.

## HİSLER VE ÖNSEZİLER

On parmağınızı on ayrı düğme üzerine yerleştirdiğinizi düşünün. Her düğme, belirli renkteki bir ışığa karşılık geliyor. İşiniz basit: Her ışık yandığında, ona karşılık gelen düğmeye mümkün oldu-

* "Rats" sözcüğü Amerikan argosunda "kahretsin" anlamına gelir, Ç.N.

ğunca hızlı basıyorsunuz. Işıklar gelişigüzel yanıp sönüyorsa tepki süreniz genelde çok kısa olmayacaktır; ancak, araştırmacıların bulgularına göre ışıklar gizli bir örüntü izliyorsa tepki süreniz de giderek kısalacaktır. Bunun anlamı, bu örüntüyü üç aşağı beş yukarı çözdüğünüz ve bir sonra yanacak ışığın hangisi olduğu hakkında tahminde bulunabildiğinizdir. Araya giren beklenmedik bir ışık, tepki sürenizi yine uzatacaktır. İşin şaşırtıcı yanı, yanıp sönme sırasının zerre kadar farkında olmadığınızda bile hızlanma sürecinin işlemesidir: Bu tür bir öğrenmenin gerçekleşmesi için bilincin devreye girmesine hiç mi hiç gerek yoktur.[23] Bir sonraki adımda ne olacağı konusunda pek bir şey söyleyemeseniz, hatta hiçbir şey söyleyemeseniz de, bu konuda bir önseziye sahip olabilirsiniz

Bu tür durumlar, her zaman olmasa da bazen, yavaş yavaş olmak kaydıyla bilinçli farkındalık düzeyine ulaşabilir. 1997'de nörobilimci Antoine Bechara ve çalışma arkadaşları, deney katılımcılarının önüne dört deste oyun kâğıdı koyup, onlardan her seferinde tek kart seçmelerini istediler. Her kart, katılımcıya ya para kazandırıyor ya da kaybettiriyordu. Katılımcılar zamanla her destenin bir özelliği olduğunu keşfettiler: Destelerden ikisi "iyi" idi, yani para kazandırıyordu; diğer ikisiyse"kötü" idi, yani kaybetmelerine neden oluyordu.

Denekler hangi desteden çekeceklerini düşünürken, araştırmacılar onları belli aralıklarla durduruyor ve görüşlerini soruyorlardı: Hangi desteler "iyi", hangileri "kötü"ydü? Araştırmacılar böylelikle deneklerin desteleri iyi ya da kötü olarak değerlendirebilmeleri için yaklaşık yirmi beş kez kart çekmiş olmaları gerektiğini buldular. Öyle pek de ilginç gelmiyor, değil mi? Evet, henüz gelmiyor.

Araştırmacılar, çalışmada katılımcıların deri iletkenliğini de ölçmüşlerdi ki bu ölçüm, "savaş ya da kaç" tepkisiyle tanıdığımız otonom sinir sisteminin etkinliğini yansıtır. İşte bu noktada gerçekten de şaşırtıcı bir durumla karşılaştılar: Destelerle ilgili istatistikler, katılımcının bilincinden epey önce, otonom sinir sistemi tarafından algılanmaktaydı. Yani, katılımcı elini istenmeyen desteye uzattığında, ortaya öngörüsel bir sinirsel etkinlik artışı, bir "uyarı işareti" çıkıyordu.[24] Bu artış, denek ortalama 13. kartı çekerken izlenebilir hale geliyordu. Bu demekti ki beynin *bir* bölümü, beklenilen sonuca, bilincin bu bilgiye ulaşabilmesinden çok önce ulaşabiliyordu. Bu bilgi, bir "önsezi" biçiminde ortaya çıkmaktaydı: Katılımcılar, nedenini bilinçli biçimde söyleyebilecek hale gelmeden önce bile doğru desteye uzanabiliyorlardı. Sonuçta, doğru kararı vermek için durumla ilgili bilgiye bilinç düzeyinde sahip olmaya gerek yoktu.

Bunun da ötesinde, daha sonraları insanların bu tür bir sezgiye *gereksinim duydukları* da anlaşıldı: Önsezinin devreye girmediği kararlar, hiçbir zaman doğru karar olmuyordu. Damasio ve meslektaşları, sözünü ettiğimiz kart seçimi testini, beynin ön kısımlarında yer alan ve karar vermede devreye giren "ventromedial prefrontal korteks"i hasara uğramış hastalar üzerinde uyguladılar. Hastalar, derideki elektriksel tepkiyle ortaya çıkan uyarı sinyalini üretememekteydiler. Beyinleri, istatistiklerden ders çıkarıp onlara gerekli uyarıyı veremiyordu basitçe. Asıl şaşırtıcısı, hastaların, hangi destenin kötü olduğunu bilinçli olarak anladıktan *sonra bile* yanlış seçim yapmalarıydı. Bir başka deyişle önsezi, avantajlı olan kararı vermeleri için zorunluydu.

Damasio bu sonuçlar ışığında, vücudun fiziksel durumlarınca üretilen duyguların, davranış ve karar verme süreçlerini bir biçimde yönlendirdiği varsayımında bulundu.[25] Vücudun genel durumu, dış dünyada gerçekleşen olayların sonuçlarıyla ilintilidir. Kötü bir şey olduğunda beyin, bütün vücudu ilgili duyguyu kaydedecek biçimde uyarır (kalp atım hızını, bağırsakların kasılmasını, kasların kasılma gücünü vb. etkileyerek) ve o duygu böylece olayla ilintilendirilmiş olur. Aynı olay üzerinde yeniden düşünüldüğünde, beyin bir simülasyon yürüterek olayla ilgili fiziksel duyum ve duyguların yeniden yaşanmasına neden olur. Bunlar da hemen sonraki karar verme aşamasında izlenecek yolu, en azından tutulacak tarafı belirler; söz konusu olayla ilgili duygular kötüyse caydırıcı, olumluysa yüreklendirici etkide bulunurlar.

Buna göre bedensel durumlar, davranışa yön verebilecek önsezileri sağlar bize. Önseziler ise şansın öngöreceğinden çok daha büyük sıklıkla doğru çıkar; çünkü bilinçdışı, bilinçten önce davranarak durumu kavramıştır; bilinç arkadan gelir.

Bilinç sistemleri tümüyle kırıldığı halde bilinçdışının sonuçtan etkilenmediği durumlar da vardır. Prosopagnozi adı verilen bozuklukla yaşayanlar, tanıdık olan ve olmayan yüzler arasında ayrım yapamazlar. Aslında bildikleri kişileri tanıyabilmeleri için tümüyle alındaki saç çizgisi, yürüyüş ya da ses gibi ipuçlarına bağımlıdırlar. Bu bozukluk üzerinde çalışan Daniel Tranel ve Antonio Damasio adlı araştırmacılar, akıllıca denebilecek bir deneme yapmaya karar verdiler: Prosopagnozili kişiler yüzleri bilinçli olarak tanıyamasalar da, acaba tanıdık yüzler karşısında ölçülebilir bir deri iletim tepkisi veriyor olabilirler miydi? Durum gerçekten de böyleydi. Bu kişiler yüzleri tanımadıkları konusunda ısrar etseler de, beyinlerinin *bir* bölümü, tanıdık yüzlerle yabancı yüzleri birbirinden ayırt edebiliyordu.

Bilinçdışından her zaman dolaysız bir yanıt alamıyorsak, içerdiği bilgiye nasıl erişiyoruz peki? Bazen iş, sezgilerinizin size söylediklerini biraz kurcalamakta biter. Öyleyse arkadaşınız size iki seçenek arasında karar veremediğinden bir daha yakındığında, ona sorununu çözecek en kolay yolu gösterin: yazı-tura atmak. Hangi seçeneğin yazı, hangisinin tura olduğunu belirledikten sonra parayı havaya atsın. Burada önemli olan, para düştükten sonraki kapalı hislerini değerlendirebilmektir. Paranın ona yapmasını "söyledikleri" karşısında belli belirsiz de olsa rahatlamış gibiyse, bu onun için doğru seçim demektir. Ama tutar da kararını yazı-turaya bağlamanın saçma sapan bir şey olduğunu söylerse, aslında diğer seçeneği yeğlediğine dair bir ipucudur bu.

* * *

Bu noktaya kadar yaptığımız, farkındalık yüzeyinin altında yaşayan engin ve incelikli bilgi yığınına göz atmak oldu. Gördük ki, beynimizin –harfleri okumaktan şerit değiştirmeye kadar– işleri yürütme biçiminde devreye giren ayrıntılara erişimimiz yok. Öyleyse bilincin bütün bildiklerimiz üzerinde oynadığı rol –eğer böyle bir rolü varsa tabii– nedir? Öyle anlaşılıyor ki, epeyce önemli bir roldür bu; çünkü bilinçdışının derinliklerinde depolanmış bilginin çoğu, bilinçli planlar olarak başlamışlardır yaşama. Şimdi de bu konuyu ele alacağız.

## WIMBLEDON'I KAZANAN ROBOT

Varsayalım ki, teniste kademe kademe yükselerek dünyanın en büyük tenis turnuvasına katılmaya hak kazandınız. Şimdi gezegenin en ünlü tenisçi robotuyla karşı karşıya, yeşil korttaki yerinizi almış durumdasınız. Robot, inanılmaz derecede küçük ölçekli bileşenler ve kendi kendini onaran parçalara sahip olduğu gibi, öylesine optimize edilmiş bir enerji sistemi temelinde çalışıyor ki, üç yüz gram hidrokarbon tüketimiyle kortun her tarafına bir dağ keçisi gibi zıplayabiliyor. Epeyce dişli bir rakibe benziyor, değil mi? Wimbledon'a hoş geldiniz – bir insana karşı oynuyorsunuz.

Wimbledon'a gelen tenisçiler, tenisi inanılmaz ölçüde iyi oynayan hızlı ve verimli birer makinedir aslında. Saatte 145 kilometre hızla yol alan topları izleyebilir, ona doğru hızla hareket edebilir ve küçük bir yüzeyi, topun çizdiği yolla kesişecek biçimde konumlandırabilirler. Üstelik bu profesyonel tenisçiler, bunların neredeyse hiçbirini bilinçli biçimde gerçekleştirmezler. Siz bir sayfadaki harfleri nasıl okur ya da yolda nasıl şerit değiştirirseniz, onlar da tam tamına aynı şekilde bilinçdışında işleyen düzeneğe güvenirler. Bu insanlar, pratik anlamda birer robottur. Ilie Nastase 1976'da Wimbledon finalini kaybettiğinde bu görüşü doğrularcasına, kazanan rakibi Björn Borg için şöyle demişti: "O, aslında uzaydan gelen bir robot."

Ama bu robotlar, bilinçli zihinlerce eğitilirler. İddialı bir tenisçinin robot yapımı hakkında bir şey bilmesine gerek yoktur (evrim bu işi halletmiştir zaten). Asıl mesele, *programlamada* yatar. İşin zor tarafı, bilgisayımsal (kompütasyonel) kaynakları, tüylü, sarı bir topu kısa bir ağdan hızla ve doğru biçimde geçirecek biçimde düzeneği programlamaktır.

Bilincin rol oynadığı nokta da işte burasıdır. Beynin bilinçli bölümleri, nöral mekanizmanın diğer parçalarını eğiterek hedefleri belirler ve gerekli kaynakları ayırır. "Servis vuruşu yapacağın zaman raketi daha alttan tut" der antrenör ve genç oyuncu bu sözleri kendi kendine tekrarlar. Vuruşunu defalarca, binlerce kez yineler; her seferinde belirlediği hedef ise topu karşı çeyrek-sahaya doğrudan ve hızla indirmektir. Servis üstüne servis atarken, robotik sistem de sayısız sinaps bağlantısından oluşan ağlar boyunca küçük ayarlamalar yapar. Antrenörü de bir yandan ona sürekli geribildirimde bulunmaktadır ki tenisçi bu geribildirimi bilinçli biçimde işitmek ve anlamak zorundadır. Talimatlarıyla ("Bileğini düz tut." "Adımına dikkat et.") robotu hiç durmaksızın eğitir, ta ki hareketler artık tek tek ayırt edilemeyecek ölçüde sistemin içine işleyene kadar.

Bilinç, tenisçinin uzun dönemli planlamacısı, şirketin başkanıdır; ancak gündelik işlemlerinin çoğunu, bilincin beyninde erişemediği bölümler yürütür. Birinci sınıf dev bir şirketin başına geçmiş bir şirket başkanını düşünün. Şirket üzerinde etkisi olacaktır mutlaka, ama aslında kendisi başa geçmeden çok önceleri evrimleşmeye başlamış ve hâlâ da evrimleşmekte olan bir sistemin içine düşmüştür. Görevi, bir vizyon tanımlayıp şirket teknolojisinin politikalarını destekleyebildiği ölçüde, uzun dönemli planlar yapmaktır. Bilincin yaptığı da budur: Hedefleri belirler; sistemin geri kalanı da bunları gerçekleştirmenin yollarını öğrenir.

Profesyonel tenisçi olmayabilirsiniz, ama bisiklete binmeyi bir kez öğrendiyseniz, aynı süreçten siz de geçtiniz demektir. İlk bindiğinizde sağa sola yalpaladınız, oraya buraya çarpıp düştünüz ve ne yapmanız gerektiğini çaresizce çözmeye çalıştınız. Bu sırada bilinçli zihniniz ağırlıklı biçimde devredeydi. Nihayet, büyüklerinizden biri bisikleti yönlendirmenize yardım ettikten sonra kendi başınıza binebilir hale geldiniz. Bu beceri, zamanla reflekse dönüşüp otomatikleşti. Sizin için okumaktan, anadilinizi konuşmaktan, ayakkabınızı bağlamaktan ya da babanızı yürüyüşünden tanımaktan farkı kalmadı. Ayrıntılar artık bilincinizden uzak, erişiminize de kapalıydı.

Beynin, özellikle de insan beyninin en etkileyici yönlerinden biri, önüne gelen neredeyse bütün işleri öğrenme esnekliğine sahip oluşudur. Tavuk cinsiyeti tayininde ustasını etkileme isteği acemi bir çırağı bir kez sarmışsa, beyni bütün kaynaklarını erkekleri dişilerden ayırma işine adayacaktır. İşsiz bir havacılık meraklısına ulusal kahraman olma fırsatı tanıyın, beyni düşman uçaklarını yerel uçaklardan ayırt etmeyi hızla öğrenecektir. Öğrenmedeki bu esneklik, insan zekâsı olarak tanımladığımız şeyin büyük bölümünden sorumludur. Birçok hayvan haklı biçimde zeki olarak nitelendirilse de insanlar, zekâlarının *esnekliği* ve nöral devrelerini eldeki işe uyarlayabilme becerileriyle onlardan ayrılırlar. İşte bu nedenledir ki, gezegenin her yerine yerleşebiliyor, doğduğumuz topraklarda konuşulan dili öğrenebiliyor ve keman çalma, yüksek atlama, uzay mekiği kullanma gibi birbirinden bunca farklı işte ustalaşabiliyoruz.

## HIZLI VE VERİMLİ BEYİNLERİN DÜSTURU: YAPILAN İŞLERİ DEVRELERE KAZI

Beyin, çözmek zorunda olduğu bir durumla karşılaştığında iç devrelerini, işi azami verimlilikle yerine getirebilecek biçimde yeni bir ayarlamadan geçirir.[26] Söz konusu iş, artık düzeneğe kazınmıştır. Bu akıllıca taktik, hayatta kalmak için temel önem taşıyan iki özellik kazandırır bize.

Birincisi *hız*dır. Özdevinim, karar verme sürecinin hızla işlemesini sağlar. Hızlı programların iş görebilmesi, ancak yavaş işleyen bilinç sisteminin sıranın sonuna itilmesiyle olasıdır. Üzerime gelmekte olan tenis topuna el önü (forehand) vuruşla mı, yoksa el arkası (backhand) vuruşla mı karşılık vermeliyim? Saatte 145 kilometre hızla gelen bir topsa söz konusu olan, bütün olasılıklar üzerinden bilincinizle tek tek gitmek istemezsiniz haliyle. Genelde düşülen bir yanılgı, verdikleri hızlı ve isabetli kararlara bakarak, profesyonel sporcuların kortu "ağır çekim"de görebildiklerini düşünmektir. Ancak özdevinimin onlara sağladığı şey, ilgili olay ve durumları önceden tahmin edip bunlara verilecek karşılığa ustalıkla karar vermektir. Yeni bir sporu ilk denediğiniz zamanları düşünün. Daha deneyimli oyuncular, sizi en basit hareketlerle bile yenebilmişti, çünkü siz o sırada yepyeni bir bilgi seliyle baş etmeye çalışmaktaydınız: kollar, bacaklar, zıplayan bedenler... Ancak deneyim kazandıkça hangi hareket ve çalımların önemli olduğunu ayırt etmeye başladınız. Zamanla ve özdevinim geliştikçe hem karar verme hem de harekete geçmede hız kazandınız.

Belirli işlerin nöral devrelere kazınmasıyla elde edilen ikinci avantaj, *enerji verimliliği*dir. Beyin, düzeneklerini optimize ederek problem çözmek için gerekli enerjiyi asgariye indirir. Bizler gerçekte pille çalışan hareketli yaratıklar olduğumuzdan enerji tasarrufu bizim için yaşamsal önem taşır.[27] Nörobilimci Read Montague *Your Brain Is (Almost) Perfect [Beyniniz (Neredeyse) Kusursuzdur]* adlı kitabında beynin enerji verimliliği konusundaki etkileyici başarısını vurgularken, satranç şampiyonu Gary Kasparov'un yaklaşık 20 watt'lık enerji kullanımını, bilgisayardaki rakibi Deep Blue'nun tükettiği binlerce watt'la karşılaştırmıştır. Montague, oyun sırasında Kasparov'un vücut sıcaklığının normal olmasına karşılık, Deep Blue'nun neredeyse dokunulamayacak kadar sıcak olduğunu ve ısıyı dağıtmak için önemli sayıda fanın çalıştırılmasını gerektirdiğini söyler kitabında. Sonuçta insan beyni verimlilik bakımından eşsizdir.

Kasparov'un beyninin bu kadar az güçle çalışmasının nedeni, aslında ömrünü satranç stratejilerini ekonomik ezber algoritmalarına kazımakla geçirmiş olmasıdır. Henüz çocukken satranç oynamaya başladığında, bir sonraki aşamada ne yapacağını belirleyen bilişsel stratejileri adım adım izlemek zorunda kalmıştı Kasparov. Ancak bu yol, tıpkı aşırı düşünen ve sonuçları sorgulayan bir tenis oyuncusunun izlediği yol gibi son derece verimsizdi. Ama ustalaştıkça, oyunun adımlarını tek tek bilinci eşliğinde atmak zorunda kalmıyordu artık; satranç tahtasını bir bütün olarak verimli biçimde ve hızla algılayabiliyor, bu arada da bilincin müdahalesine giderek daha az gereksinim duyuyordu.

Verimlilikle ilgili bir çalışmada, katılımcılar video oyunu Tetris'i öğrenirken, araştırmacılar da beyin görüntüleme teknikleriyle onları izlediler. Görüntüler, katılımcılarının beyinlerinin ileri derecede etkin olduğunu ve nöral ağların, oyunun altyapısını ve izlenecek stratejiyi belirlemeye çalıştığı sırada çok büyük miktarda enerji tükettiğini ortaya koymuştu. Yaklaşık bir hafta kadar sonra katılımcılar ustalaştıklarında, beyinleri de oyun sırasında çok az enerji tüketir hale gelmişti. Oyuncu, beynin dinginleşmesine *karşın* ustalaşmış değildi; beyin dinginleştiği *için* ustalaşmıştı. Tetris oynarken devreye giren beceriler, katılımcılarda sistemin devrelerine kazınmıştı; bunlar artık oyunla baş etmeyi sağlayan özelleşmiş ve verimli birer programdı.

Bir benzetme yapalım ve birdenbire kendini barış ortamı içinde bulan savaşçı bir toplum hayal edelim. Askerler bu yeni durum karşısında tarıma yönelmeyi seçiyorlar. Tohum ekebilecekleri küçük çukurlar açmak için, önce kılıçlarından yararlanıyorlar. Geçerli, ancak son derece verimsiz bir yaklaşım. Bir süre sonra kılıçlarını döverek saban demirine dönüştürüyor ve böylece ellerindeki düzeneği, işin gereklerini karşılayacak biçimde optimize etmiş oluyorlar. Tıpkı beyin gibi onlar da ellerindeki aracı, yapılacak işe uygun hale getirmek için bir uyarlamadan geçirmiş durumdalar.

Çeşitli işlerin beyin devrelerine kazınması, beynin çalışma biçimine temel oluşturur: Beyin, düzeneğini işler hale getiren devre kartında değişiklikler yaparak kendine yeni göreve uygun yeni bir biçim verir. Bu durum, normal koşullarda ancak beceriksizce yerine getirilebilecek bir görevin hızla ve verimli biçimde gerçekleştirilmesini sağlar. Beynin yürüttüğü mantığa göre, eğer elinizdeki işe uygun araca sahip değilseniz, onu *yaratmanız* gerekir.

* * *

Buraya kadar, bilincin birçok işi olumsuz yönde etkileyebildiğini öğrendik (hendekte kalakalan mutsuz kırkayağı hatırlayın); ama bilinç, hedef belirlemede ve robotun eğitiminde gerçekten de işe yarayabilir. Evrimsel seçilim süreci, bilinçli zihnin tam olarak ne kadar erişime sahip olduğunu ayarlamış görünüyor: Erişim gereğinden azsa, sistem kendisine yol bulamıyor; fazlaysa da problem çözmede kullandığı ağır, hantal ve enerji bakımından verimsiz yöntemlerle batağa saplanıp kalıyor.

Sporcular hata yaptıklarında antrenörleri genelde "*Biraz kafanı kullan!*" diye bağırır. Buradaki ironi, profesyonel sporcuların hedefinin aslında *düşünmemek* olmasıdır. Binlerce saatlik çalışma ve eğitim yatırımının amacı, mücadele alevlendiği sırada doğru manevraların otomatik biçimde, bilincin katkısı olmaksızın yapılabilmesidir. İlgili becerilerin, oyuncunun devrelerine kazınmak üzere zorlanması gerekmektedir. Sporcular "sahaya çıktığında" ipleri ele alan, oyunu hız ve verimle sürükleyen, sahip oldukları iyi eğitimli bilinçdışı düzenektir. Kalabalık, dikkat dağıtmak için bağırır, ayaklarını gümbürtüyle yere vurur. Sporcuyu bu arada yönlendiren şey bilinçli düzenekse, hamlesini mutlaka yanlış yapacaktır. Eğer topu potadan geçirmeyi umuyorsa tek dayanağı ve tek güvencesi, aşırı eğitimli robotik düzenektir.[28]

Artık bu bölümde edindiğiniz bilgileri, teniste her zaman kazanacak biçimde kendi yararınıza kullanabilirsiniz. Baktınız ki kaybediyorsunuz, rakibinize bu kadar başarılı bir servis atmak için ne yaptığını sorun, yeter. Servisinin mekaniklerine dalıp size anlatmaya çalıştığı an, batmış demektir.

Böylece anlıyoruz ki, işler otomatikleştikçe, eylemlerimizin özüne bilinç düzeyinde erişme olanağımız da o ölçüde azalıyor. Ama daha yeni başlıyoruz. Bir sonraki bölümde, bilginin daha da derinlere nasıl gömülebildiğini göreceğiz.

# 4

# Düşünülebilir Düşünceler

"İnsan, düşünce barındıran bir bitkidir; tıpkı bir gül ağacının gül, elma ağacının da elma barındırdığı gibi."
–Antoine Fabre D'Olivet,
*L'Histoire philosophique du genre humain*

Bir an için, tanıdığınız en güzel insanı düşünün. Bakışları bu şahıs üzerine düşen gözlerin, onun cazibesiyle sarhoş olmaması imkânsız görünecektir size. Ama aslında her şey, o gözlerin bağlı olduğu evrimsel programa bağlıdır. Gözler bir kurbağaya aitse, bu güzellik timsali şahıs kurbağanın önünde bütün gün dursun –isterse çıplak dursun– kurbağa bana mısın demeyecek, olsa olsa kuşkulanacaktır karşısındakinden. Bu ilgisizlik karşılıklı olacaktır elbet; çünkü insanlar insanlara, kurbağalar da kurbağalara çekici gelir.

Arzu ne kadar doğal görünürse görünsün, dikkat edilecek ilk şey, yalnızca türe uygun bir arzuya "ayarlı" oluşumuzdur. Bu durum basit, ancak önemli bir noktanın altını çizer: Beynin devreleri, hayatta kalmamız için uygun davranışları üretecek şekilde düzenlenmiştir. Elma, yumurta ya da patatesin tadını beğenmemizin nedeni, içerdikleri moleküllerin harikulade biçimleri değil, bunların kusursuz birer şeker ve protein paketi, bir başka deyişle bankanızda saklayabileceğiniz enerji dolarları olmasıdır. Yararlı oldukları için bizler de bu yiyeceklerin tadını beğenecek şekilde programlanmışızdır. Buna karşılık dışkının zararlı mikrop içeriği, bizi onu yemekten alıkoyan bir tiksinti geliştirmemizi sağlamıştır. Koala yavrularının, sindirim sistemi için gerekli bakterileri sağlamak üzere annelerinin dışkısını yediğini de not edelim bu arada. Bu bakteriler yavruları, normalde zehirli olan okaliptüs yapraklarının etkilerinden korur. Bana kalırsa, elma size nasıl lezzetli geliyorsa dışkı da bir koala yavrusuna o ölçüde lezzetli geliyor olsa gerek. Hiçbir şey "doğal" olarak lezzetli ya da tiksindirici değildir;

tadın niteliği, sizin gereksinimlerinize bağlıdır. Lezzet, basitçe bir yararlılık göstergesidir.

Birçok kişi bu çekicilik ve lezzetlilik kavramlarına zaten aşina olsa da, bu evrimsel biçimlendirme sürecinin ulaştığı derinlikleri takdir etmek genelde güçtür. Mesele, insanların size kurbağalardan daha cazip gelmesi ya da elmayı dışkıya yeğlemenizden ibaret değildir; düşüncelerinizi yönlendiren bu yerleşik ilkelerin aynıları, sizin mantık, ekonomi, etik, duygular, güzellik, toplumsal etkileşim, aşk ve engin zihinsel dağarcığınız içinde yer alan diğer olgularla ilgili derin inançlarınıza da uyarlanabilir. Evrimsel hedeflerimiz düşüncelerimiz içinde yol bulur ve onları biçimlendirir. Bunun üzerinde bir an için düşünün. Bu söylediklerimizin anlamı, *düşünebildiğimiz* düşünceler kadar, düşünemediğimiz koskoca düşünce kategorilerinin de var olduğudur. Varlığından bile haberdar olmadığınız bütün düşüncelerinizle işe başlayalım.

## DOĞAL ÇEVRE (UMWELT): O İNCECİK DİLİMDE YAŞAM

"Muhteşemdir Konak
Ama Misafiri de sınırlı."
–Emily Dickinson

1670'te Blaise Pascal, hayretle karışık bir ifadeyle şöyle yazıyordu: "İnsanoğlu, içinden belirdiği hiçliği ve onu yutmuş sonsuzluğu anlamakta aynı ölçüde beceriksizdir.[1] Pascal, yaşamımızı, bizi oluşturan atomların hayal edilemeyecek küçüklükteki ölçekleri ile gökadaların devasa ölçekleri arasındaki incecik bir dilim üzerinde geçirdiğimizi fark etmişti.

Ama Pascal'in bilmediği daha çok şey vardı. Atomlarla gökadaları bir yana bırakın, *kendi* uzamsal ölçeklerimizde sürüp giden eylemlerin bile çoğundan habersiziz. Görünür ışığı ele alalım. Gözlerimizin arkasında, nesnelerden yansıyan elektromanyetik ışınımı yakalamak üzere optimize hale getirilmiş, özelleşmiş reseptörler (almaçlar) bulunur. Bu reseptörler bir miktar ışınım yakaladıklarında beyni bir sinyal bombardımanına tabi tutarlar. Ancak biz *bütün* elektromanyetik tayfı değil, yalnızca bir bölümünü algılarız. Işık tayfının görebildiğimiz kadarı, bütünün trilyonda onundan azdır. Geri kalanı (televizyon programlarını, radyo sinyallerini, mikrodalgaları, X-ışınlarını, gama ışınlarını, cep telefonu konuşmalarını vs. taşıyanlar) bizim haberimiz bile olmadan içimizden geçip gider.[2] CNN haber bülteni şu anda vücudunuzdan akıp geçmekte, ancak durumdan tümüyle bihabersiniz, çünkü tayfın o bölümü için özelleşmiş reseptörlere sahip değilsiniz. Buna karşılık balarıları, morötesi dalga boylarında taşınan bilgiyi kendi gerçekliklerine dahil etmiş durumdadır; çıngıraklı yılanların dünyaya bakışı ise kızılötesi dalga boylarını içerir. Hastanedeki cihazlar tayfın X-ışını aralığını, arabanızın gösterge paneli ise radyo frekansı aralığını görür. Bunların hepsi aynı "şey"den yapılmış olsa da siz, uygun alıcılarla donatılmamışsınızdır. Ne kadar uğraşırsanız uğraşın, tayfın geri kalanı içinde yer alan sinyalleri alamazsınız.

Yaşayabildiğiniz deneyimler, tümüyle biyolojiniz tarafından belirlenmiş ve sınırlandırılmıştır. Bu gerçek, gözlerimiz, kulaklarımız ve parmaklarımızın kendi dışımızdaki fiziksel dünyayı nesnel biçimde algıladığı yolundaki genel geçer görüşten farklı bir şeyi yansıtır. Bilim, bizim göremediklerimizi görebilen makinelerle ilerlerken, beynimizin, fiziksel çevrenin ancak küçük bir kısmını tarayabildiği de açıklık kazanmaya başlamıştır. Baltık Almanlarından biyolog Jakob von Uexküll, 1909'da, aynı ekosistemdeki farklı hayvanların, çevreden farklı sinyalleri yakaladığını fark etti.[3] Kenelerin görmeye ve işitmeye kapalı dünyasında önem taşıyan sinyaller, bütirik asidin ısı ve kokusudur örneğin. Siyah hayalet bıçak balığı için elektrik alanları, ses yankılarıyla yön bulan yarasalar için ise hava basınç dalgaları birinci sıradadır. Böylece von Uexküll, yeni bir kavram ortaya atmıştı: Dünyanın görebildiğiniz bölümü *umwelt* (çevre, çevreleyen dünya), daha büyük olan gerçeklik ise (böyle bir şey varsa) *umgebung* olarak adlandırılıyordu.

Her organizma –tahminen "oradaki" nesnel gerçekliğin tümü olarak algıladığı– kendi umwelt'ine sahiptir. Öyle ya, duyumsayabildiklerimizin ötesinde de bir şeyler olabileceğini düşünmek için herhangi bir gerekçemiz var mı? *The Truman Show* filminde, filme adını veren Truman, gözü pek bir televizyon yapımcısının tümüyle onun çevresine ördüğü (çoğunlukla da doğaçlamayla) bir dünya içinde yaşamaktadır. Filmin bir kesitinde bir muhabir yapımcıya sorar: "Sizce Truman neden kendi dünyasının gerçek doğasını keşfetmenin kıyısına bile gelememiş durumda?" Yapımcı şöyle yanıtlar: "Bizler, bize sunulan dünyanın gerçekliğini kabul etmeye hazırızdır." Bu sözlerle taşı gediğine koymuştur yapımcı. Çünkü gerçekten de umwelt'i sorgusuz kabul eder ve orada dururuz.

Kendinize, doğuştan körlüğün nasıl bir şey olduğunu sorun ve üzerinde bir süre ciddi biçimde düşünün. Yanıtınız "bir tür siyahlık" ya da "görüşün olması gerektiği yerde bir tür karanlık delik" ise eğer, yanıldınız. Nedenini anlamak için, kokuya duyarlı bir köpek, sözgelimi bir tazı olduğunuzu farz edin. Uzun burnunuz, iki yüz milyon koku reseptörüne ev sahipliği yapıyor. Islak burun delikleriniz ise koku moleküllerini çekip hapsediyor. Burun deliklerinizin köşelerinde yer alan küçük yarıklar iyice açılarak, siz kokladıkça içeri daha fazla hava girmesine olanak tanıyor. Sarkık kulaklarınız bile yerde sürünerek koku moleküllerini hareketlendirmeye yarıyor. Koklamak, bütün dünyanız. Bir öğleden sonra sahibinizin arkasından yürürken bir aydınlanma anı yaşıyor ve ansızın duruyorsunuz: İnsanınki gibi acınası, gelişmemiş bir burna sahip olmak nasıl bir şey acaba? İnsanlar, ancak küçük burunlarının izin verdiği ölçüde aldıkları azıcık havayla neyi algılayabilirler ki? Bir tür karanlık mıdır yaşadıkları? Kokunun olması gerektiği yerde bir koku deliği?

İnsan olduğunuz için cevabın hayır olduğunu biliyorsunuz. Kokunun olmadığı yerde ne bir delik, ne bir karanlık, ne de eksik bir duyum var. Kendi gerçeğinizi, size sunulduğu biçimiyle kabul ediyorsunuz. Bir tazının koku alma becerisine sahip olmadığınız için, bazı şeylerin farklı olabileceği aklınızın köşesinden bile geçmiyor. Aynı şey renkkörü insanlar için de geçerlidir: Başkalarının, kendilerinin göremediği renk tonlarını görebildiğini öğrenene kadar, böyle bir düşünce radar ekranlarına çarpmaz bile.

Eğer renkkörü değilseniz, kendinizi bir renkkörü olarak canlandırmak size pekâlâ güç gelebilir. Ama daha önce öğrendiklerimizi bir düşünün; bazı insanların, sizden *daha fazla* sayıda renk görebildiğini. Belli oranda kadında yalnızca üç değil, dört tip renk fotoreseptörü bulunur; bu kadınlar çoğu insanın asla ayıramayacağı bazı renkleri ayırt edebilirler.[4] Bu küçük kadın topluluğunun bir üyesi değilseniz, şu anda, daha önce farkında olmadığınız bir zaafınızı keşfettiniz demektir. Kendinizi bir renkkörü olarak görmemiş olabilirsiniz bugüne kadar; ama renk tonlarına karşı aşırı duyarlılık taşıyan bu kadınlar için öylesiniz. Sonuçta, yaşamınız mahvolmuş değil; tek değişen, bir başkasının nasıl olup da dünyayı bu denli tuhaf algıladığı üzerinde düşünüyor olmanız.

Aynı şey, doğuştan kör olanlar için de geçerlidir. Bu insanlar herhangi bir eksiklik hissetmez, görüşün olması gerektiği yerde karanlık algısı yaşamazlar. Görüş, zaten hiçbir zaman gerçekliklerinin bir parçası olmamıştır. Bu nedenle siz, bir tazının algıladığı fazladan kokuların ya da sözünü ettiğimiz "tetrakromatik" kadınların algıladığı fazladan renklerin eksikliğini ne kadar duyuyorsanız, onlar da görme becerisinin eksikliğini o kadar duyarlar.

* * *

İnsanların umwelt'i ile kene ve tazıların umwelt'i arasında büyük fark olduğu bir gerçektir; ancak bu konuda insanlar arasında da azımsanmayacak bir bireysel çeşitliliğe rastlanabilir. Gecenin geç saatlerinde gündelik düşünce biçiminden sıyrılıp derinlere dalan birçok kişi, arkadaşlarına şuna benzer bir soru sormuştur: Benim kırmızı olarak gördüğüm şeyle senin kırmızı olarak gördüğün şeyin aynı olduğu ne malum? Bu iyi bir sorudur, çünkü dış dünyadaki bir özelliği "kırmızı" olarak etiketleme konusunda anlaşabildiğimiz sürece, sizin algıladığınız rengin, benim içsel olarak kanarya sarısı biçiminde algıladığım renk olup olmadığı pek önem taşımaz. O renge siz de kırmızı dersiniz, ben de kırmızı derim; böylece oynadığımız bir el pokere sorunsuz biçimde devam edebiliriz.

Ancak sorun gerçekte daha derindedir. Benim görüş olarak tanımladığım şeyle sizin tanımladığınız farklıysa, benim görüşüm sizinkine göre baş aşağı olabilir ve bunun farkına bile varmayız. Nesneleri nasıl adlandıracağımız, onlara nasıl işaret ettiğimiz ve dış dünyada yolumuzu nasıl bulacağımız konusunda anlaştığımız sürece çok da önemli değildir bu.

Bu türden sorular önceleri felsefi düşünceler dünyasına ait idiyse de, artık bilimsel deneyler dünyasına terfi etmiş durumdadır.

Ne de olsa, beyin işlevleri, insanlar arasında az çok farklılık gösterir ve bu farklılıklar da kimi zaman dünyayı algılama biçimindeki farklılıklarla belli eder kendini. Her birey, kendi seçtiği yolun *gerçeklik* olduğuna inanır. Bunu daha iyi anlamak için magenta renkli salılar, biçimi olan tatlar ve dalgalı yeşil senfoniler içeren bir dünya düşleyin. Diğer bütün yönleriyle normal olan her yüz kişiden biri, sinestezi ("birleşik duyumlar" anlamına gelir) adı verilen durumdan ötürü dünyayı işte böyle algılar.[5] Sinestezik kişilerde belirli bir duyunun uyarılması, olağanın dışında bir duyusal deneyimi tetikler: Renkler işitilebilir, biçimler tat kazanır ya da sistematik olarak başka duyusal karışımlar yaşanır. Sözgelimi, bir ses ya da müzik kesiti yalnızca işitilmekle kalmaz, aynı zamanda görülebilir, tadılabilir ya da dokunabilir olur. Sinestezi, farklı duyusal algıların birleşmesi durumudur. Zımpara kâğıdına dokunduğunuzda fa diyez sesi alır, önünüzdeki tavuğu tattığınızda parmak uçlarınızda karıncalanma hisseder ya da bir senfoniyi maviler ve altın renkleri eşliğinde dinlersiniz. Sinestezik kişiler bu etkilere öylesine alışmıştır ki, başkalarının da aynı deneyimleri yaşamadığını anladıklarında genellikle şaşırırlar. Bu tür deneyimler, hiçbir anlamda patolojik birer anormallik değildir; sadece istatistiksel açıdan sıra dışıdır.

Sinestezi farklı biçimlerde çıkar karşımıza ve herhangi bir türünün yaşanması, bir ikinci ya da üçüncü tipin de yaşanma şansını artırır. Haftanın günlerini renklerle algılamak en sık rastlanan sinestezi örneklerinden biridir; bunu, harf ve rakamların renklendirilmesi izler. Durumun yaygın olan başka dışavurumları için sözcüklere tat, harf ve rakamlara da cinsiyet ve kişilik atfetme, renkli işitme, rakamlardan oluşan satırların üç boyutlu algılanması örneklerini verebiliriz.[6]

Sinestezik algılar istemsiz ve otomatik olmanın yanında, kararlıdır da; zamanla değişime uğramaz. Bunun yanında, temel niteliktedirler; yani algılanan şey resimsi ya da özel bir durum değil, basit bir renk, biçim ya da dokudur genellikle (örneğin, sinestezik kişi "Bu müzik, restoran masası üzerinde içi çiçek dolu bir vazo görmeme neden oluyor" gibi bir şey söylemez).

Peki, neden bazı insanlar dünyayı böyle görür? Sinestezi, beynin duyu bölgeleri arasında artmış olan karşılıklı konuşmanın bir sonucudur. Bunu, beyin haritasında yer alan ve aralarındaki sınırlarda boşluklar bulunan komşu ülkeler olarak düşünün. Hatların bu şekilde karışmasının nedeni, aileler içinde bireyden bireye geçen küçücük genetik değişikliklerdir. Bunun üzerinde biraz düşünelim: Sonuçta beyin devrelerinde gerçekleşen mikroskopik değişiklikler, farklı gerçekliklerle sonuçlanabilmektedir.[7] Sinestezinin varlığı bile, birden fazla tipte beynin –dolayısıyla da birden fazla tipte zihnin– var olabileceğini göstermeye yeterlidir.

Örnek olarak, belirli bir sinestezi biçimine biraz daha yakından bakalım. Çoğumuz için Şubat ya da Çarşamba, uzayda belirli bir konuma sahip değildir. Ama bazı sinestezik kişiler sayılar, zaman birimleri ve dizi ya da sıralamayı içeren başka kavramlar için kesin konumlar algılarlar. Sözgelimi 32 sayısının bulunduğu noktayı, Aralık ayının nerede yüzdüğünü ya da 1966 yılının nerede yattığını size gösterebilirler.[8] Bu nesneleştirilmiş üç boyutlu diziler genelde sayı formları olarak adlandırılsa da, olguya, daha kesin biçimiyle "uzamsal dizi sinestezisi" adı verilir.[9] Bunun karşımıza en çok çıkan örnekleri haftanın günleri, yılın ayları, sayma sayıları ya da onyıllara göre gruplanan yıl adlarını içerir. Araştırmacılar, bu sık görülen tiplere ek olarak ayakkabı numarası ve giysi bedenleri, beyzbol istatistikleri, tarihsel çağlar, maaşlar, televizyon kanalları, sıcaklık vb. için de uzamsal düzenlemeye gidilebildiği örneklerle karşılaşmıştır. Bazı bireyler yalnızca tek tip dizileri, kimileriyse bir düzineden fazla diziyi içeren sinestezi biçimine sahiptir. Ve bütün sinestezik kişiler gibi onlar da, herkesin bu dizileri kendileri gibi algılayamadığı gerçeği karşısında şaşkınlık ifade eder. Eğer siz de bir sinestezik değilseniz, işin püf noktası şurada yatar: Sinesteziklerin, diğer insanların zamanı *görselleştirmeden* nasıl yaşayabildiğini anlamaları güçtür. Sizin gerçekliğiniz onlara, onlarınkinin size geldiği kadar tuhaf gelir. Siz kendinize sunulan gerçekliği nasıl kabul ediyorsanız, onlar da kendilerininkini aynı şekilde kabul ederler.[10]

Sinestezi deneyimini yaşamayanlar fazladan eklenen renk, doku ve uzamsal düzenleme duyusunun algısal bir yük getireceğine inanır ve "Bunca ek duyuyla baş etmek zorunda kalmak insanı delirtmez mi?" diye de sorarlar kimi zaman. Ancak bu durum renkkörü bir kişinin normal görüşlü bir kişiye "Vah zavallıcık. Nereye baksan renkler görüyorsun. Her şeyi *renkli* görmek zorunda kalmak seni delirtmiyor mu?" diye sormasından hiç de farklı değildir.

Yanıt, renkli görmenin çoğu kişi için normal ve gerçeklik olarak kabul ettiğimiz şeyin bir parçası olması nedeniyle, renklerin bizi delirtmediğidir. Aynı biçimde, sinestezik kişiler de fazladan boyutların etkisiyle delirmez çünkü bundan başka bir gerçeklik tanımamışlardır. Hatta bu kişilerin çoğu bütün ömürlerini, başkalarının dünyayı kendilerinden farklı gördüğünü hiç bilmeden yaşar.

Düzinelerce çeşidiyle sinestezi, böylece bireylerin dünyaya öznel bakışlarında yatan inanılmaz farklılıkları vurgular ve bize her bir beynin, algıladığı ya da algılamaya muktedir olduğu şeyleri benzersiz biçimde belirlediğini bir kez daha hatırlatır. Bu gerçek, bizi buradaki ana noktamıza getirir yeniden: gerçekliğin, genelde sanılandan çok daha öznel bir karakter taşıdığı.[11] Gerçeklik, beyin tarafından pasif biçimde kaydedilmek yerine, aktif biçimde beyin tarafından inşa edilir.

* * *

Dünyayı algılayışınıza benzer biçimde, zihinsel yaşamınız da ancak belirli bir alanı kapsayacak, geri kalandan da dışlanacak biçimde kurulmuştur. Bazı düşünceler vardır ki, onları düşünemezsiniz. Evrenimizdeki seksilyon sayıda yıldızı kavrayamadığınız gibi, beş boyutlu bir küpü de gözünüzde canlandıramaz, bir kurbağanın cazibesine kapılmazsınız. Bu örnekler size fazla bariz geliyorsa (*Elbette yapamam!*), bunları bir de kızılötesi dalga boyunda görme, radyo dalgalarını algılama ya da bir kenenin yaptığı gibi bütirik asidi algılama edimleri ile benzeşim kurarak ele alın. "Düşünce umwelti"niz, "düşünce umgebungu"nun ancak küçük bir kesitini temsil eder. Şimdi bu alanı biraz inceleyelim.

Bu ıslak bilgisayarın, yani beynin işlevi, çevresel koşullara uygun davranışları üretmektir. Evrim gözlerinizi, iç organlarınızı, cinsel organlarınızı ve bu arada düşünce ve inançlarınızın taşıdığı nitelikleri de dikkatlice biçimlendirmiştir. Mikroplara karşı özelleşmiş bağışıklık tepkileri geliştirmekle kalmamış, türümüzün evrimsel tarihinin yüzde 99'u boyunca avcı-toplayıcı atalarımızın karşı karşıya olduğu özelleşmiş problemleri çözecek nöral düzeneği de geliştirmişiz. *Evrimsel psikoloji* alanı, neden "öyle" değil de "böyle" düşündüğümüzü araştırır. Nörobilimciler beyni oluşturan parçalar ve düzenekler üzerinde çalışırken evrimsel psikologlar da toplumsal problemleri çözen yazılımlar üzerinde çalışır. Bu açıdan bakacak olursak beyin, fiziksel bir yapı olarak bir dizi program içerir; programların varoluş nedeni ise geçmişte belirli bir problemi çözmüş olmalarıdır. Yeni yazılım özellikleri, daha önce beraberlerinde getirmiş oldukları sonuçlara bağlı olarak, ana yazılıma eklenir ya da ondan çıkarılır.

Charles Darwin, *Türlerin Kökeni* eserinin sonunda bu disiplininin gelişeceğini öngörmüştü: "Uzak gelecekte çok daha önemli araştırmalar için açık alanlar görüyorum. Psikoloji, gerekli olan zihinsel güç ve kapasite kazanımlarına kademeli biçimde ulaşıldığı yeni bir temele oturacak." Bir başka deyişle zihinlerimiz de tıpkı göz, başparmak ve kanat gibi evrime tabidir.

Bebekleri düşünün. Yeni doğmuş bebekler birer "boş levha" değildir; bir yığın problem çözme gerecini kalıtsal yolla almış ve elde hazır çözümlerle işe başlamışlardır.[12] Bu düşünce, ilk kez Darwin tarafından ele alınmış (yine *Türlerin Kökeni*'nde), daha sonra da *The Principles of Psychology (Psikolojinin İlkeleri)* kitabında William James tarafından genişletilmişti. Ancak daha sonra rafa kalkmış ve yirminci yüzyılın büyük bölümünde unutulup gitmişti. Ama varsayım doğruydu. Bebekler, ne kadar kırılgan ve savunmasız olurlarsa olsunlar, nesneler hakkında akıl yürütme, fiziksel neden-sonuç ilişkileri, sayılar, biyolojik dünya, diğer bireylerin inanç ve güdüleri ve toplumsal etkileşimler gibi konularda özelleşmiş nöral programlarla dünyaya gelirler. Sözgelimi, bir yenidoğan beyni yüzlerle ilgili *beklentilere* sahiptir: Doğalı on dakika bile olmamışken, bebekler yüze benzer biçimlere yönelir, görüntünün biçimi bozulunca ilgilerini kaybederler.[13] İki buçuk aylık olduğunda bebek, katı bir nesnenin içinden geçer izlenimini veren bir başka nesneyi gördüğünde ya da izlediği nesne, sanki sihir etkisiyle ekranın arkasından kaybolduğunda şaşkınlık belirtileri gösterir. Bebeklerin, hareketli ve hareketsiz nesnelere olan tavırları da birbirinden farklıdır ve hareketli oyuncakların, kendilerinin göremedikleri içsel bir duruma ("niyete") sahip olduğunu varsayarlar. Büyüklerin niyeti hakkında da varsayımda bulunur bebekler. Karşısındaki yetişkin, ona bir şeyin nasıl yapılacağını göstermeye çalışıyorsa, bebek onu taklit eder ama yetişkinin gösterisi bir biçimde ters giderse (olasılıkla da "Eyvah!" gibi bir vurgu eşliğinde) bebek artık gördüklerini değil, yetişkinin yapmaya niyetli olduğuna inandığı şeyi canlandırır.[14] Bir başka deyişle bebekler, teste tabi tutulabilecek kadar büyüdüklerinde, dünyanın işleyişi hakkında varsayımlarda bulunmaya başlamışlardır bile.

Bu nedenle, çocuklar çevrelerindeki varlıkları (anne baba, ev hayvanları, televizyon gibi) taklit etme yoluyla öğrendikleri halde, boş birer levha değildir. Bebeklerin çıkardıkları tipik sesleri düşünün. Sağır bebekler, işitebilen bebeklerle aynı sesleri çıkarır; farklı ülkelerde yaşayan bebeklerin çıkardıkları sesler ise, birbirinden çok farklı dillere maruz kalsalar da benzerdir. Buradan, bu ilk bebek 'konuşmalarının', insanlarda önceden programlanmış bir özellik olarak kalıtıldığını anlıyoruz.

Bir başka önceden programlama örneği, "zihin okuma" adını verdiğimiz sistemdir. Bu sistem, başka insanların gözlerindeki hareket ve bakış yönünden, onların ne istediği, ne bildiği ve neye inandığıyla ilgili çıkarımlarda bulunmamızı sağlayan bir düzenek grubunu içerir. Sözgelimi, biri tutup da aniden sol omzunuzun üzerinden ileriye bakarsa, arkanızda ilginç bir şeyler olup bittiğini tahmin etmekte gecikmezsiniz. Bu bakış okuma sistemi, bebekliğin erken dönemlerinde bile tümüyle yerine oturmuş durumdadır. Otizm gibi bozukluklarda hasar görmüş olsa da, diğer sistemlerin hasar gördüğü bazı durumlarda etkilenmeyebilir. Bakış okuma becerisinin yerli yerinde, ama toplumsal bilişselliğin başka yönlerden ciddi biçimde hasarlı olduğu Williams Sendromu'nda durum böyledir.

Önceden paketlenmiş yazılım, boş levha tarzı bir beynin anında karşı karşıya geleceği olasılıklar patlamasını atlatmayı başarabilir. Boş levhayla işe başlayan bir sistem, dünyanın onca karmaşık kuralını bebeklerin aldığı son derece zayıf ve seyrek girdi bütünüyle öğrenemeyecektir.[15] Her şeyi denemek zorunda kalacak ve başarısız olacaktır. Bunu hiçbir şeyden olmasa, bilgiden yoksun biçimde işe başlayıp dünyanın kurallarını öğrenmeye kalkışan yapay nöral ağların uzun başarısızlık tarihinden biliyoruz.

Önceden programlanmış olmamız, toplumsal alışverişte, yani insanların birbiriyle kurdukları etkileşimde de büyük rol oynar. Toplumsal etkileşim milyonlarca yıl boyunca türümüz için yaşamsal önem taşımış ve sonucunda da toplumsal programlar, yollarını nöral devrelerin derinlerine kadar çizmiştir. Leda Cosmides ve John Tooby isimli psikologların söylediği gibi "Kalp atımı evrenseldir çünkü onu üreten organ her yerde aynıdır. Bu, biraz sınırlı biçimde de olsa, toplumsal etkileşimin evrenselliği için de geçerli bir açıklamadır." Bir başka deyişle, tıpkı kalp gibi beyin de, toplumsal davranışın ifadesinde belirli bir kültürün varlığına gerek duymaz. Bu program temel donanımla birlikte, önceden paketlenmiş halde sunulur bize.

Sıkça verilen bir örneği ele alalım: Beyniniz, çözmek üzere evrimleşmediği belirli tipteki hesaplamaları yaparken sıkıntıya girse de, toplumsal konuları ele alan hesaplamaları kolaylıkla yapar. Diyelim ki size aşağıdaki dört kartı gösterdim ve şöyle bir iddia attım ortaya: Bir yüzünde çift sayı olan bir kartın diğer yüzünde de "ana" renklerden birinin adı var. Size doğruyu söyleyip söylemediğimi anlamak için hangi iki kartı çevirmeniz gerekir?

Bu problem sizi sıkıntıya sokuyorsa dert etmeyin; kolay bir problem değil sonuçta. Yanıt, çevrilecek iki kartın üzerinde "8" ve "mor" yazan kartlar olduğudur. Üzerinde "5" yazan kartı çevirip de arkasında "kırmızı" yazdığını görmüş olsaydınız, bu size kuralın doğruluğu hakkında hiçbir şey söylemezdi; çünkü size başta yalnızca çift sayılı kartlarla ilgili bir ifade sunmuştum. Benzer şekilde, "kırmızı" yazan kartı çevirdiğinizde karşınıza bir tek sayı çıksaydı, bunun da verdiğim mantıksal kuralla ilgisi olmayacaktı; çünkü tek sayılı kartların, diğer yüzlerinde ne yazdığı hakkında bir şey söylememiştim zaten.

Beyniniz koşullu mantığın kurallarına uygun bir düzenlenme gösterseydi, sizden istenen yanıtla ilgili herhangi bir sorun yaşamayacaktınız. Ancak, soruyu doğru yanıtlayanların oranı dörtte birden azdır; üstelik aynı durum resmi bir mantık eğitiminden geçen gruplar için de geçerlidir.[16] Problemin genel olarak zor gelmesi, beynimizin bu tür genel mantık problemlerine uygun bir düzenleniş içermediğine işaret eder. Bunun nedeni, olasılıkla, bu mantık problemlerine çözüm bulmadan da, bir tür olarak yaşamımızı gayet iyi idare edebilmiş olmamızdır.

Ama hikâyenin püf noktası şu: Aynı mantık problemi, onu anlamamıza izin veren zihinsel düzenlenişe uygun, yani toplumsal insan beyninin önem verdiği sözcüklerle sarıp sarmalanmış biçimde sunulursa, kolayca çözülecektir.[17] Yeni kural şu olsun: 18 yaşından küçükseniz alkol alamazsınız. Aşağıdaki her kartın bir yüzünde birinin yaşı, diğer yüzünde de elindeki içecek var.

Kuralın ihlal edilip edilmediğini anlamak için hangi kartları çevirmeniz gerekir? Çoğu katılımcı, bu soruya doğru yanıt verir (üzerinde "16" ve "tekila" yazan kartlar). İki problemin de biçimsel olarak birbirine eş olduğuna dikkat edin. Öyleyse neden birincisinde zorlandınız da ikinciyi daha kolay yanıtladınız? Cosmides ve Tooby, ikinci durumdaki performans artışının beyindeki bir tür "uzmanlaşma"yı temsil ettiğini savunuyor. Beyin, toplumsal etkileşime öyle çok önem verir ki, evrim sürecinde buna adanmış özel programlar –adlandırma ve zorunluluk durumlarıyla baş etmeyi sağlayacak ilkel işlevler– geliştirmiştir. Bir başka deyişle beyniniz üçkâğıtçıları sezmek gibi toplumsal problemleri çözebilecek, ama genelde akıllı ve mantıklı davranmayı gerektirmeyecek biçimde evrimleşmiştir.

# EVRİMLEŞEN BEYNİN DÜSTURU: GERÇEKTEN İYİ OLAN PROGRAMLARI İYİCE DERİNLERE, DNA'YA KAZI

"Genelde, beynimizin en iyi yaptığı şey, en az farkına vardığımız şeydir."

–Marvin Minsky, *The Society of Mind*

İçgüdüler, öğrenilmesi zorunlu olmayan karmaşık ve doğuştan gelen davranışlardır. Deneyimden bağımsız sayılabilecek, ayrı bir pakette sunulmuşlardır bize. Bir atın doğumunu düşünün: Annesinin rahminden düşer, sıska ve titrek bacakları üzerinde doğrulur, biraz sağa sola yalpalar ve nihayet yürüyüp koşmaya başlar ve birkaç dakikadan birkaç saate uzayabilen bir süre içinde, sürünün geri kalanını izleyebilir hale gelir. Tay, bacaklarını kullanmayı bir insan yavrusu gibi yıllara uzayabilen bir deneme yanılma sürecinin sonunda öğrenmez; bu karmaşık motor eylem, onun için içgüdüseldir.

Kurbağaların, diğer kurbağalara karşı çılgınca arzu duyarken insanın bu yönden onlara hiçbir şey ifade etmemesi (ve tabii tersi durum da), beyinle birlikte standart donanım olarak gelen özelleşmiş nöral devrelerden dolayıdır. Evrimsel baskının bir sonucu olarak biçimlenen içgüdü programları davranışlarımıza düzen vererek bilişsel yönümüze de sağlam biçimde kılavuzluk eder.

Geleneksel olarak, içgüdülerin akıl yürütme ve öğrenmenin tersi olduğu düşünülür. Eğer siz de çoğu insan gibiyseniz, köpeğinizin büyük oranda içgüdülerle, insanların ise bundan farklı bir şeyle, daha çok *mantık* benzeri bir süreçle yönlendirildiğini düşünüyor olmalısınız. 19. yüzyılda yaşamış büyük psikolog William James, hikâyeden ilk işkillenenlerden biriydi. Hatta işkillenmekle kalmayıp, düpedüz yanlış olduğunu düşünüyordu bu görüşün. James, insan davranışlarının diğer hayvanlardan daha esnek ve zekice oluşunu, onlardan daha az değil, *daha fazla* içgüdüye sahip olmamıza bağlıyordu. Bu içgüdüler bir alet çantasının içindeki aletlerdi; elinizde bunlardan ne kadar çok varsa, durum ve koşullara o kadar rahatlıkla uyum sağlıyordunuz.

İçgüdülere karşı kör olma eğilimimizin altında yatan neden, bunların aslında son derece iyi çalışması ve bilgiyi neredeyse çaba göstermeden ve otomatik biçimde işleme sokmasıdır. Tıpkı tavuk seksörleri, uçak gözcüleri ya da tenisçilerde olduğu gibi, ilgili programlar devrelerin öylesine derinlerine kazınmıştır ki, artık onlara erişemez duruma gelmişizdir. Bu içgüdüler topluca bizim insan doğası olarak adlandırdığımız şeyi oluşturur.[18]

İçgüdülerin otomatikleşmiş davranışlarımızdan (daktiloda yazmak, bisiklete binmek, servis atmak gibi) farkı, bunları yaşam süremiz içinde öğrenmek zorunda kalmayıp kalıtımla elde etmiş olmamızdır. İçsel davranışlarımızın temsil ettiği fikirler öylesine yararlıdır ki, bunlar DNA'nın küçücük, şifreli dil birimlerine kodlanacak kadar derinlere ulaşabilmiş ve bu da milyonlarca yıl süren doğal seçilimle mümkün hale gelmiştir: Sağkalım ve üreme yararına çalışan içgüdülere sahip olanlar çoğalabilmiştir ancak.

Buradaki ana nokta, içgüdüyü oluşturan optimize edilmiş devre sisteminin, hız ve enerji verimliliği açısından fayda sağlarken, bunu bilinçli erişimden uzakta kalma pahasına gerçekleştiriyor olmasıdır. Sonuçta, teniste attığımız servisin inceliklerine erişimimiz ne kadar kısıtlıysa, beynimize kazılı bilişsel programlara erişimimiz de o ölçüde kısıtlıdır. Bu durum, Cosmides ve Tooby'nin "içgüdü körlüğü" adını verdikleri duruma yol açar: Davranışlarımızın asıl motorları olan içgüdüleri göremeyiz.[19] Bu programların erişimimize kapalı olması, önemsiz oluşlarından *değil*, tam tersine *yaşamsal* önem taşımalarından dolayıdır. Bilinçli müdahalenin bu programlara herhangi bir katkısı olmayacaktır.

William James içgüdülerin gizlenmiş doğasını fark etmiş ve basit bir zihinsel egzersizle onları günışığına çıkmaya ikna edebileceğimizi öne sürmüştü. "İçgüdüsel herhangi bir insan davranışının nedenini sorgulayarak, doğal olanı tuhaf kılmak"tan geçiyordu bu küçük oyun:

> Bir şeye sevinince neden gülümseriz de somurtmayız? Kalabalıkla, neden tek bir arkadaşımızla konuştuğumuz gibi konuşmayız? Aklımızı böylesine başımızdan alan kişi, neden şu değil de bu kızdır? Bunlara herhangi bir insanın vereceği yanıt şöyle olacaktır: *Elbette* gülümseriz, kalabalığı görünce *elbette* kalbimiz çarpmaya başlar, âşık olunası kız, *elbette* odur; bütün evrenin kendisini sevmesi için yaratıldığı aşikâr olan, kusursuz biçime bürünmüş o güzel ruh!

> Belirli nesneler karşısında alacağı belirli tavırlar için, bütün hayvanlar buna benzer bir şey hissediyor olsa gerek ... Erkek aslana sorulsa, dişi aslandır sevilmek için yaratılan; ayı içinse dişi ayı. Bir yuva dolusu yumurtayı inanılmaz derecede heyecan verici ve değerli bulmayan, "üzerlerinde ne kadar otursan fazla oturmuş olmazsın" görüşüne katılmayan bir yaratık olabileceğini düşünmek bile bir kuluçka tavuğunu dehşete düşürebilir olsa gerek.
>
> Böylece emin olabiliriz ki, bazı hayvanların içgüdüleri bize ne kadar gizemli ve şaşırtıcı geliyorsa, bizimkiler de onlara öyle geliyordur.[20]

Beynimize en köklü biçimde kazınmış içgüdüler, psikologların yalnızca insana özgü durumları (yüksek bilişsel beceriler gibi) ya da sorunları (zihinsel bozukluklar gibi) anlamaya daha fazla yönelmeleri nedeniyle spotlardan uzağa itilmiştir genellikle. Ama en otomatik ve en az çaba gerektiren (yani özelleşmişlik ve karmaşıklık bakımından en üst düzeydeki nöral devreleri gerekli kılan) davranışlar, aslında ta başından beri gözümüzün önündedir: cinsel çekim, karanlık korkusu, empati, tartışma becerisi, kıskançlık, adalet arayışı, çözüm bulma, ensestten kaçınma, yüz ifadelerini tanıma... Bu tür davranış ve eylemlerin altında yatan geniş nöral ağlar öylesine ince bir ayardan geçmiştir ki, gündelik işleyişlerinin farkına bile varmayız. Ve tıpkı tavuk seksörleri örneğinde olduğu gibi, bu devrelere kazınan programlara erişmek için iç gözlemden yararlanmaya çalışmak da boşunadır. Herhangi bir eylemin bilincimizce "kolay" ya da "doğal" olarak değerlendirilmesi, bu eylemi olanaklı kılan devrelerin karmaşıklığını ciddi biçimde azımsamamıza neden olabilir. Kolay işler, güçtür aslında: Kanıksama sonucu doğal saydığımız şeylerin çoğu, sinirsel açıdan karmaşıktır.

Buna bir örnek vermek gerekirse, yapay zekâ alanında olup bitenleri bir düşünün. Bu alan, 1960'lı yıllarda gerçeğe dayalı bilgiyle ("at, bir memeli hayvan cinsidir" gibi) baş edebilen programlarda hızlı ilerlemelere sahne olmuş, ancak bu ilerleme daha sonra yavaşlayarak neredeyse durma noktasına gelmiştir. Kaldırım kenarında düşmeden yürümek, yemekhanenin yerini hatırlamak, uzun bir vücudu küçücük iki ayak üzerinde taşımak, bir dostu tanımak ya da bir espriyi anlamak gibi "basit" problemleri çözmenin çok daha zor olduğu anlaşılmıştır. Gerçekten de hızlı, etkili ve bilinçsiz biçimde yaptığımız şeyleri modellemek öylesine zordur ki, bunlar çözülememiş problemler olarak yerlerini korumaktadırlar.

Herhangi bir durum bize ne kadar bariz ve zahmetsiz görünürse, yalnızca altta yatan engin devreler ağından dolayı öyle göründüğünden de o kadar kuşku duymamız gerekir. 2. Bölüm'de gördüğümüz üzere, görme eyleminin bunca kolay ve hızlı olmasının en geçerli nedeni, karmaşık ve adanmış bir düzenekçe destekleniyor olmasıdır. Bir şey ne kadar doğal ve kolay *görünürse*, gerçekte durum o kadar *tersidir*.[21] Şehvet devrelerimiz çıplak kurbağa görüntüsüyle harekete geçmez çünkü onlarla çiftleşemediğimiz gibi, genetik geleceğimiz ile de pek alakaları olduğu söylenemez. Ama buna karşılık, ilk bölümde gördüğümüz üzere bir kadının gözbebeklerinin büyümesi bizi *pekâlâ* ilgilendirir çünkü bu tepki cinsel ilgi konusunda önemli bir bilgi yaymaktadır. Sonuçta, kendi içgüdülerimizden oluşan bir umwelt içinde yaşar ama onlarla ilgili pek az şey algılarız; bir balık, içinde yüzdüğü suyu ne kadar algılayabiliyorsa o kadar.

## GÜZELLİK: BÜTÜN EVREN ONU SEVMEK İÇİN YARATILDI!

İnsanlara neden karşı cinsin yaşlıları değil de gençleri çekici gelir? Sarışınlar gerçekten de daha mı fazla eğlenirler? Neden adamakıllı baktığımız birini değil de, bir anlığına gördüğümüz kişileri daha çekici buluruz? Bu noktada, güzellik algımızın da beynin derinlerine (ve erişilmez biçimde) kazınmış olduğunu ve bunun biyolojik yönden yararlı bir amaca hizmet ettiğini duymak, size şaşırtıcı gelmese gerek.

Tanıdığınız en güzel insanı düşünme konusuna bir daha dönelim. Vücut oranları yerli yerinde, sevilesi, çekici. Beynimiz, bu görüntüyü fark etmesini sağlayacak, incelikli bir ayarlamadan geçmiştir. Simetri ve yapıyla ilgili küçük ayrıntılar, bu kişinin başkalarından daha popüler olmasını, daha hızlı terfi etmesini, daha başarılı bir kariyer sürmesini sağlamaya yeterlidir.

Bu noktada, böylesi bir çekim duygusunun ruhani ve yalnızca şairlerin kalemleriyle irdelenen bir şey olmayıp, sırf bu işe yönelik nöral yazılımlara bir anahtarın kilide uyduğu gibi uyan belirli sinyallerin sonucunda geliştiğini keşfetmek, sizin için pek de şaşırtıcı olmayacaktır herhalde.

İnsanların "güzel" olarak niteledikleri şeyler, özünde hormonal değişimlerden kaynaklanan doğurganlık işaretlerini yansıtır. Kızlarla erkeklerin yüz ve vücut özellikleri, ergenliğe kadar birbirine benzer. Ergenlik dönemindeki kızlarda görülen östrojen artışı onlara daha dolgun dudaklar kazandırırken, erkeklerde artan testosteron da çenenin daha gelişkin hale gelmesine, burnun büyümesine neden olur. Östrojen meme ve kalçaların büyümesini, testosteron ise kas gelişimini sağlayarak omuzların genişlemesini tetikler. Sonuçta kadınlarda dolgun dudaklar, dolgun kalçalar ve ince bel, açık bir mesaj iletmektedir: *Östrojenle doluyum ve doğurganım.* Erkekte mesajı veren özelliklerse gelişkin çene, geniş göğüs yapısı ve sakaldır. İşte biz de bu özellikleri "güzel" olarak algılamak üzere programlanmışızdır. Biçim, işlevi yansıtır.

Sahip olduğumuz programlar öylesine kökleşmiştir ki, topluluk içinde çok az çeşitliliğe rastlanır. Araştırmacılar (ve bu arada porno sektörü de) erkeklerin en çekici bulduğu oranları ortaya çıkarmaya çabalarken, şaşırtıcı derecede dar bir aralıkla karşılaşmıştır. Buna göre "kusursuz" bel/kalça oranı 0,67 ile 0,8 arasında değişmektedir. *Playboy* kapak kızlarının bel/kalça oranları ise, ortalama ağırlık azaldığı halde zaman içinde 0,7'lik değerini korumuştur.[22] Oranları bu aralık içinde kalan kadınlar, erkekler tarafından yalnızca çekici değil, aynı zamanda daha sağlıklı, daha esprili ve daha zeki de bulunmaktadırlar.[23] Kadınlar yaşlandıkça, fiziksel özellikleri de bu oranların dışına taşacak şekilde değişir: Bel kalınlaşır, dudaklar incelir, memeler sarkar vs ki bu değişimlerin tümü, en doğurgan dönemlerini geride bıraktıklarının habercisidir. Hiç biyoloji eğitimi almamış bir ergen erkek bile, genç bir kadına kıyasla görece yaşlı bir kadından daha az etkilenecektir. Onun beyin devreleri de açık ve net bir göreve, üremeye kilitlenmiş durumdadır çünkü. Bilinçli zihnine ulaşan tek şey ise bilinmesi gereken manşettir: "Oldukça çekici bir kadın. Düş peşine!"

Gizlenmiş nöral programlar, doğurganlıktan fazlasını da algılar elbette. Bütün doğurgan kadınlar eşit derecede sağlıklı olmadıklarından eşit derecede çekici de görünmezler. Nörobilimci Vilayanur Ramachandran, erkeklerin sarışın kadınları tercih ettiği klişesinin, biyolojik bir gerçeklik tohumu barındırabileceğini düşünenlerdendir: Açık tenli kadınlar hastalık belirtilerini genellikle daha kolay belli ederken esmerlerin koyu renk tenleri kusurlarını daha iyi gizleyebilmektedir. Sağlıkla ilgili daha fazla bilgi, daha iyi bir seçim yapmayı olanaklı kıldığından, tercih edilen bir özelliktir.[24]

Görsellik, erkekler için kadınlara kıyasla daha yönlendirici olabilir, ancak kadınlar yine de aynı içsel kuvvetlere tabidir; erkeklerde olgunluğa işaret eden özelliklere doğru çekilirler. Bu noktada ilginç bir durum, kadınların tercihlerinin ayın günlerine bağlı olarak değişebilmesidir: Yumurtlama döneminde daha erkeksi görünüş tercih nedeni olurken, bunun dışındaki dönemlerde, olasılıkla daha toplumsal ve şefkatli bir yaklaşımın göstergesi olarak, daha yumuşak özellikler ön plana çıkar.[25]

Baştan çıkarma ve kovalama programları, büyük ölçüde bilinç mekanizmaları eşliğinde çalışırken, oyunun son aşaması herkes için açıktır. Binlerce zengin ülke vatandaşının yüz gerdirme, karın gerdirme, implant, yağ aldırma ve botoks gibi işlemlere para akıtmasının nedeni budur. Bu insanlar, aslında başkalarının beynindeki programların kilidini açacak anahtarları ellerinde tutabilme çabasındadırlar.

Çekiciliğin mekanizmalarına neredeyse hiç doğrudan erişimimiz olmayışı da bu noktada pek şaşırtıcı değildir. Bunun yerine, görsel bilgi, davranışlarımızı yönlendiren nöral modüllere kilitlenir. İlk bölümdeki deneyi hatırlayın: Kadın yüzlerini güzellik ölçeğinde derecelendirmeleri istenen erkekler, gözbebekleri büyümüş kadınları daha çekici bulmuşlardı çünkü geniş gözbebekleri cinsel ilgiye dair mesaj vermekteydi. Ancak bu erkeklerin, kendi karar verme süreçlerine herhangi bir bilinçli erişimleri yoktu.

Kendi laboratuvarımda yapılan bir çalışmada, katılımcılar anlık olarak gösterilen kadın ve erkek fotoğraflarına bakarak bu kişilerin çekiciliğini derecelendirdiler.[26] Daha sonraki bir turda, önceden gördükleri fotoğrafların aynılarını değerlendirmeleri istenirken, bu sefer fotoğraflara istedikleri kadar bakmalarına izin verildi. Sonuçlar, anlık görüntülerin insanları başkalarının gözünde daha güzel kıldığı yönündeydi. Bir başka deyişle, köşeyi dönen ya da arabasıyla hızla geçen birini gözünüzle yakalama fırsatı elde ederseniz, algı sisteminiz size onun, normal koşullarda düşüneceğinizden daha güzel olduğunu söyleyecektir. Erkekler, tahminen cazibe değerlendirmesinde görsel ipuçlarından daha fazla yararlandıklarından, bu şaşmış değerlendirme etkisini, kadınlardan daha güçlü biçimde sergilerler. Bu "anlık bakış etkisi" günlük deneyimlerle de uyum içindedir: Adam, kadını bir anlığına görür ve eşine az rastlanır bir güzelliği elinden kaçırmış olduğu düşüncesiyle koşup köşeyi döndükten sonra yanılmış olduğunu fark eder. Etki açık olsa da, nedeni değildir. Görsel sistem, bu kadar gelip geçici ve az bilgiye dayanarak nasıl olup da kadını gerçekte olduğundan daha güzel bulma yanılgısına düşebilmektedir? Açık verilerin yokluğunda algı sisteminiz neden doğrudan ara bölgelere yönelip kadını vasat, hatta vasatın altında olarak değerlendirmez?

Yanıt, üremenin talepleri çevresinde dolanmaktadır. Eğer bir anlığına gördüğünüz gösterişsiz bir kişinin güzel olduğuna inanmışsanız, hatayı düzeltmek için ikinci bir bakış yeterli olacaktır ki bu, pek de ağır bir bedel sayılmaz. Buna karşılık hatayı tersten işler ve çekici birini sevimsiz olarak algılama yanılgısına düşerseniz, güller vaat eden bir genetik geleceğe de güle güle diyebilirsiniz. Öyleyse algı sistemine yakışacak davranış, en kötüsü bir beyaz yalan sunarak, anlık görüntünün çekici bir şahsa ait olduğu izlenimini yaratmak olacaktır. Diğer örneklerde olduğu gibi bu örnekte de bilinçli beyninizin tek bildiği, trafikte aksi yönde giden muhteşem bir güzelliği geride bıraktığınız gerçeğidir ve bu arada ne nöral mekanizmaya ne de bu inancı sizin için üreten evrimsel baskılara erişiminiz vardır.

Deneyimle öğrenilen kavramlar da bu sisteme kazılı çekim mekanizmalarından yararlanabilir. Yakın geçmişte yapılan bir çalışmada, araştırmacılar farkında olmadan alkol kavramına yönlendirilmenin, cinsellik ve cinsel arzu gibi alkolle ilintili bazı kavramları da –yine farkında olmadan– tetikleyip tetiklemeyeceğini ortaya çıkarmaya çalıştılar.[27] Deneyde katılımcılara, bilinçli olarak algılamaları mümkün olmayacak bir hızla *bira* ya da *fasulye* gibi sözcükler gösterildi. Ardından erkek katılımcılar kadın fotoğraflarına bakarak, bunları çekicilik bakımından değerlendirdiler. Farkında olmadan *bira* gibi alkolle ilintili sözcüklerle önceden "hazırlanmış" bireyler, fotoğraflardaki kadınları genelde diğerlerine göre daha çekici bulmuştu. Alkolün cinsel arzuyu artırdığına inanan katılımcılarda ise bu etki, diğerlerine göre çok daha güçlüydü.

Cinsel cazibe ya da çekim duygusu sabit bir kavram olmayıp, durumun gereklerine göre ayarlamalardan geçer. Hayvanlardaki kızışma dönemini ele alalım. Neredeyse bütün dişi memeliler, kızışma döneminde açık sinyaller verirler. Sözgelimi, dişi babunların gerisi parlak pembeye döner ki bu değişim, şanslı bir erkek babun için yadsınamaz ve karşı konulamaz bir davettir. Buna karşılık insan türünün dişileri, bütün yıl boyunca çiftleşebilme konusunda benzersiz olup doğurgan dönemlerini herkese ilan edecek özel bir sinyal de üretmezler.[28]

Acaba? Kadınların en güzel olduğu dönemin, âdet döngüsü içinde en doğurgan oldukları döneme, kanamadan yaklaşık on gün kadar öncesine karşılık geldiği ortaya çıkmıştır.[29] Bu değerlendirmeyi yapan ister kadın ister erkek olsun, sonuç her durumda aynıdır; üstelik bu dönemde nasıl davrandıklarının da konuyla pek ilgisi yoktur çünkü aradaki fark, yalnızca fotoğrafa bakmakla bile algılanabilir. Bu dönemdeki bir kadının verdiği sinyaller, babunun gerisiyle verdiği sinyal kadar bariz değildir elbette, ama sinyalin biraz olsun okunabilir olması, onunla aynı odadaki erkeklerin güdümlü bilinçdışı mekanizmalarını harekete geçirmeye yeter de artar bile. Sinyaller bu devrelere ulaşabiliyorsa, görev tamamlanmış demektir. Sinyaller, başka kadınların devrelerine de ulaşabilir bu arada: Kadınlar, belki de eş bulmak için girişilen kavgada rakiplerinin durumunu değerlendirmeye olanak sağladığı için, diğer kadınların döngülerine karşı epeyce duyarlıdır. Doğurganlığın ipuçlarının neler olduğu henüz açıklık kazanmış değildir. Kulakların ve memelerin yumurtlamaya yakın günlerde daha simetrik hale gelişi ve bazı ten özelliklerinin (cilt tonu yumurtlama döneminde biraz açılır) bu ipuçları arasında yer aldığı düşünülmektedir.[30] Ama ipuçları ne olursa olsun, bilinçli zihnin hiçbirine erişimi olmasa da, beynimiz bunları kavramaya programlanmıştır. Zihin, yalnızca arzunun güçlü ve açıklanamaz çekim gücünü hisseder.

Yumurtlama ve güzelliğin etkileri, yalnızca laboratuvarda değil, gündelik yaşam içinde de ölçülebilir. New Mexico'da yakın geçmişte yapılan bir çalışmada, yerel striptiz kulüplerindeki dansçıların aldıkları bahşişin kadınların âdet döngüleriyle ilişkili olup olmadığı değerlendirilmişti.[31] Doğurganlığın zirveye çıktığı günlerde dansçılar saatte ortalama 68 dolar bahşiş kazanırken, bu ortalama kanama dönemlerinde 35 dolara düşmüştü. Aradaki günlerin ortalaması ise 52 dolardı. Bu kadınlar büyük olasılıkla bütün ay boyunca flört davranışları sergilemişken, doğurganlık durumlarındaki değişim, beklentiyle dolu müşterilerine vücut kokusu, ten rengi, bel/kalça oranı, hatta özgüven değişimi biçiminde yansımaktaydı. İlginçtir ki, doğum kontrol hapı kullanan striptizcilerde bu açıdan herhangi bir zirve değer saptanmamış, bu kadınların aylık kazancının saatte ortalama 37 dolarla kaldığı ortaya çıkmıştı (hap kullanmayanlardaki ortalama 53 dolara karşılık). Daha az kazanmalarının nedeni tahminen, hapların erken gebelik dönemine özgü hormonal değişimlere, dolayısıyla da dışa vuran göstergelerde değişimlere neden olması ve bu tür kulüplerin müdavim Kazanovalarına artık o kadar da ilginç gelmemeleri olabilir.

Peki, bu araştırma bize ne anlatıyor? Öncelikle, mali yönden endişe duyan striptizcilerin doğum kontrol haplarından kaçınıp yumurtlamanın hemen öncesinde mesai saatlerini ikiye katlamaları gerektiğini. Ama asıl önemlisi, kadın (ya da erkek) güzelliğinin beyin devreleri tarafından önceden düzenlenmiş olduğudur. Bu programlara bilinçli olarak erişemez ve onları ancak dikkatle tasarlanmış çalışmalarla ortaya çıkarabiliriz. Bu arada beynin, devreye giren ipuçlarını algılamada oldukça başarılı olduğunu da not edelim. Tanıdığınız en güzel insana geri dönecek olursak da, farz edin ki, iki gözü arasındaki mesafeyi, burun uzunluğunu, dudak kalınlığını, çene biçimini vb. belirlediniz. Bunları çekicilik bakımından ortalama bir insanın değerleriyle karşılaştırsaydınız, aradaki farkın belli belirsiz olduğunu görürdünüz. Bu iki insan, bir uzaylıya ya da Alman kurduna bu açıdan ayırt edilemez gelir; nasıl ki uzaylılar ya da Alman kurtlarının çekici olan ve olmayanları size ayırt edilemez geliyorsa. Ancak kendi türünüzün bireylerinde görülen ufak tefek farkların beyniniz üzerindeki etkisi büyüktür. Sözgelimi, kimileri kısa şort giymiş bir kadının görüntüsünü büyüleyici bulurken, kısa şort giymiş bir erkek, onlara itici gelir; oysa geometrik bakımdan iki görüntünün birbirinden farkı pek azdır.

Üstü kapalı ya da incelikli ayrıntılar temelinde ayrım yapabilme becerimiz son derece gelişkindir, çünkü beynimiz eş bulma ve eş seçimi gibi keskin tanımlı işleri yerine getirmek üzere düzenlenmiştir. Bütün bunlar, bilinçli farkındalık yüzeyinin altında gerçekleşir, bizler yalnızca yüzeyin üzerine ulaşmayı başarabilen o tatlı duyguların keyfine varmakla kalırız.

* * *

Güzellikle ilgili olarak verilen hükümler yalnızca görsel sistemin etkisiyle biçim kazanmayıp, kokudan da etkilenir. Koku, olası eşin yaşı, cinsiyeti, doğurganlığı, kimliği, duyguları ve sağlığı hakkında epeyce bilgi taşır. Bilginin taşıyıcısı ise bir yerden diğerine akan bir moleküller filosudur. Birçok hayvan türünde bu bileşikler davranışı neredeyse tümüyle ele geçirmiş durumdayken, insanlarda bu moleküllerle taşınan bilgi, çoğunlukla bilinçli farkındalık radarına çarpmadan davranışı etkileyebilmektedir.

Bir dişi fareye, çiftleşebileceği birkaç erkek fare seçeneği sunduğumuzu varsayalım. Seçimi gelişigüzel olmayacak, daha çok kendi genetiğiyle taliplerinin genetiği arasındaki etkileşimi esas alacaktır. Peki ama böylesi bir bilgiye nasıl ulaşacaktır dişi faremiz? Bütün memeliler "temel doku uygunluk kompleksi" (major histocompatibility complex – MHC) olarak bilinen ve bağışıklık sistemimizin ana oyuncuları konumunda olan bir gen kümesi taşırlar. Önüne farklı seçenekler sunulmuş bir fare, MHC genleri kendininkinden *farklı* olan bir eş seçecektir çünkü gen havuzuna çeşit katmak, biyolojik açıdan yararlı olduğunu kanıtlamış bir stratejidir: Genetik bozuklukları asgariye indirir ve melez gücü (hybrid vigor) olarak bilinen sağlıklı gen etkileşimi koşullarını yaratır. Öyleyse, genetik bakımdan uzak eş bulmak yararlı bir davranıştır. Peki ama fareler nasıl üstesinden gelir böyle bir işin? Hele de büyük ölçüde körken? Yanıt: Burunlarıyla. Burunlarının içindeki bir organ, belirli sinyalleri (alarm durumu, yiyecek kokusu, cinsel hazırlıklılık, örneğimizde ise genetik benzerlik ya da farklılık) havada taşıyan kimyasallar olan feromonları algılar.

Öyleyse insanlar da feromonları farelerin algıladığı gibi algılayıp onlara farelerin verdiği tepkileri mi verirler? Bunun yanıtını kimse bilmese de yakın geçmişte yapılan bazı çalışmalar, insan burnunun iç yüzeyini döşeyen dokuda, farelerin feromonlar aracılığıyla gerçekleştirdikleri haberleşmede rol oynayan reseptörlerin benzerlerinin bulunduğunu ortaya koymuştur.[32] Reseptörlerin işlevsel olup olmadığı kesinlik kazanmış değilse de, davranışa odaklı araştırmalar olumlu yönde ipuçları vermektedir.[33] Bern Üniversitesi'nde yapılan bir çalışmada kız ve erkek öğrencilerde MHC ölçümleri yapıldıktan sonra[34] erkeklere ter emici pamuklu tişörtler dağıtıldı. Daha sonra laboratuvara dönen kız öğrenciler, burunlarını tişörtlerin koltukaltı bölgesine daldırarak hangi vücut kokusunu yeğlediklerini belirttiler. Sonuç: Onlar da, tıpkı fareler gibi MHC'leri kendininkilere benzemeyen erkekleri tercih etmişlerdi. Açık ki, burnumuz da tercihlerimizi etkilemekte ve yine üreme görevini bilincin radarına yakalanmaksızın yerine getirmektedir.

İnsan feromonları, üreme dışındaki durumlarda da görünmez sinyaller taşıyor olabilir. Örneğin, yenidoğanların temiz bezlerden çok, annelerinin memelerine sürülmüş bezlere yönelmeleri, olasılıkla algıladıkları feromonal işaretlerden kaynaklanmaktadır.[35] Kadınlarda âdet döngüsü süresinin de bir başka kadının koltukaltı terini kokladıktan sonra değişebildiği düşünülmektedir.[36]

Feromonların sinyal taşıdığı açık olmakla birlikte, insan davranışlarını ne ölçüde etkileyebildiği bilinmiyor. Bilişsel durumumuz öylesine çok katmanlıdır ki, bu tür işaretlerin oynadığı rol önemini iyiden iyiye yitirmiştir. Ama oynadıkları rol ne olursa olsun, en azından beynin sürekli bir evrime tabi olduğunu hatırlatırlar bize. Çünkü bu moleküller miadını doldurmuş miras yazılımların varlığını gözler önüne serer.

## SADAKATSİZLİK GENLERİMİZDE Mİ?

Annenize olan bağlılığınızı düşünün. Ve onun da size aynı şekilde bağlı oluşundan dolayı ne kadar şanslı olduğunuzu; hele aciz bir bebek olarak ona en çok ihtiyaç duyduğunuz dönemde. Bu türden bir bağlılığı doğal bir olgu olarak düşünmek kolaydır. Ama toplumsal bağlılığın aslında incelikli bir kimyasal sinyaller sistemine dayalı olduğunu görmek için yüzeyi şöyle bir kazımak yeterlidir. Bu öylesine gelişen bir durum değildir, bir nedeni vardır. Fare yavrularına, genetik mühendisliğiyle opioid sistemleri (ağrının baskılanması ve ödüllendirmede devreye giren sistem) belirli bir reseptörden yoksun kalacak biçimde müdahale edildiğinde, yavrular anneden ayrılmayı umursamamakta[37] ve daha az bağırmaktadırlar. Bu durum, başka şeyleri de umursamaz hale geldikleri anlamını taşımaz; hatta kendilerini tehdit eden bir erkek fareye ya da soğuğa karşı, diğer farelerden daha duyarlı ve tepkiseldirler. Görünüşe göre, bu durum yalnızca anneye bağlanmada ortaya çıkmaktadır. Kendilerine hem annelerinden hem de tanımadıkları bir fareden kokular sunulduğunda birini seçme olasılığı diğerinden fazla değildir. Aynı durum, annenin yuvasıyla yabancı bir farenin yuvası arasında yaptıkları seçim için de geçerlidir. Başka bir ifadeyle, yavruların annelerini beklendiği biçimde umursamaları için doğru genetik programların devrede olması gerekir. Bağlanma sorunlarının yaşandığı otizm gibi durumların altında yatan etken de bu türden bir sorun olabilir.

Ebeveynlere bağlanma durumuyla ilintili bir başka örnek de eşe sadakattir. Sağduyu bize tek eşliliğin ahlaki kişiliğe temellenmiş bir karar olduğunu söyler, değil mi? Ama bu da bizi doğrudan "kişiliğin" ne olduğu sorusuna götürür. Kişilik dediğimiz şey de bilinç radarlarının altında işleyen mekanizmalarla yönlendirilen bir özellik olabilir mi?

Tarla faresini ele alalım. Bu küçük yaratıklar sığ yeraltı geçitleri kazarak bütün yıl boyunca etkin kalmanın yolunu bulurlar. Ama diğer birçok fare ve memeliden farklı olarak tek eşli yaşar, ömür boyu süren eş bağları sayesinde birlikte yuva kurar, birbirlerine sokulur, birbirlerini tımar eder ve bir ekip olarak yavrulara bakarlar. Yakın kuzenleri sefahat âlemine dalmışken, bu hayvanlar neden böylesi bir adanmışlıkla bağlanır eşlerine? Yanıtı yine hormonlarda aramak gerek.

Erkek tarla faresi belirli bir dişiyle yinelemeli biçimde çiftleştiğinde, beyninde "vazopresin" adı verilen bir hormon salgılanır. Vazopresinin beynin "accumbens çekirdeği" olarak bilinen bölgesindeki reseptörlere bağlanması ise "o" dişiyle ilintilendirilen bir haz duygusunun ortaya çıkmasını sağlar. Tek eşliliği kilit altına alan bu süreç, çift bağlanması (pair-bonding) olarak bilinir. İlginçtir ki, araştırmacılar genetik tekniklerle vazopresin düzeylerini yükselterek, çok eşli türleri tek eşli davranışlarına yönlendirebilmektedirler.[38]

Peki vazopresin insan ilişkilerinde önem taşır mı? 2008'de İsveç'teki Karolinska Enstitüsü'nden bir araştırma ekibi, uzun süreli heteroseksüel ilişkiler kurmuş 552 erkekte vazopresin reseptörünü kodlayan geni inceledi.[39] Bulgular, $RS_3$ 334 adı verilen genin bir bölgesinin değişken sayılarla ortaya çıkabildiğini gösteriyordu: Bir erkekte genin bu bölgesi hiç bulunmayabilir veya tek ya da çift kopya halinde görülebilirdi. Kopya sayısı arttıkça, dolaşımdaki vazopresinin beyin üzerindeki etkileri de o ölçüde azalıyordu. Sonuçların böylesine basit oluşu şaşırtıcıydı: Kopya sayısı, erkeklerin çift bağlanması davranışlarıyla ilişkilendirilebilmekteydi. Daha fazla sayıda $RS_3$ 334 kopyası taşıyan erkekler çeşitli bağlanma ölçeklerine (ilişkinin güçlülük derecesi, evlilikle ilgili olarak algılanan sorunlar, eşlerin evliliğin niteliğine ilişkin değerlendirmeleri) göre yapılan ölçümlerde daha düşük puanlar almışlardı. İki kopya taşıyanların bekâr olma eğilimi daha fazlaydı; bunlar arasında evli olanların ise evlilikle ilgili sorun yaşama olasılığı diğerlerine göre daha yüksekti.

Tüm bunlar, yapılan seçimlerin ve çevrenin bir önem taşımadığı anlamına gelmemeli; çünkü taşırlar. Sonuçların asıl ima ettiği şey, dünyaya farklı yatkınlıklarla geldiğimiz gerçeğidir. Bazı erkekler tek bir eşle yaşayıp ona bağlı kalmaya genetik bakımdan yatkınken diğerleri böyle olmayabilir. Yakın gelecekte, bilimsel literatürün sıkı takipçisi genç bayanlar, erkek arkadaşlarının sadık birer koca olma olasılığını anlamak için onlardan genetik test yaptırmalarını isterlerse şaşmamak gerekir.

Yakın geçmişte bakışlarını aşk ve boşanma konularına çeviren evrimsel psikoloji uzmanlarının, birbirine âşık olan iki insanın, üç yıla varan bir süre boyunca heyecan ve coşkunun zirvede dolaştığı bir dönem yaşadığını fark etmeleri uzun sürmedi. Bu dönem boyunca vücut ve beyindeki iç sinyaller sözcüğün tam anlamıyla birer aşk iksiridir. Sonra inişe geçilir. Evrimsel bakış açısından, bir çocuk yetiştirmek için gereken süreyi aştıktan sonra (ortalama dört yıl), seçtiğimiz eşe duyduğumuz ilginin azalmasına programlanmışızdır.[40] Psikolog Helen Fisher, tıpkı tilkiler gibi programlandığımız görüşündedir: Tilkiler üreme mevsiminde eş bağı kurar, yavrular biraz olgunlaşana kadar birlikte kalır sonra da yollarını ayırırlar. Neredeyse altmış ülkede boşanma olgusunu araştıran Fisher, boşanma girişimlerinin, varsayımıyla tutarlı biçimde evliliğin yaklaşık dördüncü yılında zirveye ulaştığını fark etmiştir.[41] Araştırmacıya göre vücutta üretilen "aşk iksirleri", erkek ile kadını yavruların sağkalım olasılığını yükseltmeye yetecek kadar bir arada tutmaya yarayan etkili mekanizmanın parçası olmaktan öte bir şey değildir. İki ebeveyn, sağkalım açısından tek bir ebeveynden daha avantajlıdır; bu güvenceyi sağlama almanın yolu ise, onları bir arada kalmaya ikna etmekten geçer.

Benzer biçimde, bebeklerin kocaman gözleri ve yuvarlak yüzlerinin bize şirin görünmesinin nedeni, doğal bir "şirinliğe" sahip olmaları değil, yetişkinlerin bebeklere bakmasının taşıdığı evrimsel önemdir. Bebeklerini şirin bulmayan genetik soylar, yavrular gerekli bakımı görmediği için zamanla ortadan kalkmıştır. Ama zihinsel umwelt'leri bebekleri şirin *bulmamayı* olanaksız kılan, dolayısıyla da hayatta kalmayı başarmış olan bizler, bir sonraki kuşağı meydana getirecek bebeklere bakma ve onları yetiştirme başarısını gösterebiliyoruz.

* * *

Bu bölümde düşüncelerimizin, hatta *düşünebilecek* olduklarımızın yanı sıra en derin içgüdülerimizin de, oldukça düşük bir seviyede düzeneğe kazılı olduğunu gördük. "İşte bu harika bir haber" diye düşünebilirsiniz; "Beynim, hayatta kalmam için gereken her şeyi yapıyor, dolayısıyla benim bütün bunları düşünmeme bile gerek yok!" Evet, bunun harika bir haber olduğu doğru. Haberin beklenmedik yönü ise, bilinçli *siz*'in beyninizdeki en önemsiz oyuncu olması. Genç bir kralın tahtı devralıp, ülkenin ihtişamı için bütün övgüleri toplamasından farksızdır bu. Genç kral, işleri yürüten milyonlarca işçinin farkında bile değildir.

Ancak, zihinsel dağarcığımızın sınırlarını gözden geçirmek için biraz cesarete ihtiyacımız olacak. *Truman Show* filmine geri dönecek olursak: Filmin bir sahnesinde kimliği bilinmeyen bir kadın, telefon edip farkına bile varmaksızın milyonlarca televizyon izleyicisinin karşısında yaşayan zavallı Truman'ın oyuncudan çok, bir mahkûm olduğunu söyler yapımcıya. Yapımcı sükûnetle karşılık verir:

> Ya siz, sayın izleyici, yaşam sahnesinde size biçilmiş rolü oynayan bir oyuncu olmadığınızı söyleyebilir misiniz bana? Truman istediği an ayrılabilir programdan. Eğer hissettikleri belli belirsiz bir hırsın ötesine geçseydi, eğer gerçeği keşfetmeye sonuna kadar kararlı olsaydı, onu engellememizin yolu yoktu. Bence sizi gerçekte rahatsız eden şey sayın izleyici, Truman'ın, sizin ifadenizle "hücre"sinin konforunu buna yeğliyor olmasıdır.

Üzerinde oynadığımız sahneyi inceledikçe, kendi umwelt'imiz dışında epeyce bir şeyler barındırdığını görürüz. Bu yavaş ve kademeli bir arayış olsa da, yapım stüdyosunun gerçek boyutları karşısında hissettiğimiz derin hayret ve hayranlığı ortaya çıkarmak için yeterlidir.

Şimdi, beynin bir kademe daha derinine inmeye, sanki tek bir varlıkmışsınız gibi kaygısızca *siz* olarak söz ettiğimiz şeyle ilgili sır katmanlarından birini daha ortaya çıkarmaya hazırız.

# 5

# Bir Rakipler Takımı Olarak Beyin

"Kendimle çelişiyor muyum?
Pekâlâ öyleyse, kendimle çelişiyorum.
(Büyüğüm ben, çokluklar var içimde.)"
–Walt Whitman, *Song of Myself* (Kendi Şarkım)

## GERÇEK MEL GIBSON AYAĞA KALKABİLİR Mİ LÜTFEN?

28 Temmuz 2006'da sinema oyuncusu Mel Gibson, Pacific Coast otoyolunda hız sınırının neredeyse iki katı hızla araba kullandığı için polis tarafından kenara çekilmişti. Polis memuru James Mee'nin uyguladığı alkol testi, Gibson'ın kan alkol düzeyinin yüzde 0,12 olduğunu ortaya koyuyordu ki, sınırların epeyce üstünde kalan bir değerdi bu. Yanındaki koltukta ise açılmış bir tekila şişesi oturmaktaydı. Memur, Gibson'a tutuklu olduğunu söyleyerek ondan devriye arabasına binmesini istedi. Bu tutuklama işlemini Hollywood'daki benzerlerinden ayıran, Gibson'ın şaşırtıcı, yersiz ve kışkırtıcı sözleriydi. "Kahrolası Yahudiler!..." diye homurdanmıştı oyuncu; "Dünyadaki bütün savaşların sorumlusu Yahudiler." Sonra memura sordu: "Siz de Yahudi misiniz?" Mee Yahudi'ydi gerçekten de. Gibson, bunun üzerine arabaya binmeyi reddetti ve kelepçelenmesi gerekti.

Olayın üzerinden on dokuz saat geçmeden, magazin sitesi TMZ.com elle yazılmış tutuklama raporunun bir kopyasını ele geçirerek zaman kaybetmeden yayınladı. Medyadan gelen sert tepkilerin ardından, Gibson 29 Temmuz'da bir özür mektubu yayınlamak zorunda kaldı:

> Perşembe gecesi, alkol aldıktan sonra çok yanlış olan ve düşününce utanç duyduğum birtakım şeyler yaptım. ... Tutuklandığımda tümüyle kontrolden çıkmış biri gibi davrandım, doğrulu-

> ğuna kendim de inanmadığım çirkin şeyler söyledim. Söylediğim her şeyden derin bir utanç duyuyor, gücendirmiş olabileceğim herkesten özür diliyorum. ... Davranışlarımla hem kendimi hem de ailemi küçük düşürdüğüm için çok üzgünüm. Alkolizm hastalığıyla hayatı boyunca savaşmış biri olarak, bu korkunç geriye dönüşten dolayı büyük pişmanlık duyuyorum. Alkollüyken göstermiş olabileceğim her türlü yakışıksız davranış için af diliyor ve sağlığıma yeniden kavuşabilmek için gerekli adımları da şimdiden attığımı belirtmek istiyorum.

İftira ve Karalama ile Mücadele Birliği'nin başındaki Abraham Foxman'ın, bu özür mektubunda Gibson'ın Yahudi karşıtı ağır sözlerine herhangi bir atıfta bulunmamasından dolayı duyulan öfkeyi dile getirmesi üzerine, bu sefer özellikle de Yahudi toplumuna seslendiği daha uzun bir özür mektubu iletti Gibson:

> İçeriği her ne olursa olsun, Yahudi karşıtı herhangi bir ifadeyi aklından geçiren ya da dile getiren hiç kimsenin bahanesi olamayacağı gibi, bu kişiler mazur da görülemez. Alkollü araç kullanmaktan dolayı tutuklandığım gece, görevli memura sarf ettiğim ağır ve zarar verici sözlerim için Yahudi toplumunun üyesi olan herkesten özel olarak af diliyorum. ... İnandığımı iddia ettiğim ilkeler, yardımseverlik ve hoşgörüyü yeni bir yaşam biçimi olarak benimsememi zorunlu kılmaktadır. Her insan Tanrı'nın çocuğudur ve eğer ben Tanrı'yı sayıyorsam, onun çocuklarını da saymam gerekir. Ama lütfen bilin ki, ben ne kalbimde Yahudi düşmanlığı taşıyorum ne de bir bağnazım. Nefretin her türlüsü, zaten inançlarıma ters düşmektedir.

Gibson, "sağaltıma giden doğru yolu bulmak" için Yahudi toplumunun liderleriyle bire bir görüşme teklifinde de bulundu. Sonunda Abraham Foxman, yaptıkları için yürekten pişman görünen Gibson'ın özrünü İftira ve Karalama ile Mücadele Birliği adına kabul etti.

Gibson'ın gerçek rengi, bir Yahudi karşıtının rengi miydi, yoksa yürekten dilediği anlamlı özürde büründüğü renk mi?

"Mel Gibson: Konuşan, Yalnızca Tekila Değildi" başlıklı bir

*Washington Post* makalesinde Eugene Robinson şöyle yazıyordu: "Alkolizme geri dönüşüne üzüldüm, evet, ama biraz tekilanın, hatta çok miktarda tekilanın bile önyargısız bir insanı çıldırmış bir Yahudi karşıtı ya da bir ırkçı, bir homofob ya da herhangi türden bir yobaza dönüştürebileceğini aklım kesmiyor. Alkol bastırılmış olanları serbest bırakarak her tür düşüncenin sansürsüzce ağızdan kaçmasına olanak tanır. Ama o düşüncelerin ta başında oluşup gelişmesinde alkolü suçlayamazsınız."

*Scarborough Country* adlı televizyon programının sunucusu Mike Yarvitz de bu görüşe destek çıkarak program sırasında kan alkol düzeyi yüzde 0,12'ye, yani Gibson'ın ulaştığı değere varana dek alkol almış ve içtikten sonra "hiç de Yahudi karşıtı hisler beslemediğini" belirtmişti.

Birçok kişi gibi Robinson ve Yarvitz de alkolün Gibson'daki bastırılmış düşünce ve duyguları serbest bırakarak gerçek kişiliğini ortaya çıkardığı görüşündeydi. Bu görüş, uzun bir tarihe sahiptir aslında: Yunan şairi Mytileneli Alcaeus'un popüler deyişi *En oino álétheia* (Şarapta gerçeklik vardır), Romalı âlim Yaşlı Plinius tarafından *In vino veritas* biçiminde tekrarlanmıştı. Babil'in Talmud metinleri de benzeri bir ifade içerir: "Şarap içeri girince, sırlar dışarı çıktı." İzleyen bölümlerde ise "Bir insan üç şeyle ele verir kendini: şarap kadehi, cüzdanı ve gazabıyla" sözleri çıkar karşımıza. Romalı tarihçi Tacitus, yalanı önlemek amacıyla Germen halklarının konsey toplantıları sırasında mutlaka alkol aldığını yazar.

Ancak alkolün gerçek Mel Gibson'ı ortaya çıkardığı varsayımına katılmayanlar da yok değildi. *National Review* yazarı John Derbyshire'ın görüşleri şöyleydi örneğin: "Yapmayın allah aşkına, adam sarhoştu sonuçta. Hepimiz sarhoşken aptalca şeyler yaparız. Sarhoşken yaptığım çılgınca ve ahmakça şeylere göre değerlendirilecek olsam, kibar çevrelerden kesinlikle men edilirdim. Sizler de öyle. Tabii aziz falan değilseniz." Yahudi ve muhafazakâr eylemci David Horowitz ise *Fox News* kanalında "İnsan, böyle bir sıkıntıya düştüğünde biraz anlayışı hak eder. Bu anlayışı Gibson'dan esirgemek, bence çok nahoş bir tutum olur" sözleriyle belli etmişti tavrını. Bağımlılık psikoloğu G. Alan Marlatt da *USA Today* gazetesinde yer alan yazısında şöyle yazmıştı: "Alkol, bir doğruluk serumu değildir. ... Gerçek duyguları yansıtabilir de, yansıtmayabilir de."

Aslında Gibson, tutuklamadan önceki günün öğleden sonrasını arkadaşı, Yahudi yapımcı Dean Devlin'in evinde geçirmişti. Devlin "Dozu kaçırdığında Mel'in yanında bulunduğum zamanlar olmuştur. Böyle zamanlarda bambaşka biri olur o. Bayağı ürkütücü bir durum" açıklamasının ardından şu eklemeyi de yapmıştı: "Mel bir Yahudi karşıtıysa, bizimle [Devlin ve yine Yahudi olan karısı] birlikte bunca zaman geçiriyor olması hiç mantıklı değil."

Öyleyse nedir Gibson'ın "gerçek" renkleri? Yahudi karşıtı sözlerle hırlayan Gibson mı, yoksa pişmanlık duyup açıkça "Yahudi toplumundan yardım elini uzatmasını bekliyorum" diyebilen Gibson mı?

İnsan doğasını, gerçek olan ve olmayan yüzleri birlikte barındıran bir olgu olarak ele alan bakış açısının ("insanların tek bir gerçek hedefi vardır; gerisi süsleme, kaçınma ya da gizlemeden ibarettir") epeyce yandaşı vardır. Bu bakış açısı sezgisel ama eksiktir. Beynin doğru biçimde incelenmesi, insan doğasıyla ilgili daha incelikli bir bakış açısını da gerekli kılar. Bu bölümde göreceğimiz üzere, çok sayıda nöral alt topluluktan oluşmuşuzdur; Whitman'ın ifadesiyle "çokluklar vardır içimizde." Gibson'ın karşıtları, onun gerçekten de bir Yahudi düşmanı olduğunda, yandaşlarıysa öyle olmadığında ısrar etmeye devam etseler bile, her iki grup da aslında kendi önyargılarına destek olacak, eksik bir hikâyeyi savunuyor olabilir. Peki, o zaman beynin hem ırkçı hem de ırkçı olmayan bölümler barındıramayacağı düşüncesine inanmak için yeterli neden var mı elimizde?

## BÜYÜĞÜM BEN, ÇOKLUKLAR VAR İÇİMDE

Yapay zekâ öncüleri 1960'lar boyunca, küçük tahta blokları idare edebilecek (onları bulacak, alıp getirecek, belli düzenlemelere göre dizecek) basit robotik programlar üzerinde gece gündüz çalıştılar. Bu, aslında kolay görünüp gerçekte son derece zor olduğu anlaşılan problemlerden biriydi. Bir kere, tahta bloğu bulmak için hangi kamera piksellerinin bloğa karşılık gelip hangilerinin gelmediğini belirlemek gerekiyordu. Bloğun şeklinin tanınması, açı ve uzaklıktan bağımsız olarak sağlanmalıydı. Tutma işi doğru yönden, doğru zamanda ve doğru kuvvetle kenetlenmek zorunda olan kavrayıcıları görsel olarak yönlendirebilme becerisine bağlıydı. Blokları istenen düzene göre üst üste koymak ise diğer blokların analizini ve sonuçta ortaya çıkan ayrıntılara göre yapılacak ayarlamaları gerektirmekteydi. Üstüne üstlük, tüm bu programların birbiriyle eşgüdümlü çalışması zorunluydu ki, doğru zamanda doğru sırayla iş görebilsinler. Sonuçta, daha önceki bölümlerde de gördüğümüz gibi, basit görünen işler çok büyük bir bilgisayımsal karmaşıklık gerektirebilir.

Bu güç robotik problemiyle yirmi-otuz yıl önce karşı karşıya kalan bilgisayar bilimcisi Marvin Minsky ve meslektaşları ilerici bir fikir öne sürdüler: Robot, problemi, işi özelleşmiş alt birimlere, yani her biri problemin bir bölümünü çözecek küçük bilgisayar programlarına dağıtarak çözebilirdi belki. Programlardan biri *bulma*, diğeri *yakalayıp getirme*, yine bir diğeri de *dizme* işinden sorumlu olurdu bu durumda. Kendi aklı olmayan bu alt birimler, tıpkı bir şirket gibi belli bir hiyerarşik düzen içinde birbirine bağlanabilir, hem birbirlerine hem de patronlarına rapor sunabilirdi. Hiyerarşi, blok dizme işini üstlenen birimin, yakala-getir birimi işini bitirmeden kendi işine başlamasını önleyecekti.

Bu alt birimler fikri problemi tümüyle çözmese de epeyce işe yaradı. Daha da önemlisi, biyolojik beyinlerin çalışma biçimiyle ilgili yeni bir fikri de mercek altına aldı. Minsky insan zihninin, kendileri birer zihinden yoksun makine benzeri grupların bir toplamı olduğunu düşünmekteydi.[1] Bu gruplar da birbirine bağlı sayısız alt birimden oluşuyordu. Buradaki temel fikir, çok sayıda küçük, özelleşmiş işçinin, hiçbir alt birimin tek başına sağlayamayacağı zenginlikte toplum benzeri bir yapı oluşturabileceğiydi. Şöyle yazıyordu Minsky: "Her bir zihinsel alt birimin tek başına yapabileceği şey, ne zihin ne de düşünce gerektiren basit bir iş olacaktır en fazla. Ama bu birimleri belirli ve çok özel biçimlerde bir araya getirerek kurduğumuz toplumlar bütünü, zekâyı oluşturur." Ve bu çerçevede, binlerce küçük zihin, tek bir büyük zihinden iyidir.

Bu yaklaşımı değerlendirebilmek için fabrikaların nasıl çalıştığını düşünün: Ürün hattındaki her bir çalışan, üretimin yalnızca tek bir yönünde uzmanlaşmıştır. Kimse her şeyin nasıl yapıldığını bilmez; bilebilecek olsa bile bu durum, verimli üretim kavramıyla örtüşmeyecektir. Bakanlıkların çalışma biçimi de buna benzer: Her bürokrat belirli tek bir iş ya da çok az sayıda işten sorumludur; hükümetin başarısı ise işi uygun biçimde dağıtabilmesine bağlıdır. Daha büyük ölçekte aynı durum, uygarlıklar için de geçerlidir: Ancak işgücünü nasıl bölmeleri gerektiğini öğrenip de kimi uzmanı tarıma, kimini sanata, kimini savaş alanına yöneltmeyi başardıklarında ulaşabilirler bir sonraki gelişmişlik düzeyine.[2] İşbölümü özelleşebilmeye ve daha derin bir uzmanlık düzeyine giden yolu açar.

Problemleri alt süreçlere ayırma fikri, yapay zekâ adı verilen yeni alanın doğumunu tetiklemişti. Bilgisayar bilimcileri artık hedeflerini değiştirebilir, tek ve her amaca uygun bir bilgisayar programı ya da robot geliştirmeye çalışmak yerine, sistemi tek bir şey yapmayı bilen ama onu da gerçekten iyi yapan küçük "yerel uzman" ağlarıyla donatmaya yönelebilirlerdi.[3] Böyle bir çerçevede, daha büyük olan sistemin yapacağı tek şey, belirlenen zaman aralığında hangi uzmanın iş başında olması gerektiğine karar vermektir. Asıl öğrenilmesi gereken şey, artık her bir küçük işin nasıl yapılacağı değil, kimin neyi ne zaman yapacağını belirleyen dağıtım işinin incelikleridir.[4]

Minsky'nin *The Society of Mind* (Zihin Toplumu) kitabında ileri sürdüğü gibi, insan beyninin bütün yaptığı da bundan ibaret olabilir. William James'in içgüdü kavramını yeniden gündeme getiren Minsky, beynin gerçekten de böyle (bir alt birimler bütünü olarak) çalışıyor olması durumunda, özelleşmiş süreçlerin farkına varmamız için gerçekten de hiçbir neden kalmayacağını savunur:

> Öngörme, düş kurma, plan yapma, tahminde bulunma ve önleme eylemlerini nasıl gerçekleştirdiğimizle ilgili süreçlerde binlerce, belki de milyonlarca küçük işlem devreye giriyor olsa gerek. Buna karşılık, süreç bir bütün olarak öylesine otomatik biçimde ilerler ki biz ona "olağan sağduyu" der geçeriz. ... Zihnimizin böylesine karmaşık ve incelikli bir düzenekten yararlanırken bunun farkına bile varmaması, başlangıçta çok şaşırtıcı gelebilir.[5]

Biliminsanları hayvan beynini araştırmaya başladıktan sonra, bu "zihin toplumu" kavramı da olguları incelemede işe yarayacak yeni kapılar açtı onlara. Sözgelimi 1970'lerin başlarında, kurbağalarda hareketi algılamada rol oynayan en az iki farklı mekanizma bulunduğu ortaya çıktı: Bunlardan biri, kurbağanın dilini sinek gibi küçük ve hızlı hareket eden nesnelere doğru yönlendirirken, diğeri de aniden beliriveren büyük nesnelere tepki olarak bacaklara zıplama emri verir.[6] Bu sistemlerin ikisinin de bilinçli olmadığı tahmin edilmektedir; bunlar büyük olasılıkla devrelere kazınmış basit birer otomatikleşmiş programdan ibarettir.

Zihin toplumu kavramı, ileriye doğru atılmış önemli bir adımdı. Ancak yarattığı ilk heyecana karşın, aralarında işbölümü yapan bir uzmanlar topluluğu, bir robota insan beyninin sahip olduğu özellikleri kazandırmada her zaman yetersiz kalıyordu. Günümüzde en akıllı robotların bile üç yaşındaki bir çocuğun zekâsına ulaşamamış olmasının nedeni budur.

Öyleyse neydi ters giden? Benim görüşüm, işbölümü modellerinin önemli bir faktörü devre dışı bırakmış olduğu yönünde. Şimdi biraz da bundan bahsedelim.

## ZİHİNDE DEMOKRASİ

Minsky'nin kuramında eksik olan şey, sorunun cevabının kendi ellerinde olduğuna inanan bu uzmanlar arasındaki *rekabetti*. Çünkü iyi kurgulanmış bir dram gibi, insan beyni de tezatlar ve çelişkiler üzerinden işler.

Bir üretim hattında ya da bir bakanlıkta çalışan her birey, küçük bir işte uzmanlaşmıştır. Buna karşılık bir demokraside yer alan partiler, *aynı meselelerle* ilgili farklı görüşler savunurlar; sürecin önemli bir unsuru ise devlet gemisini yönlendirmek için girişilen mücadeledir. Beyin de temsili demokrasilere benzer;[7] farklı seçenekleri tartıp onlar temelinde birbirleriyle rekabete giren ve bu arada işleri birbiriyle çakışan çok sayıda uzmandan meydana gelir. Walt Whitman'ın da doğru biçimde ifade ettiği gibi, bizler büyüğüz, içimizde çokluklar barındırırız. Ve bu çokluklar birbirleriyle sonu gelmez bir savaş içindedir.

Her biri davranışınızı belirleyecek son çıktı kanalını denetim altına almak için rekabet eden farklı gruplar, beyninizde birbirleriyle sürekli bir konuşma halindedir. Siz bunun sonucunda kendinizle mücadele etmek, kendinize küfretmek, kendinizi bir şey yapmaya ikna etmek gibi modern bilgisayarların asla yapamadığı tuhaf işleri kotarmış olursunuz. Bir partide ev sahibi size çikolatalı pasta ikram ettiğinde kendinizi bir çıkmazın içinde bulursunuz: Beyninizin bazı bölümleri zengin enerji kaynağı şekere karşı büyük bir istek duyacak biçimde evrimleşmişken, diğer bölümler de olumsuz sonuçlara odaklanmıştır; kalbinize gelebilecek zarar ya da göbek yağları gibi. Bir tarafınız pasta için yanıp tutuşurken bir tarafınız da sizi ondan vazgeçirecek irade gücünü toplamaya çalışmaktadır. Hareketlerinize (yani elinizin pastaya uzanıp uzanmamasına) hükmedecek olan parti ise parlamentonun nihai oylamasıyla seçilecektir.

Biyolojik varlıklar, bu içsel çokluklardan dolayı iç çatışmalara sahne olabilir. Çatışma sözcüğü ise, tek programla çalışan bir varlık için öyle kolay kolay kullanılamaz. Arabanız, hangi tarafa döneceği konusunda bir çatışma yaşayamaz örneğin, çünkü tek bir sürücüyle yönetilen tek bir direksiyonu vardır; şikâyet etmeksizin yönergeleri uygular. Ama beyin iki, hatta sıklıkla daha fazla sayıda zihin içerebilir. Pastaya uzanıp uzanmamaya bir türlü karar veremeyiz çünkü davranışımıza yön veren direksiyonun üzerindeki küçük ellerin sayısı çoktur.

Laboratuvar fareleriyle yapılan şu basit deneyi ele alalım: Fareye, yolun sonunda *hem* yiyecek *hem de* elektrik şoku verirseniz, hayvan sona belirli bir mesafe kala kendini sıkışmış halde bulur. Önce yaklaşır, sonra kendini geri çeker; çekilirken birden tekrar yaklaşacak cesareti bulur. Çatışmanın etkisiyle ileri geri salınır.[8] Farenin üzerine küçük bir kayış donanımı geçirip yiyeceğe yöneldiği ve elektrik şokundan kaçındığı zamanlarda uyguladığı kuvvetleri ayrı ayrı ölçerseniz, farenin, iki kuvvetin eşit olduğu ve birbirini yok ettiği noktada sıkışıp kaldığını görürsünüz. İtme kuvveti, çekme kuvvetine eşitlenmiştir burada. Kafası karışan farenin direksiyonu üzerinde, birbirine ters yönde kuvvet uygulayan iki çift pençe vardır şimdi. Bunun sonucunda fare kıpırdayamadan olduğu yerde kalakalır.

Beyin, ister insana ister fareye ait olsun, birbiriyle çatışan parçalardan oluşmuş bir makinedir. İç bölümlenmelere sahip bir düzeneğin inşası size tuhaf geliyorsa, buna benzer toplumsal makineleri zaten uzun süredir inşa etmekte olduğumuzu hatırlayın yeter. Duruşma salonundaki jüriyi getirin gözünüzün önüne. Farklı görüşlere sahip on iki kişinin görevi, ortak bir karara varmaktır. Üyeler tartışır, birbirini ikna etmeye çalışır, birbirini etkiler, fikirlerinden vazgeçer ve en sonunda tek bir karara varmak üzere birleşirler. Farklı görüşler, jüri sisteminin bir dezavantajı değil, merkezi unsurudur.

Bu ortak karar oluşturma sanatından esinlenen Abraham Lincoln, muhalifleri William Seward ve Salmon Chase'i başkanlık kabinesine dahil etmeye karar vermişti. Lincoln, tarihçi Doris Kearns Goodwin'in unutulmaz sözleriyle bir rakipler takımını görevlendirmeyi seçmişti. Rakip takımlar, siyasi stratejide merkezi önem taşır. Zimbabwe'de ekonominin ciddi bir düşüşte olduğu 2009 Şubatında, Başkan Robert Mugabe, daha önce suikast yoluyla öldürmeye çalıştığı rakibi Morgan Tsvangirai ile güçleri birleştirmeyi kabul etmişti. Mart 2009'da ise Çin'in başkanı Hu Jintao, Çin'in ekonomik ve siyasi geleceğini biçimlendirmeye yardım etmek üzere, birbirine muhalif iki siyasi grup liderini, Xi Jinping ve Li Keqiang'ı görevlendirmişti.

Bana göre beyni anlamanın en iyi yolu da, onu bir rakipler takımı olarak ele almaktır. Bu bölümün geri kalanında bu çerçeveyi inceleyeceğiz: Rakip gruplar hangileri? Birbirleriyle nasıl rekabet ediyorlar? Bütün nasıl korunuyor? İşler altüst hale geldiğinde neler oluyor? Konuları ele alırken, rakip grupların genelde aynı hedefe (ülkenin başarısı) kilitlenmiş olduklarını, farkın çoğunlukla hedefe ulaşma yöntemlerinde yattığını da unutmamamız gerekiyor. Rakipler, Lincoln'ın ifadesiyle "çoğunluğun iyiliği için" kimi zaman müttefik olmalıdır; sinirsel alt gruplar içinse bu ortak hedef organizmanın hayatta kalması ve başarısıdır. Liberaller de muhafazakârlar da ülkelerini sever, fakat onu yönlendirmek için birbirinden ciddi biçimde farklı stratejilere yönelirler; benzer şekilde, beyinde de sorunları en iyi kendisinin çözebileceğine inanan farklı rakip gruplar bulunmaktadır.

## EGEMEN İKİ PARTİLİ SİSTEM: AKIL VE DUYGULAR

Psikolog ve ekonomistlerin, insan davranışlarının tuhaf ayrıntılarını çözmeye çalışırken yararlandıkları bir "ikili süreç" hesabı vardır.[9] Buna göre beyin iki farklı sistem içerir: Hızlı ve otomatik olan birincisi bilinçli farkındalık yüzeyinin altında çalışırken ikincisi yavaş, bilişsel ve bilinçlidir. Birincisi otomatik, örtük, bulgusal, sezgisel, bütüncül, tepkisel ve dürtüsel olarak nitelendirilir; ikincisiyse bilişsel, açık, kurala ve derin düşünmeye dayalı olarak.[10] Bu iki süreç, birbirleriyle sürekli bir mücadele içindedir.

Aslında bu "ikili süreç" yaftası, bütünün yalnızca iki sistemden oluştuğunu düşünmemizi gerektirmez çünkü devreye birkaç farklı sistem girebilir. Sözgelimi, 1920'de Sigmund Freud ruh (psyche) için oluşturduğu modelde birbirine rakip üç bölümün varlığından söz etmişti: ilkel benlik ya da id (sezgisel), benlik ya da ego (gerçekçi ve örgütlü) ve üst benlik ya da süper ego (eleştirel ve ahlaki yönden değerlendirici).[11] 1950'lerde Amerikalı nörobilimci Paul MacLean ise beynin, evrimsel gelişmenin ardışık üç aşamasını temsil eden üç katmandan oluştuğunu öne sürmüştü: sürüngen beyni (sağkalım davranışlarıyla ilgili), limbik sistem (duygularla ilgili) ve neokorteks (üst düzey düşünmeyle ilgili). Her iki kuramın ayrıntıları da artık nöroanatomistlerin gözünden epeyce düştüyse de, fikir özünde hâlâ ayaktadır: Beyin, birbiriyle mücadele halindeki alt sistemlerden oluşmuştur. Biz, şimdilik yolumuza genelleştirilmiş ikili süreç modelini başlangıç noktası olarak ele alarak devam edeceğiz çünkü bu model konunun özünü bize layığıyla açıklayabilecektir.

Psikologlar ve ekonomistler bu farklı sistemleri soyut biçimde ele alıyor olsalar da, modern nörobilim, bunları anatomik bir temele oturtmak için var gücüyle çabalamaktadır. Beynin ağ şeması, gerçekten de ikili süreç modeliyle örtüşen bölümlerin varlığını ortaya koyar.[12] Bazı beyin alanları (örneğin; şakakların hemen iç kısmına karşılık gelen ve "dorsolateral prefrontal korteks" adını alan beyin bölgesi), dış dünyadaki olaylarla ilgili üst düzey işlemlerde devreye girerken bazı alanlar da (örneğin; alnınızın hemen arkasında yer alan "medial prefrontal korteks" ve korteks yüzeyinin derinlerinde yer alan bazı alanlar) bunun aksine, açlık düzeyi, güdülenme durumunuz, herhangi bir şeyi ödül olarak algılayıp algılamadığınız gibi vücudun iç durumuyla ilgili bilgileri izler. Ancak durum, bu kaba bölümlendirmenin işaret ettiğinden daha karmaşıktır çünkü beyin gelecekteki durumları simüle edebilir, geçmişi anabilir, o anda el altında bulunmayan bazı şeylerin nerede olabileceğini bulmaya çalışabilir, vs. Ancak dış ve iç durumları izleyen sistemler paralelinde yaptığımız bölümlendirme, kabaca da olsa bize şimdilik yol gösterecektir; ortaya çıkan tabloyu ayrıntılandırma işine ise biraz daha ileride girişebiliriz.

Şu ana kadar daha çok kara kutularla ya da nöroanatomiyle ilişkilendirilegelmiş kavramlardan kaçınmak çabasıyla, herkese tanıdık gelecek iki kavram seçtim: *akılcı* ve *duygusal* sistemler. Her ne kadar eksik ve kusurlu olsalar da, bu terimler beyindeki rekabetin ana noktalarını açıklamada yeterli olacaktır.[13] Akılcı sistem, dış dünyadaki nesne ve durumların incelemesiyle ilgilenen, duygusal sistem ise vücudun iç durumunu izleyen ve işlerin iyiye mi kötüye mi gittiği konusunda endişe duyan sistemdir. Bize genel bir yol gösterici olması açısından, akılcı bilişselliğin kabaca dış olaylar, duygusallığın da iç durumla ilgili olduğunu söyleyebiliriz. İç durumunuza başvurmadan bir matematik problemi çözebilir, ancak menüden kendinize tatlı seçemez ya da o anda ne yapmak istediğinizle ilgili bir öncelik sıralaması yapamazsınız.[14] Duygusal ağlar, bir sonraki aşamada gelecek olası eylemlerinizi öncelik sırasına sokmak için kesinlikle gereklidir. Odanın birine dalıveren duygusuz bir robot olsaydınız, çevrenizdeki nesnelerle ilgili analizler yapabilir ama bir sonraki adımda ne yapacağınızın kararsızlığıyla donup kalırdınız. Öncelikli eylemler konusundaki seçimlerimiz iç durumumuzca belirlenir: Eve döndüğünüzde doğrudan buzdolabına mı, banyoya mı, yoksa yatak odasına mı yöneleceğiniz, evdeki dış uyaranlara değil, vücudunuzun iç durumuna bağlıdır.

## MATEMATİĞİN DE, ÖLDÜRMENİN DE BİR ZAMANI VAR

Akılcı ve duygusal sistemler arasındaki çatışma, felsefecilerin "vagon açmazı" ("trolley dilemma") olarak adlandırdıkları durumla açıklanabilir. Şöyle bir senaryo düşünün: Bir tren vagonu, kontrolden çıkmış, raylarda hızla ilerliyor, epeyce aşağıda ise beş işçi ray onarımıyla uğraşmakta. Sizse yakından geçiyorsunuz ve hepsinin öleceğini hemen anlıyor ama bu arada yanı başınızdaki makasa müdahale ederek vagonu tek bir kişinin öleceği biçimde yönlendirebileceğinizi de fark ediyorsunuz. Ne yaparsınız? (Soruda herhangi bir tuzak ya da gizli bilgi olmadığını varsayın.)

Eğer siz de çoğu insan gibiyseniz, müdahalede bir an bile tereddüt etmezsiniz: Bir kişinin ölmesi, beş kişinin ölmesinden iyidir nasılsa, değil mi? Evet, doğru bir seçim.

Şimdi açmaza ilginç bir ekleme yapıyoruz: Aynı vagon yine aynı raylardan geçiyor ve yine aynı beş kişi tehlikede. Ancak bu sefer siz, rayların üzerinden uzanan köprüde bir izleyicisiniz ve yakınlarınızda da çok şişman bir adam var. Fark ediyorsunuz ki eğer onu aşağı iterseniz, vücudu treni durdurup o beş işçiyi kurtarmaya yetecek irilikte. Peki onu iter misiniz?

Eğer çoğu insan gibiyseniz, masum bir insanı öldürmek fikri sizin de tüylerinizi diken diken edecektir. Ama durun bir dakika. Bunu, bir önceki seçiminizden farklı kılan nedir ki? Yaptığınız şey, yine beş yaşama karşılık bir yaşamı feda etmek değil mi? İşin aritmetiği, iki durumda da aynı değil mi?

Bu iki olgu arasındaki fark tam olarak nedir? Kant geleneğini izleyen felsefeciler, farkın, insanların nasıl kullanıldığında yattığını savunur. Birinci senaryoda yaptığınız, kötü bir durumu (beş kişinin ölümü) daha az kötü bir duruma (tek kişinin ölümü) indirgemekten ibarettir. İkincisinde ise, köprüdeki adamı belirli bir amaca hizmet eden bir araç olarak kullanmaktasınızdır. Bu, felsefe literatüründe popülerlik kazanmış bir açıklamadır. Ama ilginç biçimde, insanların seçimlerinde yaptıkları bu dönüşü anlamaya yarayacak, daha beyin merkezli bir yaklaşım da olabilir.

Joshua Greene ve Jonathan Cohen adlı nörobilimciler tarafından önerilen alternatif yoruma göre iki senaryo arasındaki fark, bir insana "dokunmak", yani onunla yakın mesafeden etkileşim kurmakla ilgilidir.[15] Aynı soru, köprüdeki adamın, bir düğmeye bastığınızda açılan bir kapak yoluyla aşağı düşmesini olası kılacak biçimde kurulduğunda, oyunu adamın düşmesi yönünde kullanan epeyce kişi çıkar. Adamla yakın temasta bulunma düşüncesi, bir nedenle insanları onu ölüme itmekten caydırmaktadır. Neden mi? Çünkü bu tür bir kişisel etkileşim, duygusal ağları harekete geçirir; problemi soyut, kişiler üstü bir matematik problemi olmaktan çıkarıp kişisel ve duygusal bir karara dönüştürür.

Beyin görüntüleme teknikleri, vagon problemini düşünen insanlarda şu bulguları ortaya çıkarmıştır: Köprü senaryosunda, motor (hareketle ilgili) planlama ve duygularla ilgili alanlar etkinleşirken, makas senaryosunda etkinleşen beyin bölgeleri, akılcı düşünmede rol oynayan bölgelerden ibarettir. İnsan, birini itmek zorunda kaldığında duygusal bakımdan hareketlenir ama yalnızca bir kaldıracı hareket ettirmek durumunda kaldığında beyni *Uzay Yolu*'ndaki Mr. Spock'ınkinden farksız çalışır.

* * *

Beyindeki duygusal ve akılcı ağlar arasındaki çekişme, *Alacakaranlık Kuşağı* dizisinin eski bölümlerinden birinde oldukça iyi biçimde gözler önüne serilir. Hatırladığım kadarıyla öykü şöyleydi: Paltolu bir yabancı, bir adamın kapısında belirir ve ona bir teklifte bulunur: "İşte üzerinde tek bir düğme bulunan bir kutu. Tek yapman gereken, bu düğmeye basmak. Bunu yaparsan sana bin dolar vereceğim." "Peki, düğmeye bastığımda ne olacak?" diye sorar adam. Yabancı yanıtlar: "Düğmeye bastığında çok uzaklarda, hiç tanımadığın biri ölecek." Adam bütün gece, içine düştüğü bu ahlaki açmazdan dolayı kıvranır. Düğmeli kutu mutfak masasının üzerinde öylece durmaktadır. Kutuya uzun uzun bakar, çevresinde döner durur. Alnı ter içinde kalmıştır.

Nihayet, içinde bulunduğu berbat mali durumu da değerlendirmeye kattıktan sonra kutuya doğru atılır ve düğmeye basar. Hiçbir şey olmaz. Ortalık sessizdir, sıradan bir hava hüküm sürmektedir.

Derken biri kapıya vurur. Paltolu yabancıdır gelen. Adama parasını verir ve kutuyu alır. "Bekle" diye bağırır adam arkasından. "Şimdi ne olacak?"

Yabancı yanıtlar: "Kutuyu alacağım ve sıradaki kişiye vereceğim. Çok uzaklarda, hiç tanımadığın birine."

Öykümüz, kişisellik taşımayan bir tavırla düğmeye basmanın kolaylığını vurgular. Adamdan istenen, eğer birine elleriyle saldırmak olsaydı, büyük ihtimalle pazarlığı baştan kabul etmeyecekti.

Evrimimizin erken dönemlerinde diğer insanlarla ellerin, ayakların, belki de bir sopanın izin verebileceğinden daha uzak mesafeden etkileşim kurmanın yolu yoktu. Bu etkileşim mesafesi belirgin ve neden-sonuç ilişkilerine bağlıydı. İşte duygusal tepkilerimiz de bu durumu yansıtır. Günümüzde durum farklıdır: Generaller, hatta askerler bile öldürdükleri insanlardan epeyce uzakta bulurlar kendilerini. Shakespeare'in *VI. Henry* oyununun 2. Bölüm'ünde asi Jack Cade, Lord Say'e sataşarak onun savaş alanının tehlikesini hiçbir zaman doğrudan yaşamadığı gerçeğini yüzüne vurur: "Ne zaman vurdun tek bir yumruk olsun savaş alanında?" Lord Say yanıtlar: "Uzaklara uzanır büyük adamların elleri. Hiç görmediğim insanlara çoktur vurmuşluğum. Ve vuruşlarımla öldürmüşümdür onları." Artık tek bir düğmeye basarak İran Körfezi ve Kızıldeniz'deki donanma gemilerinin güvertelerinden 40 adet yüzeyden yüzeye Tomahawk füzesi fırlatabiliyoruz. Bağdat'ın binaları dumanlar arasından kaybolurken füze operatörleri düğmeye basma eyleminin sonuçlarını yalnızca dakikalar içinde, CNN'den canlı olarak izleyebiliyorlar. Fiziksel yakınlık olmadığı için, duygusal etkiler de eriyip gidiyor artık. Savaşın bu kişiler üstü doğası, onu şaşırtıcı biçimde kolaylaştırmıştır. 1960'lı yıllarda bir siyasi düşünür, nükleer savaşı başlatacak düğmenin, ameliyatla Başkan'ın en yakın arkadaşının göğsüne yerleştirilmesi gerektiğini ileri sürmüştü. Böylece, Başkan dünyanın öbür ucundaki milyonlarca insanı yok etmeye karar verirse, önce arkadaşına fiziksel zarar vermesi, düğmeye ulaşmak için onun göğsünü yarması gerekecekti. Bu durum, en azından karar verme sürecinde duygusal beyin sistemlerini de devreye sokacak, kararın kişiler üstü doğasının önüne geçmek mümkün olacaktı.

Her iki nöral sistemin de davranışın tek olan çıktı kanalını denetim altına almak için birbiriyle mücadele etmesi nedeniyle duygular, karar verme sürecindeki dengeyi bir tarafa kaydırabilir. Kökleri eskilere dayanan bu savaş, artık birçok insan için sıradan bir yönerge halini almıştır: *Bununla ilgili kötü bir şeyler hissediyorsam, olasılıkla yanlıştır.*[16] Bunun tersi birçok örnek de vardır elbette (örneğin, bir başkasının cinsel tercihi sizi rahatsız edebilir ama bu seçimi yine de ahlaki yönden yanlış bulmayabilirsiniz); ama öyle ya da böyle duygular, karar vermede genellikle yararlı bir yönlendirme mekanizması olarak iş görür.

Beyindeki duygu sistemleri evrimsel bakımdan eski oldukları için birçok farklı türde ortaktır, buna karşılık akılcı sistemin evrimsel geçmişi çok daha kısadır. Ancak gördüğümüz üzere, akılcı sistemin görece yeni olması, onun tek başına üstün olduğu anlamına gelmez. Herkes, salt akılcılık ve sıfır duyguyla Mr. Spock gibi olsaydı, toplumlar şimdikinden daha iyi durumda olmayacaktı. Beyin için en iyisi, bir denge durumu, yani iç rakiplerin bir takım olarak çalışmasıdır. Adamı köprüden aşağı itme düşüncesinin içimizde uyandırdığı tiksinti toplumsal etkileşim açısından çok önemliyken, bir Tomahawk füzesini fırlatmak üzere düğmeye bastığımız zamanki vurdumduymazlığımız da uygarlık için yıkıcıdır. Duygusal ve akılcı sistemler arasında bir dengeye ihtiyaç duyulur ve bu denge, doğal seçilimin sonucunda beynimizde zaten optimize hale getirilmiş olabilir. Başka bir ifadeyle, iki parçalı bir demokrasi belki de tam ihtiyacımız olan şeydir; herhangi bir parçanın kontrolü ele geçirmesi kesinlikle daha az verimli ve daha az etkili bir sistemle sonuçlanır. Eski Yunanlar yaşamla ilgili olarak bu bakış açısını yakalayan bir benzetme yapmışlardı: Bir arabacısınız ve iki tekerlekli at arabanız güçlü kuvvetli iki at tarafından çekiliyor. Beyaz at aklın, siyah at tutkunun temsilcisi. Beyaz at sizi sürekli olarak yolun bir tarafına, siyah at da diğer tarafına çekmeye çalışıyor. Sizin işiniz dizginleri sıkıp ikisini de kontrol altında tutmak; çünkü yolun ortasından ilerlemeye devam etmenizin tek yolu bu.

Duygusal ve akılcı ağlar yalnızca anlık ahlaki kararlar alınırken değil, bildik bir başka durumda daha birbiriyle mücadele ederler: zaman ölçeğinde nasıl davrandığımız.

## ŞEYTAN NEDEN SİZE ŞÖHRETİ ŞİMDİ SATAR DA RUHUNUZU DAHA SONRA İSTER?

Bundan birkaç yıl önce Daniel Kahneman ve Amos Tversky adlı psikologlar, insanın içine kurt düşürecek ölçüde basit bir soru attılar ortaya: Size şu anda 100 dolar verme ya da bir hafta sonra 110 dolar verme seçeneklerini sunsam, hangisini seçerdiniz? Çoğu kişi seçimini o anda alabileceği 100 dolar yönünde yapmayı yeğlemişti. Bir on dolar fazlası için koca bir hafta daha beklemeye değmezdi.

Araştırmacılar, daha sonra soruda küçük bir değişiklik yaptılar: Size bundan 52 hafta sonra 100 dolar ya da 53 hafta sonra 110 dolar vermeyi teklif etsem, hangisini seçerdiniz? Katılımcıların çoğu bu sefer seçimlerini 53 haftalık bekleme süresi lehine değiştirdi. Burada dikkat edilecek nokta, her iki senaryoda da fazladan bir haftalık bekleme süresinin fazladan bir 10 dolar kazandırıyor olması. Öyleyse seçimlerin tersine dönerek önce bir tanesinde, sonra diğerinde yoğunlaşmasının nedeni ne olabilir?[17]

Bunun nedeni, insanların geleceği "indirime" tabi tutmasıdır: Şimdiki zamana görece yakın olan ödüllere, gelecekteki ödüllere kıyasla daha büyük değer biçilir hep. Ödülle gelecek hazzı ertelemek güçtür. Ve *hemen şimdi*, her zaman en büyük değerin kendisine verilmesi bakımından çok özel bir konumdadır. Kahneman ve Tversky'nin seçimlerde gözledikleri tersinmenin nedeni, bu indirimin belirli bir şekle sahip olmasıydı: Yakın geçmişe doğru hızla inişe geçer, sonra hafifçe düz bir seyir gösterir; görece uzak zamanlarda sanki bir durumun diğerinden farkı yoktur. Bu çizgi, daha basit iki süreci birleştirdiğinizde elde edeceğiniz çizgiye benzer aslında: Kısa dönemli ödüllere prim verilen süreç ile daha uzak gelecek konusunda kaygı duyulan süreç.

Bu durum, Sam McClure ve Jonathan Cohen adlı nörobilimciler ile meslektaşlarına yeni bir fikir verdi. Seçimlerin tersinmesi problemini, beyindeki çoklu rakip sistemler ışığında yeniden ele alan araştırmacılar, gönüllülerden, bir beyin görüntüleme cihazıyla tarandıkları sırada "ya hemen şimdi al ya da daha sonra daha fazlasını al" türünden ekonomik kararlar vermelerini istediler. Amaçları, biri ânında ödüllendirilmeyle, diğeri daha uzun dönemli akılcılıkla işleyen iki sistem bulmaktı. Bu iki sistem birbirinden bağımsız olarak çalışıyor ve birbiriyle çarpışıyor idiyse, bu durum verileri pekâlâ açıklayabilirdi. Sonuçlar, anlık ya da kısa dönemli ödüllerin seçilmesinin gerçekten de duygularla ilgili bazı beyin bölgelerini ciddi biçimde etkinleştirdiğini göstermekteydi. Bu alanlar, alkol bağımlılığı gibi dürtüsel davranışlarla ilişkiliydi. Buna karşılık, daha büyük getirisi olan, daha uzun dönemli ödüllerin seçildiği durumlarda etkinleşen alanlar, korteksin üst düzey bilişsel işlevler ve düşünmeyle ilgili yan (lateral) bölgeleriydi.[18] Bu yan alanlardaki etkinlik ne kadar fazlaysa, katılımcı da ödülü ertelemeye o kadar niyetliydi.

2005 ile 2006 yılları arasına karşılık gelen bir dönemde, ABD'de emlak sektöründe büyük bir kriz patlak vermişti. Sorun, son zamanlardaki ipotek işlemlerinin yüzde 80'inin değişken oranlı krediye bağlanmış olmasıydı. Bu yüksek risk faizli kredilere imza atan borçlular, daha yüksek ödeme oranları karşısında kendilerini bir anda köşeye sıkışmış bulmuşlardı. Borçlarını ödeyemeyenlerin sayısı hızla artıyordu. 2007'nin sonlarıyla 2008 arasında ABD'de haciz yoluyla el konulan evlerin sayısı bir milyona yaklaşmış, ipotek teminatlı menkul değerler, büyük oranda ve hızla değer kaybetmişti. Tüm dünyada kredi almak güçleşmişti artık. Ekonomik çöküş yaşanıyordu.

Tüm bunların beyindeki rakip sistemlerle ne ilgisi var? Yüksek risk faizli ipotek teklifleri, aslında "şimdi istiyorum" sisteminden faydalanmaya son derece uygun hale getirilmişti: Bu muhteşem evi, çok düşük geri ödeme oranlarıyla şimdi alın, arkadaşlarınızı ve ailenizi etkileyin, düşünebileceğinizden çok daha rahat yaşayın. Değişken oranlı ipotek faizi bir ara yükselecektir, doğru, ama bilinmeyen bir gelecekte ve buna daha çok zaman var. Kredi veren bankalar, anlık ödül devrelerine böylece doğrudan bağlanarak, Amerikan ekonomisini neredeyse tümüyle hortumlamayı başardılar. Ekonomist Robert Shiller'in bu ipotek krizinin başlangıcında söylediği gibi bu tür tartışmalı mali balonların nedeni "en çok da fiyatların yükselişe geçtiği dönemde ortaya çıkan, gerçeklere bağışık, bulaşıcı bir iyimserlik" idi. "Bu balonlar aslında temelde toplumsal olgulardır" diye sürdürüyordu sözlerini Shiller; "ve bunlara yakıt sağlayan psikolojiyi anlayıp onunla baş etmeye çalışana kadar da oluşmaya devam edeceklerdir."[19]

"Şimdi istiyorum"a dayalı pazarlıklara ilişkin örnekler aramaya başladığınızda, bunları her yerde görmeye başlarsınız. Kısa süre önce tanıştığım bir adama, öldükten sonra vücudunu bir üniversitenin tıp fakültesine bağışlaması karşılığında üniversitesi öğrencisiyken 500 dolar para ödenmişti. Anlaşmayı kabul eden öğrencilerin hepsinin ayak bileğine, ilgili hastaneyi belirten bir dövme yapılmıştı. Tıp fakültesi için kolay bir satış olmuştu bu: 500 dolar öğrencilere "o anda" iyi gelirken, ölüm ise tahayyül edilemeyecek kadar uzak bir gelecekteydi. İnsanın vücudunu bağışlamasında yanlış bir şey yok elbette; örneğin seçilmesinin nedeni, kökü çok eskilere dayanan bu ikili süreç çatışmasını, şeytanla yapılan meşhur pazarlığı gayet iyi yansıtmasıdır: Dileklerini şimdi yerine getireyim, uzak gelecekte ruhun benim olsun.

Evlilikte sadakatsizliğin altında yatan da, çoğunlukla bu tür nöral savaşlardır. Eşler ânın yürekten hissedilen aşk ve sevgisiyle sözler verir ama sonradan yine bir anlık zaafla şeytana uyup karar değiştirebilirler. 1995 Kasımında Bill Clinton'ın beyni de, özgür dünyanın gelecekteki lideri olma şansını riske atmanın, o anda güzel ve alımlı Monica'yla geçirilecek hoş dakikalarla dengelendiğine karar vermişti.

Öyleyse erdemli bir kişiden söz ederken kastettiğimiz şey aslında çoğunlukla, onun şeytani duygulara kapılmayan değil, onlara direnç gösterebilen, mücadele dengesinin anlık ödül lehine bozulmaması için uğraş veren bir kişi olduğudur. Bu insanlara değer veririz, çünkü dürtülere yenilmek kolay, onları yok saymak ise o ölçüde zordur. Sigmund Freud, akıl ya da ahlak kaynaklı argümanların, insan tutkuları ve arzuları karşısında zayıf kaldığını yazmıştır[20] ki, "tek yapacağınız, hayır demek" gibi sloganlarla ortaya çıkan ya da baştan çıkarıcı durumlara karşı perhizi savunan kampanyaların asla başarılı olamamasının nedeni de budur. Akıl ve duygular arasındaki dengesizliğin, dinin toplumlarda edindiği sağlam yeri açıklayabileceği de öne sürülmüştür: Dünya dinleri, duygusal ağlardan yararlanma temelinde optimize edildiğinden, akılla öne sürülen büyük argümanlar bile böylesine güçlü bir manyetik çekim karşısında zayıf kalmaktadır. Gerçekten de, örneğin Sovyetler Birliği'nin dini bastırma girişimleri ancak kısmi bir başarı yakalayabilmiş, hükümet çöker çökmez dinsel törenler bütün zenginliğiyle yeniden yaşama dönmüştür.

İnsanların birbiriyle çelişen kısa ve uzun dönemli arzulardan müteşekkil oldukları gözlemi yeni değildir. Eski Yahudi yazılarında dile getirilen bir görüşe göre vücut, birbiriyle etkileşim halindeki iki bölümden oluşuyordu: her şeye hemen sahip olmak isteyen vücut (*guf*) ve daha uzun dönemli bir bakış açısına sahip ruh (*nefesh*). Benzer biçimde, Almanlar da hoşnutluk durumunu erteleme çabasındaki kişi için ilginç bir ifade kullanırlar: Bu kişi, *innerer schweinehund*'unun (yani "içindeki domuzköpeğinin") hakkından gelmek zorundadır.

Davranışlarınız –yani bu dünyada yaptıklarınız– aslında bu mücadelenin bir sonucudur yalnızca. Ancak öykü burada sona ermez çünkü beyninizdeki farklı taraflar, birbirleriyle olan etkileşimlerinden bir şeyler öğrenir. Bunun sonucunda durum, kısa ve uzun dönemli arzular arasında gerçekleşen bir bilek güreşi olmaktan çıkar ve şaşırtıcı ölçüde incelikli bir pazarlık sürecine dahil olur.

## ŞİMDİKİ VE GELECEKTEKİ ODYSSEUS

1909'da Pennsylvania'daki Carlisle Tröst Şirketi'nin mali işler sorumlusu Merkel Landis'in aklına, çıktığı uzun yürüyüş sırasında birden bir fikir geldi. Noel kulübü adı verilen bir girişim başlatacaktı. Müşteriler yıl boyunca bankaya para yatıracak, parayı erken çekerlerse de belirli bir ödeme yapacaklardı. Yıl sonundaysa, tam da tatil alışverişine rastlayan dönemde paralarını çekebileceklerdi. Fikir tutarsa banka, bütün yıl boyunca yeniden yatırım yapacağı ve kâr elde edeceği bolca sermayeye sahip olacaktı. Ama fikir tutacak mıydı? İnsanlar paralarını ya çok az faiz getirecek ya da hiç getirmeyecek bir hesapta bütün yıl tutmaya razı gelecekler miydi?

Landis denemeye karar verdi ve fikir hızla alev aldı. O yıl, bankanın dört yüz kadar müşterisi, kişi başına ortalama 28 dolar yatırdı ki, 1900'lerin başları için epeyce bir para demekti bu. Ne Landis ne de diğer bankacılar inanabiliyordu bu şansa. Müşteriler, onlardan paralarını tutmalarını *istiyordu.*

Noel bankacılık kulüplerinin hızla popülerleşmesi sonucu, bankalar kısa süre içinde kendilerini bu birikim yapma işinde diğerleriyle mücadele eder halde buldular. Gazeteler "hem özgüveni hem para biriktirme alışkanlığını geliştireceği" gerekçesiyle anne babaları, çocuklarını bu Noel kulüplerine kaydetmeleri için teşvik eder hale gelmişti artık.[21] 1920'li yıllara gelindiğinde Toledo, Ohio'daki Dime Saving Bankası ve Atlantic City, New Jersey'deki Atlantic Country Tröst Şirketi, yeni müşteri çekmek için pirinçten yapılmış, göz alıcı jetonlar üretmeye başlamışlardı.[22] (Atantic City jetonlarının üzerinde şöyle yazıyordu: "Noel Kulübü'müze Katılın, Paranız Ona En Çok Gereksinim Duyduğunuz An Elinizde Olsun.")

Peki ama Noel kulüpleri neden bu kadar tuttu? Müşteriler kendi paralarını yıl boyunca kendileri kontrol etseler daha iyi faiz kazanabilir ya da ortaya çıkan fırsatlara yatırım yapabilirlerdi. Herhangi bir ekonomist, onlara kendi sermayelerini elde tutmaları tavsiyesinde bulunabilirdi. Öyleyse bu insanlar neden bile isteye bir bankadan paralarını almasını talep ettiler; hele de bu kadar kısıtlama ve parayı erken çekmeleri halinde ödenecek bir tutar da varken? Sorunun yanıtı açık: İnsanlar istiyordu ki, birileri onları para harcamaktan alıkoysun. Para kendilerinde kalırsa, kısa sürede yiyip bitirmeleri olasılığının yüksek olduğunu biliyorlardı.[23]

Birçok kişi artık Noel kulüplerinin yerine ABD Gelir İdaresi'ni (Internal Revenue Service) kullanıyor: Maaşlarında yapılan daha fazla kesinti sayesinde, Gelir İdaresi yıl boyunca paralarının daha büyük bir oranını elinde tutabiliyor ve bu insanlar bir sonraki Nisan ayında posta kutularında bir çek bulmanın mutluluğunu yaşıyorlar. Havadan gelivermiş gibi görünen bu para, aslında kendi paraları. Yine de, fazla paranın yıl içinde ceplerinde delik açacağı sezgisine kapılanlar, bu yolu seçer. Çünkü kendilerini dürtüsel kararlardan koruma sorumluluğunu başkasına devretmek, daha cazip bir seçenektir onlar için.

İnsanlar neden kendi davranışlarının kontrolünü ele alıp, ellerindeki parayla ne yapacaklarına da kendileri karar vermezler? Noel kulübü ve ABD Gelir İdaresi olgularını anlayabilmek için üç bin yıl geriye, Truva Savaşı'nın kahramanı ve İthaka'nın kralı Odysseus'a gitmemiz gerekir.

Odysseus, savaştan sonra uzun süren bir deniz yolculuğuyla anayurdu olan İthaka adasına dönerken, önünde ender yakalanacak bir fırsat olduğunu fark etti. Gemisi, muhteşem güzellikteki Sirenlerin, insanın aklını başından alan şarkılar mırıldandıkları Sirenum scopuli adasının önünden geçecekti. Sorun şuydu ki, müziği duyan denizciler bu hilekâr kızlara doğru ister istemez dümen kırıyor ve gemileri merhametsiz kayalara çarparak parçalanırken gemideki herkes de boğuluyordu.

Ama Odysseus'un bir planı vardı. Müziği duyunca bütün ölümlü erkekler gibi kendisinin de direnç gösteremeyeceğini bildiği için, *gelecekteki kendisiyle* baş etmesini sağlayacak bir fikir üretmişti; şimdiki akılcı Odysseus değil, gelecekteki aklı yitik Odysseus'tu uğraşması gereken. Adamlarına, kendisini gemi direğine sıkıca bağlamalarını emretti. Bu şekilde, müzik geminin üzerinden yayılırken yerinden kıpırdayamayacaktı. Sonra denizcilere, Sirenlerin sesleriyle baştan çıkmamaları için kulaklarını balmumuyla kapatmalarını söyledi. Ayrıca bütün yalvarmalarına kulaklarını tıkayacak ve Sirenler adamakıllı geride kalmadan onu serbest bırakmayacaklardı. Adamları, gemiyi bu baldan tatlı kızlara doğru sürmeye ikna etmek için bağırıp çağıracağından, küfredeceğinden, çırpınacağından emindi. Gelecekteki Odysseus'un doğru kararları verecek durumda olmayacağının da farkındaydı. Aklı başındaki Odysseus böylece her şeyi, adanın önünden geçerken kendisini aptalca bir şey yapmaktan alıkoyacak biçimde yapılandırmış oluyordu. Bu aslında şimdiki Odysseus'la gelecekteki Odysseus arasında yapılmış bir pazarlıktı.

Bu efsane, zihnin kısa ve uzun dönemli tarafların nasıl etkileştiği ile ilgili olarak bilgi ötesi bir durum geliştirebildiğini vurgular. Bunun en büyüleyici sonucu, zihnin, kendisinin farklı zamanlardaki konumlarıyla pazarlık edebilmesidir.[24]

Öyleyse ev sahibinin size çikolatalı pasta konusunda ısrar ettiğini varsayalım. Beyninizin bazı bölümleri size sunulan glukoz için can atarken bazıları da beslenme biçiminiz konusunda endişeleniyor; yani bazı bölümler kısa dönemli kazancı, diğerleriyse uzun dönemli stratejileri ön plana çıkarıyor. Denge, duygularınız yönünde bozuluyor ve pastaya yumulmaya karar veriyorsunuz. Ama bir başka anlaşma karşılığında: Ancak yarın spor salonuna gitmeye söz verirseniz yiyebilirsiniz pastayı. İyi de, kim kiminle pazarlık ediyor? Pazarlığın her iki tarafı da *siz* değil misiniz?

Özgürce aldığınız ve sizi gelecekte bağlayan kararlar, felsefeciler tarafından Odysseus anlaşması olarak anılır.[25] Buna somut bir örnek verecek olursak, alkol bağımlılığından kurtulmak için atılan ilk adım, ayıkken, evde hiç alkol bulunmamasını garantiye almaktır. Çünkü stres dolu bir iş günü sonrasında ya da kutlamayla geçen bir Cumartesi veya yalnızlıkla geçen bir Pazar gününde şeytana uymaya fazlasıyla hazırsınızdır.

İnsanların Odysseus anlaşmasını sürekli yapıyor olması, Merkel

Landis'in Noel kulübünün ani ve kalıcı başarısını da açıklar. Müşteriler anaparayı Nisan'da kulübe teslim ederken Ekim ayındaki olası kimliklerine karşı temkinli davranmaktaydılar çünkü biliyorlardı ki, Ekim'deki kimlikleri, parayı Aralık'taki bonkör, verici kimliğe havale etmek yerine bencilce har vurup harman savurmaya hazır olacaktı.

İnsanların, gelecekteki kimliklerinin karşı karşıya kalacağı seçenekleri önceden görerek bunlara sınırlar getirmelerini sağlayan birçok düzenleme geliştirilmiştir aslında. Gelecekteki siz ile bir iş pazarlığına oturarak kilo vermenize yardımcı olan web sitelerini düşünün. Bu siteler şöyle çalışır: Beş kilo vereceğiniz sözüyle yola çıkarak yüz dolarlık bir depozit ödersiniz. Belirlenmiş süre içinde başarılı olursanız paranın hepsini geri alırsınız, başaramazsanız para şirkete kalır. Onur sistemi üzerine kurulu bu anlaşmaları üçkâğıda getirmek kolay olduğu halde, bu şirketler kâr etmektedir. Neden? Çünkü parayı geri alacakları gün yaklaştıkça, insanların duygusal sistemleri de durumu giderek daha fazla önemsemeye başlar. Bu kişilerin yaptığı, aslında kısa ve uzun dönemli sistemleri birbirine kırdırmaktan ibarettir.*

Odysseus anlaşması tıbbi kararlar alınırken de sıklıkla gündeme gelir. Sağlığı yerinde olan biri, bir gün komaya girmesi durumunda fişin çekilmesi yönünde bir imza atıyorsa, gelecekteki olası kimliklerinden biriyle bir anlaşma bağlıyor demektir (sağlıklı ve hastalıklı kimliklerin farklı kişilere ait olduğu düşüncesi tartışma götürse de).

Anlaşmayla ilgili ilginç bir dönemeç, birinin sizin adınıza karar vermek üzere devreye girip gelecekteki sizi gözeterek şimdiki sizi anlaşmayla bağladığında gösterir kendini. Bu tür durumlar genelde hastanelerde, kolunu, bacağını ya da eşini kaybetmek gibi travmatik bir dönüm noktasını yeni aşmış bir hastanın ölmek

* Bu sistem hiç de fena işlemediği halde, söz konusu iş modelini nörobiyolojiyle eşleştirmenin daha iyi bir yolu olduğunu düşünüyorum. Sorun şu ki, kilo vermek uzun süreli bir çaba gerektirir ama para kaybına yol açabilecek o "son gün" hep uzak bir geleceğe atılırken, süre aniden bitmiş, gerçek üzerinize çullanmıştır. Beyin açısından optimize edilmiş bir modelde ise, o beş kiloyu verene kadar her gün biraz para kaybedersiniz. Kaybettiğiniz miktar her gün yüzde on beş artar. Dolayısıyla para kaybının getireceği duygusal rahatsızlık sizi her gün yeni baştan ele geçirir. Üstelik bu rahatsızlık, her gün daha da artacaktır. Beş kilo verdikten sonra para kaybı da sonlanmıştır artık. Böyle bir strateji, sürekli diyet etiğini bütün zaman penceresi boyunca korumayı teşvik edecektir.

istediğini beyan ettiği zamanlarda ortaya çıkar. Hasta, sözgelimi kendisine yapılan diyalizin kesilmesini ya da aşırı dozda morfin verilmesini talep edebilir doktorundan. Bu tür vakaların genelde yönlendirildikleri etik kurullarından ise çoğunlukla aynı karar çıkar: Hastanın ölmesine izin vermeyin; çünkü gelecekteki kimliği, duygusal duruşunu er veya geç yeniden kazanacak ve yeniden mutlu olmaya çabalayacaktır. Etik kurulunun yaptığı, aslında, o anki koşulların duygular karşısında akla pek yer bırakmadığını görerek, akılcı ve uzun dönemli sistemin avukatlığını üstlenmektir.[26] Beyin içi mecliste haksız bir eşitsizlik olduğunu fark etmiş ve tek partili bir yönetimi engellemek için araya girmek gerektiğine karar vermiştir. Şanslıyız ki, Odysseus kendisini dinlememeleri için tayfasına nasıl güvendiyse biz de arada bir başkasının tarafsızlığına güvenebilmekteyiz. Kural basitçe şudur: Kendi akılcı sisteminize güvenemediğinizde, bir başkasınınkini ödünç alın.[27] Örneğimizde hastalar, kurul üyelerinin akılcı sistemini ödünç almışlardır. Kurul, gelecekteki hastayı koruma sorumluluğunu hastanın kendisinden daha iyi yerine getirecektir çünkü üyelerin kulakları, Sirenlerin hastayı pençesine almış olan duygusal melodilerine tıkalıdır.

## ZİHİNDE ÇOKLUK

Rakipler takımı kavramını açıklayabilmek adına, şu ana kadar nöroanatomiyi yalnızca akılcı ve duygusal sistemlere ayırmak gibi fazlaca basitleştirilmiş bir yönteme başvurdum. Ancak bu arada, birbiriyle rekabet eden grupların yalnızca bunlar olduğu gibi bir izlenim yaratmak da istemem çünkü bu gruplar, rakip takımlar hikâyesinin yalnızca küçük bir bölümüdür. Gözümüzü nereye çevirsek, birbiriyle örtüşen ve rekabet eden sistemler buluruz aslında.

Rakip sistemlerle ilgili en ilginç örneklerden biri, beynin iki yarımküresiyle (sağ ve sol yarımküreler) çıkar karşımıza. Yarımküreler (beyin hemisferleri) genelde birbirine benzer ve "korpus kallosum" adı verilen yoğun bir sinir lifi otoyoluyla birbirlerine bağlanmış durumdadır. 1950'lerde gerçekleştirilen bir dizi sıra dışı ameliyata kadar hiç kimse sol ve sağ yarımkürelerin aslında bir rakipler takımının iki yarısını oluşturduğunu tahmin bile etmemişti.

Roger Sperry ve Ronald Meyers adlı nörobiyologlar yaptıkları deneysel ameliyatlarda kedi ve maymunların korpus kallosum'larını kestiler. Peki ne oldu? Pek bir şey olmadı aslında. Hayvanlar, iki yarımküreyi birleştiren bu koca lif şeridinin gereksizliğini vurgularcasına normal davrandılar.

Elde edilen bu başarının ardından ayrık beyin (split-brain) ameliyatları ilk kez 1961'de sara hastalarında gerçekleştirildi. Nöbetin bir yarımküreden diğerine geçişini engelleyebilecek bir ameliyat, bu hastaların son umuduydu. Ameliyatlar, gerçekten de işe yaramış görünüyordu. Kendisini elden ayaktan düşüren nöbetlerden ötürü büyük ıstırap çekmiş bir kişi, artık normal bir yaşam sürebiliyordu. Beyninin iki yarısı birbirinden ayrılmış olsa da davranışları aynı gibiydi. Olayları normal biçimde hatırlıyor, sorunsuzca yeni şeyler öğrenebiliyordu. Sevebiliyor, gülebiliyor, dans edebiliyor ve eğlenebiliyordu.

Ama aslında ortalıkta dönen tuhaf bir şeyler vardı. Akıllıca stratejilerle bilginin yarımkürelerden yalnızca birine iletildiği durumlarda, o yarımküre bir şey öğrenirken diğeri öğrenmiyordu. Sanki birbirinden bağımsız iki beyin vardı.[28] Dahası, hastalar aynı anda farklı işler yapabiliyorlardı ki, bu da normal bir beynin izin vermeyeceği bir durumdu. Örnek verecek olursak, her iki elinde de kalem olan ayrık beyin hastaları, daire ve üçgen gibi birbiriyle uyumsuz şekilleri eşzamanlı olarak çizebilmekteydiler.

İş bununla da bitmiyordu. Beyinde motor hareketlerle ilgili lifler bir taraftan diğerine geçer; öyle ki, sağ yarımküre sol eli, sol yarımküre de sağ eli denetler. Bu gerçek, ayrık beyin hastalarında görülen çok ilginç bir durumu da açıklar. Farz edin ki *elma* sözcüğü sol, *kalem* sözcüğü de bununla eşzamanlı olarak sağ yarımküreye gönderiliyor. Ayrık beyinli bir hastadan, az önce gördüğü sözcükle ilgili nesneyi eliyle tutması istendiğinde, sağ eliyle elmayı, sol eliyle de aynı anda kalemi kavrıyor. Çünkü iki yarım, artık birbirleriyle bağlantısız biçimde kendi hayatlarını yaşamakta.

Araştırmacılar, zaman içinde iki yarımkürenin birbirinden farklı denebilecek kişilik ve becerilere (soyut düşünme, öykü üretimi, sonuç çıkarma, bir anının kaynağını belirleme, kumarda doğru seçimler yapma gibi) sahip olduklarını anladılar. Ayrık beyin çalışmalarının öncülerinden olan (ve bu nedenle de Nobel Ödülü kazanan) nörobiyologlardan Roger Sperry, beyni "bilinçli farkındalığın iki farklı ülkesi; duyumsayan, algılayan, düşünen ve hatırlayan iki sistem" olarak açıklamıştı. İki yarım, birlikte bir rakipler takımıydı: aynı hedefleri gözeten ama ona ulaşmak için birbirinden biraz farklı yöntemler benimseyen iki birim.

1976'da Amerikalı psikolog Julian Jaynes M.Ö. ikinci binyılın sonlarına kadar insanlarda iç gözlemsel (introspective) bilinç bulunmadığı, bunun yerine zihinlerinin özünde ikiye bölünmüş olduğu ve sol yarımkürenin de sağ yarımkürenin emirlerini yerine getirdiği varsayımında bulunmuştu.[29] İşitsel sanrılar biçiminde ortaya çıkan bu emirler, araştırmacıya göre tanrıların sesleri olarak yorumlanmaktaydı. Jaynes'e göre bundan üç bin yıl kadar önce, sol ve sağ yarımküreler arasındaki bu işbölümü yavaş yavaş bozulmaya başlamıştı. Iç gözlem gibi bilişsel süreçlerin gelişmesi ise, ancak yarımkürelerin birbiriyle daha düzgün bir iletişime geçmeye başlamasıyla mümkün olabilmişti. Bilincin devreye girebilmesi, iki yarımkürenin masa başına oturup birbirinin farklılıklarıyla uzlaşabilmesinin bir sonucuydu. Jaynes'in kuramının yere ne ölçüde sağlam bastığını henüz kimse bilmiyorsa da, önerinin görmezden gelinemeyecek kadar ilginç olduğu ortadadır.

Yarımküreler, anatomik yönden birbirinin neredeyse aynı görünür. Kafatasının her iki yanına yaslanmış ve aynı beyin yarımküresi modeline tabi, yalnızca dış dünyadan gelen verileri birbirinden biraz farklı biçimlerde soğuran iki yarımküre ile donatılmışsınızdır; özünde, iki kez üst üste basılmış bir şablon gibi. Bir rakipler takımı için bundan daha uygunu olamaz. İki yarımın aynı temel planın birer kopyası olduğu gerçeğinin kanıtlarından biri, "hemisferektomi" adı verilen ve bir yarımkürenin olduğu gibi çıkarıldığı cerrahi işlemdir. (Bu işlem, Rasmussen ensefaliti adı verilen nörolojik durumdan kaynaklanan inatçı sara hastalığının tedavisi için uygulanır.) İlginçtir ki, cerrahi sekiz yaşından küçük bir çocuğa uygulandığı sürece, çocuk iyileşir. Şimdi bir kez daha tekrar edeyim: Çocuk, beyninin yalnızca yarısı kaldığı halde iyidir; yani yer, okur, konuşur, matematik çalışır, arkadaş edinir, satranç oynar, anne babasını sever ve iki yarımküreli bir çocuğun yapabileceği başka her şeyi yapar. Ancak beynin *herhangi* bir yarısının çıkarılması gibi bir durumun söz konusu olamayacağını da belirtelim. Beynin ön ya da arka yarısı çıkarılan bir kişinin yaşamasını bekleyemezsiniz. Ama sol ve sağ yarımlar, birbirinin birer kopyası gibidir. Birini alsanız bile öbürü nasılsa oradadır; üstelik işlevleri de pek değişmemiş olarak. İki siyasi parti gibidir bu iki yarım. Cumhuriyetçiler ya da Demokratlardan biri ortadan kaybolsa, diğeri yine de ülkeyi yönetebilecektir. Evet, yaklaşım biraz farklı olacaktır belki ama işler yine de yürüyecektir.

## DURMAKSIZIN YENİDEN İCAT ETMEK

Akılcı sistemlere karşı duygusal sistemler olgusuna ait örneklerle işe başladık, ayrık beyin ameliyatlarıyla maskesi düşen "bir-beyinde-iki-grup" olgusuyla devam ettik. Ancak beyinde süregiden rekabetler, şu ana kadar vermiş olduğum örneklerden çok daha fazla sayıda ve çok daha inceliklidir. Beyin, birbiriyle örtüşen etki alanına sahip ve yine birbiriyle çakışan işlevlerden sorumlu daha küçük alt sistemlerle tıka basa doludur.

Anıları ve belleği düşünün. Doğa, anıları birden fazla kez saklamak için mekanizmalar geliştirmiş gibidir adeta. Sözgelimi, normal koşullarda günlük olaylarla ilgili anılarınız, beynin "hipokampus" adı verilen bir bölgesi tarafından sağlamlaştırılır, yani pekiştirilir. Ancak korkutucu olaylar –bir araba kazası ya da hırsızlık olayı– yaşanırken, "amigdala" adı verilen bir başka bölge de anıları bir öncekinden bağımsız, ikincil bir yol boyunca düzenler.[30] Amigdalanın işlediği anılar, farklı bir nitelik taşımaktadır: Bunları silmek zordur ve herhangi bir anda flaş gibi yanıp sönebilirler (tecavüz kurbanları ve savaş gazilerinin sıklıkla anlattığı gibi). Kısacası, anıları beyne nakşetmenin birden fazla yolu vardır. Ve sözünü ettiğimiz, farklı olaylarla ilgili farklı anılar değil, aynı olayla ilgili farklı anılardır; sanki farklı kişiliğe sahip iki ayrı gazetecinin tek bir olaya ilişkin aldıkları notlar gibi.

Sonuçta, beynin farklı bölümlerinin aynı işle ilgilenebildiğini görüyoruz. İkiden de fazla grubun işlere el attığı düşünülmektedir. Buna göre her grup ilgili bilgileri kendince yazacak ve daha sonra hikâyeyi anlatmak için birbiriyle rekabete girişeceklerdir.[31]

Örtüşen etki alanlarına bir örnek daha verelim. Beynin hareketi nasıl algıladığı, biliminsanlarını uzun süre uğraştıran bir konu olmuştur. Nöronlardan (sinir hücreleri) hareket algılayıcılar inşa etmenin birçok kuramsal yolu vardır; bilimsel literatür ise nöronlar arası bağlantılardan tutun, küçük nöron uzantıları (dendritler) ya da büyük nöron toplulukları arasında kurulan bağlantılara varana kadar, birbirinden çok farklı modellerle doludur.[32] Burada önemli olan ayrıntılar değil, bu kuramların akademik camiada onlarca yıl süren çeşitli tartışmaları alevlendirmiş olmasıdır. Önerilen modeller doğrudan ölçülemeyecek kadar küçük olduklarından, araştırmacılar ilgili kuramları destekleyecek ya da onlarla çelişecek zekice deneyler tasarlamak zorundadır. Bunların toplamından çıkan ilginç sonuç ise, bir modeli belirli laboratuvar koşullarında destekleyip diğerlerinde desteklemeyen çoğu deneyin ikna edici, kesin sonuçlar veremediğidir. Bu durum, görsel sistemin hareketi algılamak için *birçok* yol kullanıyor olduğu düşüncesinin –kimileri için istemeyerek de olsa– giderek daha fazla taraftar toplamasına neden olmuştur. Bu bağlamda, beynin farklı bölgelerinde farklı stratejilerden yararlanılır. Bellek meselesinde olduğu gibi burada da alınacak asıl ders, beynin problem çözmede birçok, hatta gereğinden fazla sayıda yöntem geliştirmiş olduğudur.[33] Nöral gruplar, dış dünyada ne olup bittiği konusunda genellikle anlaşsa da durum her zaman böyle değildir ve bu da, beyindeki demokrasi için kusursuz bir materyal sağlar.

Özellikle vurgulamak istediğim husus, biyolojinin tek bir çözümle çok nadiren yetindiği gerçeğidir. Bunun yerine, çözümler aralıksız biçimde yeniden icat edilir. İyi ama neden? Nedendir bu sonsuz icat-keşif süreci? Şöyle iyi bir çözüm bulunup yola neden devam edilemez bir türlü? Çünkü doğanın laboratuvarı, yapay zekâ laboratuvarından farklı olarak bir kez icat edilen alt programları sürekli kontrol eden bir ana programcıya sahip değildir. *Blok dizme* programı bir kez kodlanıp bir de güzelce cilalandıktan sonra insan programcılar sıradaki önemli aşama için yola devam ederler. Ve kanımca yapay zekânın tıkanma noktasına gelmesi de aslında bu "yola devam" stratejisinin bir sonucudur. Ancak biyoloji, yapay zekânın tersine, farklı bir yaklaşım benimsemiştir. *Hareket algısı* için biyolojik bir devreyle karşı karşıya gelindiğinde, bunu rapor edecek bir ana programcı yoktur. Bu nedenle rastlantısal mutasyonlar süreci devreler için aralıksız olarak yeni varyasyonlar icat ederek *hareket algısı* problemini beklenmedik ve yaratıcı yeni biçimlerle çözer.

Bu bakış açısı beyni ele alış biçimimizle ilgili yeni bir yaklaşımı gündeme getirmektedir. Nörobilim literatürünün büyük bölümü, üzerinde çalışılan beyin işleviyle ilgili problemin, tek olduğu varsayılan çözümünü arayan örneklerle doludur. Ama bu yaklaşım yanıltıcı olabilir. Bir uzaylı Dünya'ya inip ağaca tırmanabilen bir hayvan keşfetse (diyelim, bir maymun), maymunun bu beceriye sahip tek hayvan olduğu sonucuna varması aceleci bir tutum olarak değerlendirilir. Uzaylı bakınmaya devam ederse karıncalar, sincaplar ve jaguarların da ağaca tırmandığını çok geçmeden görecektir. Biyolojinin akıllıca işleyen mekanizmaları için de geçerlidir aynı şey: Bakmaya devam ettikçe daha fazlasını buluruz. Biyoloji hiçbir zaman bir probleme "çözüldü" damgasını vurup listeden silmez; sürekli yeni çözümler icat eder. Bu yaklaşımın nihai ürünü, birbiriyle büyük ölçüde örtüşen bir çözümler sistemidir, yani rakipler takımı mimarisi için gerekli koşulları sağlayan bir sistem.[34]

## ÇOK PARTİLİ SİSTEMLERİN ZİNDELİĞİ

Bir takımın üyeleri sıklıkla anlaşmazlığa düşebilir ama bu, ille de böyle olacağı anlamına gelmez. Hatta rakipler, uzun süreli zorlamasız mutabakat dönemlerinin keyfini de çıkarırlar çoğunlukla. Bu durum, bütünün parçalarından olma tehlikesi karşısında takımın zinde kalmasını da sağlar. Bir partinin ortadan kalkmasıyla ilgili bir düşünce deneyi yapalım. Farz edin ki, falanca partideki bütün ana yetkililer bir uçak kazasında öldü. Bunu kabaca da olsa bir beyin hasarı benzetmesi eşliğinde düşünün. Bir partinin yok oluşu, çoğu durumda rakip grubun kutuplaşmış karşıt görüşlerini iyice görünür kılar; tıpkı beyindeki alın loblarının (frontal loblar) hasar görmesiyle bazı davranışların (ör. dükkânlardan mal aşırma, ulu orta işeme) serbest kalması gibi. Ama bir siyasi partinin yok olduğunun fark edilmediği durumlar da olabilir; hem de çok daha büyük sıklıkla. Bunun nedeni, diğer bütün partilerin aynı konuda (sözgelimi, bölgesel çöp toplama işlemleri için fon sağlamanın önemi) hemen hemen aynı görüşü paylaşıyor olmasıdır. Zinde ve sağlam bir biyolojik sistemin ayırıcı özelliği de işte budur: Siyasi partiler trajik bir kaza sonucu yok olabilir ama toplum yine işlerliğini koruyacaktır; bazen de yalnızca küçük birkaç kesintiyle. Beyin hasarının davranış ve algılamayla ilgili sıra dışı bir değişikliğe neden olduğu her bir tuhaf klinik vakaya karşılık, algılanabilir herhangi bir klinik belirtinin ortaya çıkmadığı yüzlerce beyin hasarı vakası olması mümkündür.

Örtüşen etki alanlarının bir avantajı, yeni keşfedilen *bilişsel rezerv* olgusunda gözlenebilir. Birçok kişide Alzheimer hastalığının bıraktığı sinirsel tahribatın varlığı, ancak otopsi sonucunda ortaya çıkar. Oysa bu kişiler, yaşarken herhangi bir belirti vermemişlerdir. Böyle bir şey nasıl mümkün olabilir? Araştırmalar bu kişilerin, yaşlılık dönemlerinde de beyinlerine meydan okumakta direnip, etkin bir çalışma hayatına, bulmaca çözmeye ya da nöron gruplarını antrenmanlı tutan herhangi bir etkinlikte bulunmaya devam ettiklerini göstermektedir. Zihinsel açıdan canlı kalmanın bir sonucu olarak, nöropsikologların bilişsel rezerv olarak adlandırdıkları bir kaynak oluşturmayı başarır bu insanlar. Tüm bunlar, bilişsel bakımdan zinde insanların Alzheimer hastalığına yakalanmadığı anlamına gelmez; mesele, bu kişilerin beyinlerinin belirtilere karşı korunmuş olmasıdır. Beyinlerinin bazı bölümleri işlev yitimine uğrasa da, problem çözmek için başka yollar bulabilirler. "Tek çözüm" rutinine sıkışıp kalmamışlardır; ömür boyu aradıkları ve inşa ettikleri strateji bolluğu sayesinde, alternatif çözümler üretebilirler. Nöron topluluğunun bozulup bir kenara atılan parçalarının eksikliği, bu kişilerde hissedilmez bile.

Bilişsel rezerv –ve genel anlamda zindelik– bir problemin örtüşen çözümlerle, kapsamlı biçimde ele alınması yoluyla elde edilebilir. Benzetme yapacak olursak, bir tamirciyi ele alın. Alet çantasında çok sayıda alet olduğu için, bir çekici kaybetmek ona işini kaybettirmeyecektir. Onun yerine bir levyeden ya da boru anahtarının yassı kısmından yararlanabilir. Ama yalnızca bir iki aletle dolaşan bir tamircinin başı belada demektir.

İşin sırrı olan bolluk, bir zamanlar ancak tuhaf bir klinik gizem olarak algılayabildiğimiz bir durumu anlamamıza yardımcı olmuştur. Birincil görme korteksinin büyük bölümü hasar görmüş ve görme alanının yarısını artık göremez hale gelmiş bir hasta düşünün. Deneyi yapan kişi olarak elinize kartondan kesilmiş bir şekil alıyor, göremediği tarafa tutuyor ve ona soruyorsunuz: "Burada ne görüyorsunuz?"

"Hiçbir fikrim yok," diye yanıtlıyor sizi. "Görüş alanımın o tarafı karanlıkta."

"Biliyorum," diye yanıtlıyorsunuz, "ama yine de bir tahminde bulunun. Burada bir daire mi, kare mi, üçgen mi görüyorsunuz?"

Yanıt: "Gerçekten söyleyemeyeceğim. Hiçbir şey görmüyorum. O tarafım kör."

Israr ediyorsunuz: "Evet, evet, biliyorum. Ama *tahmin edin* işte."

Sonunda, çileden çıkmış halde şeklin bir üçgen olduğu tahmininde bulunuyor. Üstelik *doğru* da söylediği. Olasılıkların öngördüğünden fazlasını başarmış durumda.[35] Kör olduğu halde, sezgileriyle zar zor da olsa bir şeyler söyleyebiliyor ki, bu da beynindeki *bir şeylerin* aslında görebildiğinin bir göstergesi. Ve bu bir şeyler de, görme korteksinin bütünlüğüne bağımlı olan bilinçli bölüm değil. Kör görüşü adını alan bu olgu, bilinçli görme yetisinin kaybolduğu durumlarda, korteks altı (subkortikal) fabrika işçilerinin normal programlarını sahne arkasında yürütmeye devam ettiklerini gösterir. Sonuçta, beynin bazı parçalarının (örneğimizde, korteksin) çıkarılması, bu parçalar kadar iyi olmasa da aynı şeyi yapabilen başka yapıların varlığını ortaya çıkarır. Nöroanatomik açıdan bu o kadar da şaşırtıcı değildir aslında. Ne de olsa sürüngenler, hiç korteksleri olmadığı halde görebilmektedirler. Bizim kadar iyi göremezler, evet, ama yine de görebilirler.[36]

* * *

Burada kısa bir süre duralım ve rakipler takımı çerçevesinin, beyni geleneksel bakış açısından farklı biçimde ele almayı nasıl mümkün kıldığını biraz düşünelim. Beynin kesin biçimde etiketlenmiş ve çeşitli özellikleri (yüzler, evler, renkler, vücutlar, alet kullanımı, dinsel coşku vs.) kodlayabilen bölümlere ayrılabildiğini düşünen çok kişi vardır. Bu, en azından 19. yüzyılın başlarında patlak veren ve kafatasındaki çıkıntıların, alttaki beyin alanlarının boyutları ve özellikleriyle ilgili bilgi verdiği varsayımından yola çıkan frenoloji biliminin umuduydu. Temel düşünce, beyindeki her bir noktanın kafa haritasındaki bir etikete karşılık geldiğiydi.

Ama biyoloji, bu tür bir yöntemle nadiren başarılı olur; o da olursa tabii. Rakipler takımı çerçevesi, aynı uyaranı temsil etmenin birçok yolunu sunan bir beyin modeli çıkarır önümüze. Bu bakış açısı da beynin her parçasının kolayca tanımlanabilen bir işleve hizmet ettiği yolundaki ilk umutlar için ölüm çanlarını çalar.

Hatırlatalım ki, frenolojinin yıldızının tekrar parlamasının nedeni, beyni görüntüleme teknikleriyle görselleştirebilmek gibi yeni bir güce sahip oluşumuzdur. Beynin her bir işlevini belirli bir bölgeye atfetmek, gerek biliminsanlarının gerekse meslekten olmayanların düşebileceği kolay bir tuzaktır. Belki de basit açıklamalar için yapılan baskılar sonucunda medyada (hatta bilimsel literatürde de) düzenli biçimde çıkan haber ve raporlar, insanların falanca işlevle ilgili beyin alanının keşfedildiği yönünde yanlış izlenimlere kapılmasına neden olmuştur. Böyle raporlar, alanları bu şekilde kolayca yaftalayabileceğimiz beklentisi ve umudunu kamçılasa da, gerçek durum aslında çok daha ilginçtir: Nöral devrelerin oluşturduğu kesintisiz ağlar, işlevlerini, birbirinden bağımsız olarak keşfedilmiş çok sayıdaki stratejiden yararlanarak yerine getirir. Beyin dünyanın karmaşıklığına gayet iyi uyum sağlar ama keskin sınırlı haritalarla o kadar da iyi değildir arası.

## BİRLİĞİ KORUMAK: BEYİN DEMOKRASİSİNDE İÇ SAVAŞLAR

Bir zamanların kült filmi *Kötü Ruh 2*'de (*Evil Dead 2*) kahramanın sağ eli kendi kafasına göre hareket etmeye başlar ve onu öldürmeye çalışır. Sahne, giderek yozlaşarak bir altıncı sınıf oyun alanında görebileceğiniz türden bir noktaya kadar gelir: Kahramanımız sol elini kullanarak, yüzüne saldırmaya çalışan sağ elini durdurmak için savaşmaktadır. Sonunda elektrikli testereyle kestiği halde hâlâ kıpırdayıp duran elini ters duran bir çöp varili altında kıstırır. Varili yerinde tutmak için de üzerine kitaplar yığar, bu arada dikkatli izleyici en üstteki kitabın, Hemingway'in *Silahlara Veda* romanı olduğunu görebilecektir.

Olay örgüsü ne kadar abes görünürse görünsün, *yabancı el sendromu* adı verilen bir bozukluk vardır gerçekten de. *Kötü Ruh* versiyonu kadar dramatik olmasa da, sendromun özü üç aşağı beş yukarı aynıdır. Birkaç sayfa önce açıkladığımız ayrık beyin ameliyatlarından kaynaklanabilen yabancı el sendromunda iki el, birbiriyle çelişen iki farklı isteği ifade eder. Hastanın "yabancı" olan eli, ağzına götürmek üzere bir kurabiye alırken normal davranan eli, onu durdurmak için bileğinden yakalayabilir sözgelimi. Ardından bir mücadele başlar. Ya da bir el gazeteyi alırken diğeri onu masaya çarpabilir. Belki de bir el ceketin fermuarını yukarı çekerken diğeri de aşağı indirecektir. Bazı hastalar "Dur!" diye bağırmanın, diğer yarımküreye (ve yabancı ele) geri adım attırdığını söylemiştir. Ama bu küçük kontrol ayrıcalığının dışında, el kendi erişilmez programlarını çalıştırmayı sürdürür ve elin "yabancı" olarak nitelendirilmesinin nedeni de budur. Hastanın bilinçli olan beyin bölümlerinin bu el üzerinde hiçbir öngörüsel gücü yok gibidir; el hastanın kendisine ait değildir sanki. "Yemin ederim ki ben bir şey yapmıyorum!" bu durumdaki bir hastanın sıklıkla söylediği bir cümledir ki, bu da bizi kitabın ana noktalarından birine götürür yeniden: *Ben* kimdir? Tüm bunları yapan bir başkasınınki değil, hastanın kendi beynidir. Bütün mesele, hastanın o programlara bilinçli erişimi olmamasıdır.

Yabancı el sendromu ne söyler bize? Bu bozukluk, hiç erişimimiz olmayan, hiç tanışmamış olduğumuz mekanik ve "yabancı" alt programlar barındırdığımız gerçeğini gözler önüne serer. Hareketlerimizin neredeyse tümü –konuşmaktan tutun elimize bir fincan kahve almaya varana dek– "zombi sistemler" olarak da adlandırılan bu yabancı alt programlarca yönlendirilir. (Bu terimleri birbirinin yerine kullanıyorum sıklıkla: Bilinçli erişimin yokluğunu vurgulamak istediğim yerlerde *zombi*, programların yabancılığını vurgulamak istediğim yerlerde ise *yabancı* sözcüğünü yeğliyorum.)[37] Bazı yabancı alt programlar içgüdüselken, bazıları öğrenilmiştir. 3. Bölüm'de gördüğümüz ve ileri derecede otomatikleşmiş bütün algoritmalar (teniste servis atmak, civcivlerde cinsiyet tayini yapmak), devreler sistemine kazındıklarında erişilmez zombi programlar haline gelirler. Profesyonel bir beyzbol oyuncusu, sopasını, bilinçli zihninin izleyemeyeceği hızda giden bir topla bir araya getirdiği anda, aslında iyi bilenmiş bir yabancı alt programı bir adım ileriye taşımaktadır.

Yabancı el sendromu, normal koşullarda bütün otomatize programların, belirli bir anda yalnızca tek bir davranışsal çıktının belirmesine olanak tanıyacak şekilde sıkı denetim altında olduğunu da gösterir bize. Bu bozukluk, beynin içeride yaşanan çatışmaların üzerini normalde nasıl kusursuzca örttüğünü vurgular. Aşağıda olup bitenlerin gün yüzüne çıkması için küçücük bir yapısal hasar yeter de artar bile. Bir başka ifadeyle, alt sistemler birliğinin korunması, beynin hiç çaba harcamadan yaptığı bir şey değil, aktif bir süreçtir. Ancak birliği oluşturan grupların tek tek ayrılmasıyladır ki, bu parçaların yabancılığı ortaya çıkar.

Birbiriyle çelişen süreçleri göstermenin en iyi yollarından biri, Stroop testi adı verilen ve olabilecek belki de en basit talimatları içeren bir testtir. Test, bir sözcüğün basılı olduğu *mürekkebin* rengini bulmaktan ibarettir. Diyelim ki size mavi harflerle yazılmış ADALET sözcüğünü gösteriyorum. Siz "mavi" diye yanıtlıyorsunuz. Ardından sarı renkte basılmış YAZICI sözcüğü geliyor. "Sarı" diyorsunuz. Daha basit olamazdı herhalde. Ama asıl mesele, kendisi bir rengin adı olan bir sözcük gösterdiğimde ne yapacağınız. Size yeşil renkte basılmış MAVİ sözcüğünü gösterdiğimde yanıtı vermeniz o kadar da kolay olmayacak. Ya düşünmeden "Mavi!" diye bağıracak ya da kendinizi durduracaksınız ve tereddütlü bir "Yeşil!" çıkacak ağzınızdan. Ancak her durumda da tepki süresi bir önceki denemeye kıyasla çok daha uzun. İşte bu da kılıfın altında gizlenmiş çekişmeyi gösterir bize. *Stroop müdahalesi* adını verdiğimiz bu durum, sözcüğü okumak için barındırdığımız güçlü, istemsiz ve otomatik içgüdü ile sözcüğün rengini söylemek için giriştiğimiz daha sıra dışı, kasıtlı ve zorlu çaba arasındaki çarpışmayı gözler önüne serer.[38]

3. Bölüm'de gördüğümüz örtülü ilişkilendirme örneğini hatırlayın; içeride barınan bilinçdışı ırkçılığın dışarı çıkmaya kışkırtıldığı örneği. Sevmediğiniz bir şeyi olumlu bir sözcükle (örneğin; *mutluluk*) ilişkilendirmeniz istendiğinde vereceğiniz yanıt, yine normalden daha yavaş işleyen bir tepki süresi gerektirecektir.

## E PLURIBUS UNUM

Yabancı alt programları işletmekle kalmaz, onları doğrularız da. Eylemlerimizle ilgili öyküleri geriye dönük (retrospektif) biçimde öyle anlatırız ki, bu eylemler sanki hep bizim fikrimiz olarak ortaya çıkmıştır. Örnek verecek olursak, kitabın başında, bize "gelen" düşünceleri hep kendimize yonttuğumuzu, halbuki beynimizin o problem üzerinde uzun süre uğraşmış ve sonunda da nihai ürünü bize kendisinin sunmuş olduğunu söylemiştim ("Aklıma harika bir fikir geldi!"). Aslında yaptığımız, kılıflar altında işleyip duran yabancı süreçlerle ilgili durmaksızın öyküler üretmek ve anlatmaktır.

Bu türden bir üretim sürecini açıklığa kavuşturmak için ayrık beyin hastalarıyla yapılan başka bir deneye göz atalım. Daha önce gördüğümüz gibi, sağ ve sol yarımküreler birbirine benzese de tıpatıp aynı değildir. İnsanlarda belirli bir dili konuşmak için gerekli becerinin çoğunu sağlayan sol yarımküre, hissettiklerini sözcüklere dökebilirken, suskun olan sağ yarımkürenin düşüncelerini iletmesinin tek yolu, sol ele işaret etme, uzanma ya yazma komutlarını vermesidir. Bu gerçek, öykülerin geriye dönük biçimde üretilmesini konu edinen bir deneye kapı aralar. 1978'de Michael Gazzaniga ve Joseph LeDoux isimli araştırmacılar, bir ayrık beyin hastasının sol yarımküresine anlık olarak bir tavuk pençesi resmi, sağ yarımküresine de yine anlık bir karlı kış manzarası resmi gösterdiler. Hastadan daha sonra gördüğü şeyi temsil eden kartlara işaret etmesi istendi. Hastanın sağ eli, üzerinde tavuk resmi olan, sol eli de bir kar küreğini gösteren resme işaret etti. Araştırmacılar, ona neden küreği işaret ettiğini sordular. Hatırlayın ki hastanın sol (yani dil becerisinden sorumlu olan) yarımküresi, yalnızca tavukla ilgili bilgiye sahipti; başka bir şeye değil. Ama yine sol yarımküre, hiç sektirmeden bir öykü kurgulayıvermişti bile: "Çok basit. Tavuk pençesi, tavukla eşleşir, kümesi temizlemek için de küreğe ihtiyaç duyarsınız." Beynin bir parçası bir seçim yaparsa, diğer parçalar buna gerekçe bulmak için hızla öykü üretebilir. Eğer sağ (yani dille ilgili olmayan) yarımküreye "Yürü" komutunu gösterirseniz, hasta kalkıp yürümeye başlayacaktır. Onu durdurup neden gittiğini soracak olursanız da, bir gerekçe uydurmaya çalışan sol yarımküresi "bir su alıp gelecektim" gibilerinden bir şey söyletecektir ona.

Gazzaniga ve LeDoux tavuk/kürek deneyi ardından sol yarımkürenin, vücudun hareket ve davranışlarını önce izleyen, sonra da bunlara tutarlı bir öykü atayan bir "yorumcu" olarak iş gördüğü sonucuna vardılar. Sol yarımküre, normal ve hasarsız beyinlerde bile böyle çalışır üstelik. Gizlenmiş programlar hareketleri yönlendirir, sol yarımküre de gerekçeler atfederek bunları doğrular. Bu geriye dönük öykü anlatımı olgusu, kendi tavır ve duygularımızı, yine kendi davranışlarımıza ilişkin gözlemlerimizden yaptığımız çıkarsamalar yoluyla bilebildiğimize işaret eder; en azından kısmen.[39] Gazzaniga'nın ifadesiyle "Bütün bu bulgular, sol yarımküredeki yorumlayıcı mekanizmanın, olaylara anlam verebilmek için sürekli olarak sıkı biçimde çalıştığını gösterir. Bu mekanizma, her zaman düzen ve mantık arayışındadır; öyle olmadığı zamanlarda bile. Bu da onun sürekli hata yapmasına neden olur."[40]

Bu kurgulama süreci, yalnızca ayrık beyin hastalarıyla sınırlı değildir. Onlarınki gibi sizin beyniniz de vücudunuzun hareketlerini yorumlar ve bu bağlamda öyküler kurgular. Psikologlar, bir şey okurken bir yandan da bir kalemi dişleriniz arasında tutarsanız, okuduğunuz şeyi daha komik bulduğunuzu keşfetmişlerdir. Bunun nedeni, beynin yorumunun yüzünüzdeki gülümsemeden etkilenmesidir. Kambur durmak yerine dik oturursanız, kendinizi daha mutlu hissedersiniz. Beyniniz, ağız ve omurganızın yaptığı bu hareketlerin, sizin neşenizden kaynaklandığını varsayar.

* * *

31 Aralık 1974'te Yüksek Mahkeme Yargıcı William O. Douglas sol tarafını felçli bırakan ve kendisini tekerlekli sandalyeye mahkûm eden bir inme geçirdi. Ancak Yargıç Douglas iyi olduğu gerekçesiyle hastaneden taburcu olmak istedi. Felciyle ilgili raporlar ona göre birer "hikâye"den ibaretti. Muhabirler bu konudaki kuşkularını dile getirdiklerinde ise, onları herkesin önünde kendisiyle birlikte bir doğa yürüyüşüne katılmaya davet etmesi, çoğunluk tarafından gülünç olarak algılanmıştı. Yargıç, felçli tarafıyla gol attığını bile savundu. Hayal ürünü olduğu su götürmeyen bu iddialarının sonucunda Douglas, Yüksek Mahkeme yargıçlığından alındı.

Douglas'ın yaşadığı deneyim, *anozognozi* olarak bilinir. Anozognozi, sonradan gelişen bir işlev bozulmasının hiçbir biçimde farkında olmama durumunu betimler; en tipik örneklerinden birini de, gözle görünür olduğu halde geçirdiği felci bütünüyle inkâr eden hastalar oluşturur. Yargıç Douglas *yalan söylemiyordu* aslında çünkü beyni onun gayet düzgün biçimde hareket edebildiğine gerçekten inanmıştı. Bu tür kurgulamalar, tutarlı bir öykü oluşturmak için beynin sınırları ne ölçüde zorlayabildiğini iyi gösterir. Ellerini hayali bir direksiyonun üzerine koyması istenen kısmi felçli ve anozognozili bir hasta sadece bir elini kaldırabilecek ama iki elinin de direksiyonda olup olmadığı sorulduğunda olumlu yanıt verecektir. Hastaya ellerini çırpmasını söylediğinizde ise yalnızca tek elini oynatacak, "Ellerinizi çırptınız mı?" sorusuna vereceği yanıt da "Evet" olacaktır. Ona herhangi bir çırpma sesi duymadığınızı söyleyip hareketi tekrarlamasını isterseniz, hiçbir şey yapmayabilir, nedeni sorulduğunda da "içinden gelmediğini" söyleyebilir size. Benzer şekilde, 2. Bölüm'de sözünü ettiğimiz üzere görüşünü kaybettiği halde gayet iyi gördüğünü iddia eden kişiler de çıkacaktır; üstelik de odanın içinde dolaşırken çarpmadıkları eşya kalmadığı halde. Dengelerinin kötü olduğu, sandalyelerin kötü yerleştirildiği gibi bahaneler bulacak, ama görüş becerilerine asla toz kondurmayacaklardır. Anozognozi ile ilgili olarak akılda tutulması gereken şey, hastaların yalan söylemediğidir. Onlara bunu yaptıran hınzırlık yapma isteği ya da utanç duygusu da değildir. Beyinleri, hasarlı vücutlarında olup bitenlerle ilgili tutarlı açıklamalar üretmektedir.

Peki, birbirleriyle çelişen kanıtlar da mı bir sorun olduğuna dair uyarmaz bu hastaları? Ne de olsa elini oynatmak istiyor ama eli kıpırdamıyordur; el çırpmak istiyor ama çırpma sesi duymuyordur. Öyle anlaşılıyor ki, çelişkiler karşısında sistemi uyarmak, belirli beyin bölgelerinin, özellikle de "ön (anterior) singulat korteks" adı verilen bölgenin sorumluluğundadır. Bu çelişki izleyici bölgelerin sayesinde denge, uyumsuz fikirlerden bir tanesi lehine bozulur ve o fikir kazanır. İnşa edilen öykü ya çelişen tarafları uzlaştıracak ya da birini yok sayacaktır. Bazı özel beyin hasarlarında bu hakemlik sisteminin de zarar görmesi halinde, ortadaki çelişki bilinçli zihin için hiçbir sorun yaratmaz. Bayan G. olarak anacağım ve damar tıkanıklığı sonucu beyninde önemli düzeyde hasar gelişmiş bir hastada bu durumu açıkça görmek mümkün olmuştu. Onu tanıdığım sıralarda hastanede iyileşme sürecine girmişti. Kocası yanı başındaydı, kendisi de genel olarak sağlıklı ve keyifli görünüyordu. Ancak meslektaşım Dr. Karthik Sarma bir gece önce onu yoklamaya gelip gözlerini kapamasını istediğinde, yalnızca tek gözünü kapamıştı. Bu nedenle onu daha yakından muayene etmek için birlikte odasına gittik.

Ona gözlerini kapamasını söylediğimde "Tamam" diye karşılık verdi ve tek gözünü kapadı; sanki sabitlenmiş bir kırpma hareketiydi yaptığı.

"Gözleriniz kapalı mı?" diye sordum.

"Evet" yanıtını verdi.

"Her iki göz birden mi?"

"Evet."

Parmaklarımdan üçünü kaldırdım.

"Şu anda kaç parmak kaldırmış durumdayım Bayan G.?"

"Üç" diye yanıtladı.

"Peki gözleriniz kapalı mı?"

"Evet."

Üstüne fazla gitmemeye çalışarak sordum: "Öyleyse kaç parmak kaldırdığımı nasıl anladınız?"

Sorumu ilginç bir sessizlik izledi. Beyin etkinlikleri işitilebilir olsaydı, farklı beyin bölgelerinin tutuştuğu savaşın gümbürtüsünü duyacağımız an da bu olurdu mutlaka. Gözlerinin kapalı olduğuna inanmak isteyen siyasi partilerle, mantığı savunan partilerin ("*Gözlerimiz kapalıyken dışarıda olanları görmemizin olanaksızlığını kavrayamıyor musunuz?*") mücadelesi, parlamentoyu tıkanma noktasına getirmişti. Bu tür mücadeleleri, genellikle en uygun konumdaki taraf çabucak kazanır ama anozognozili kişilerde durum her zaman böyle olmayabilir. Çoğu zaman hasta ne bir şey söyleyebilir ne de bir sonuca varabilir; utandığı için değil, yalnızca konuya kilitli kaldığı için. Böyle durumlarda her iki parti de sonunda yorulup yıpranma noktasına gelir ve üzerinde mücadele edilen konu bir kenara atılıverir. Hasta bir sonuca varamamıştır. Tanık olması hem heyecan verici hem de kaygılandırıcı bir durumdur bu.

Birden aklıma bir fikir geldi. Bayan G.'nin sandalyesini, odadaki tek aynanın önüne doğru sürdüm ve ona kendi yüzünü görüp göremediğini sordum. Gördüğünü söyledi. Sonra iki gözünü de kapamasını istedim ondan. Yine yalnızca bir gözünü kapadı.

"*Her iki* gözünüz de kapalı mı?"

"Evet."

"Kendinizi görebiliyor musunuz?"

"Evet."

Onu incitmemeye özen göstererek yeniden sordum: "Peki, iki gözünüz de kapalıyken kendinizi aynada görmeniz mümkün mü?"

Kalakaldı. *Sonuç yoktu.*

"Size iki gözünüz birden mi, yoksa yalnızca tek gözünüz mü kapalı gibi geliyor?"

Yine kalakaldı. Yine *sonuç yoktu.*

Sorular onu üzüp endişelendirmediği gibi, fikrini de değiştirmiyordu. Normal bir beyin için şah mat ile sonuçlanacak bir oyun, onun için hızla unutuluveren bir oyun haline gelmişti.

Bayan G.'ye benzer vakalar, zombi sistemlerin düzgün çalışıp bir uzlaşmaya varabilmesi için sahne arkasında yapılan işin büyüklüğünü takdir etmemizi sağlar. Birliğin bütünlüğünü koruyarak iyi bir öykü oluşturmanın bir bedeli vardır: Beyin, günlük yaşantımıza mantıksal örüntüler ("az önce ne oldu ve benim bundaki rolüm neydi?") sunabilmek için geceli gündüzlü çalışır. Öykü kurgulamak, beynin uğraştığı temel işlerden biridir ve bunu demokrasinin çok yüzlü eylemlerini anlamlı kılma hedefine kilitlenerek yerine getirir. ABD'deki bozuk paraların üzerinde yazdığı gibi *E pluribus unum*: Çok'tan gelir tek.

* * *

Bisiklete binmeyi bir kez öğrendikten sonra, beyninizin, kaslarınızın yaptıklarıyla ilgili bir öykü kurgulamasına gerek yoktur; bilinçli şirket başkanını bunun için rahatsız etmeye değmez bile. Her şey öngörülebilir olduğundan öykü gereksizdir; pedalları çevirirken aklınızdaki diğer meseleleri düşünmekte özgürsünüzdür. Beynin öykü kurgulama mercileri, yalnızca ortada çelişkili ya da anlaşılması güç bir durum varken tam güç çalışmaya başlar; ayrık beyin hastaları ya da Yargıç Douglas gibi anozognozi hastalarında olduğu gibi.

1990'ların ortalarında meslektaşım Read Montague ile, insanların basit kararları nasıl verdiklerini daha iyi anlamak için bir deney yaptık. Deneyde katılımcılardan ekranda gördükleri iki karttan birini seçmelerini istedik. Kartlardan birinin üstünde "A", diğerinde de "B" harfi vardı. Katılımcıların, hangi kartın daha iyi bir seçim olacağını bilmeleri mümkün değildi, bu nedenle önce gelişigüzel seçimler yaptılar. Seçtikleri kart, onlara bir sentle bir dolar arasında değişen bir ödül kazandırıyordu. Kartlar daha sonradan yeniden düzenlendi ve katılımcılardan yeniden seçmeleri istendi. Aynı kart, onlara bu sefer başka bir ödül kazandırıyordu. Ortada bir örüntü var gibiydi ama bunu ortaya çıkarmak çok güçtü. Katılımcıların bilmediği, her turdaki ödülün, aslında önceki kırk seçimlerini içeren bir formüle dayalı olduğuydu. Bu, beyinlerinin anlayıp çözümlemesini yapamayacağı kadar güç bir işti.

Deneyin asıl ilginç kısmı, katılımcılarla sonradan yaptığım görüşme oldu. Onlara, bu kumar oyununda ne yaptıklarını ve nedenlerini sordum. İşittiğim çeşitli süslemeli, abartılı yanıtlar beni şaşırtmıştı: "Bilgisayar bir ileri bir geri gitmemden hoşlandı" ya da "Bilgisayar beni cezalandırmaya çalışıyordu, ben de oyun planımı değiştirdim." Gerçekte ise, oyuncuların kendi stratejileriyle ilgili tanımlamaları, yapmış oldukları ve aslında epeyce öngörülebilir olduğu anlaşılan şeyle eşleşmiyordu.[41] Açıklamalar, tümüyle formüle dayalı olan bilgisayar edimleriyle de örtüşmemekteydi. Olan biten, işi iyi çalışır durumdaki bir zombi sisteme havale edemeyen bilinçli zihnin, çaresizce uygun bir öykü aramasıydı. Katılımcılar *yalan söylemiyor*, bulabildikleri en iyi açıklamayı yapıyorlardı yalnızca. Tıpkı ayrık beyin ve anozognozi hastaları gibi.

Zihin, örüntü arar ve bilim yazarı Michael Shermer'in ortaya attığı bir terimle ifade edecek olursak, "örüntüselliğe" ("patternicity") yönelir; yani anlamsız verilerde belirli bir yapı keşfetmeye çalışır.[42] Evrimin bu örüntü arayışını destekleme nedeniyse, çeşitli bilinmeyenleri nöral devrelerdeki hızlı ve verimli programlara indirgeme olanağını tanımasıdır.

Kanadalı araştırmacılar, örüntüsellik olgusunu göstermek için yaptıkları deneyde, katılımcılara gelişigüzel yanıp sönen bir ışık gösterip, onlardan, ışığın daha düzenli yanıp sönmesi için iki düğmeden hangisine, ne zaman basılması gerektiği konusunda seçim yapmalarını istediler. Katılımcılar çeşitli düğmeye basma denemeleri yaptıktan sonra ışık nihayet düzenli biçimde yanıp sönmeye başladı. Başarmışlardı! Araştırmacılar onlara daha sonra bunu nasıl başardıklarını sordular. Gönüllüler, yaptıklarını öyküleyerek yorumladılar; ama işin aslı, düğmeye basış şekilleriyle ışığın davranışı arasında en ufak bir bağlantı yoktu. Yanıp sönmeler, katılımcıların eylemlerinden bağımsız olarak, ister istemez kademeli biçimde düzenliliğe geçiş yapıyordu.

Akıl karıştırıcı veriler karşısında öyküye sığınma olgusuna bir başka örnek olarak rüyaları ele alalım. Rüyalar da beyinde geceleri kopan elektriksel fırtınalar için kurgulanan yorumsal birer üst katman olarak düşünülebilir. Nörobilim literatüründeki popüler bir görüşe göre rüyalardaki olay örgüsü, aslında gelişigüzel elektriksel etkinliklerin (orta beyindeki sinir hücresi topluluklarının elektriksel deşarjı) etkisiyle bir araya getirilmiş parçalardan oluşan bir bütündür. Bu sinyaller alışveriş merkezindeki bir görüntünün, sevilen birinin yüzünün, düşme duygusunun ya da bir aydınlanma ânının simülasyonunu ortaya çıkarır. Tüm bu anlar bir öykü oluşturmak üzere birbirine örülür; siz de gelişigüzel elektriksel etkinliklerle geçen bir geceden sonra işte bu nedenle eşinize doğru dönüp ona anlatacak tuhaf ve saçma bir öykünüz olduğunu söylersiniz. Çocukluğumdan beri, rüyamdaki karakterlerin çok özel ve tuhaf ayrıntılarla donanmış olması, sorularıma nasıl bunca hızla yanıt verdikleri, nasıl bu ölçüde şaşırtıcı konuşmalar ürettikleri ve yaratıcı önerilerde bulundukları karşısında hayrete düşmüşümdür. Bunlar hep "kendimin" yapamayacağı şeylerdir. Bir rüyada yeni bir fıkra öğrendiğim çok olmuştur ve bu da beni çok etkilemiştir. Şaşkınlığımın nedeni fıkrayı günün ayıltıcı ışığında çok komik bulmam değil (çünkü komik değildir gerçekten de), *kendimin* üretebileceğini asla düşünemeyeceğim bir fıkra olmasıdır. Ama yine de, en azından tahminen, bu ilginç olaylar dizisini kurgulayan, bir başkasının değil, benim beynimdir.[43] Ayrık beyin hastaları ya da Yargıç Douglas örneğinde olduğu gibi, rüyalar, gelişigüzel ipliklerden tek bir öykü dokuma becerimizin birer göstergesidir. Beynimiz, birliği bir arada tutan yapıştırıcıyı sürekli kılmak konusunda şaşılacak ölçüde iyidir; tümüyle tutarsız verilerin varlığında bile.

## ÖYLEYSE BİLİNÇ NEDEN VAR?

Çoğu nörobilimci hayvan davranış modelleri üzerinde çalışır: Deniztavşanı dokununca nasıl geri çekilir? Fare ödüllere nasıl tepki verir? Baykuş seslerin yerini karanlıkta nasıl belirler? Bu süreçlerle ilgili devreler bilimsel olarak aydınlatıldıkça, hepsinin özünde birer zombi sistem olduğu ortaya çıkar; belirli girdilere, uygun çıktılarla yanıt veren devrelerin birer ozalit baskısı. Eğer beynimiz *yalnızca* bu devrelerin örüntülerinden oluşuyorsa, yaşıyor olmak ve bilinçli olmak karşısında neden bir şey hissedelim ki? Ya da, neden hiçbir şey hissetmiyor olmayalım? Tıpkı bir zombi gibi?

Bundan on yıl kadar önce Francis Crick ve Christof Koch adlı nörobilimciler "Beynimiz neden yalnızca özelleşmiş zombi sistemlerden oluşmaz?" sorusunu sordular.[44] Başka bir deyişle, neden bir bilincimiz var? Neden problem çözmeye yarayan, otomatize edilmiş, devrelere kazınmış programların toplamından ibaret değiliz?

Tıpkı daha önceki bölümlerde vermiş olduğum yanıt gibi Crick ve Koch'un yanıtları da, bilincin, otomatikleşmiş yabancı sistemleri denetlemek ve denetimi bu sistemler arasında dağıtmak için var olduğu yönündedir. Belirli bir karmaşıklık düzeyine ulaşan bir otomatik alt programlar sistemi (ki beyin, kesinlikle ulaşmıştır bu düzeye), parçaların birbirleriyle iletişim kurmalarına, kaynakların kullanımına ve denetimin uygun biçimde dağıtılmasına olanak tanıyacak yüksek düzeyde bir mekanizma gerektirir. Daha önce servis atmayı öğrenmeye çalışan tenis oyuncusunda gördüğümüz gibi, bilinç şirketin başkanıdır: Üst düzeydeki yönergeleri belirler ve birimlere yeni görevler verir. Bu bölümde daha önce de değindiğimiz gibi, kuruluştaki her birimin kullandığı yazılımı anlamak zorunda olmadığı gibi, ayrıntılı kayıt defterlerini ya da faturaları görmesine de gerek yoktur. Tek bilmesi gereken, kimi ne zaman çağıracağıdır.

Zombi alt programlar düzgün biçimde işlediği sürece, başkan rahat uyuyabilir. Ancak bir terslik olduğunda (diyelim, bütün birimler iş modellerinin korkunç bir başarısızlığa uğradığını aniden fark ettiklerinde) kendisine başvurulur. Bilinçli farkındalığınızın çevrimiçi duruma geldiği zamanları düşünün. Dünyada olup bitenlerin *beklentilerinize aykırı düştüğü* zamanlardır bunlar. Her şey zombi sistemlerinizin ihtiyaç ve becerilerine uygun biçimde yürürken, gözünüzün önünde olup biten pek çok şeyin farkında olmazsınız ama sistemler birdenbire işlerle baş edemez duruma geldiğinde, sorunun farkına bilinçli olarak varırsınız. Başkan hızlı bir çözüm arayışıyla ortalıkta koşturur, sorunla en iyi mücadele edebilecek kişiyi bulmak için herkesi tek tek arar.

Biliminsanı Jeff Hawkins bu duruma iyi bir örnek verir: Günün birinde evine girdikten sonra, kapı koluna uzanması, kolu tutması ve çevirmesi ile ilgili herhangi bir bilinçli farkındalık yaşamadığını fark etmişti. Bu onun açısından tümüyle robotsu, bilinçdışı bir hareketti çünkü bu deneyimin içerdiği her şey (kapı kolunun dokunsal özellikleri ve konumu, kapının büyüklüğü ve ağırlığı vs.) beynindeki bilinçdışı devrelere zaten kazınmıştı. Bilinçli bir katılımda bulunması beklenmiyordu ondan; buna gerek de yoktu. Ama fark etti ki, biri evine sinsice girip, kapı kolunu yerinden çıkarıp birkaç santimetre sağa taksa hemen anlardı. Çünkü zombi sistemlerinin, kendisine herhangi bir uyarı vermeden ve herhangi bir endişe yaşatmadan onu içeri doğrudan sokması yerine, beklentilerin ihlali söz konusu olacaktı. Başkan uyanacak, alarmları devreye sokacak, ne olduğunu ve bir sonraki adımda neler yapılması gerektiğini bulmaya çalışacaktı.

Çevrenizdeki şeylerin bilinçli biçimde farkında olduğunuzu sanıyorsanız, bir daha düşünün. İşinize arabayla ilk gidişinizde çevrenizdeki her şeye dikkat edersiniz. Yol uzun gelir size. Ama aynı yolu defalarca kullandıktan sonra, bilinçli bir düşünme sürecine fazla ihtiyaç duymadan işyerine varabilirsiniz. Artık başka şeyleri düşünmek için özgürsünüzdür; sanki evden çıkmış ve göz açıp kapayıncaya kadar işinize ulaşmışsınızdır. Zombi sistemleriniz, her zamanki gibi yine işleri sizin için yoluna koymuştur. Ancak yolda bir sincap gördüğünüzde, bir dur işaretinin kalkmış olduğunu anladığınızda ya da köşede ters dönmüş bir araba seçtiğinizde çevrenizin farkına bilinçli olarak varırsınız.

Tüm bunlar, iki bölüm önce öğrendiğimiz bir durumla tutarlıdır: İnsanlar bir video oyununu ilk kez oynadıklarında, etkinlikle capcanlı olan beyinleri deli gibi enerji harcar. Oyunda ustalaştıkça beyin etkinliği de giderek azalır; artık enerji bakımından daha verimli hale gelmiştir. Herhangi bir işle meşgul olan birinin beyni üzerinde ölçümler gerçekleştirip etkinliğin çok düşük düzeyde olduğunu gözlerseniz, bu büyük olasılıkla onun elindeki işle uğraşmadığını değil, programları devrelere kazımak için geçmişte epeyce çabalamış olduğunu gösterir. Öğrenmenin ilk aşamasında yardımına başvurulan bilinç, öğretiler sistemin derinlerine işledikten sonra devreden çıkarılır. Basit bir video oyunu oynamak, tıpkı araba sürmek, konuşmak ya da ayakkabı bağlamak için gereken karmaşık parmak hareketlerini yapmak gibi bilinçdışı bir süreç haline gelir. Bunlar artık proteinler ve nörokimyasallardan oluşan, deşifre edilemez bir programlama diliyle yazılmış gizli birer alt program haline gelmiştir. Orada öylece –bazen onlarca yıl boyunca– beklerler, ta ki kendilerine yeniden ihtiyaç duyulana kadar.

Evrimsel bakış açısıyla, bilincin amacı şöyle açıklanabilir belki: Dev bir zombi sistemler topluluğundan ibaret bir hayvan, enerji bakımından verimli olsa da *bilişsel esneklikten* yoksundur. Belirli ve basit işleri yaparken yararlanacağı ekonomik programlara sahiptir ama programlar arasında geçiş yapmasını ya da yeni ve beklenmedik işlerde uzmanlaşmak için hedef belirlemesini sağlayacak hızlı yollara sahip değildir. Hayvanlar âlemindeki çoğu hayvan, belirli işleri büyük başarıyla yerine getirir (çam kozalağının içinden tohumları çıkarmak gibi) ama dinamik biçimde yazılım geliştirme esnekliğine sahip tür (insan gibi) sayısı çok azdır.

Esneklik becerisi kulağa daha hoş gelse de bu, bedavadan kazanılmış bir özellik değildir. Uzun bir çocuk yetiştirme döneminin yükünü çekerek öderiz bu bedeli. Yetişkin bir insanın esnekliği, bebek olarak yıllar süren bir çaresizlik dönemi geçirme pahasına elde edilir. Çoğunlukla her seferinde tek çocuk dünyaya getiren insan anneler, hayvanlar âleminin geri kalanında örneği görülmemiş (ve zaten uygulanabilir de olmayan) bir bakım dönemini de aşmak zorundadırlar. Buna karşılık, yalnızca birkaç basit alt programdan ("Yiyeceğe benzeyen şeyleri ye ve aniden beliren büyük nesnelerden uzak dur" gibi) yararlanan hayvanlar farklı bir bakım stratejisi uygular: "Çok sayıda yumurta üret ve her şeyin yolunda gitmesini dile" gibi. Yeni programlar yazma becerisine sahip olmayan bu canlıların elindeki tek slogan şudur: Rakiplerine karşı akılca üstünlük kuramıyorsan, sayıca kur.

Peki diğer hayvanlarda da bilinç var mıdır? Bilim, bu soruya yanıt vermeyi sağlayacak ölçümleri yapmanın yollarını henüz bulamamıştır ama ben yine de iki sezgisel görüş belirteceğim. Birincisine göre bilinç, olasılıkla "ya hep ya hiç" niteliğini taşımayıp farklı derecelerde var olabilir. İkinci varsayımım da, bir hayvanın *bilinç derecesinin*, zihinsel esnekliğine paralel olacağıdır. Hayvan ne kadar çok alt programa sahipse, kurumu yönlendirecek bir başkana da o kadar gerek duyacaktır. Alt programları bir bütün olarak koruyan başkan, adeta bir zombi gardiyanıdır. Başka şekilde ifade edecek olursak, küçük bir şirket, yılda üç milyon dolar kazanan bir başkana ihtiyaç duymaz ama büyük bir şirket duyar. Aradaki tek fark, başkanın izlemek, görev dağıtımı yapmak ve hedeflerini belirlemek durumunda olduğu işçilerin sayısında yatar.*

Bir ringa martısı, yuvasına kırmızı bir yumurta koyacak olursanız, çılgına döner. Kırmızı renk bu kuşta saldırganlığı, yumurtanın şekli de kuluçka davranışlarını tetikler. Hayvan sonuç olarak bir yandan yumurtaya saldırırken bir yandan da kuluçkaya yatma eğilimine girer.[45] İki program aynı anda çalışınca geçerli bir sonuç üretemez. Kırmızı yumurta, martının beynine birbiriyle mücadele eden iki derebeylik olarak kazınmış ve hem özerk hem de birbirine aykırı iki programı birden harekete geçirmiştir. Rekabet ortadadır ama kuş, düzgün bir işbirliği sağlayacak arabuluculuğu yapma becerisinden yoksundur. Benzer biçimde dişi bir dikenli balık, erkeğin alanına girerse erkek saldırma ve kur davranışlarını aynı anda sergiler ki, dişiyi tavlamanın yolunun bu olmadığı gayet açıktır. Zavallı erkek dikenli balık, basit kilit-anahtar girdileriyle (*Sınır ihlal edildi! Dişi!*) tetiklenen bir zombi programlar yığınıdır adeta ve çalışmakta olan alt programlar da uzlaşmanın yolunu bulamamışlardır. Bu veriler, bana göre ringa martısı ve dikenli balığın bilinçli diyebileceğimiz bir durumda olmadıklarını söyler.

Çatışan zombi sistemler arasında başarılı bir arabuluculuk gerçekleştirme kapasitesinin, yararlı bir bilinç göstergesi olduğunu düşünmekteyim. Bir hayvan, derinlere kazınmış ve karmakarışık bir girdi-çıktı alt programları sistemine ne kadar benziyorsa, bilinç

* Görev dağılımlarında esnekliğin söz konusu olduğu çok sayıda yabancı sisteme sahip olmak, başka avantajları da beraberinde getirebilir ve sözgelimi, avcıların, avın davranışlarını öngörme olasılığını düşürebilir. Sürekli olarak işler halde tuttuğunuz tek bir alt programa sahip olsaydınız, avcı sizi vuracağı zayıf noktanızı tam olarak bilebilirdi. (Afrika nehirlerini her yıl aynı şekilde, aynı zamanda yüzerek geçerken timsahlara yem olan Afrika antiloplarını düşünün.) Daha karmaşık bir yabancı sistemler toplamına sahip olmak, esnekliğin yanı sıra öngörülemezlik bakımından da daha avantajlı bir konum sunar.

lehine gösterdiği kanıtlar da o kadar azdır. Buna karşılık eşgüdüm konusunda ne kadar becerikliyse, ödülleri ne kadar erteleyebiliyorsa ve ne kadar fazla sayıda yeni program öğrenebiliyorsa, o ölçüde bilinçlidir. Eğer bu görüşüm doğruysa gelecekte yapılacak bir dizi test, bize bir türün sahip olduğu bilincin derecesi hakkında kaba bir ölçüm sunabilir. Bölümün başlarında ele aldığımız ve yiyeceğe gitmekle şoktan kaçmak arasında sıkışıp kalarak bir ileri bir geri koşturan, şaşkına dönmüş fareye yeniden dönelim. Hepimiz kararsızlık anlarının neye benzediğini biliriz ama birer insan olarak programlar arasında uzlaşma sağlayabilmemiz, açmazdan kurtulup karar vermemize olanak tanır. Kendimizi olası sonuçlardan bir tanesi lehine ikna etmenin ya da ondan kaçınmanın yolunu hızla bulabiliriz. İçimizdeki başkan, fareyi bütünüyle çaresiz bırakan basit kilitleri açacak kadar ayrıntısıyla bilir işleri. Beyin işlevlerinin ancak küçük bir kısmında rol oynayan bilinçli zihnimizin asıl parladığı nokta da bu olabilir.

## İÇİMİZDEKİ ÇOKLUKLAR

Tüm bunların, nasıl olup da beyinle ilgili yeni bir bakış açısı kazanmamızı sağlayacağı konusuna geri dönelim; yani, geleneksel bilgisayar programları ya da yapay zekânın bakış açısıyla açıklanamayacak olan bilinmezlerin, rakip takımlar çerçevesiyle irdelenmesinin nasıl mümkün olduğuna.

Sır kavramını ele alalım. Sırlarla ilgili olarak bilinen temel şeylerden biri, sır tutmanın beyne zarar verebildiği gerçeğidir.[46] Psikolog James Pennebaker ve meslektaşları, tecavüz ve ensest kurbanlarının ister utanç ister suçluluk duygusuyla olsun, sırlarını kendilerine saklamayı tercih ettiklerinde olanları incelediler. Yıllar süren çalışmalardan sonra Pennebaker "olayı başkalarıyla tartışmamanın ya da kimseyle paylaşmamanın, deneyimin kendisinden daha zarar verici olabileceği" sonucuna varmıştı.[47] Sırlarını itiraf eden ya da yazan kişilerin sağlığı iyiye gidiyor, doktor ziyaretleri azalıyor ve stres hormonu düzeyleri ölçülebilir bir düşüş gösteriyordu.[48]

Sonuçlar yeterince açık olsa da, birkaç yıl önce bu bulguları beyin bilimi açısından nasıl değerlendirmek gerektiği sorusunu sormaya başladım kendime. Bu da beni, bilimsel literatürde ele alınmadığını fark ettiğim bir başka soruya yönlendirdi: Sır denen şey, nörobiyolojik bakımdan nedir? Birbirine bağlı milyonlarca nörondan oluşmuş yapay bir nöral ağ inşa ettiğinizi farz edin. Bir sır, bu ağın içinde neye benzer? Bir ekmek kızartma makinesi, birbirine bağlı onca parçayla bir sır barındırabilir mi? Parkinson hastalığını, renk algısını, ısı duyusunu anlamamıza yarayacak bilimsel çerçevelere sahip olsak da, beynin bir sırra sahip olması ve onu saklamasının ne demek olduğunu anlamamıza yarayacak herhangi bir araçtan yoksunuz.

Ancak rakipler takımı çerçevesinde sır denen şeyi kolayca tanımlayabiliriz: Sır, beyinde rekabete tutuşmuş taraflar arasındaki mücadelenin bir ürünüdür. Beynin bir bölümü bir durumu açığa vurmak isterken diğeri istemez. Beyinde rakip tarafların (açığa vurma taraftarlarıyla saklama taraftarlarının) oylarının birbirine karşılık gelmesi, sırrı tanımlar. İki taraf da sırrı söylememekten yanaysa elimizde yalnızca sıkıcı bir gerçek, iki taraf da sırrı söylemekten yanaysa da yalnızca iyi bir öykü var demektir. Rekabetin çizdiği çerçeve olmadan, sırrı tanımlamamız da mümkün olmayacaktır.* Sır deneyiminin bilinçli olarak yaşanmasının nedeni, rekabetten kaynaklanmasıdır. Sıradan bir deneyim olmadığı için, onunla uğraşmak üzere şirket başkanının yardımına başvurulur.

Sırrı açığa vurmamanın ana nedeni, bunun olası uzun dönemli sonuçlarına ilişkin duyulan endişedir. Bir dostunuz sizin hakkınızda kötü düşünebilir, sevgiliniz kırılabilir, toplumdan dışlanabilirsiniz. İnsanların sırlarını daha çok yabancılara açması, yaşanacak sonuca dair duydukları endişenin kanıtıdır. Nöral çatışma, böylece herhangi bir bedel ödenmeksizin atlatılmış olur. Uçakta karşılaştığınız yabancıların durup dururken kendilerini size yakın hissedip evlilik sorunlarını bütün ayrıntılarıyla anlatmalarının, günah çıkarma kabinlerinin dünyanın en büyük dinlerinden birinde yerini hâlâ koruyor olmasının nedeni de budur. Bu olgu, benzer şekilde dua etmenin cazibesini de açıklayabilir; özellikle de tanrıların son derece kişisel olduğu ve kullarını sonsuz bir sevgiyle, pür dikkat dinlediği dinlerde.

* Bazıları, yapıları gereği sır saklamayı beceremez. Bu denge, bize bu insanların içinde gerçekleşen mücadele ve bu mücadelenin hangi taraf lehine geliştiği hakkında bir şeyler söyleyebilir. İyi casuslar ve gizli ajanlar, mücadelenin, anlatma heyecanına kapılmaktansa uzun dönemli kararlara prim vermeyi yeğleyenler lehine geliştiği kişilerdir.

Sırları yabancılara ifşa etme, kökleri çok eskilere uzanan bir ihtiyaçtır. Bununla ilgili son gelişme ise, insanların isim vermeksizin itiraflarda bulunduğu postsecret.com gibi web sitelerinde karşımıza çıkar. İşte size birkaç örnek: "Tek kız çocuğum ölü doğduğunda, bir bebek kaçırmayı düşünmekle kalmadım, bunu kafamda planladım da. Kendimi, yeni anneleri izleyip yanlarındaki bebeklerden en iyisini seçmeye çalışırken yakaladığım anlar bile oldu." "Oğlunuzun otistik olduğundan neredeyse eminim ama bunu size nasıl söyleyeceğimi bilmiyorum." "Bazen babamın neden beni değil de ablamı taciz ettiğini düşünürüm. Acaba yeterince iyi değil miydim?"

Siz de mutlaka fark etmişsinizdir ki, bir sırrı açık etmenin nedeni, genellikle yalnızca açık etmiş olmaktır; yoksa, tavsiye istemek değil. Dinleyici, olur da sırla birlikte ortaya dökülen soruna bariz bir çözüm görüp bunu önerme gafletinde bulunursa da, anlatanı öfkelendirmekle kalır yalnızca. Çünkü, anlatıcının *aslında* tek derdi sırrını anlatmaktır. Sırrı anlatmak, başlı başına çözümün ta kendisidir çoğu zaman. Henüz yanıtlanmamış bir soru ise, dinleyicinin neden ille de insan –ya da tanrı örneğini düşünecek olursak, insansı– olması gerektiğidir. Bir duvara, kertenkeleye ya da keçiye sırrını anlatmak, ne de olsa çok daha az tatmin edicidir.

## C3PO NEREDESİN?

Çocukken, içinde bulunduğumuz şu günleri düşünüp robotlarımız olacağını varsayardım; yemeğimizi getirecek, giysilerimizi temizleyecek ve bizimle konuşacak robotlar. Gelgelelim yapay zekâ alanında bir şeyler ters gitti ve sonuçta evimde bulunan robot denebilecek tek şey de kendi kendini yönlendirebilen ama biraz kıt zekâlı bir elektrik süpürgesi.

Yapay zekâ neden tıkanma noktasına geldi? Nedeni açık: Zekâ, üstesinden gelinmesi son derece zor bir problem olduğunu kanıtlamıştır. Doğanın, bu konuda milyarlarca yıl boyunca trilyonlarca deney yapma şansı olmuşken insanlar ancak onlarca yıldır tanışıyor bu problemle. Bu sürenin büyük bölümündeyse zekâyı sıfırdan yaratmaktan öteye gidememiş yaklaşımımız. Ancak çok yakın zamanlarda alan yeni bir yola doğru dönüş yaptı. Artık açık ki, düşünen robotlar geliştirme konusunda anlamlı bir ilerlemeye imza atmamız için, doğanın bulduğu yöntemleri çözmemiz gerekecek.

Rakip takımlar çerçevesinin, sıkışıp kalmış yapay zekâ alanını rahatlatmada önemli bir rol oynayacağı görüşündeyim. Daha önceki yaklaşımlar işbölümünü getirerek yararlı bir adım atılmasını sağladıysa da, sonuçta ortaya çıkan programlar, farklı görüşler olmaksızın etkisiz kalmaktadır. Eğer düşünen robotlar icat etmeyi umuyorsak, aşmamız gereken engel her problemi akıllıca çözecek bir alt birim üretmek değil, her biri örtüşmeli çözümler içeren alt birimleri durmaksızın yeniden icat etmek ve sonra bunları birbiriyle karşı karşıya getirmektir. Örtüşen gruplar, bozulmaya karşı koruma sağladığı gibi (bilişsel rezerv olgusunu hatırlayın) beklenmedik yaklaşımlarla problem çözümüne akıllıca yaklaşımlar getirir.

İnsan programcılar bir probleme yaklaşırken, genellikle bir *en iyi* çözüm olduğu ya da robotun problemi öyle ya da böyle çözmesini sağlayan bir yol *olması gerektiği* varsayımından hareket ederler. Ama biyolojiden çekip çıkaracağımız temel ders, probleme farklı açılardan ve örtüşmeli biçimde saldıran ve farklı gruplardan oluşan bir takım geliştirmenin daha iyi bir yol olduğudur. Rakipler takımı çerçevesine göre en iyi yaklaşım, "Problemi çözmenin en akıllıca yolu nedir?" sorusunu bir kenara bırakıp, "Bu problemi çözmek için örtüşen, birden fazla sayıda yol var mıdır?" sorusunun üzerine gitmektir.

Bir takım oluşturmanın en iyi yolu, olasılıkla evrimsel yaklaşımı izlemekten, gelişigüzel biçimde küçük programlar geliştirip bunların küçük mutasyonlar eşliğinde üremesine izin vermekten geçer. Böyle bir strateji bize, sıfırdan tek ve kusursuz bir çözüm bulmaya çalışmaktansa, sürekli olarak yeni çözümler keşfetme olanağı tanır. Biyolog Leslie Orgel'ın ikinci yasasının ifade ettiği gibi "Evrim bizden akıllıdır." Benim biyoloji yasam ise şöyle bir şey olurdu: "Çözümleri evrimsel yöntemle geliştirin ve iyi bir tane yakaladığınızda *durmayın.*"

Teknoloji, bugüne kadar demokratik mimari fikrinden –yani rakipler takımı kavramından– yararlanmış değildir. Bilgisayarınız binlerce özelleşmiş parçadan oluştuğu halde bunlar ne işbirliğine gider, ne de tartışır. Benim varsayımım ise, rakipler takımı mimarisiyle özetlenebilecek çekişme temelli demokratik bir yapının, biyolojiden esinlenmiş düzeneklerden oluşan yepyeni ve bereketli bir dönemi başlatacağı yolundadır.[49]

* * *

Bu bölümden çıkarılacak ana ders, çeşitli parçalar, bölümler ve alt sistemlerden oluşmuş bütünsel birer parlamentodan ibaret oluşumuzdur. Bir yerel "uzman sistemler" toplamı olmanın ötesinde, birbiriyle örtüşen, durmaksızın yeniden icat edilen bir mekanizmalar toplamı, rekabet içindeki gruplardan oluşmuş birer bütünüzdür her birimiz. Bilinçli zihin ise, beynin içindeki alt sistemlerin bazen açıklanamaz olan dinamiklerini açıklanabilir hale getirmek için öyküler üretir. Bütün eylemlerimizin, her biri devrelere kazılı ve her biri elinden gelenin en iyisini yapan sistemlerce ne ölçüde yönlendirildiğini görünce, kendi payımıza düşenin seçimlerimizi sarmalayan öyküler kurgulamaktan ibaret olduğunu düşünmek, gerçekten de rahatsız edici gelebilir.

Unutmayın ki, zihinsel toplumun barındırdığı nüfus, her seferinde aynı biçimde oy vermeyebilir. Bu nokta, sizi siz yapan şeyin günbegün, anbean aynı olduğunu varsayan bilinç odaklı tartışmalarda genellikle atlanmaktadır. Bazen iyi bir okuyucusunuzdur, bazen dalar gidersiniz. Bazen doğru sözcükleri bulursunuz, bazen diliniz düğümlenir. Bazı günler çamura saplanmış bir sopa, diğerlerinde kaygıdan kurtulmuş özgür bir ruhsunuzdur. Öyleyse gerçek "siz" kimdir aslında? Fransız deneme yazarı Michel de Montaigne'in ifadesiyle "Kendimizle aramızdaki fark, bir başkasıyla aramızdaki fark kadar büyüktür."

Bir ulus, en kolay biçimiyle belirli bir zaman diliminde iktidarda olan siyasi partilerin bakış açısıyla tanımlanır. Ama sokaklarda ve oturma odalarında barındırdığı siyasi görüşler de onu tanımlamanın bir başka yoludur. Bir ulusu kapsamlı biçimde anlamak için, o an iktidarda olmasa da doğru koşullarda yükselebilecek partileri de ele almak gerekir. Aynı şekilde siz de kendi çokluklarınızdan oluşmuşsunuzdur ama herhangi bir zaman diliminde bilincinizin attığı manşet, bütün siyasi partilerin ancak belirli bir grubunu kapsıyor olabilir.

Mel Gibson'a ve sarhoşluk tiradına geri dönersek, "gerçek" renk diye bir şeyin var olup olmadığını artık sorabiliriz. Davranışın, iç sistemler arası çarpışmanın bir sonucu olduğunu gördük. Yanlış anlaşılmasın; Gibson'ın korkunç davranışını savunmuyorum kesinlikle; sadece diyorum ki, rakipler takımı yapısındaki beyin, hem ırkçı hem de ırkçı olmayan duygular barındırabilir. Alkol bir doğruluk serumu değildir; etkisi, çarpışmanın yönünü kısa dönemli, uzun uzadıya düşünme yanlısı olmayan fevri grup lehine çevirmektir ki, "gerçek"lik iddiası açısından bu grubun da diğerlerinden ne ileri ne de geri kalır yanı vardır. Ancak elbette tüm bunlar, bir insandaki aceleci hizbin *önemsenmemesi* gerektiği anlamına gelmez çünkü bu da, o kişinin antisosyal ya da tehlikeli davranışlara ne kadar *muktedir olduğunu* tanımlar. Kişinin bu yönü konusunda endişe etmek, kesinlikle akılcı bir tutum olup "Gibson, Yahudi karşıtı bir tavır takınmaya muktedirdir" demek de akla son derece uygundur. Sonuçta, birinin "en tehlikeli" renklerinden söz etmekte sakınca olmasa da, "gerçek" renkler tehlikeli bir yanlış adlandırmaya dönüşebilir.

Bunları aklımızın bir köşesinde tutarak, Gibson'ın özründe gözden kaçmış bir hataya geri dönebiliriz: "İçeriği her ne olursa olsun, Yahudi aleyhtarı herhangi bir ifadeyi aklından geçiren ya da dile getiren hiç kimsenin bahanesi olamayacağı gibi, bu kişiler mazur da görülemez." Buradaki hatayı fark ettiniz mi? *Aklından geçiren* mi? Doğrusu, ben de kimsenin Yahudi karşıtı bir ifadeyi aklından geçirmemesinden çok mutlu olurdum ama istesek de istemesek de, bu yabancı sistemleri kimi zaman etkisi altına alabilen yabancı düşmanlığının (ksenofobi) bazı hastalıklı dışavurumlarını denetim altına alma şansımız azdır. Düşünme eylemi olarak nitelendirdiğimiz şey, büyük ölçüde bilişsel denetimin yüzeyi altında gerçekleşir. Bu çözümlemeyi yapmaktaki amacım, kesinlikle Mel Gibson'ı ve sergilediği berbat davranışı aklamak değil; amacım, buraya kadar öğrendiklerimizle ortaya çıkan bir soruyu vurgulamak: Eğer bilinçli siz, zihinsel düzeneğin üzerinde, daha önce sandığımızdan çok daha az denetime sahipseniz, bütün bunlar sorumluluk kavramı açısından nereye varıyor? Şimdi de bu soruya dönelim yüzümüzü.

# 6

# Sorumlu Tutulabilirlik Sorusu, Neden Özünde Yanlıştır?

## KULEDEKİ ADAMLA GELEN SORULAR

Charles Whitman, 1966 Ağustosunun sıcak ve nemli ilk gününde, kendisini Austin'deki Teksas Üniversitesi kulesinin en üst katına götürecek olan asansöre bindi.[1] Yirmi beş yaşındaki genç, daha sonra bir bavul dolusu silah ve cephaneyi de peşinden sürükleyerek üç kat merdiven çıktı ve gözlem alanına ulaştı. Burada önce silahın dipçiğiyle danışma görevlisini öldürdü, ardından merdiven aralığından çıkmakta olan iki turist ailesine ateş açtı, en sonunda da aşağıdaki insanlara gelişigüzel ateş etmeye başladı. Vurduğu ilk kadın hamileydi. Ona yardım etmek için koşanlar da Whitman'ın silahından nasibini aldı. Ve sonra da sokaktaki yayalar ve onları kurtarmaya gelen ambulans şoförleri.

Whitman, bir gece öncesinde daktilonun başına geçmiş ve bir intihar notu yazmıştı:

> Kendimi şu günlerde tam olarak anlayamıyorum. Aklı başında ve zeki bir genç olarak tanınmaktayım. Ama son zamanlarda (ne zaman başladığını hatırlayamıyorum) birçok sıra dışı ve mantıksız düşüncenin kurbanı olmuş durumdayım.

Saldırının haberi yayılırken Austin'deki bütün polis memurları da yerleşkeye yönlendirildi. Birkaç saat sonra üç memur ve hızla görevlendirilen bir vatandaş merdivenleri çıkmayı ve Whitman'ı gözlem alanında öldürmeyi başardı. Whitman hariç on üç kişi öldürülmüş, otuz üç kişi de yaralanmıştı.

Ertesi gün bütün manşetlerde Whitman'ın saldırısı vardı. Polis, ipucu bulmak için evine gittiğinde ise, tablonun göründüğünden de ağır olduğu ortaya çıktı: Whitman, saldırı gününün çok daha erken saatlerinde önce annesini, ardından da uykusunda bıçaklamak suretiyle karısını öldürmüştü. Bu ilk cinayetlerden sonra intihar notuna geri dönmüş ve bu sefer el yazısıyla devam etmişti.

> Karım Kathy'yi bu gece öldürmeye, ancak üzerinde çok uzun süre düşündükten sonra karar verdim. ... Onu çok seviyorum, ayrıca her erkeğin düşlediği türden, çok iyi bir eş de oldu bana. Bunu yapmama neden olacak mantıklı hiçbir neden gelmiyor aklıma. ...

Cinayetlerin yarattığı şokun yanında, daha gizli, yeni bir sürpriz de vardı: sapkınca davranışlarıyla sıradan kişisel hayatının üst üste binmişliği. Eski bir izci olan Whitman, deniz piyadesi olarak çalışmış, ardından da banka memurluğu yapmıştı. Austin İzcileri 5. Grup izci başılığı için gönüllü de olan Whitman'ın çocukluğunda Stanford Binet zekâ testinden aldığı 138 puan ise, onu ilk yüzde 0,1'lik dilime yerleştirmişti. Bu nedenle Teksas Üniversitesi kulesinde ayrım gözetmeksizin gerçekleştirdiği kanlı saldırının ardından, herkes bir açıklama bekler olmuştu.

Aslına bakılırsa, Whitman'ın da beklediği buydu. İntihar notunda, beyninde bir şeylerin değişikliğe uğrayıp uğramadığını belirlemek üzere kendisine otopsi yapılması isteğinde bulunmuştu; çünkü kendisi de bundan kuşkulanmaktaydı. Saldırıdan birkaç ay önce günlüğüne şöyle yazmıştı:

> Bir keresinde bir doktorla iki saat kadar konuşup, ona çok güçlü biçimde hissettiğim şiddet duygusunun altında ezildiğimi anlatmaya çalıştım. O seanstan sonra Doktor'u bir daha görmedim. O zamandan beri bu zihinsel çalkantıyla tek başıma mücadele etmekteyim ve görünen o ki, hiçbir yararı yok.

Whitman'ın cesedi morga götürüldü, kafatası kemik testeresiyle açıldı ve beyin çıkarıldı. Otopsi incelemesini yapan doktor, beyinde bozuk para büyüklüğünde bir tümör buldu. Gliyoblastom adı verilen bu tümör, talamus denilen yapının alt kısmından çıkıp hipotalamusa uzanıyor ve amigdala olarak bilinen üçüncü bir yapıyı sıkıştırıyordu.[2] Amigdala, özellikle de korku ve saldırganlık merkezinde olmak üzere, duygu mekanizmasının düzenlenmesinden sorumludur. 1800'lerin sonlarına gelindiğinde, araştırmacılar amigdalanın hasar görmesiyle duygusal ve toplumsal rahatsızlıklar yaşandığını keşfetmişlerdi.[3] 1930'lu yıllarda ise Heinrich Klüver ve Paul Bucy adlı biyologlar, amigdalası zarar gören maymunlarda korkusuzluk, duygusal körelme ve aşırı tepki gibi bir dizi belirti ortaya çıktığını gösterdiler.[4] Amigdalası hasarlı dişi maymunların annelik davranışları bile bozuluyor, bu maymunlar sıklıkla yavrularını ihmal ediyor ya da onlara fiziksel tacizde bulunuyorlardı.[5] Sağlıklı insanlarda ise amigdalanın etkinliği, özellikle ürkütücü yüzler gördüklerinde, korkulu anlar ya da toplumsal fobiler yaşadıklarında artar.

Sonuçta Whitman'ın kendisiyle ilgili sezgileri –beynindeki bir şeylerin davranışlarını değiştirdiği– gerçekten de son derece isabetliydi.

> Çok sevdiğim bu iki insanı da vahşice öldürmüş gibi göründüğümü tahmin ediyorum. Ama ben işi hızlı ve tam biçimde yapmaya çalıştım yalnızca. ... Eğer yaşam sigortası poliçem hâlâ geçerliyse lütfen borçlarımı ödeyin ... geri kalanını da ismimi vermeden bir akıl sağlığı kuruluşuna bağışlayın. Bu tür trajediler, belki de araştırmalar sonucunda önlenebilir.

Whitman'daki değişimi fark eden başkaları da vardı. Yakın arkadaşı Elaine Fuess "Tümüyle normal göründüğünde bile, içindeki bir şeyleri denetlemeye çalıştığı izlenimini veriyordu" diye anlatmıştı. O "bir şeyler" tahminen Whitman'ın içindeki öfkeli, saldırgan zombi programlar topluluğuydu. Daha sakin ve akılcı olan taraflar, tepkisel, şiddete eğilimli taraflarla mücadeleyi sürdürse de tümörle gelen hasar dengeyi öyle bozmuştu ki, savaş artık adil olmaktan çıkmıştı.

Peki, Whitman'da beyin tümörü bulunmuş olması, onun acımasız cinayetleriyle ilgili duygularınızı değiştiriyor mu? Kendisi o gün ölmemiş olsaydı, onun için normalde uygun göreceğiniz cezaya bir etkisi olur muydu? Bu tümör, onu ne ölçüde "suçlu" bulduğunuzu etkiliyor mu? Beyninde bir tümör geliştiği için davranışların kontrolden çıkan kadersiz kişi, belki de siz olamaz mıydınız?

Öte yandan, tümörlü kişilerin baştan suçsuz sayılması ya da işledikleri suçlardan aklanmaları gerektiği sonucuna varmak da tehlikeli olmaz mıydı?

Kuledeki beyin tümörlü adam, bizi aslında suçtan "sorumlu tutulabilirlik" sorununun tam kalbine götürmektedir. Adli bir ifade kullanacak olursak, bu adam yaptıklarından *sorumlu* tutulabilir miydi? Kendisine hiç seçim hakkı tanımayan yollarla beyni hasar görmüş bir kişi, ne ölçüde kabahatlidir? Ne de olsa, biyolojimizden bağımsız davranamıyoruz, öyle değil mi?

## BEYNİ DEĞİŞTİR, SAHİBİ DE DEĞİŞSİN: YOKTAN VAR OLAN PEDOFİLLER, ARAKÇILAR VE KUMARBAZLAR

Whitman vakası münferit değildir. Nörobilimle hukukun arayüzü, beyin hasarının da devrede olduğu ve sayıları giderek artan vakalarla doludur. Beyni incelememize yardımcı olan daha iyi teknolojiler geliştikçe, daha fazla sayıda sorunun farkına varmaktayız.

Burada Alex adını vereceğim kırk yaşındaki bir adamın hikâyesini ele alalım. Alex'in eşi Julia, onun cinsel tercihlerinde bir değişimin varlığını fark etmişti. Onu tanıdığı yirmi yıl boyunca ilk kez çocuk pornografisine ilgi duymaya başlamıştı. Üstelik öyle böyle bir ilgi de değildi bu. Bütün zamanını çocuk pornografisi sitelerine girip dergi toplayarak geçirmeye başlamış, bir masaj salonundaki genç bir kadından ilişki talebinde bulunacak kadar da ileriye götürmüştü işleri. Bu, daha önce kesinlikle yapmadığı bir şeydi. Evlendiği adamı artık tanıyamaz hale gelen Julia, ondaki bu davranış değişikliği karşısında korkmaya başlamıştı. Tüm bunlarla eşzamanlı olarak, artan baş ağrılarından şikâyet ediyordu Alex. Julia bunun üzerine onu bir aile hekimine götürdü, o da Alex'i bir nöroloğa yönlendirdi. Uygulanan beyin taramasında, beynin "orbitofrontal korteks" adı verilen bölgesinde büyük bir tümörün varlığı saptandı.[6] Beyin cerrahları tümörü aldıktan sonra, Alex'in cinsel davranışları da normale döndü.

Alex'in öyküsü, derin ve merkezi bir noktaya ışık tutmaktadır: Biyolojiniz değişince kararlarınız, istekleriniz ve tutkularınız da değişebilir. Doğal farz ettiğiniz güdüler ("Ben bir hetero/homoseksüelim," "Çocuklar/yetişkinler beni çeker," "Saldırgan/uysal bir yapım var," vs.), aslında nöral mekanizmanın incelikli ayrıntılarıyla belirlenir. Bu tür güdüler merkezinde davranmanın genelde bir özgür seçim meselesi olduğu düşünülse de, kanıtlarla ilgili en üstünkörü inceleme bile bu varsayımın sınırlarını gözler önüne serer. Birazdan bununla ilgili başka örnekler de göreceğiz.

Alex'in öyküsünden çıkarılacak dersin, daha sonraki beklenmedik gelişmelerle güçlendiğini görürüz. Geçirdiği beyin ameliyatından altı ay kadar sonra pedofilik davranışların yeniden kendini göstermeye başlaması üzerine, eşi onu yine doktora götürdü. Nöroradyolog, tümörün bir kısmının ameliyatta atlanmış olduğunu ve yeniden büyümeye başladığını keşfetti. Alex yeniden bıçak altına yattı. Kalan tümör parçasının da alınmasından sonra davranışları bir kez daha normale döndü.

Alex'te aniden ortaya çıkan pedofili, gizli güdü ve arzuların kimi zaman toplumsallığın nöral çarkları arasında fark edilmeksizin gizlenmiş biçimde kalabileceğini gösterir. Alın lobu (frontal lob) hasar gördüğünde, insanlar dizginlerinden kurtulup beyinsel demokrasi içinde yer alan daha olumsuz unsurların varlığını gözler önüne sererler. Bu durumda Alex'in "özünde" bir pedofil ve yalnızca güdülerine direnmek için toplumsallaşmış olduğunu söylemek doğru olur mu? Belki de. Ama yine de etiketleri yapıştırmadan önce, kendi alın korteksiniz altında gizlenmiş bekliyor olabilecek yabancı alt programları bir gün keşfetmek isteyip istemeyeceğinizi düşünün.

Bu tür "kısıtlamasız" (disinhibited) davranışlarla ilgili tipik bir örnek, "frontotemporal demans" adı verilen ve hem alın (frontal) hem de şakak (temporal) loblarının bozulmaya uğradığı hastalıkla çıkar karşımıza. Beyin dokusunda kayıp yaşayan hastalar, gizli güdülerini denetleme becerisini kaybederek toplumsal kuralları sınırsız sayıda yoldan çiğneyebilirler: mağaza müdürlerinin gözü önünde eşya yürütme, ortalıkta soyunma, dur işaretlerinde geçme, uygunsuz zamanlarda bağıra bağıra şarkı söyleme, çöp bidonlarından yemek artığı toplayıp yeme, fiziksel saldırganlık ya da cinsel suçlar işleme gibi. Frontotemporal demanslı hastalar sonunda genellikle mahkeme salonlarında bulurlar kendilerini. Burada avukatları, doktorları ve utanç içindeki yetişkin evlatları yargıca, bu ihlallerin aslında tam olarak failin *suçu* sayılamayacağını anlatmaya çalışır: Beynin önemli bir bölümü dejenere olmuştur, bunu durduracak bir ilaç da yoktur. Frontotemporal demans hastalarının yüzde 57'si, başlarını hukukla belaya sokan toplumsal ihlal davranışları sergilerken, bu oran Alzheimer hastalarında yalnızca yüzde 7'dir.[7]

Davranış değişikliklerinin beyinsel değişiklikleri izlemesine bir başka örnek olarak, Parkinson hastalığının tedavisindeki gelişmeleri ele alalım. 2001 yılında Parkinson hastalarının aileleri ve bakıcıları, bir tuhaflık olduğunun farkına varmaya başladılar. Pramipeksol adlı ilacın verildiği hastalardan bir kısmı kumarbaza dönüşüyordu;[8] üstelik öylesine kumar oynayanlara değil, hastalıklı kumarbazlara. Daha önce kumara herhangi bir eğilim göstermemiş olan bu hastalar, artık düzenli biçimde Vegas'a uçar olmuşlardı. Altmış sekiz yaşındaki bir adam, ziyaret ettiği bir dizi kumarhanede altı ay içinde toplam 200 bin dolar tutarında para kaybetmişti. İnternet pokerine takılıp kalan kimi hastalar ise ödeyemeyecekleri kredi kartı borçlarının altında ezilmişti. Hastaların çoğu, bu kayıpları ailelerinden gizlemek için ellerinden geleni yapıyordu. Bu yeni bağımlılık, bazıları için kumarın da ötesine geçerek "zorlanımlı" (kompülsif) yeme alışkanlıklarına, alkol tüketimine ve aşırı cinselliğe kadar varmıştı.

Neydi olup biten? Ellerin titremesine, kol ve bacakların tutuk hareketlerine, yüz ifadesinin kaybolmasına ve dengenin giderek kötüleşmesine neden olan Parkinson hastalığıyla gerçekleşen korkunç yıkıma siz de tanık olmuş olabilirsiniz. Hastalık, dopamin adı verilen sinirsel ileticiyi (nörotransmiteri) üreten beyin hücrelerinin kaybının bir sonucudur. Tedavisi ise, kimi zaman vücuttaki dopamin üretimini artırarak, kimi zaman da dopamin reseptörlerine doğrudan bağlanan ilaçlar kullanarak hastadaki dopamin düzeylerini yükseltmeye dayanır. Ancak dopaminin beyinde çifte görev üstlenen bir kimyasal olduğu anlaşılmıştır. Motor komutlarda oynadığı rolün yanı sıra beynin ödül sistemlerinde de ana haberci rolünü üstlenerek kişiyi yiyecek, içecek ve eş gibi sağkalımda yarar sağlayabilecek şeylere yönlendirir. Ödül sisteminde oynadığı rol, dopamin dengesinin bozulması durumunda sistemin yanlış yöne sapmasıyla kumar, aşırı yeme, ilaç ve madde bağımlılığı gibi davranışların ortaya çıkmasına neden olur.[9]

Doktorlar artık bu tür davranışsal değişikliklere pramipeksol gibi dopamin ilaçlarının olası birer yan etkisi olarak dikkat etmekte ve gerekli uyarı da, ilaç kutusu üzerinde artık açık biçimde yer almaktadır. Hastada sözgelimi, bir kumar eğilimi filizlenmeye başladığında aile ve bakıcılara hastanın kredi kartlarını güvence altına almaları, çevrimiçi etkinlikleri ve bölgesel seyahatlerini dikkatle izlemeleri talimatı verilmektedir. Neyse ki, ilacın etkileri tersinir olduğundan, bu tür durumlarda doktorun ilacın dozunu düşürmesiyle zorlanımlı kumar davranışı da ortadan kalkar.

Alınacak ders bellidir: Beyin kimyasında gerçekleşen çok küçük değişimler, davranışta çok büyük değişimlerle sonuçlanabilir. Hastanın davranışı, biyolojisinden ayrı tutulamaz. İnsanların davranışlarıyla ilgili özgür seçimler yaptığına ("Kumar oynamıyorum çünkü güçlü bir iradeye sahibim" gibi) inanmayı yeğliyorsak da pedofil Alex, frontotemporal bölgesi hasarlı arakçılar ya da kumarbaz Parkinson hastaları gibi kişiler, bizi görüşlerimizi bir kez daha gözden geçirmeye ikna edebilir. Çünkü toplumsal olarak kabul edilebilir seçimleri yapmada belki de herkes aynı ölçüde "özgür" değildir.

## NEREDEN GELDİK, NEREYE GİDİYORUZ?

Çoğumuz bütün yetişkinlerin sağlıklı seçimler yapma konusunda aynı beceriye sahip olduğuna inanırız. Bu düşünce kulağa hoş gelse de yanlıştır. İnsan beyni, yalnızca genetik nedenlerle değil, yetişme ortamına da bağlı olarak birbirinden büyük farklılıklar gösterebilir ve gerek kimyasal gerek davranışsal birçok "hastalık yapıcı" ("patojen"), nasıl biri haline geldiğinizde etkili olabilir. Anne adayının hamilelik sırasında madde kullanımı, annelik stresi ve düşük doğum ağırlığı bunların arasında sayılabilir. Çocuk büyüdükçe ihmal, fiziksel taciz ve kafa hasarları da zihinsel gelişimde aksaklıklara neden olur. Yetişkinliğe ulaşan çocukta ise yine madde kullanımı ve çeşitli toksinlere maruz kalma durumu beyne zarar verip zekâ düzeyinde, saldırganlık davranışlarında ve karar verme becerilerinde değişikliklere neden olabilir.[10] Kurşun bazlı boyaların kullanımdan kaldırılmasına yönelik halk sağlığı hareketi, çok düşük düzeylerde kurşunun bile çocuklarda zekâ düzeyini düşüren, bazı durumlarda da daha dürtüsel ve saldırgan davranmalarına neden olan beyin hasarına yol açabileceğinin anlaşılması sonucu ortaya çıkmıştı. Ne olduğumuz, hangi yollardan geçtiğimize bağlıdır. Bu nedenle iş cezai ehliyet konusunu düşünmeye geldiğinde karşımıza çıkan ilk zorluk, insanların kendi gelişimsel yollarını kendilerinin seçmediği gerçeğidir.

Az sonra göreceğimiz gibi, bu anlayış suçluları aklamaya yetmese de, tartışmayı, insanların başlangıç noktalarının birbirinden çok farklı olduğunu tam anlamıyla kavrayarak sürdürmek önemlidir. Kendinizi bir suçlunun yerine koyup "*Ben* böyle yapmazdım" demek düşündüğünüz kadar kolay olmayabilir; çünkü siz de onun gibi anne rahminde kokaine, kurşun zehirlenmesine ya da fiziksel tacize maruz kalmadıysanız, durumunuz onunkiyle doğrudan karşılaştırılamaz. Beyinleriniz farklıdır; bu yüzden de kendinizi onun yerine koyamazsınız. Onun gibi olmanın neye benzediğini hayal etmek isteseniz de, bunda pek başarılı olamayacaksınızdır.

Nasıl biri olacağınızla ilgili ihtimaller bile çocukluğunuzdan çok öncesine, varoluş anınıza dayanır. İnsan davranışlarında genlerin önemli olmadığı görüşündeyseniz, şu inanılması güç gerçeği bir düşünün: Eğer belirli bir gen grubuna sahipseniz, bir şiddet suçu işlemeniz olasılığı *yüzde* sekiz yüz seksen iki oranında artar. ABD Adalet Bakanlığı'nın bu konudaki istatistiklerini, yan sayfada iki grup halinde verdim: bu özel gen grubunu taşıyanlar ve taşımayanlar tarafından işlenen suçlar.

**ABD'de Yılda İşlenen Şiddet Suçlarının Ortalama Sayısı**

| *Suç* | *Genleri Taşıyanlar* | *Genleri Taşımayanlar* |
|---|---|---|
| Ağır cezayı gerektiren saldırı | 3.419.000 | 435.000 |
| Adam öldürme | 14.196 | 1.468 |
| Silahlı soygun | 2.051.000 | 157.000 |
| Cinsel saldırı | 442.000 | 10.000 |

Özetle, bu genleri taşıyorsanız, ağır saldırı suçu işleme olasılığınız diğerlerine göre sekiz kat, cinayet işleme olasılığınız on kat, silahlı soygun yapma olasılığınız on üç kat ve cinsel saldırı suçu işleme olasılığınız da kırk dört kat fazladır.

İnsan popülasyonunun yarısı bu genlere sahipken diğer yarısının sahip olmaması, ilk grubu, diğeriyle kıyaslanmayacak ölçüde tehlikeli kılar. Mahkûmların endişe verici ölçüde büyük bir çoğunluğu, ölüm cezası alanlarınsa yüzde 98,4'ü bu genleri taşımaktadır. Geni taşıyanların farklı bir davranış türüne güçlü bir eğilim gösterdiği yeterince açıktır ve tek başına bu istatistikler bile, güdüler ve davranışlar bakımından herkesin masaya eşit koşullarda oturduğunu varsayamayacağımızı göstermektedir.

Bu genlere birazdan yeniden döneceğiz ama ondan önce konuyu, kitap boyunca karşımıza çıkan ana noktaya bağlamak istiyorum: Davranış teknemizi süren, kendimiz değiliz; en azından sandığımız ölçüde. *Kim olduğumuz*, bilinçli erişim yüzeyinin çok derinlerinde belirlenmiştir. Ayrıntılar zamanda geriye, doğumumuzdan öncesine, spermle yumurtanın birleştiği ana kadar gider. Bu birleşme bizi bazı özelliklerle donatmış, diğerlerini dışlamıştır. *Kim olacağımız* ise moleküler şablonlarımızla, yani asitlerden oluşan, gözle görülemeyecek kadar küçük, bir dizi yabancı kodla başlar; üstelik de biz daha sahneye bile çıkmadan. Bizler, aslında erişilmez mikroskopik tarihimizin birer ürünüyüzdür.

Bu arada, bu tehlikeli gen grubuna yeniden dönecek olursak, siz de olasılıkla adını duymuşsunuzdur. Topluca "Y kromozomu" olarak anılırlar. Ve eğer siz de bir taşıyıcıysanız, "erkek" olarak isimlendirilirsiniz.

* * *

"Gen mi, çevre mi" meselesine gelecek olursak, önemli olan şu ki, *ne biri ne de öbürü sizin seçimizdir*. Her birimiz genetik bir şablonla dünyaya gelir ve bizi biçimlendiren ilk yıllarda üzerinde hiç söz sahibi olmadığımız bir koşullar dünyasının içinde buluruz kendimizi. Genlerle çevrenin karmaşık etkileşimi, toplumdaki her bir kişinin farklı bakış açısına, farklı kişiliğe ve karar verme konusunda da farklı becerilere sahip olması sonucunu getirir beraberinde. Bunlar insanların özgür iradeyle yaptıkları *seçimler* değil, yalnızca oyunda önlerine düşen kartlardır.

Beynimizin oluşum ve yapısını etkileyen faktörleri kendimiz seçmediğimiz için, özgür irade ve kişisel sorumluluk kavramları da bu noktada bir yığın soru işaretine gebedir. Beyin tümörü kendi kabahati olmadığı halde Alex'in kötü *seçimler* yaptığını söylemek, ne ölçüde anlamlıdır? Frontotemporal demanslı ya da Parkinsonlu hastaların, uygunsuz davranışlarından dolayı *cezalandırılmaları* gerektiği düşüncesi haklı mıdır?

Eğer rahatsız edici (bütün suçluları aklayan) bir yöne doğru ilerlediğimizi düşünüyorsanız, lütfen okumaya devam edin, çünkü size yeni bir düşüncenin mantığını parça parça göstereceğim. Varacağım sonucu şimdiden söyleyecek olursam: Suçluları sokaktan toplamaya devam edeceğimiz, kanıta dayalı hukuk sistemimiz varlığını sürdürse de, ceza gerekçelerimiz ve rehabilitasyon koşullarımız değişebilir. Modern beyin bilimi sonuçlarını gözler önüne serdikçe, hukuk sisteminin onsuz nasıl işlemeye devam edebileceğini düşünmek zordur.

## ÖZGÜR İRADE SORUNU: YANIT O KADAR DA ÖNEMLİ OLMAYABİLİR

"Belirlenimciliğin hiçbir ölçüsünün, kendisini özgür bir canlı olduğu düşüncesinden vazgeçiremeyecek olması bile tek başına, insanı bir yaradılış şaheseri kılmaya yeterlidir."

–Georg C. Lichtenberg, *Aforizmalar*

20 Ağustos 1994'te Hawaii'nin Honolulu kentinde Tyke isimli fil, sirkte yüzlerce kişinin önünde numaralarını sergiliyordu. Bir noktada, nöral devrelerinde gizli kalmış bir nedenle Tyke'ın "ipleri koptu". Bakıcısı Dallas Beckwith'i yaraladıktan sonra terbiyecisi Allen Beckwith'i ezip geçti ve dehşete düşmüş izleyici kitlesinin gözleri önünde sirk alanının bariyerlerinden fırlayıp kaçarak Steve Hirano isimli siyasi strateji uzmanına saldırdı. Bu arada bütün bu kanlı olaylar, sirk ziyaretçilerinin video kameralarına kaydedilmekteydi. Tyke, daha sonra Kakaako bölgesi sokaklarında koşarak uzaklaştı. Hawaii polis memurları, izleyen otuz dakika boyunca fili kovalayarak ona toplamda seksen altı kez ateş ettiler. Tyke sonunda aldığı yaralarla düştü ve öldü.

Fil saldırılarıyla ilgili ender sayılamayacak bu tür hikâyelerin en tuhaf bölümleri de genellikle sonlarıdır. 1903'te Topsy adlı fil Coney Adası'nda üç bakıcısını öldürdükten sonra, kendisi de bir yeni teknoloji gösterisi eşliğinde Thomas Edison tarafından elektrikle öldürüldü. 1916'da ise Sparks World Famous Shows sirkinde gösteriye çıkan Mary adlı fil, bakıcısını Tennessee halkının gözleri önünde öldürdü. Kana susamış kalabalığın taleplerine kulak veren sirk sahibi, Mary'yi bir demiryolu vincine bağlı devasa bir iple astı. Mary, tarihte asıldığı bilinen ilk ve son fildi.

Söz konusu, dengesi bozulmuş bir fil olunca suçun kimde olduğu sorusunu elbette sormayız bile. Ne filleri savunmada uzmanlaşmış bir avukat, ne sürüncemede kalmış davalar, ne de hafifletici biyolojik unsurlarla ilgili tartışmalar vardır bu durumda. Önemli olan, işe doğrudan el koyup halk sağlığını korumak adına file ne yapılması gerekiyorsa onu yapmaktır. Tyke, Topsy ve Mary ne de olsa sadece birer hayvan; cüsseli birer "filsel zombi sistemler" topluluğundan ibaret canlılar olarak algılanmaktadırlar.

Buna karşılık iş insanlara gelince, adli sistem bizim özgür iradeye sahip olduğumuz varsayımı üzerinden işler ve bizler de algılandığı biçimiyle bu özgürlük temelinde yargılanırız. Ancak, nöral devrelerimizin, kalın derili kuzenlerimizinkiyle aynı algoritmaları çalıştırdığı gerçeğinden yola çıkarsak, insanlarla hayvanlar arasındaki bu ayrım akla uygun mudur? Beyinlerimiz, anatomik olarak aynı parçalardan oluşmuş, hatta bu parçalar onlarda da bizde de aynı isimleri almıştır: *korteks*, *hipotalamus*, *ağsı oluşum (retiküler formasyon)*, *forniks*, *septal* çekirdek, vs. Vücut planları ve ekolojik ortamlar bağlantı örüntüleri üzerinde bir miktar etki gösterse de beyinlerimiz, fil beynindeki kalıpların aynılarını taşır. Evrimsel bakış açısından, memeli beyinleri arasındaki farklar, yalnızca ufak tefek ayrıntılarda yatar. Öyleyse bu seçim özgürlüğü, insanların devrelerine nereden ve nasıl girmiş olabilir?

* * *

Hukuk sisteminin bakış açısıyla insanlar, eylemlerinde *usavurumdan yararlanan* birer varlıktır (*"practical reasoner"*). Nasıl davranacağımıza karar verirken bilinçli düşünür, kendi kararlarımızı kendimiz veririz. Bu nedenle hukuk sisteminin işleyişi içinde davacı yalnızca suç içeren bir eylemi işaret etmekle kalmayıp suçlu bir zihne de kanıt sunmalıdır.[11] Ve zihni, vücudu denetlemekten alıkoyacak herhangi bir etken olmadığı sürece de, söz konusu kişi, davranışlarından bütünüyle sorumludur. Bu bakış açısı hem sezgisel hem de –kitapta şimdiye kadar gördüklerimiz ışığında– ciddi biçimde sorunlu olduğu gibi, biyolojiyle hukuk arasında süregiden gerginliğin de kaynağıdır. Kim olduğumuz, ne de olsa geniş ve çapraşık biyolojik ağlarla belirlenmiştir; masaya, dünyayı içine almaya hazır ve ucu açık kararlara varmakta özgür birer boş levha olarak oturmayız. Hatta, bilinçli *siz*'in (genetik *siz* ve nöral *siz*'e karşılık) herhangi bir karara gerçekte ne ölçüde imza attığınız bile açık değildir.

Böylece meselenin düğüm noktasına ulaşmış bulunuyoruz. Ortalıkta bir seçimin söz konusu olup olmadığını bile söylemek zorken, insanları farklı davranışları için ne ölçüde ve nasıl suçlu sayabiliriz?

Yoksa tüm bunlara rağmen insanlar davranışlarıyla ilgili seçim şansına sahip midir? Sizi oluşturan bunca düzenek ve çarkın karşısında, kararlarınıza yön veren, size hiç durmadan yapılması gerekenleri fısıldayan, biyolojinizden bağımsız belli belirsiz bir içsel ses duyar mısınız yoksa? Ve bu da özgür irade dediğimiz şey değil midir?

* * *

İnsan davranışlarında özgür iradenin yeri, eski ve hararetli bir tartışmanın konusudur. Özgür iradeden yana olanlar, savlarını genellikle dolaysız kişisel deneyimlerine ("Az önce parmağımı kaldırma kararını verdiğimi *hissediyorum*) dayandıracaktır ki, göreceğimiz gibi bu da yanıltıcı olabilir. Kararlarımız birer özgür seçim ürünü gibi göründükleri halde, durumun gerçekten de böyle olduğunu gösteren sağlam kanıtlara sahip değiliz.

Bir hareket kararını gözden geçirelim. Dilinizi çıkarmanızı, yüzünüzü buruşturmanızı ya da birine kötü sözler söylemenizi sağlayan şey, özgür iradeymiş gibi gelir size. Ama bu eylemlerin hiçbiri için özgür iradenin devreye girmesi *gerekmez*. İstemsiz hareketler ve yine istemsiz olarak çıkarılan seslerle kendini belli eden Tourette sendromunu ele alalım. Tourette sendromlu bir kişi dilini çıkarıp, yüzünü buruşturup birine kötü sözler söyleyebilir; üstelik bunların hiçbiri onun *seçimi* değildir. Sendromun sık görülen belirtilerinden biri, kişinin ağzından küfür ya da ırkçı hakaretler gibi toplumsal olarak kabul edilemeyecek sözcük ya da ifadelerin kaçtığı talihsiz bir davranış biçimiyle kendini belli eden "koprolali"dir. Hastaların talihsizliği, ağızlarından çıkan sözcüklerin, genellikle o durumda söylemek isteyebilecekleri son şey olmasıdır; çünkü koprolaliyi tetikleyen durum, ağızdan çıkan sözü normalde yasak kılacak bir kişiyi ya da şeyi görmeleridir. Sözgelimi, obez bir insan görmek, Tourette sendromlu kişiyi "Şişko!" diye bağırmaya zorlayabilir. Düşüncenin yasaklanmışlığı, onu bağırarak dile getirme zorunluluğunu doğuran niteliğin ta kendisidir.

Tourette sendromuna özgü motor tikler ve uygunsuz ifadeler, özgür irade olarak adlandırdığımız süreçle üretilmemektedir. Dolayısıyla bir Tourette hastasından öğreneceğimiz iki şey vardır.

Birincisi, incelikli ve karmaşık edimler, özgür iradenin dışında da gerçekleşebilir. Bunun anlamı, kendimiz ya da bir başkasında karmaşık bir hareketi gözlemekle, bunun ardında özgür iradenin yattığı sonucuna varamayacağımızdır. İkincisi, Tourette hastasının, yaptığı şeyi *yapmama*; beyninin başka bölümlerinin verdiği kararı özgür iradeyle bastırma veya geçersiz kılma şansı yoktur. Bu insanların *yapmama* özgürlüğü yoktur. Özgür iradenin ve *yapmama özgürlüğünün* yokluğunda eksikliği duyulan şey, "özgürlük"tür. Tourette sendromu, zombi sistemlerin çeşitli kararlar verdiği ve hepimizin, ilgili kişinin yaptıklarından sorumlu olmadığı yönünde fikir birliğine vardığımız bir olguyu temsil eder.

Karar verme özgürlüğünün olmaması, Tourette sendromuyla sınırlı değildir. Aynı duruma, istemli gibi *göründüğü* halde aslında istemsiz olan el, kol, bacak ve yüz hareketlerinin gözlendiği "psikojen" bozukluklarda da tanık oluruz. Bu durumdaki bir hastaya parmaklarını neden yukarı aşağı hareket ettirdiğini sorduğunuzda, size eli üzerinde herhangi bir kontrolü olmadığını söyleyecektir. Bunu *yapmamasına* olanak yoktur çünkü. Yine bir önceki bölümde gördüğümüz gibi, bölünmüş beyin hastaları sıklıkla yabancı el sendromuna yakalanabilirler: Bir el gömleğin düğmelerini iliklerken diğeri de bir yandan düğmeleri çözmeye uğraşmaktadır. Ellerden biri bir kaleme uzanır, diğeri kaleme vurarak düşürür. Hasta ne kadar uğraşırsa uğraşsın, yabancı olan elinin yapmakta olduğu şeyi yapmamasını sağlayamaz. Harekete başlama ya da hareketi sonlandırma yönünde verilecek özgürce kararlar, "kendisine" ait değildir.

Bilinçsiz davranışlar, kasıtsız bağırma ya da asi el hareketleriyle sınırlı olmayıp son derece ayrıntılı bir yapılanma gösterebilir. Eşi ve beş aylık kızıyla yaşayan ve eşinin ailesiyle oldukça yakın bir ilişki kurmuş olan 23 yaşındaki Torontolu Kenneth Parks örneğinden gidelim. Maddi sorunların yanı sıra evlilik sorunları ve üstüne bir de kumar bağımlılığı olan Kenneth, sıkıntılarını açmak amacıyla eşinin anne ve babasını ziyaret etmeye karar vermişti. Onu "yumuşak başlı bir dev" olarak tanımlayan kayınvalidesi, bu ziyareti dört gözle beklemekteydi. Kenneth, 23 Mayıs 1987 sabahının ilk saatlerinde uyanmaksızın yataktan kalktı. Uyurgezer halde arabasına bindi ve yirmi kilometrelik yolu kat ettikten sonra evin içine dalarak önce kayınvalidesini bıçaklayarak öldürdü, ardından kayınpederine saldırdı (kayınpederi hayatta kalmayı başardı). Arabasını daha sonra polis karakoluna sürdü ve oraya vardığında da şu sözler döküldü ağzından: "Galiba birilerini öldürdüm. ... Ellerim ....". Ellerinin ciddi biçimde kesilmiş olduğunu daha yeni anlamıştı. Hastaneye götürüldü ve el tendonlarından ameliyat oldu.

İzleyen bir yıl boyunca Kenneth'in mahkeme karşısında verdiği ifadeler, ifadesini saptırmak için yapılan bazı girişimlerin karşısında bile şaşılası ölçüde tutarlıydı: Olay hakkında hiçbir şey hatırlamıyordu. Dahası, bütün taraflar, cinayeti işleyen kişinin kuşkuya yer bırakmayacak biçimde Kenneth olduğu konusunda ne kadar hemfikirlerse, onun bu cinayeti işlemek için herhangi bir nedeni olmadığı konusunda da aynı derecede hemfikirlerdi. Savunma avukatları ise, bunun uyurgezerlik sırasında işlenen bir adam öldürme vakası olduğunda ısrar etmekteydiler.[12]

1988'de gerçekleşen duruşmada psikiyatrist Ronald Billings, bilirkişi olarak bazı soruları yanıtladı:

> SORU: Kişinin uyanıkken bir plan kurup bunu uyurken gerçekleştirmeyi bir şekilde garanti altına alabileceğini gösteren herhangi bir kanıt var mıdır?
> YANIT: Hayır, kesinlikle yoktur. Uyku sırasında zihinde olup bitenlere ilişkin bildiklerimiz kapsamında belki de en çarpıcı gerçek, uyku sırasındaki zihinsel etkinliklerin, amaçları vb. açısından uyanıklık sırasındaki etkinliklerden son derece bağımsız oluşudur. Uykuda, zihnimizi yönlendirmede, uyanıklıkla kıyaslandığında çok daha büyük bir denetim sorunu yaşarız. Uyanıklıkta, gönüllü olarak birtakım planlar yaparız. İrade dediğimiz şey de budur: Şu eylemi değil de bu eylemi yapmaya karar veririz. Bunun uyurgezerlikte de gerçekleştiğine ilişkin herhangi bir kanıt yoktur. ...
> SORU: Davalının o sırada uyurgezer durumda olduğunu varsayarsak, herhangi bir şeye niyetlenmiş olması mümkün müdür?
> YANIT: Hayır.
> SORU: Yaptığı şeyi değerlendirmiş olması mümkün müdür?
> YANIT: Hayır, değildir.
> SORU: Yaptığı şeyin sonuçlarını kavramış olması mümkün müdür?

YANIT: Hayır, bence değildir. Tüm bunların, toplamda bilinçdışı bir eylem olacağını düşünüyorum. Kontrolsüz ve önceden düşünülmemiş...

Uyurgezerliğin bu yönü, mahkemeler için baş etmesi zor bir mesele haline gelmiştir; çünkü toplumun tepkisi "Sahtekâr!" diye bağırmak yönündeyken, beyin aslında uyku sırasında gerçekten de farklı bir fazda çalışmakta ve uyurgezerliğin de doğrulanabilir bir olgu olduğu kabul edilmektedir. "Parasomnia" adı verilen uyku bozukluklarında, beynin devasa ağları uykuyla uyanıklık arasında her zaman düzgün geçişler yapamadığından arada takılıp kalabilir. Sinirsel iletici sistemleri, hormonlar ve elektriksel etkinlikte de örüntü değişimlerinin yaşandığı bu geçişlerin gerektirdiği muazzam boyuttaki nöral eşgüdüm düşünüldüğünde, parasomnia vakalarının bu kadarla kalması şaşırtıcıdır.

Normalde beyin yavaş-dalga uykusundan hafif uykuya, oradan da uyanıklığa geçiş yapar. Kenneth'e uygulanan elektroensefalogram (EEG) ise beyninin doğrudan derin uykudan uyanıklığa geçmeye çalıştığı bir sorunu ortaya çıkardı. Üstelik bu tehlikeli geçiş gecede on ila yirmi kez yineleniyordu. Uykudaki normal bir beyinde, bu tür bir geçiş gecede bir kez bile görülmez. Kenneth EEG sonuçlarını kendisi uyduramayacağı için, bulgular, onda gerçekten de bir uyurgezerlik sorunu olduğu ve bu sorunun, edimlerini istemsiz kılacak kadar da ciddi boyutta olduğu konusunda jüriyi ikna ederek son noktayı koymuş oldu. 25 Mayıs 1988'de Kenneth Parks davasının jürisi, onu kayınvalidesini öldürme, ardından da kayınpederini öldürmeye teşebbüs suçundan beraat ettirdi.[13]

Tourette sendromlular, psikojen bozukluk vakaları ve ayrık beyin hastaları gibi Kenneth'in öyküsü de, üst düzey davranışların özgür iradenin yokluğunda bile ortaya çıkabildiğini gösterir. Tıpkı kalp atımlarınız, göz kırpmanız ve yutkunmanız gibi zihinsel mekanizmalarınız da otomatik pilotla idare edilebilir.

Asıl soru, *bütün* eylemlerinizin mi otomatik pilot üzerinden yürütüldüğü ve içinizde biyolojinin kurallarından bağımsız olarak seçme "özgürlüğü" bulunan küçücük bir parça olsun barındırıp barındırmadığınızdır. Bu soru hem felsefecilerin hem de biliminsanlarının vazgeçilmez tartışma konusu olagelmiştir. Söyleyebildiğimiz kadarıyla, beyindeki bütün etkinlikler, son derece karmaşık ve her şeyin birbirine bağlandığı dev bir ağ yapısı içinde, yine beyindeki başka etkinliklerce yönlendirilir. Bu ister iyi bir şey olsun, ister kötü bir şey, sonuçta nöral etkinliğin *kendisinden başka* hiçbir şeye yer bırakmaz, yani makine içinde bir hayalete hiç yer yoktur. Aynı şeye tersi yönden bakarsak, eğer özgür iradenin, vücudun eylemleri üzerinde herhangi bir etkisi olacaksa, bunu sürmekte olan beyin etkinliklerini etkileyerek gerçekleştirmek zorundadır ki, bunun için de en azından bazı nöronlara fiziksel olarak bağlanmış olması gerekir. Ancak beyinde, kendisi de ağın başka bölümlerince yönlendirilmeyen bir nokta göremiyoruz. Aksine, beynin her bir parçası diğer beyin parçalarına sıkı biçimde bağlı olup onlar tarafından yönlendirilmektedir. Bu durum ise, hiçbir parçanın bağımsız, dolayısıyla da "özgür" olmadığına işaret eder.

Öyleyse, düzenekte başka parçalarla kurduğu nedensel ilişkiyi izlemeyen herhangi bir parça bulamamış olmamızdan hareketle, şimdiki bilim anlayışımız kapsamında, özgür iradeyi (kendisi nedensiz olan nedeni) araya sıkıştıracak fiziksel boşluğu da bir türlü bulamıyoruz. Bu noktada söylediğimiz her şey, elbette tarihin şu anında bildiklerimize dayalı olup, bundan bin yıl sonra büyük olasılıkla kaba ve eksik görünecektir. Ama yine de, hiç kimse fiziksel olmayan varlık (özgür irade) ile fiziksel varlığın (beyin maddesi) etkileşimi problemini doğru biçimde çözmenin yolunu henüz bulabilmiş değildir.

Ama diyelim ki, bütün biyolojik soru işaretlerine rağmen özgür iradeye sahip olduğunuz yönünde çok güçlü sezgileriniz var. Nörobilimin, özgür iradenin varlığını *test etmesinin* bir yolu olabilir mi?

1960'lı yıllarda Benjamin Libet adlı biliminsanı, deney katılımcılarının kafalarına elektrotlar yerleştirerek onlardan çok basit bir şey yapmalarını istedi: kendi belirledikleri bir anda parmaklarını kaldırmak. Gönüllüler, bu arada yüksek çözünürlüklü bir zamanlayıcıya bakacak ve hareketi yapmak için "güçlü bir dürtü duydukları" anı tam olarak not edeceklerdi.

Libet katılımcıların hareket etme dürtüsünün farkına vardıkları anın, hareketin kendisine çeyrek saniye kala olduğunu keşfetti. Ama asıl şaşırtıcı olan bu değildi. EEG kayıtlarını (yani beyin dalgalarını) inceleyen araştırmacı, daha da ilginç bir şey buldu: Katılımcıların beyinlerindeki etkinlik artışı, hareket etme isteğini duymalarından önce ortaya çıkıyordu. Ve öyle çok kısa bir süre değil, bir saniyeyi de aşan bir süre öncesinden başlıyordu bu artış. (Aşağıdaki şekle bakınız.) Bir başka deyişle, kişi, hareket isteğini bilinçli biçimde duymadan epeyce önce, bazı beyin parçaları karar vermeye başlamış oluyordu bile.[14] Bilinçle ilgili olarak yaptığımız gazete benzetmesine dönersek, biz az önce parmağımızı kaldırmak gibi büyük bir karara vardığımızın haberini bile almadan, beyinlerimiz sahne gerisinde tıkır tıkır işlemeye, –nöronlar arası koalisyonlar kurmaya, eylemleri planlamaya, bu eylemleri oylamaya sunmaya– çoktan başlamıştır.

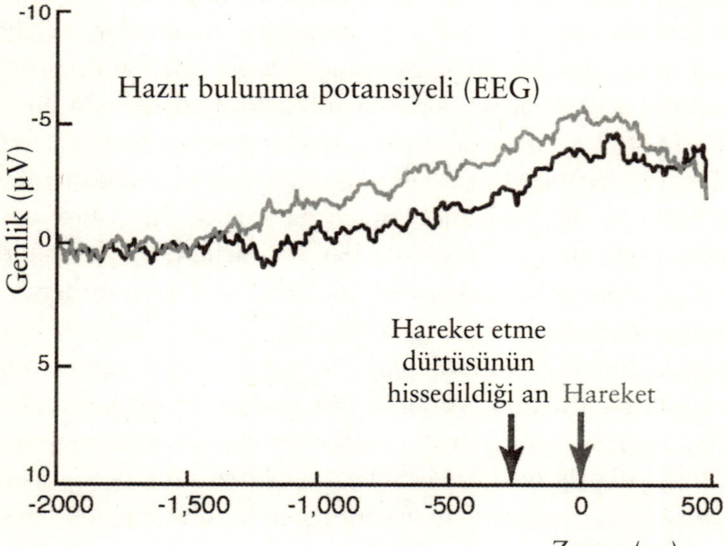


"Hareket etme dürtüsünü hissettiğiniz anda parmağınızı hareket ettirin." Sinirsel etkinlik yoğunlaşması, istemli hareketin kendisinin gerçekleşmesinden uzun süre önce ölçülebilir olmaya başlar. Denekler hissettikleri dürtünün ânını değerlendirdiklerinde, "hazır bulunma potansiyeli" (gri çizgi) hareketin kendisiyle ortaya çıkandan (siyah çizgi) daha güçlüdür. Eagleman, *Science*'tan (2004); Sirigu ve ark. *Nature Neuroscience*'tan (2004) uyarlanmıştır.

Libet'in deneyi epeyce ses getirdi.[15] Bilinçli zihnin, bu komuta zincirinde bilgiyi son alan halka olması gerçekten mümkün müydü? Bu deney, özgür iradenin tabutuna çiviyi tartışmasız biçimde çakmış mı oluyordu? Libet'in kendisi bile, deneylerinin işaret ettiği bu olasılıklar karşısında endişelenmiş ve sonunda özgürlük dediğimiz şeyi bir tür *veto* gücü olarak elimizde tutuyor olabileceğimizi öne sürmüştü. Bir başka ifadeyle, parmağımızı oynatma isteği duyuşumuzu kontrol edemesek de, bu hareketi durdurmak için küçücük bir zaman penceresine hâlâ sahip olabilirdik. Böyle olması özgür iradeyi kurtarabilecek miydi peki? Söylemesi zor. Veto hakkı özgürce seçilebilecek bir şey gibi görünmesine karşın, bunun da bilinçten gizlenmiş, sahne arkasındaki etkinliğin bir sonucu olmadığını düşündürecek herhangi bir kanıt yoktur elimizde.

Özgür irade kavramını kurtarmak için başka görüşler de öne sürülmüştür. Sözgelimi, klasik fizik, belirlenimciliğe (determinizm) tam tamına uyan ("her şey, öngörülebilir biçimde bir öncekini izler") bir evren tanımlarken, atomik ölçekleri betimleyen kuantum fiziği de öngörülemezlik ve belirsizliği evrenin özünde var olan birer nitelik olarak tanıtır. Kuantum fiziğinin babaları, bu yeni bilimin özgür iradeyi kurtarıp kurtaramayacağını merak ediyorlardı. Ancak ne yazık ki kurtaramaz. Olasılığa dayalı, öngörülemez bir sistemin yetersizlik bakımından belirlenimci bir sistemden geri kalır yanı yoktur çünkü her iki durumda da seçenek söz konusu değildir. Geçerli olan ister yazı-tura, ister bilardo topları olsun, ikisi de özgürlüğe, bizim olmasını istediğimiz anlamda karşılık gelmeyecektir.

Özgür irade kavramını kurtarmaya çalışan başka düşünürler de kaos kuramından medet ummuşlar ve beynin sahip olduğu bu karmaşıklık karşısında, bir sonraki adımını belirlemenin pratikte bir yolu olmadığını savunmuşlardır. Bu görüş kesinlikle doğru olsa da, özgür irade sorununa anlamlı bir yaklaşım getirmemektedir çünkü kaos kuramınca ele alınan sistemler yine belirlenimcidir; yani atılan bir adım, kaçınılmaz olarak ikincisine yol açacaktır. Kaotik sistemlerin nereye gittiğini öngörmek çok zordur ama sistemin aldığı her durum, bir öncekine nedensel olarak bağlıdır. Öngörülemez bir sistemle özgür bir sistem arasındaki ayrımı vurgulamak da önemlidir bu noktada. Pinpon toplarından oluşan bir piramidin çökmesi durumunda, sistemin karmaşıklığı topların izleyeceği yolları ve konumlarını öngörmeyi olanaksız kılar ama yine de her top hareketle ilgili belirlenimci kurallara uymaktadır. Nereye gittiklerini bilemiyor olmamız, bu toplar toplamının "özgür" olduğu anlamına gelmez.

Öyleyse özgür iradeyle ilgili bütün umutlarımız ve sezgilerimize rağmen, varlığını kesin biçimde ortaya koyacak bir savdan şu anda yoksun olduğumuz gerçeğini kabul etmemiz gerekir.

* * *

Özgür irade sorunu, iş suçluluk meselesine gelince bir hayli önem taşır. Bir suçlu, yeni işlediği bir suçtan dolayı yargı önüne çıktığında, hukuk sistemi, onun bu suçtan ne ölçüde *sorumlu* olduğunu bilmek ister. Suçun sorumluluğunun temelde onun üzerinde olup olmadığı, ne de olsa nasıl cezalandırılacağını belirleyecektir. Çocuğunuz boya kalemiyle duvara yazdığında onu cezalandırabilirsiniz, ama aynı şeyi bir uyurgezerlik anında yapmışsa cezalandırmazsınız. İyi de neden? İki durumda da aynı beyne sahip aynı çocuk değil midir söz konusu olan? Fark, aslında sizin özgür iradeyle ilgili sezgilerinizde yatar. Birinci durumda çocuğunuz özgür iradeye sahiptir, ikincisinde değildir. Birincisinde yaramazlığı seçmişken ikincisinde yalnızca bilinçsiz bir makinedir; siz de birincisinde onu kusurlu bulurken, diğerinde bulmazsınız.

Hukuk sistemi de paylaşır bu sezginizi: Davranışlardan sorumlu olmak, istemli kontrol ölçüsünde geçerlidir. Kenneth Parks kayınvalidesini öldürdüğünde uyanıksa idam edilir; uykudaysa beraat eder. Benzer şekilde, birinin yüzüne vurursanız, mahkeme bunun bir saldırganlık eylemi mi olduğu, yoksa sizin hemiballismus (kol ve bacakların şiddetle sağa sola savrulduğu bir bozukluk) kurbanı mı olduğunuzu bilmek isteyecektir. Kamyonunuzla yol kenarındaki bir meyve tezgâhına daldığınızda ise kamyonu deli gibi mi sürdüğünüz yoksa o sırada bir kalp krizi mi geçirmiş olduğunuz önem taşıyacaktır. Bu ayrımların hepsi de, özgür iradeye sahip olduğumuz varsayımı çevresinde dönmektedir.

Peki sahip miyiz, yoksa değil miyiz? Bilim "evet" demenin yolunu henüz bulamamış olsa da sezgilerimiz "hayır" demekte epeyce zorlanmaktadır. Yüzyıllar süren tartışmaların sonucunda özgür irade hâlâ açık, geçerli ve önemli bir bilimsel problem olmaya devam etmektedir.

Ben de diyorum ki, *özgür irade sorusunun cevabı o kadar da önemli değildir*; en azından toplumsal politikalar açısından. Şöyle açıklayayım: Hukuk sisteminde *otomatizm* adı verilen bir savunma türü vardır. Bu savunma, kişi bir davranışı "otomatize" halde gerçekleştirdiğinde öne sürülür; diyelim ki, bir araç sürücüsünün, sara krizi nedeniyle arabasını kalabalığın içine sürmesi durumunda. Eğer avukat, eylemin gerçekleşme nedeninin müvekkilinin kontrol edemediği bir biyolojik süreç olduğunu iddia ederse, otomatizm savunmasını kullanmış demektir. Sonuçta, ortada bir suç eylemi varsa da, eylemin ardında herhangi bir *seçim* yoktur.

Ama biraz duralım. Şu ana kadar gördüklerimiz ışığında, bu tür biyolojik süreçler beynimizde olup bitenlerin çoğunu, kimilerine göre de tümünü tanımlamıyor muydu? Genetiğin, çocukluk deneyimlerinin, çevresel toksinlerin, hormonların, sinirsel ileticilerin ve nöral devrelerin topluca oluşturduğu yönlendirici gücü düşündüğümüzde, kararlarımızın, olan bitenden sorumlu olmadığımızı iddia etmemize elverecek ölçüde denetimimiz dışında kaldığını söyleyebiliriz. Bir başka deyişle özgür irade *var olsa bile*, kendini gösterecek çok az alana sahiptir. Bu nedenle ben de *yeterli düzeyde otomatizm ilkesi* adını verdiğim ilkeyi öne sürmekteyim. Bu ilke, eğer varsa özgür iradenin, otomatize olmuş devasa bir düzeneğin tepesinde yer alan küçük bir parçadan ibaret olduğu anlayışından doğal biçimde ortaya çıkar. Bu parça öylesine küçüktür ki, kötü kararlar verme sürecini şeker ya da akciğer hastalığı gibi başka herhangi bir fiziksel süreci ele aldığımız gibi alabiliriz.[16] İlke, bize özgür iradenin varlığı sorusunun basitçe hiçbir önem taşımadığını söyler. Varlığı bundan yüz yıl sonra kesin biçimde kanıtlansa da, insan davranışlarının büyük ölçüde iradenin görünmez elinden bağımsız biçimde ortaya çıktığı gerçeğini değiştirmeyecektir.

Başka şekilde ifade edecek olursak Charles Whitman, aniden pedofile dönüşen Alex, frontotemporal arakçılar, kumarbaz Parkinson hastaları ve Kenneth Parks, eylemlerin, eylemcilerin biyolojisinden ayrı tutulamayacağı gerçeğinin birer örneğidirler. Özgür irade, sezgilerimizin bize söylediği kadar basit bir olgu değildir; bu konuda yaşadığımız kafa karışıklığı ise, onu cezai kararlar alırken bir temel olarak anlamlı biçimde kullanamayacağımıza işaret eder.

İngiltere'nin Lordlar kamarası hukuk birimi kıdemlisi Lord Bingham, bu sorunla ilgili görüşlerini şöyle dile getirmişti:

> Hukuk, geçmişte yaklaşımını sınırları kabaca çizilmiş "işleyen varsayımlar" üzerine kurma eğilimine girmiştir: Zihinsel kapasitesi yeterli olan yetişkinler, davranışlarını nasıl yönlendireceklerinin seçiminde özgürdür; bu kişilerin akla ve kendi çıkarlarına en uygun biçimde davrandıkları varsayılır; eylemleriyle doğacak sonuçlarla ilgili olarak, onların konumlarında olan bütün aklı başında insanlarda normalde olması beklenen bir öngörüye sahip olduklarına inanılır; genelde, söyledikleri şeyleri gerçekten de kastettikleri düşünülür. Bu tür varsayımların, alışılagelmiş vakalar aralığında kullanılmasının yarar ya da zararları ne olursa olsun, insan davranışlarıyla ilgili olarak tek ve kapsayıcı bir rehber oluşturmadıkları ortadadır.[17]

Bu görüşün kalbine inmeden önce, biyolojik açıklamaların, suçluları sorumluluktan kurtarıyor olması endişesini bir süreliğine kenara bırakalım. Suçluları yine de cezalandırmaya devam edecek miyiz? Evet. Bütün suçluları aklamak, gelişkin bir anlayışın ne geleceği, ne de bir hedefidir. *Açıklama, aklamaya eşit değildir.* Toplumlar, kötüleri sokaklardan çekip almaya her zaman ihtiyaç duyacaktır. Biz de ceza uygulamasını terk etmeyecek, ama onun yöntemlerini düzeltip geliştirmeye çalışacağız. Birazdan göreceğimiz gibi.

## SUÇLAMADAN BİYOLOJİYE GEÇİŞ

Beyin ve davranışlarla ilgili çalışmalar, şu sıralarda kavramsal bir değişimin tam ortasında yer almaktadır. Klinisyenler ve avukatlar geçmişte nörolojik bozukluklar ("beyinsel sorunlar") ile psikiyatrik bozukluklar ("zihinsel sorunlar") arasındaki sezgisel ayrım konusunda fikir birliğine varmışlardı.[18] Bir yüzyıl öncesine kadar psikiyatrik hastalara uygulanan baskın yöntem, onları yoksun bırakıp yalvartarak ya da işkenceyle "güçlendirmekten" geçiyordu.. Aynı yaklaşım, birçok başka bozukluk için de geçerliydi. Sözgelimi, bundan birkaç yüzyıl önce sara hastaları sıklıkla aşağılanırdı, çünkü geçirdikleri nöbetlere şeytanın işi, belki de daha önceki davranışları için aldıkları dolaysız bir ceza gözüyle bakılırdı.[19] Bu yaklaşımın başarısızlığının ortaya çıkması, elbette şaşırtıcı değildir. Çünkü ne de olsa, psikiyatrik bozukluklar, beyin patolojisinin daha kurnaz ve incelikli birer ürünü olmakla birlikte, sonuçta beynin biyolojik ayrıntıları üzerine kuruludurlar. Tıp camiası, bu gerçeği terminoloji değişimiyle doğrulamakta ve zihinsel bozuklukları, artık *organik bozukluklar* etiketi altında ele almaktadır. Bu terim, söz konusu zihinsel sorunun gerçekten de salt "ruhsal" bir temelden çok, fiziksel (organik) bir temele oturduğuna işaret eder. Birincisi, beyinle kurulacak herhangi bir ilişkiyi yadsımaktadır ki, günümüzde pek bir şey ifade etmeyen bir kavramdır bu.

Suçlamadan biyolojiye yapılan geçişin açıklaması ne olabilir? Bu konudaki en büyük itici güç, belki de ilaç tedavilerinin etkililiği olmuştur. Hastayı ne kadar döverseniz dövün, depresyonu bertaraf edemezsiniz, ama fluoksetin içeren küçücük bir hap çoğunlukla işinizi görecektir. Şizofreni belirtileri şeytan çıkarma ayiniyle yok olmaz ama risperidon adlı ilaçla denetim altına alınabilir. Maniler ikna ya da sürgüne değil, lityuma yanıt verir. Çoğu geçtiğimiz altmış yıl içinde kaydedilen bu başarılar, bazı bozuklukların beyne, bazılarının da betimlenemez nitelikteki bir ruhsal âleme atfedilmesinin anlamlı bir yaklaşım olmadığı görüşünün altını çizmektedir. Zihinsel sorunlara, artık kırık bir bacağa yaklaşıldığı gibi yaklaşılmaya başlanmıştır. Nörobilimci Robert Sapolsky, bizi bu kavramsal dönüşümü birkaç soru eşliğinde düşünmeye davet ediyor:

> Artık normal biçimde yaşamasına izin vermeyecek ölçüde derin bir depresyona girmiş bir yakınınız, biyokimyasal temeli, diyelim ki şeker hastalığınınki kadar "gerçek" olan bir hastalığın mı kurbanıdır, yoksa yalnızca kendini yiyip bitirmekte midir? Okulda sürekli başarısız olan bir çocuğun bu başarısızlığının nedeni, motivasyonsuz ve yavaş olması mıdır, yoksa nörobiyolojik temelli bir öğrenme bozukluğu mu? Madde istismarı ciddi boyutlara varan dostunuz, basit bir disiplinsizlik örneği mi sergilemekte, yoksa ödül mekanizmasının nörokimyasıyla ilgili sorunlar mı yaşamaktadır?[20]

Beynin devre bağlantılarıyla ilgili daha fazlasını keşfettikçe, bu soruların yanıtları da keyfine düşkünlük, motivasyonsuzluk ve disiplinsizlik suçlamalarından giderek uzaklaşacak ve biyolojinin ayrıntılarına giderek daha fazla yönelecektir. Suçlamadan bilime yapılan geçiş, algı ve davranışlarımızın, ayrık beyin hastaları, frontotemporal demans kurbanları ve Parkinson kumarbazlarında görüldüğü gibi kolaylıkla altüst olabilen erişilmez alt programlarca denetlendiği yönündeki yeni anlayışımızı yansıtmaktadır. Ama burada gizlenmiş duran önemli bir nokta vardır. Suçlama eğiliminden uzaklaşmamız, altta yatan biyolojiyi tümüyle kavradığımız anlamına gelmez.

Beyin ve davranışlar arasında güçlü bir ilişkinin varlığını bilmemize karşın, sinir sistemini görüntüleme teknikleri, özellikle de birey temelinde olmak üzere suçluluk ya da masumiyet değerlendirmelerine henüz anlamlı bir vurgu yapamayan, kaba bir teknoloji olarak kalmaktadır. Görüntüleme yöntemleri genellikle yüksek düzeyde işlemlerden geçen ve beyin dokusunun onlarca milimetre küpünü kaplayan kan akımı sinyallerinden yararlanır. Bir milimetre küplük beyin dokusunda, yüz milyon kadar nöronlar arası sinaptik bağlantı vardır. Bu nedenle modern sinir sistemi görüntüleme tekniklerinden yararlanmanın, uzay aracındaki bir astronota pencereden bakıp Amerika'nın ne durumda olduğunu değerlendirmesini istemekle eşdeğer tutulabileceğini söylemek yersiz olmayacaktır. Astronot büyük orman yangınlarını ya da Rainier Dağı'ndan volkanik etkinlik sonucu tüten bir gaz bulutunu ya da New Orleans'ta yıkılan bir seddin yol açtığı hasarı seçebilir ama geniş çaplı ekonomik krizin nedeninin, borsanın çöküşü mü olduğunu, ayaklanmanın ırkçılığa bağlı gerilimden mi kaynaklandığını ya da grip salgınının nüfusu esir alıp almadığını bulunduğu noktadan anlamasına olanak yoktur. Astronot, bu ayrıntıları algılamasını sağlayacak çözünürlükte aygıtlara nasıl sahip değilse, günümüz nörobilimcisi de beyin sağlığı ile ilgili ayrıntılı değerlendirme yapmasını sağlayacak çözünürlükte aygıtlara sahip değildir. Ne mikrodevrelerin ayrıntıları ne de milisaniye ölçekli elektriksel ve kimyasal sinyaller okyanusunda işleyen algoritmalarla ilgili bir şey söyleyebilecektir size.

Örnek verirsek, Angela Scarpa ve Adrian Raine adlı psikologlarca yapılan bir çalışmada, hüküm giymiş katiller ile kontrol grubu arasında beyin etkinlikleri bakımından ölçülebilir farkların olduğu anlaşılsa da, farklar belirginlikten uzaktı ve yalnızca grup ölçeğinde ortaya çıkıyordu. Bu nedenle, bu tür verilerin tek bir kişi için tanıya yönelik bir yararı olduğu söylenemez. Aynı şey, psikopatlarla yapılan sinir sistemi görüntüleme çalışmaları için de geçerlidir: Beyin anatomisindeki ölçülebilir farklılıklar, yalnızca grup düzeyinde geçerli olup, bireysel tanı açısından yararsızdırlar.[21]

Bu da bizi tuhaf bir durumla karşı karşıya bırakmaktadır.

## SUÇ ÇİZGİSİ: SORUMLU TUTULABİLİRLİK SORUSU, NEDEN ÖZÜNDE YANLIŞTIR?

Dünyanın dört bir yanındaki mahkeme salonlarında karşılaşılabilecek türden, genel bir senaryoyu ele alalım: Adam bir suç işler, adli yetkililer herhangi bir bariz nörolojik sorun tespit edemez, adam hapse atılır ya da ölüm cezası alır. Ama adamın nörobiyolojisinde farklı olan *bir şey* vardır. Eylemin altında yatan neden bir genetik mutasyon; izlenemeyecek ölçüde küçük bir kanama ya da tümörden kaynaklanan küçük çapta bir beyin hasarı; sinirsel iletici ve hormon düzeylerindeki bir dengesizlik ya da bunların herhangi bir bileşimi olabilir. Bu sorunlardan herhangi biri ya da hepsi birden, şimdiki teknolojilerle izlenemeyebilir. Ama izlenemeseler bile beyin işlevinde anormal davranışla sonuçlanacak değişimlere pekâlâ neden olabilirler.

Yinelemek gerekirse, olaya biyolojik açıdan yaklaşmak, suçlunun mutlaka aklanacağı anlamına gelmez; Charles Whitman ve Kenneth Parks örneklerinde gördüğümüz gibi, yalnızca eylemlerinin beyninin çarklarından bağımsız olmadığı görüşünün altını çizer. Birdenbire pedofile dönüşen kişiyi tümöründen dolayı suçlamadığımız gibi, frontotemporal arakçıyı da alın korteksindeki dejenerasyon için suçlamayız.[22] Bir başka deyişle, ortada ölçülebilir bir beyin sorunu olması, sanığa karşı hoşgörülü bir yaklaşımı da beraberinde getirir. Suçlanması gereken aslında o değildir.

Ama elimizde biyolojik bir sorunu saptamaya yetecek teknoloji yoksa, pekâlâ suçlayabiliriz o kişiyi. Bu da bizi tartışmanın kalbine; *sorumlu tutulabilirliğin, özünde yanlış bir soru olduğuna* götürecektir.

İşlediği suçtaki payına göre sıralanan insanlardan oluşan bir çizgi düşünün. Çizginin bir ucunda pedofil Alex ya da okul çocuklarına kendisini teşhir eden frontotemporal demanslı bir hasta gibi kişiler var. Yargıç ve jürinin gözünde bu kişiler, kaderin bir cilvesi sonucu beyin hasarı yaşamış ve sinir sistemine ilişkin bu durumu kendileri seçmemişlerdir.

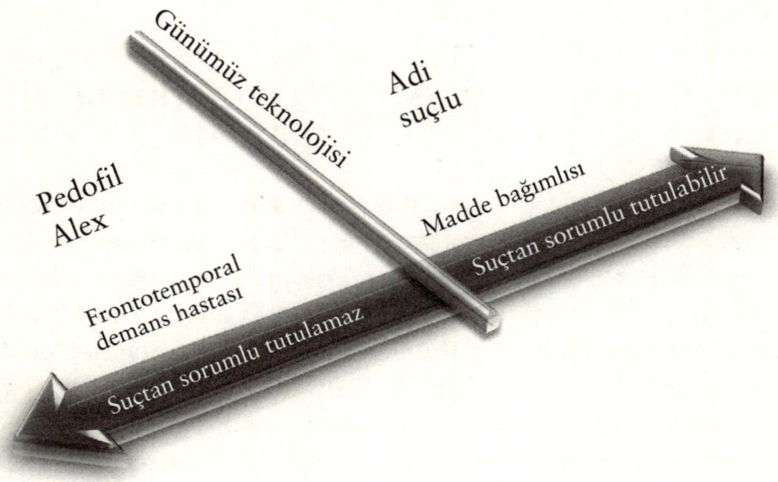


Suç çizgisinin "sorumlu tutulabilir" tarafında ise, beyinleri nadiren incelenen ve şimdiki teknolojiyle de zaten büyük olasılıkla fazla aydınlatılamayacak olan adi suçlular yer alır. Suçluların büyük çoğunluğu çizginin bu tarafındadır, çünkü bariz biyolojik sorunlara sahip değillerdir. Bu kişiler, basitçe, seçimlerini özgürce yapabilen birer faildir.

Bu yelpazenin ortalarında bir yerlerde ise profesyonel güreşçi Chris Benoit gibi birilerini bulabilirsiniz. Benoit, doktoruyla işbirliği içinde "hormon yerine koyma tedavisi" kılıfı altında çok miktarda testosteron hormonu kullanmış ve 2007 Haziran'ının sonlarına doğru, "steroid öfkesi" adıyla bilinen bir öfke nöbetiyle eve gelip oğlunu ve karısını öldürmüş, ardından da ağırlık aletlerinden birinin makara kordonuyla kendini asmak suretiyle intihar etmişti. Benoit için, duygularının hormonların denetimi altında olması gibi biyolojik bir hafifletici neden ileri sürülebilir belki ama hormonları başta almayı seçtiği için, yaptığı şeyden bir ölçüde sorumlu tutulabilir yine de. Madde bağımlılarının da yelpazenin ortalarına yakın bir yerde durdukları düşünülür: Bağımlılığın biyolojik bir durum olduğu ve kimyasalların beyin devrelerinde değişimler yarattığı kabul edilse de, bağımlıların o ilk denemeyi yapmaktan sorumlu oldukları yönündeki yorumlar da sıkça çıkar karşımıza.

Bu yelpaze, jürinin "sorumlu tutulabilirlik" konusundaki ortak sezgilerini yansıtmaktadır. Ancak ortada ciddi bir sorun vardır. Teknolojinin gelişmesiyle biz beyindeki sorunları daha iyi ölçebilir hale geldikçe, suç çizgisi de sağa doğru kayacaktır. Şu anda pusla örtülü sorunlar, yeni tekniklerle incelemeye açık hale gelecek ve tıpkı şizofreni, sara, depresyon ve mani durumlarında olduğu gibi belki de günün birinde bazı kötü davranışların anlamlı birer biyolojik açıklamaya sahip olduğunu göreceğiz. Şu anda yalnızca büyük beyin tümörlerini tespit edebiliyoruz ama yüz yıl içinde, davranışsal sorunlarla ilişkilendirebileceğimiz ve hayal bile edemeyeceğimiz küçüklükteki mikrodevre örüntülerini seçebilir hale gelmiş olacağız. Nörobilim, insanların neden şöyle ya da böyle davrandığını bize daha iyi açıklayabilecek. Davranışın, beynin mikroskopik ayrıntılarından nasıl ortaya çıktığını belirlemede beceri kazandıkça, biyolojik nitelikteki hafifletici nedenlerden medet uman savunma avukatlarının ve davalıları çizginin "sorumlu tutulamaz" tarafına yerleştirecek jüri üyelerinin sayısı da artacak.

Suçluluk derecesinin şimdiki teknolojinin sınırlarıyla belirlenmesi akla yakın değildir. Bir onyılın başında kişiyi suçundan sorumlu ilan edip onyılın sonunda da onu aklayan bir adalet sistemi, sorumlu tutulabilirlik kavramının açık bir anlam taşımayacağı bir sistemdir.

* * *

Meselenin özü, "Ne kadarı *biyolojisinden*, ne kadarı *kendisinden* kaynaklanıyordu?" sorusunun artık anlam taşımadığıdır. Soru anlamsızdır, çünkü söz konusu kişinin biyolojisiyle karar verme süreci arasında da anlamlı bir ayrım yoktur. Bu iki mekanizma birbirinden ayrılamaz.

Nörobilimci Wolf Singer'ın yakın geçmişte ileri sürdüğü gibi, bir suçlunun beynindeki sorunu ölçemiyor olsak bile, *bir şeylerin* ters gittiğini güvenle söyleyebiliriz.[23] Ayrıntıları bilmesek de (ve hiçbir zaman bilemeyecek olsak da) kişinin eylemleri beyninde bir anormallik olduğuna dair *yeterli kanıtı* oluşturur.[24] Singer'ın sözleriyle "Bütün nedenleri belirleyemediğimiz sürece –ki bunu da olasılıkla hiçbir zaman yapamayacağız– herkes için anormal davranışlara temel oluşturacak bir nörobiyolojik gerekçe olduğunu kabul etmemiz gerekir." Unutmayalım ki, suçlularda herhangi bir anormalliğin varlığını çoğu zaman belirleyemeyiz. Colorado'daki Columbine Lisesi'nde gerçekleşen katliamın failleri Eric Harris ve Dylan Klebold'u ele alalım; ya da Virginia Tech katliamının faili Seung-Hui Cho'yu. Bu gençlerin beyinlerinde bir sorun var mıydı? Hiçbir zaman bilemeyeceğiz, çünkü onlar da, benzeri olaylarda imzası olan pek çok başkası gibi olay yerinde öldürülmüştü. Ancak yine de beyinlerinde anormal işleyen *bir şeyler* olduğu varsayımını güvenle kurabiliriz. Bu, ne de olsa nadiren ortaya çıkan bir davranıştır; çoğu öğrenci böyle bir şey yapmaz.

Bu tartışmanın sonucu, suçluları değerlendirirken, ellerinden bu şekilde davranmaktan başka bir şey gelmediğini her an akılda tutmak gerektiğidir. Suç teşkil eden eylemin kendisi ise, sorunların günümüz olanaklarıyla ölçülebilir olup olmamasından bağımsız olarak, beyin anormalliğine bir kanıt olarak ele alınmalıdır. Bunun bir anlamı da, nörobilim uzmanlarının omuzlarına binen ağır yükün, halkanın dışına taşınması gerektiğidir: Bu kişilerin ifadesi, sorunun var olup olmadığını değil, sorunların günümüzde tanımlanmış ve ölçülebilir olup olmadığını yansıtmakla kalır.

Özetle, sorumlu tutulabilirliğin *sorulması gereken soru olmadığı* sonucuna varabiliyoruz.

Asıl sorulması gereken soru ise şudur: Suçluya, *ileriye dönük olarak* ne yapmamız gerekir?

Yargıç kürsüsünün önünde sunulacak bir beyin tarihi fazlasıyla karmaşık olacaktır ve ne de olsa bizim asıl bilmek istediğimiz, kişinin gelecekte nasıl davranabileceğidir.

## YA BUNDAN SONRASI? İLERİYE BAKAN, BEYİNLE UYUMLU BİR HUKUK SİSTEMİ

Günümüz ceza anlayışı her ne kadar kişisel irade ve sorumlu tutulabilirlik kavramlarına dayanıyor olsa da, üzerinde durduğumuz görüş bir başka seçenek sunuyor. Toplumların ceza konusundaki güdüleri son derece derinlere işlemiş olsa bile, ileriye bakan bir hukuk sistemi bugünden geçerli olarak toplumun yararına en iyi biçimde nasıl hizmet edileceğinin üzerinde daha fazla duracaktır. Toplumsal anlaşmaları bozanları diğerlerinden ayırmak yine gerekebilir, ama bu sefer gelecek, geçmişten daha önemlidir.[25] Hapis süresi ve koşulları kana susamışlık ölçüsüne dayandırılmak zorunda olmayıp, yeniden suç işleme riskine göre ayarlanabilir. Davranışa ilişkin daha derin bir biyolojik bakış, suç tekrarı, yani süre bitiminde kimlerin suç işlemeye devam edeceği konusunda daha iyi bir anlayış sağlayacak, bu da cezaların akılcı ve kanıta dayalı biçimde verilmesi için sağlam bir temel oluşturacaktır: Bazı insanların sokaklardan daha uzun süre boyunca uzaklaştırılması gerekir, çünkü yeniden suç işlemeleri olasılığı yüksektir ama aynı şey, çeşitli hafifletici nedenlerden dolayı diğerleri için geçerli olmayabilir.

Öyleyse suç tekrarı açısından yüksek risk grubu içinde olan kişileri nasıl ayırt edeceğiz? Mahkeme duruşmalarının ayrıntıları ne de olsa altta yatan nedenlerle ilgili açık bir resim sunmayabilir. Daha iyi bir strateji için daha bilimsel bir yaklaşıma ihtiyaç vardır.

Cinsel nitelikli suç işleyenlerin cezalandırılmasında yaşanan önemli değişiklikleri düşünelim. Araştırmacılar, bundan birkaç yıl önce psikiyatristlere ve şartlı tahliye kurulu üyelerine, belirli cinsel suçluların serbest bırakılması durumunda suçlarını tekrarlama olasılığını sormaya başladılar. İki grubun üyeleri de söz konusu suçlularla (ve onlardan önceki yüzlercesiyle) ilgili deneyime sahipti; bu nedenle kimin yoluna devam edip kimin er veya geç geri döneceğini kestirmek onlar için o kadar da güç değildi.

Acaba? Şaşırtıcıdır ki, iki grubun tahminleri de gerçeklerle neredeyse hiç kesişmemişti. Yazı-tura atmanın belirleyiciliği ne kadarsa psikiyatristler ve şartlı tahliye kurulu üyelerininki de o kadarla kalıyordu. Bu sonuç, araştırma camiasını şaşkına çevirmişti; çünkü suçlularla yakın temas halinde çalışanların, sezgilerinin de iyice keskinleşmiş olduğu beklentisine tümüyle ters düşmekteydi.

Çaresizlik içindeki araştırmacılar, bunun üzerine daha istatistiksel bir yaklaşımı denemeye karar verip, serbest bırakılmak üzere olan 22.500 cinsel suçluda düzinelerce olası etkeni (bir yıldan uzun süre boyunca cinsel ilişkide bulunup bulunmadığı, çocukken cinsel tacize uğrayıp uğramadığı, pişmanlık duyup duymadığı, sapkın cinsel eğilimler taşıyıp taşımadığı vs.) ölçmekle işe başladılar. Ardından, kimlerin yeniden cezaevine döndüğünü anlamak amacıyla, suçluları serbest bırakıldıktan sonra beş yıl boyunca izlediler. Çalışmanın sonunda ise, suçun tekrarında hangi etkenlerin en çok rol oynadığını hesapladılar ve bu verileri de cezalandırmada yararlanılabilecek tablolar oluşturmak için kullandılar. İstatistiklere göre bazı suçlular, kelimenin tam anlamıyla birer felaket tellalı olarak belirir ve bu kişiler toplumdan uzun süre uzaklaştırılırlar. Toplum için gelecekte tehlikeli olma olasılığı düşük çıkan kişiler ise daha kısa süreli cezalar alır. İstatistiksel yaklaşımın öngörü gücü, şartlı tahliye kurulları ve psikiyatristlerinkiyle karşılaştırıldığında, sonuç tartışmasızdır: Sayılar, sezgilere üstün gelmiştir. Bu istatistiksel testler günümüzde cezanın süresini belirlemek amacıyla, ülkenin dört bir köşesindeki mahkemelerde kullanılmaktadır.

Cezaevinden çıkan bir kişinin ne yapacağını kesin olarak bilmek her zaman olanaksız olacaktır; çünkü gerçek hayat çok karmaşıktır. Ancak rakamlarda, insanların genelde sandığından daha büyük bir öngörü gücü gizlidir. Bazı suçlular diğerlerinden tehlikelidir ve yüzeysel olarak ister çekici ve hoş, ister itici görünsünler, tehlikeli kişiler için ortak olan bazı davranış örüntüleri vardır. Cezaları istatistiklere göre belirleme yaklaşımının da bazı kusurları vardır elbette ama en azından kanıtların toplum sezgisine baskın çıkmasına ve adli sistemlerin genelde yararlandıkları körelmiş yönergelerin yerine özelleştirilmiş ceza yaklaşımlarının uygulanmasına olanak tanır. Bu ölçütlerin içine beyin bilimini de dahil ettikçe (ör. sinir sistemi görüntüleme teknikleriyle) öngörü gücü olsa olsa biraz daha artacak ama biliminsanları kimin yeniden suç işleyeceğini hiçbir zaman kesinkes söyleyemeyeceklerdir; çünkü bu, koşullar ve olanaklar da dahil olmak üzere birçok etkene bağlıdır. Yine de iyi tahminlerde bulunmak her zaman mümkündür; nörobilim de bu tahminleri daha yerinde kılacak olanakları sağlayacaktır.[26]

Yasalar, ayrıntılı nörobiyolojik bilginin yokluğunda bile ileriye yönelik düşünceleri içlerine belli oranda katmış durumdadır. Sözgelimi tutku suçlarına, önceden planlanmış bir cinayete kıyasla daha fazla hoşgörüyle bakılır. Birincisini işleyenlerin suçu tekrarlama olasılığı, ikincisine göre azdır, aldıkları cezalar da bunu yansıtır.

Bu aşamada göz önüne almamız gereken kritik bir nokta var. Beyin tümörü olan herkes katliama kalkışmadığı gibi bütün erkekler de suç işlemez. Peki neden? Bir sonraki bölümde göreceğimiz gibi, bunun nedeni, genlerle çevrenin akıl almayacak karmaşıklıktaki örüntülere göre etkileşimde bulunmasıdır.[27] Dolayısıyla, insan davranışları her zaman öngörülemez olarak kalacaktır. Bu indirgenemez karmaşıklığın bazı sonuçları olacaktır: Bir kere yargıç, kürsüsünün önünde duran beynin tarihini düşünmeyecektir. Acaba anne karnındayken bir gelişim bozukluğu mu yaşanmıştı? Anne, hamilelikte kokain mi kullanmıştı? Davalı, çocukluk döneminde şiddete maruz kalmış mıydı? Rahim içi testosteron düzeyleri normalin üzerinde miydi? Çocuk cıvaya maruz kalıp, şiddete eğilimini yüzde 2 oranında artıran küçük bir genetik değişiklik geçirmiş olabilir miydi? Bunlar ve benzeri yüzlerce başka etkenin sürekli bir etkileşim halinde olması sonucunda, yargıcın bunları birbirinden ayırıp suçtaki sorumluluğu belirleme çabası boşuna olacaktır. Bu nedenle yasal sistemin ileriye bakışlı olması *zorunludur*; zaten elinden de başka türlüsü gelmez.

* * *

Beyin mekanizmalarıyla daha uyumlu ve ileriye dönük bir hukuk sistemi, cezaların birey özelinde belirlenmesinden öte, cezaevlerini de "standart beden" olarak algılama alışkanlığımızı aşmamıza olanak tanıyacaktır. Cezaevleri genel geçer zihinsel sağlık kurumları haline gelmiş durumdadır. Ama bundan daha iyi yaklaşımlar da söz konusu olabilir.

Bir kere, ileriyi düşünen bir hukuk sistemi, biyolojik anlayışı özelleşmiş *rehabilitasyona* taşıyacak ve suçlu davranışlarına sara, şizofreni ve depresyon gibi artık yardım aranan ve yardım edilen başka tıbbi sorunlara baktığımız gözle bakılmasını sağlayacaktır. Beyinle ilgili bu ve benzeri bozukluklar, artık suçluluk çizgisinin diğer tarafında yerini almış ve şeytani değil, biyolojik olgu konumuna kavuşmuşlardır. Peki ama ya diğer davranış biçimleri? Sözgelimi suça giren davranışlar? Yasa yapıcı mercilerin ve oy hakkı olan vatandaşların çoğu, suçluları tıka basa dolmuş durumdaki cezaevlerine yığmak yerine onları rehabilite etmekten yana olsa da sorun, rehabilitasyonun *nasıl* gerçekleştirilmesi gerektiği yönündeki yeni fikirlerin eksikliğidir.

Ortak bilinç içinde hâlâ yaşamakta olan bir korkuyu da unutmamak gerekir bu arada: "frontal lobotomi". Başlangıçta "lökotomi" adı verilen lobotomi ameliyatlarının mucidi, beynin alın (frontal) loblarını bir neşterle devre dışı bırakarak suçlulara yardım edilebileceği düşüncesiyle yola çıkan Egas Moniz idi. Prefrontal korteksin (ön-alın korteksi) bağlantılarının kesilmesinden ibaret olan bu basit sayılabilecek ameliyatın sonucu, önemli düzeyde kişilik değişimi ve olası zihinsel gerilikti.

Ameliyatı bazı suçlular üzerinde deneyen Moniz memnuniyetle fark etti ki, yöntem gerçekten de onları sakinleştiriyordu. Hatta sakinleştirmekle kalmayıp kişiliklerini tümüyle sıfırlıyordu da. Moniz'in takipçisi Walter Freeman ise, psikiyatrik hasta bakımını üstlenen kuruluşların etkili tedavi yöntemlerinden yoksun olduğunu fark etmiş ve lobotomiyi, büyük grupları tedaviden kurtarıp gündelik yaşamlarına kavuşturmanın elverişli bir yolu olarak görmüştü.

Ancak yöntem, ne yazık ki insanları temel biyolojik haklarından etmekteydi. Sorun, asi bakımevi hastası Randle McMurphy'nin yetkililere başkaldırdığı için cezalandırıldığı, Ken Kesey'nin *Guguk Kuşu* (*One Flew Over the Cuckoo's Nest*) romanında uç noktaya taşınmıştı. Romanda McMurphy, sonunda bir lobotomi ameliyatı geçirme talihsizliğini yaşar. Canlı ve neşeli kişiliğiyle koğuştaki başka hastaların yaşamlarına vurulan kilidi açmayı başarmış olan adam, artık bir sebzeye dönüşmüştür. McMurphy'nin bu yeni durumuna tanık olan yumuşak başlı arkadaşı "Şef" Bromden, diğer koğuş üyelerinin, liderlerinin düştüğü bu aşağılayıcı durumu görmesine izin vermeden onu bir yastıkla boğma iyiliğini yapar. Moniz'e Nobel Ödülü kazandıran frontal lobotomi, suçlu davranışlarının düzeltilmesinde artık doğru bir yaklaşım olarak görülmemektedir.[28]

İyi ama lobotomi suça engel oluyorsa, neden uygulanmasın? Bu noktadaki etik sorun, bir devletin, vatandaşını ne ölçüde değiştirmesine izin vermek gerektiğidir.* Bana sorarsanız, modern nörobilimin karşı karşıya olduğu belirleyici sorunlardan bir tanesi de budur: Beyni giderek daha fazla anladıkça, hükümetlerin de onunla ilgili her şeye burunlarını sokmasını nasıl önleyebiliriz? Bu sorunun, karşımıza yalnızca lobotomi gibi fiziksel biçimleriyle değil, daha incelikli biçimlerle de (sözgelimi, ikinci kez cinsel suç işleyen kişilerin, şu anda California ve Florida'da yapıldığı gibi kimyasal kısırlaştırmaya zorlanmaları gerekip gerekmediği) çıkabileceğinin altını çizelim.

Ancak bu noktada, etik kaygılar gütmemizi gerektirmeyecek bir rehabilitasyon yöntemini gündeme getiren yeni bir çözüm önerebiliriz. Buna prefrontal egzersiz adını veriyoruz.

## PREFRONTAL EGZERSİZ

Bir vatandaşın toplumla yeniden bütünleşmesine yardım ederken güdülen etik hedef, davranışlarının, toplumun gereksinimleriyle uzlaşmasına olanak tanımak için onu *mümkün olduğunca az* değiştirmektir. Bu önerimizin çıkış noktası, beynin, farklı nöron gruplarının birbiriyle yarıştığı bir rakipler takımı olduğu bilgisidir. Bunun bir yarışma olması, sonucun taraflardan biri lehine gelişebileceği anlamına gelir.

Güdüleri denetleme yetersizliği, tutsaklık sistemindeki çoğu suçlu için geçerli ve tipik olan bir özelliktir.[29] Bu insanlar genelde doğru ve yanlış davranışları ayırt etmeyi bildikleri gibi, cezanın ciddiyetinin de farkındadırlar. Sorun, güdülerini denetlemede gösterdikleri beceriksizliktir. Pahalı bir çantayla yürüyen bir kadını gördüklerinde, fırsattan yararlanmak dışında bir şey düşünemez olurlar. Durumun cazibesi, geleceğe dair endişelerini bastırmıştır.

* Bu arada, lobotominin gözden düşmesinin nedeni etik odaklı endişeler değil, soruna daha uygun bir çare sunan psikoaktif ilaçların 1950'lerin başlarında piyasaya girmesi olmuştur.

Kendinizi, güdülerini denetlemede yetersiz kalan insanların yerine koymakta zorlanıyorsanız, istemediğiniz halde dayanamayıp yaptığınız ya da direnemediğiniz şeyleri düşünün. Ara atıştırmaları? Alkol? Çikolatalı pasta? Televizyon? Yetersiz güdü denetiminin kendi karar verme süreçlerimizi nasıl ele geçirebildiğini görmek için öyle çok da uzağa bakmaya gerek yoktur. Bunun nedeni ise, kendimiz için en iyi olanı bilmememiz değil, ayartıcı bir etkenin varlığında uzun dönemli düşünceyi temsil eden alın lobu devrelerinin, rekabetten yenik çıkmasıdır. Savaşın ya da ekonomik krizin ortasında ılımlı bir partiye oy vermek gibi bir şeydir bu.

Öyleyse yeni rehabilitasyon stratejimiz, kısa dönemli devreleri bastırabilmesi için alın loblarına biraz talim yaptırmak olmalıdır. Meslektaşlarım Stephen LaConte ve Pearl Chiu bunu gerçekleştirmek amacıyla, beyin görüntüleme tekniklerinde gerçek-zamanlı geribildirimi güçlendirme çalışmaları yapmaktadırlar.[30] Farz edin ki çikolatalı pastaya direnme gücünüzü geliştirmek istiyorsunuz. Deneyde, size beyin taraması uygulanırken bir yandan da çikolatalı pasta resimleri gösteriliyor ve böylece yeme arzusuyla birlikte harekete geçen beyin bölgelerinin hangileri olduğu belirlenebiliyor. Bu ağlardaki etkinlik, bilgisayar ekranında dikey bir çubukla temsil edilmekte. Sizin işiniz, bu çubuğun aşağı inmesini sağlamak. Çubuk, duyduğunuz yeme arzusunun düzeyini gösteren bir derece işlevini görüyor: Arzuyla ilgili ağlar yüksek etkinlik gösterdiğinde çubuk da yükseklere tırmanıyor, arzunuzu bastırdığınızda aşağı iniyor. Siz yalnızca çubuğa bakıp onu aşağı indirmeye çalışıyorsunuz. Belki, pastaya direnmek için uyguladığınız yöntem hakkında içgörünüz var, belki de bu tümüyle erişiminiz dışında. Her durumda, farklı zihinsel denemeler yapıyorsunuz, ta ki çubuk yavaşça inmeye başlayana kadar. Aşağı inmesi, alın lobu devrelerinin, dürtüsel yeme arzusunda çalışan devrelerin etkinliğini başarıyla bastırabildiğini gösteriyor. Uzun dönemli güçler, kısa dönemli güçleri yenmiş durumda. Resimlere bakmaya devam ederek, alın lobunuzdaki devreleriniz iyice güçlenene kadar çubuğu aşağı düşürme çalışmalarına devam ediyorsunuz. Bu yöntem, beyninizin ayarlanmaya gerek duyan bölümlerindeki etkinliği görselleştirebilmenizi sağlıyor ve siz de kullandığınız farklı zihinsel yaklaşımların etkilerini doğrudan gözleyebiliyorsunuz.

Demokratik rakipler takımı benzetmesine dönersek, buradaki temel fikir, güçler arasında iyi bir denetim-denge sistemi kurup bunu yerli yerine oturtmaktır. Prefrontal egzersizin amacı, partiler arasındaki tartışma alanının koşullarını iki taraf için eşit düzeye getirmek ve böylece eyleme geçmeden önce düşünmeyi teşvik etmektir.

Aslına bakılırsa, olgunlaşma dediğimiz şey de bundan ibarettir. Genç beyinlerle yetişkin beyinler arasındaki temel fark, alın loblarının gelişmişliğinde yatar. İnsanda prefrontal korteksin yirmili yılların başlarına kadar tümüyle gelişmemesi, dürtüsel ergen davranışlarının altında yatan temel nedendir. Alın lobu, bazen toplumsallaşma organı olarak da nitelendirilir; çünkü toplumsallaşma dediğimiz olgu da, aslında en ilkel dürtülerimizi bastırmak için uygun devreleri geliştirmekten ibarettir.

Bu durum, alın lobu hasarının, neden varlığından bile haberdar olmadığımız toplumsallığa aykırı davranışları açığa çıkardığını açıklamaktadır. Dükkânlardan eşya çalan, teşhircilik yapan, ortalığa işeyen ve uygunsuz zamanlarda şarkı söylemeye başlayan frontotemporal demans hastalarını hatırlayın. Yüzeyin altında sinmiş bekleyen zombi sistemler aslında her zaman vardı; yalnızca normal işlev gören alın lobları tarafından maskelenmişlerdi. Cumartesi gecesi dışarı çıkıp zilzurna sarhoş olanların da başına aynı şey gelir sıklıkla: Normal işlevlerle kurulmuş olan baskıyı ortadan kaldırarak zombilerin ana sahneyi devralmasına izin verirler.

Prefrontal salonda biraz antrenman yaptıktan sonra, çikolatalı pastaya karşı yine aynı arzuyu duyabilirsiniz ama artık onun sizi yenmesine izin vermek yerine, siz onun hakkından gelmeyi öğrenmiş olacaksınız. Mesele, dürtüsel düşüncelerimizin (*Yaşasın! Pasta!*) keyfine varmak istemeyişimiz değil, alın korteksimize, bu dürtüyü izleyip izlemeyeceğimize ilişkin biraz denetim bahşetmektir (*Ben almayayım*). Benzer şekilde, herhangi bir kişi suç kapsamına girecek bir eylemde bulunmanın hesabını yapıyorsa, harekete geçmediği sürece buna izin vardır. Pedofile gelince, çocukların ona çekici gelmesi durumunu kontrol etmeyi düşünemeyiz bile. Kişisel haklara ve düşünce özgürlüğüne saygı duyan bir toplumun bireyleri olarak, umabileceğimizin en fazlası, güdülerini eyleme dökmemesi olabilir. İnsanların düşüncelerini sınırlandıramayız ve hiçbir hukuk sistemi de böyle bir şeyi kendisine hedef olarak koymamalıdır. Toplumsal politikaların yapabileceği tek şey, dürtüsel düşüncelerin, sağlıklı bir nörodemokrasi tarafından ele alınmadan önce davranışa dönüşmesini engellemeye çalışmaktır.

Gerçek-zamanlı geribildirim sürecinin ileri teknolojiden yararlanıyor olması, hedefin (kişinin uzun dönemli karar verme yetilerini güçlendirmek) aslında son derece basit olduğu gerçeğini unutmamamıza izin vermemelidir. Amaç, uzun dönemli sonuçlara öncelik tanıyan sinirsel topluluklara daha fazla denetim yetkisi vermektir; dürtüselliği baskılamaktır; düşünmeyi teşvik etmektir. Eğer bir vatandaş uzun dönemli sonuçları düşündüğü halde yasal olmayan eylemi gerçekleştirmeye yine de karar verirse, söz konusu sonuçları uygun biçimde ele almamız gerekecektir elbette. Bu yaklaşım etik bakımdan önemli olmanın yanı sıra, özgürlükçü anlayışa da yakındır. Hastanın zihinsel kapasitesini kimi zaman bir bebeğinkinden farksız kılabilen lobotomiden farklı olarak, bu yaklaşım, kendisine yardımcı olmak isteyen bir insana fırsat tanımaktadır. Hükümetler, psikocerrahiyi zorunlu tutmak yerine kişinin kendisi üzerinde daha fazla düşünmesi ve toplumsallaşması için, ona yardım elini uzatabilir. Bu tutum, aynı zamanda ilaç ya da ameliyatla beyne müdahale edilmeksizin, beyin esnekliğinde (plastisite) devreye giren doğal mekanizmaları güçlendirerek beynin kendi kendine yardımcı olmasına yardım etmiş olur. Ürünün geri çekilmesindense üzerinde ayarlama yapmayı yeğleyen bir yaklaşımdır bu.

Tüm bunlar, kendi üzerinde düşünme kapasitesini artıran herkesin aynı olumlu sonuca varacağı anlamına gelmese de, bu kişiler en azından nöron grupları arasındaki tartışmaları dinleme olanağı bulacaklardır. Bu yaklaşımın devreye girmesinin, umulan caydırma gücüne olumlu etkisi olabileceğini de unutmayalım; çünkü bu, yalnızca uzun dönemli sonuçları düşünüp bu doğrultuda harekete geçen kişiler için geçerlidir. Dürtüsel kişilikler için, ceza korkusunun ağır basması olasılığı düşüktür.

Prefrontal egzersiz bilimi henüz çok erken dönemlerini yaşamakta olsa da, bu yaklaşımın doğru modeli temsil edeceği konusunda umudumuz var: Hem biyoloji hem etik konusunda sağlam temellere oturan yaklaşım, kişinin uzun dönemli karar verme konusunda kendisine olumlu yönde yardım etmesine izin vermektedir. Bütün bilimsel girişimlerde olduğu gibi, şimdiden göremeyeceğimiz birtakım nedenlerle başarısızlığa uğrayabilir ama en azından gelmiş olduğumuz nokta, hapsetmenin akla yakın tek çözüm olduğunu varsaymak yerine, yeni fikirler üretebileceğimiz bir noktadır.

Rehabilitasyona yönelik yeni yaklaşımları uygulamaya sokmada karşılaşılan güçlüklerden biri, toplum tarafından kabul görmektir. Herkeste olmasa bile pek çok kişide güçlü bir intikam güdüsü vardır: Görmek istedikleri şey rehabilitasyon değil, cezadır.[31] Bu güdüyü anlayabilirim, çünkü bende de var aynı şey. Ne zaman bir suçlunun korkunç bir eylemde bulunduğunu duysam öyle öfkelenirim ki, kendi yöntemlerimle öç alma duygusu kaplar içimi. Ancak bir şey yapmak için güçlü dürtüler hissetmemiz, onu en iyi yaklaşım yapmaz elbette.

Yabancı korkusu anlamına gelen "ksenofobi" durumunu ele alalım. Bu tümüyle doğal bir duygudur. İnsanlar, kendilerine benzeyen ve kendileri gibi konuşan insanları tercih ederler ve ne kadar aşağılarsak aşağılayalım, yabancılardan hoşlanmamak, genel geçer bir tutumdur. Toplumsal politikalarımız, insanlığın en aydın fikirlerini, insan doğasının en bayağı yönlerine galip gelecek şekilde güçlendirip kalıcı kılmak üzere biçimlendirilmektedir. ABD de ayrım karşıtı konutlandırma yasalarını, 1968 tarihli Vatandaşlık Hakları Yasası, Başlık VIII altında kabul etmiştir. Bu noktaya gelmek çok zaman almış olsa da, gelmiş olduğumuz gerçeği, standartlarımızı daha iyi bir bakış açısı temelinde geliştirebilen, esnek bir toplum olduğumuzu göstermektedir.

Aynı durum, kural tanımaz cezalandırma içgüdüsü için de geçerlidir: İntikamcı dürtülerimizin varlığını inkâr etmiyor ve bir toplum olarak onlara direnmek gerektiği anlayışına varabiliyoruz; çünkü işlenen suçun gerçekleri konusunda yanılıyor olabileceğimizi ve herkesin, suçluluğu jüri önünde kanıtlanana kadar masum sayılma hakkına sahip olduğunu biliyoruz. Benzer şekilde, davranışın biyolojik temellerini daha fazla anladıkça, suçun sorumluluğu ile ilgili sezgisel fikirlerimizi, daha yapıcı bir yaklaşım adına kontrol altına almak bize daha akla uygun gelecektir. Daha iyi fikirleri öğrenme becerisine sahibizdir; hukuk sisteminin işi de en iyi fikirleri alıp, onları zamanın değişen görüşlerine karşı koyabilecekleri biçimde yerli yerine dikkatlice oturtmaktır. Toplumsal politikaların beyin temeline oturtulması şu anda bize fazla uzak görünse de, aslında hiç de öyle olmayabilir ve bu tür bir yaklaşım, her zaman sezgilere aykırı da görünmeyebilir.

## İNSAN EŞİTLİĞİ SÖYLENCESİ

Beyin işleyişinin davranışla nasıl sonuçlandığını anlamak için başka nedenler de vardır. İnsanları hangi eksen üzerinden ölçersek ölçelim (empati, zekâ, yüzme becerisi, saldırganlık ya da doğuştan gelen çello çalma veya satranç oynama yeteneği) doğanın çok geniş bir dağılım ortaya koyduğunun farkına varırız.[32] İnsanlar eşit doğmazlar. Ve bu değişkenlik, hep halı altına süpürülmesi evla bir konu olarak görülse de, aslında evrimin motorudur. Evrim her nesille birlikte, mümkün olan bütün boyutlarda üretebildiği kadar çeşit üretir; çevresel koşullara en uygun olan ürünler de üreme hakkını kazanır. Bu yaklaşım, son bir milyar yıl boyunca inanılmaz ölçüde başarılı olmuş ve "ilkel çorba" içinde kendi kendini çoğaltarak yüzen moleküllerden yola çıkarak, roketlerle uzaya açılan insana kadar ulaşabilmiştir.

Ancak bu çeşitlilik, bütün insanların yasa karşısında eşit olduğu öncülüne kısmen dayalı olan hukuk sistemi için bir sorun kaynağıdır aynı zamanda. Bu yerleşik insan eşitliği söylencesi, her bireyin karar verme, güdü denetimi ve sonuçları düşünme bakımından aynı derecede yeterli olduğunu savunur. Kulağa hoş gelse de, bu görüş doğru değildir.

Kimileri, çeşitli yerlerinden delinmiş olsa da, söylenceye tutunmanın yararlı olduğu görüşünü savunmaktadır. Buna göre eşitlik, gerçekçi olsun veya olmasın "özellikle takdire değer türden bir toplumsal düzen; adalet ve istikrar konusunda herkese payını dağıtan bir karşı olgu" sunar bize.[33] Bir başka deyişle, yanlış olduğu kanıtlanan bazı varsayımlar, yine de yararlı olabilir.

Bu görüşe katılmıyorum. Bütün kitap boyunca gördüğümüz gibi, insanlar sahneye aynı becerilerle donanmış olarak çıkmaz. Hem genetiği hem de kişisel tarihi, her insanın beynini farklı bir kalıba sokmuş durumdadır. Aslında yasalar da bu gerçeği kısmen kabul eder çünkü *bütün* beyinlerin eşit olduğu varsayımının getirdiği baskılar da çok büyük olacaktır. Yaşı örnek alalım. Ergenlik dönemindekiler, karar verme ve dürtü denetiminde yetişkinlere göre farklı beceriler sergiler; basitçe, çocuk beyni yetişkin beyni gibi değildir.[34] ABD yasaları, bu durumu kabaca da olsa kabullenerek, on yedi yaş ile on sekiz yaş arasına belirgin bir çizgi çeker. *Roper-Simmons* davasında ABD Yüksek Mahkemesi, suç işlediğinde on sekiz yaşın altında olanlara ölüm cezası verilemeyeceği kararını vermişti.[35] Yasalar, bunun dışında zekâ düzeyinin de önemli olduğunu kabul eder. Yüksek Mahkeme, benzeri bir kararla zekâ geriliği olanlara ölüm cezası verilemeyeceğini ilan etmiştir.

Sonuçta, yasaların, bütün beyinlerin eşit yaratılmadığı gerçeğini tanıdığını söyleyebiliyoruz. Sorun, yasaların şimdiki versiyonunun kaba bölümlendirmelerden yararlanmasıdır: Eğer on sekiz yaşındaysanız sizi öldürebiliriz; on sekizinci yaş gününüze bir gün kaldıysa güvendesiniz. IQ puanınız 70 ise elektrikli sandalye sizi bekliyor ama 69 ise cezaevi yatağının keyfini sürebilirsiniz. (IQ puanları, uygulandıkları günlere ve farklı test koşullarına göre değiştiği için, eğer sınıra yakınsanız, doğru koşullara denk gelmek için dua etmeyi de ihmal etmeyin.)

Ergenlik dönemini geride bırakmış ve zihinsel geriliği olmayan bütün vatandaşların eşit olduğuna inanır gibi yapmanın hiçbir anlamı yoktur; çünkü değildirler. Farklı genler ve farklı deneyimler, insanları dıştan olduğu kadar içten de farklı kılar. Nörobilim geliştikçe, insanları kabaca belirlenmiş ikili bölümlendirmelerin değil, koca bir yelpazenin üyeleri olarak anlama becerimiz de gelişecektir. Bu ise bütün beyinlerin aynı teşvik unsurlarına aynı biçimde yanıt verdiği ve aynı cezaları hak ettiği anlayışını terk edip, ceza ve rehabilitasyon koşullarını bireye göre biçimlendirmemize olanak sağlayacaktır.

## DEĞİŞTİRİLEBİLİRLİĞİ TEMEL ALAN CEZA SİSTEMİ

Yasaları "kişiselleştirmek" birçok şekilde olabilir; bunlardan bir tanesini de ben önereceğim. Kızınızın boya kalemiyle duvara yazdığı örneğe geri dönelim. Senaryolardan birincisinde bunu bilerek, ikincisinde uyurgezerken yapıyor. Sezgileriniz, onu yalnızca uyanık olduğu durum için cezalandırmanız gerektiğini, uykuda yaptıkları için onu affedebileceğinizi söylüyor. Ama neden? Ben, sezgilerinizin, cezanın amacıyla ilgili önemli bir anlayışı barındırdığı önerisini getireceğim. Bu örnekte asıl önemli olan, onun sorumlu tutulabilirliğiyle ilgili sezgileriniz değil (ki, uykudayken yaptıklarından sorumlu tutulamayacağı açıktır), değiştirilebilirliğiyle ilgili sezgilerinizdir. Burada geçerli olan düşünce, davranışın, yalnızca *değiştirilebilir* olduğunda cezalandırılması gerektiğidir. Kızınız, uyurgezerken yaptığı davranışları değiştiremez, bu nedenle ceza vermek hem acımasızca olacak, hem de sonuçsuz kalacaktır.

Gelecekte cezayla ilgili kararlarımızı beynin esnekliği (nöroplastisite) üzerine temellendirebileceğimizi düşünüyorum. Bazı insanlar, klasik koşullamaya (ceza ve ödül) daha iyi yanıt veren beyinlere sahipken diğerleri –psikoz, sosyopati, alın loblarında gelişim bozukluğu ya da başka sorunlardan dolayı– değişime direnç gösterir. Taş kırmak gibi ağır bir cezayı ele alalım. Amaç, mahkûmları suçu yeniden işlemekten caydırmaksa, beyinlerinin uygun esnekliğe sahip olmaması halinde cezanın da bir anlamı kalmayacaktır. Ama eğer toplumla yeniden bütünleşmeyi mümkün kılacak bir davranış değişikliğini vaat eden klasik koşullanma devreye sokulabilecekse, ceza verilmesi de uygun olacaktır. Hükümlü, ceza yoluyla istenen doğrultuda değiştirilemeyecekse, onu kapalı tutmak yeterlidir.

Kimi felsefeciler cezanın, failin karşı karşıya bulunduğu olasılıkların sayısı esas alınarak belirlenebileceğini savunmuştur. Diyelim ki bir sinek, karmaşık seçenekler arasında dolaşma becerisine nöral bakımdan sahip değilken bir insanın (özellikle de akıllı bir insanın) çok sayıda seçeneği vardır, dolayısıyla olayları kontrol etme şansı çok daha fazladır. Öyleyse cezanın derecesinin, failin elindeki seçeneklerin derecesine göre belirlendiği bir ceza sistemi de tasarlanabilir. Ancak, bunun en iyi yaklaşım olduğu görüşünde değilim, çünkü az sayıda seçeneğe sahipken bile değiştirilebilir olan insanlar da var olabilir. Hiç eğitim almamış bir köpek yavrusunu düşünün. Çişi geldiği zaman vızıldanıp kapıyı tırmalamak aklına gelmez; böyle bir seçim yapma şansına bile sahip değildir çünkü bu seçeneğin de söz konusu olabileceğini henüz öğrenmemiştir. Ama siz yine de, merkezi sinir sisteminde, uygun davranışı göstereceği biçimde bir değişim yaratmak amacıyla onu azarlarsınız. Dükkândan mal aşıran bir çocuk için de geçerlidir aynı şey. Başlangıçta ne mülkiyete ne de ekonomiye ilişkin bir anlayışı vardır. Onu cezalandırmanızın nedeni ise fazla sayıda seçeneğe sahip olması değil, değiştirilebilir olduğunu bilmenizdir. Ona bir iyilik yapmakta ve onu toplumsallaştırmaktasınızdır.

Önerim, cezayı nörobilimle hizalamak amacını gütmektedir. İçerdiği temel fikir ise, sorumlu tutulabilirlikle ilgili toplumsal sezgilerin daha adil bir yaklaşımla yer değiştirmesidir. Şu an için fazlaca pahalı olsa da gelecekteki toplumlar, beyin esnekliğini (yani devre bağlantılarını değiştirme kapasitesini) ölçmede temel alacakları bir başvuru sistemini deneyler yoluyla geliştirebilirler. Sisteme göre "değiştirilebilir" olan kişilere (ör. alın lobu gelişimini henüz tamamlamamış bir ergen) sert bir cezanın (ör. yaz boyunca kaya kırmak) verilmesi, bu durumda uygun olacaktır. Buna karşılık, toplumsallaşma kapasitesini asla geliştiremeyecek olan alın lobu hasarlı bir kişinin ise, devlet tarafından farklı türden bir kurum sınırları içinde etkisiz hale getirilmesi gerekecektir. Aynı durum zekâ geriliği olanlar ya da şizofrenler için de geçerlidir. Ceza, kimilerinin kana susamışlığını dindirse de, bunun bütün toplumu kapsamasının bir anlamı yoktur.

* * *

Kitabın ilk beş bölümü boyunca, teknenin komutasıyla aramızdaki bağların hangi ölçüde kopmuş olduğunu inceledik. Gördük ki insanların, davranışlarının seçim ve açıklaması konusunda çok az söz hakkı var ve yine gördük ki teknenin dümeni, kuşaklar boyu süren evrimsel seçilim ve ömür boyu süren deneyimlerin biçimlendirdiği bilinçsiz beynin elinde. Bu bölümde ise, bu durumun toplumsal sonuçlarını inceledik: Beyin maddesinin erişilmezliği, toplum düzeyinde nasıl bir önem taşıyor? Suçta sorumlu tutulabilirlik olgusu ile ilgili düşüncelerimizi nasıl etkiliyor? Normalden çok farklı biçimde davranan insanlara karşı tutumumuz ne olmalı?

Günümüz hukuk sistemi, yargı önüne çıkan suçlu için şu soruyu sorar: *Bu kişi, suçundan sorumlu tutulabilir mi*? Whitman ya da Alex'inki gibi davalarda, keza bir Tourette hastası ya da uyurgezerin yargılandığı davalarda, sistem "hayır" yanıtını vermektedir. Ama gözle görülür bir biyolojik sorununuz yoksa, yanıt "evet"tir. Teknolojinin her yıl gelişmeye ve "suç" çizgisinin konumunu da değiştirmeye devam edeceği düşünülürse, bunun, hukuk sistemini yapılandırmak için akla uygun bir yol olduğunu söyleyemeyiz. Acaba günün birinde davranışlarımızın bütün yönlerinin mi irademiz dışında geliştiği ortaya çıkacak? Bunu yanıtlamak için belki de henüz çok erken. Ama bu süre içinde bilim yürüyüşünün istem ve istem dışı arasında çizdiğimiz çizgiyi ileri doğru itmeye devam edeceğini biliyoruz.

Baylor Tıp Okulu'nda başlatılan Nörobilim ve Hukuk Girişimi'nin yöneticisi olarak, bu konularda konuşmalar yapmak üzere dünyanın dört bir yanını dolaştım ve en büyük mücadeleyi de, insan davranışları ve içsel farklarla ilgili daha gelişmiş bir anlayışın, suçluları affetmek ve onları toplum içinde bırakmak anlamına geldiği yönündeki yanlış anlamayı kırmak için verdim. Bu doğru değildir. Biyolojik açıklama, suçluları aklamayacaktır. Beyin bilimi, hukukun işlevlerini engellemeyecek, aksine adli sistemi geliştirecektir.[36] Toplumun düzgün biçimde işleyebilmesi için, aşırı saldırgan, empati yoksunu ve dürtülerini denetleyemeyen suçluların sokaklardan toplanması devam edecek ve bu kişiler yine hükümetin denetimine verilecektir.

Asıl önemli değişiklik, çok geniş bir yelpaze oluşturan suç nitelikli eylemlerin, akılcı cezalandırma kararları ve rehabilitasyon için yeni fikirler temelinde *nasıl* cezalandırıldığında yaşanacaktır. Vurgu, cezadan sorunların farkındalığına ve bunlarla anlamlı biçimde nasıl baş edilebileceğine kayacaktır.[37] Bunun bir örneğini bu bölümde gördük: rakipler takımı çerçevesinin, rehabilitasyon için uygun stratejinin bulunmasında yeni bir umut sunuyor olması.

Bunun da ötesinde, beyni daha iyi anladıkça iyi davranışlara özendirip kötülerinden vazgeçirecek toplumsal teşvik sistemleri kurmaya odaklanabiliriz. Etkili yasalar, yalnızca insanların nasıl davranmasını *istediğimizi* değil, *gerçekte* nasıl davrandıklarını da açıklayan etkili davranışsal modeller gerektirir. Nörobilim, ekonomi ve karar verme süreçleri arasındaki ilişkilerin derinlerine indikçe, toplumsal politikaları da bulgularımızı daha etkili biçimde güçlendirecek biçimde yapılandırabiliriz.[38] Bu yaklaşım cezaya yaptığımız vurguyu azaltarak, karşılığında ileriye yönelik ve önleyici politikaların biçimlendirilmesini sağlayacaktır.

Bu bölümde tartıştığım nokta, suçta sorumlu tutulabilirlik olgusunun yeniden tanımlanması değil, bu ifadenin hukuk terminolojisinden olduğu gibi kaldırılmasıdır. "Sorumlu tutulabilirlik", insan hayatının gidişatını belirleyen akıl almaz karmaşıklıktaki genetik-çevre ağının liflerinin tek tek çözülmesini gerektiren, geriye bakışlı bir kavramdır. Bütün seri katillerin çocuklukta tacize uğradıklarını varsayın.[39] Bu onların, işledikleri suçlardan daha az sorumlu tutulabilecekleri anlamına gelir mi? Kimin umurunda? Çünkü soru, baştan yanlıştır. Tacize uğramış olmaları, bizi olsa olsa çocuk tacizini önlemeye teşvik edecek, ama kürsünün önünde duran seri katille ilgili olarak ne yapacağımız konusunda hiçbir etkide bulunmayacaktır. Geçmişte yaşadığı talihsizlikler her ne olursa olsun, onu her durumda "kapatmamız", sokaklardan uzak tutmamız gerekecektir. Çocuk tacizi, bu durumda anlamlı bir biyolojik mazeret sayılamaz; yargıç ise, toplumu korumak için gerekli adımı atmak zorundadır.

*Sorumlu tutulabilirliğin* yerini alması gereken sözcük ve kavram *değiştirilebilirlik* olmalıdır. Bu, ileri bakışlı bir kavramdır ve sorunu ele alış biçimi de şöyle özetlenebilir: "Bundan sonra ne yapabiliriz? Rehabilitasyon mümkün mü? Mümkünse, harika. Değilse, cezaevinde yatma cezası gelecekteki davranışı değiştirecek mi? Değiştirecekse, onu cezaevine gönderin. Değiştirmeyecekse de suçluyu intikam değil, etkisiz hale getirme adına devletin yetkisine bırakın."

Benim düşüm, değişken ve çoğunlukla da yanlış oldukları kanıtlanabilir sezgiler yerine, kanıta dayalı ve beyinle uyumlu bir toplumsal politikanın geliştirilmesi. Cezalandırmada bilimsel bir yaklaşım benimsemenin yanlış bir tutum olup olmayacağı sorusunu soranlar da var. Öyle ya, bu tür bir yaklaşımda insanlığın yeri nedir ki? Ancak bu soruya başka bir soruyla karşılık verebiliriz: O halde diğer seçenek ne? Elimizdeki veriler ışığında çirkin insanlar, çekici insanlardan daha uzun süreli cezalar alıyor, psikiyatristlerin hangi cinsel suçlunun suçunu yineleyeceği konusunda tahmin yetileri yok ve cezaevlerimiz de hapis yerine rehabilitasyonla daha yararlı sonuçlar alınacak madde bağımlılarıyla dolup taşıyor. Öyleyse şimdiki cezalandırma ölçütlerinin bilimsel ve kanıta dayalı bir yaklaşımdan gerçekten de daha iyi sonuç verdiğini söyleyebilir miyiz?

Nörobilim, bir zamanlar yalnızca felsefeciler ve psikologların alanına giren soruları (insanların kararlarını nasıl verdikleri ve bunda gerçek anlamıyla "özgür" olup olmadıkları) yeni yeni kurcalamaya başlamış durumdadır. Bunlar başıboş sorular değil, adli kuramın geleceğini ve biyolojiyi de hesaba katan bir hukuk sistemi düşünü biçimlendirecek olan sorulardır.[40]

# 7

# Hükümdarlıktan Sonra Yaşam

"Her biri kendi içinde kaynayan zerresel birer yaşama sahip, insan dediğimiz o sayısız ve birbirinden ayrık göletler bütünü, suya, nehirlerin ulaşamayacağı bir varlık kazandıran bir yol olmaktan başka neydi ki?"

–Loren Eiseley, "The Flow of the River", *The Immense* Journey

## TAHTTAN DEMOKRASİYE

Galileo 1610'da kendi yaptığı teleskopla Jüpiter'in aylarını keşfettikten sonra, din çevreleri onun Güneş merkezli yeni kuramını, insanın tahtından indirilişi olarak betimlemiş ve ciddi biçimde kınamışlardı. Bunun, tahtından daha birkaç kez inecek olan insan için yalnızca bir ilk olduğunu tahmin edemezlerdi elbette. Yüz yıl sonra, İskoçyalı çiftçi James Hutton'ın tortul katmanlarla ilgili çalışması, Kilise'nin Dünya'nın yaşıyla ilgili tahminlerini altüst ederek gezegeni sekiz yüz bin kez daha yaşlı kılıyordu. Kısa süre sonra Charles Darwin insanları, çeşitli canlılarla dolup taşmakta olan hayvanlar âleminin dallarından biri olmaya indirgeyerek, onları görkemli konumlarından etti. 1900'lerin başlarında kuantum mekaniği, gerçekliğin dokusuyla ilgili anlayışımızı geri dönüşsüz biçimde değiştirdi. 1953'te ise Francis Crick ve James Watson'ın DNA'nın yapısını çözmesiyle yaşamın gizemli hayaleti, yalnızca dört harften oluşan diziler halinde yazılıp bilgisayarda depolanabilen bir gerçekliğe dönüşmüştü.

Geride bıraktığımız yüzyılda ise nörobilim, bilinçli zihnin, teknenin kaptanı olmadığını gösterdi bize. Böylece evrenin merkezinden düşüşümüzün üzerinden geçen kısacık bir dört yüz yıl sonra, kendi merkezimizden de düştüğümüze tanık oluyorduk. Kitabın birinci bölümünde, perdelerin arkasında işleyen mekanizmaya bilinçli erişimin oldukça yavaş seyreden bir süreç olduğunu, bazen de hiç gerçekleşmediğini gördük. Sonra öğrendik ki, dünyayı görüş biçimimiz, gerçekte var olan şeyleri yansıtmıyor olabilir: Görüş dediğimiz şey, aslında beynin bir kurgusudur; tek görevi de kurduğumuz etkileşimler (sözgelimi, olgun meyvelerle, ayılarla ve eşlerle) ölçeğinde bizim işimize yarayacak bir öykü üretmektir. Görsel yanılsamalar daha derin bir kavramı açığa çıkarır: *düşüncelerimizin* bile, doğrudan erişimimizin olmadığı bir düzenekçe üretildiği... Daha sonra, yararlı rutinlerin beyin devrelerine kazındığını ve oraya bir kez geçtikten sonra erişimimiz dışında kaldığını gördük. Bilinç, söz konusu devrelere neyin kazınması gerektiğini belirleyerek bu yönde hedefler koyar, bunun dışında da pek bir şey yapmaz gibidir. 5. Bölüm'de zihnin çokluklar barındırdığını öğrendik ki, bu da neden kendinize küfredebildiğinizi ya da gülebildiğinizi ve neden kendinizle anlaşmalar yaptığınızı açıklar. 6. Bölüm ise kanama, tümör, uyuşturucular ya da biyolojiyi değiştirebilen çeşitli etkenlerin katkısıyla beynin çok farklı biçimlerde çalışabildiğini anlattı bize ve tüm bunların "suçta sorumlu tutulabilirlik" konusundaki basit anlayışımızı bulandırabileceğini.

Bunca bilimsel ilerlemenin yanında, birçok kişinin aklında rahatsız edici bir soru da belirdi: Tahttan onca kez indirildikten sonra, elimizde ne kaldı? Kimi düşünürlere göre, evrenin büyüklüğü daha açık hale geldikçe, insan da önemini o ölçüde yitiriyordu; neredeyse kaybolma noktasına varana dek. Anlaşıldı ki, uygarlıklara atfedilen dönemsel zaman ölçekleri, gezegendeki çokhücreli yaşamın uzun tarihi içinde, yaşamın tarihi de gezegenin tarihi içinde ancak bir göz kırpma süresiyle temsil edilebilirdi. Ve bu gezegen de, evrenin o muazzam genişliği içinde küçücük bir madde zerresinden ibaretti; uzayın o ıssız eğriliği boyunca kendisi gibi küçük zerrelerden uzağa kozmik hızlarla taşınan küçücük bir nokta. Bundan iki yüz milyon yıl sonra ise bu hayat dolu, üretken gezegen, Güneş'in genişlemesiyle yutulup yok olacaktı. Leslie Paul, *Annihilation of Man* (İnsanlığın Yok Oluşu) adlı kitabında şöyle yazıyordu:

> Bütün yaşam yok olacak, bütün zihinler duracak ve her şey, sanki hiçbir şey hiçbir zaman olmamışçasına geriye dönecek. Dürüst olmak gerekirse, evrimin uğruna yolculuk yaptığı hedef de budur; çılgıncasına yaşayıp çılgıncasına ölmenin varıp vara-

> cağı "hayırlı" son. ... Yaşam dediğimiz şey, karanlıkta yakılan ve hemen ardından sönen bir kibritten farksızdır. Er veya geç ulaşılan sonuç ise ... onun anlamdan tümüyle yoksun kalmasıdır.[1]

Kendi kurduğu birçok tahtın üzerinden defalarca düşen insan, çevresine şöyle bir baktı ve merak etmeye başladı: Acaba kör ve amaçsız bir kozmik süreç içinde şans eseri mi yaratılmıştı? Yine de enkazın içinden kendisine bir amaç bulmak için var gücüyle çalıştı. Dinbilimci E. L. Mascall'ın yazdığı gibi:

> Günümüzde uygar Batı insanının sorunu, kendisini, evrende özel bir statüye sahip kılındığı konusunda ikna etmekte yaşadığı güçlüktür. ... Zamanımızda bunca sıklıkla rastlanan ve yine zamanımızın endişe verici özelliklerinden biri olan psikolojik bozuklukların çoğunun izi, öyle sanıyorum ki bu nedene dek sürülebilir.[2]

Heidegger, Jaspers, Shestov, Kierkegaard ve Husserl gibi felsefeciler, tahtımızdan onca kez edilmiş olmanın sonunda karşı karşıya kaldığımız anlamsızlığı çözümlemek için çaba harcamışlardı. Albert Camus 1942 tarihli kitabı *Sisifos Söyleni*'nde, insanın temelde anlamsız olan dünyadaki anlam arayışını konu edinen "saçmacılık" (absürdizm) ile ilgili felsefesini gündeme getirmişti. Camus, bu çerçevede, felsefedeki tek gerçek sorunun intihar etmek ya da etmemek olması gerektiğini ileri sürer. (Vardığı sonuç, *etmemek* gerektiği yönündedir. Aksine, absürd yaşama başkaldırmak için yaşamalıdır insan; bu her ne kadar umutsuz bir çaba olacaksa da. Bu sonuca varmasının nedeni, tersi söz konusu olduğunda, hele de kendi yazdığı reçetenin gereklerini yerine getirmemesi durumunda, kitaplarının satışının olumsuz yönde etkileneceği endişesiydi belki de – çıkmazdan kurtulmanın akıllıca bir yolu!)

Felsefecilerin bu tahttan indirilme haberlerini belki de fazla ciddiye aldıklarını düşünüyorum. Bunca yenilgiden sonra gerçekten hiç mi bir şey kalmadı insanlık için? Aslında durum, pekâlâ tersi de olabilir: Nasıl ki mikroskopik dünyanın güzelliğini, evrenin akıl almaz ölçeklerini yeni yeni keşfetmeye başladıysak, daha derinlere indikçe, şu anda radar ekranında görülenlerden çok daha geniş kapsamlı fikirlere ulaşabiliriz. Tahttan indirilmek, bize kendimizden daha büyük bir kapıyı aralar, başlangıçta düşündüğümüzden çok daha göz kamaştırıcı olan fikirleri görünür kılar gibidir. Yaptığımız her keşif bize gerçeğin, insanın hayal gücünün ve tahminlerinin çok ötesine geçtiğini göstermiştir. Bu türden ilerlemeler, sezgi ve geleneği öngörü güçlerinden ederek onların yerini daha üretken fikirler, daha büyük gerçekler ve bizler için de yeni hayranlık düzeyleriyle doldurmuştur.

Galileo'nun, evrenin merkezinde olmadığımız keşfine dönersek, şimdi artık çok daha büyük bir şeyin farkındayız: Güneş sistemimizin, sayısı milyarlarca trilyonu bulan benzerlerinden yalnızca bir tanesi olduğu. Daha önce de söylediğim gibi, bir milyar gezegenin yalnızca bir tanesinde yaşamın belirmiş olması bile, evrende faaliyetle kaynayan milyonlarca gezegen olabileceği anlamına gelir. Bana kalırsa bu, çevresi soğuk ve uzak yıldız fenerleriyle sarılı yapayalnız bir merkezde oturup durma fikrinden çok daha büyük ve parıltılı bir fikirdir. Tahttan inmek, bizi daha zengin ve daha derin bir anlayışa yöneltmiştir; benmerkezciliğimizden kaybettiğimiz şeyin yeri ise şaşkınlık ve merak duygusuyla dolmuştur.

Benzer şekilde Dünya'nın yaşını öğrenmemiz de, önümüzde daha önce hayal bile edemeyeceğimiz zamansal dehlizler açmış, bize doğal seçilimi anlama şansı vermiştir. Şu sıralar dünyanın dört bir köşesindeki laboratuvarlarda hastalıklarla mücadeleye yönelik araştırmalarda, bakteri kolonilerinin seçilmesinde doğal seçilimden yararlanılmaktadır. Kuantum mekaniği bize elektronik endüstrisinin kalbi olan transistörü, yanı sıra lazerleri, manyetik rezonansa dayalı görüntüleme tekniklerini, diyotları ve USB flaş disklerindeki belleği armağan etmiştir (kuantum hesaplama, kuantum tünelleme ve kuantum ışınlama devrimleri de listeye her an katılabilir). DNA ve kalıtımın moleküler temelleri hakkında öğrendiklerimiz ise bize hastalıklarla baş etmede henüz yarım yüzyıl önce hayal bile edemeyeceğimiz yolların kapılarını açmıştır. Bilimin keşiflerini ciddiye alarak çiçek hastalığının kökünü kuruttuk, Ay'a yolculuk yaptık ve bilgi devrimini gerçekleştirdik. Yaşam süremizi üçe katladık, hastalıkları moleküler düzeyde hedef alarak da yakında ortalama yaşam süremizi yüz yılın üzerine çıkarmayı umuyoruz. Sonuçta tahttan inmek, genellikle ilerlemeyi de getirir yanında.

Tahttan inen bilinçli zihin olduğunda ise kazanımımız, insan davranışlarını anlamada bize açılan yeni yollardır. Neden bazı şeyleri güzel buluruz? Mantıkta neden başarısız oluruz? Kendimize öfkelendiğimizde kim kime kızmaktadır aslında? İnsanlar neden değişken oranlı ipotek teminatlarının cazibesine yenik düşer? Nasıl olur da bir arabayı bu kadar iyi sürerken, ilgili süreci açıklayamayız?

İnsan davranışlarıyla ilgili bu gelişkin anlayış, gelişkin toplumsal politikaların yolunu da doğrudan açabilir. Örnek verirsek, beyni anlamak, özendirici unsurların yapılandırılmasında önem taşır. 5. Bölüm'de sözünü ettiğimiz ve insanların kendileriyle pazarlık amacıyla imzaladıkları sayısız Odysseus anlaşmasını hatırlayın. Bu durum, yine aynı bölümde geçen diyet planına benzer fikirlerin yolunu açar: Kilo kaybetmek isteyenler, bir emanet hesabına epeyce yüklü miktarda para yatırabilirler. Belirlenen tarihe kadar hedefe ulaşırlarsa parayı geri alır, aksi takdirde tümünü kaybederler. Böylesi bir yapı insanlara, makul düşünebildikleri bir anda, kısa dönemli karar verme olasılığına karşı önlem olarak, yardım talebinde bulunma şansını tanır. Sonuçta insanlar ceza yoksa, "gelecekteki kendilerinin" yeme dürtüsüne karşı koyamayabileceğini bilirler. İnsan doğasının bu yönünü anlamak, bu türden anlaşmaların farklı durumlara da taşınmasına olanak verir; sözgelimi, bir çalışanı aylık maaşının bir bölümünü bireysel emeklilik hesabına yatırmaya teşvik etmeye. Kişi bu kararı baştan vermekle, daha sonra yaşayacağı harcama dürtüsüne zamanında karşı koymuş olur.

İçsel evrenimizle ilgili derin bir anlayış, felsefi kavramlar hakkında da daha net bir görüntü sağlar bize. Erdem kavramını ele alalım. Felsefeciler, binlerce yıldır erdemin ne olduğuna ve nasıl güçlendirileceğine ilişkin sorular soruyorlar. Rakipler takımı çerçevesi, bu konuda da yeni kapılar açar bize. Beyinde birbirine rakip unsurları genellikle *motor* ve *fren* benzetmesiyle yorumlarız: Bazı birimler sizi belli bir davranışa yönlendirirken diğerleri sizi durdurmaya çalışır. İlk bakışta, erdemin "kötü bir şey yapmayı istememek"ten ibaret olduğunu düşünebilsek de daha incelikli bir çerçeveden baktığımızda, erdemli bir insanın da güçlü ahlak dışı dürtülere pekâlâ sahip olabileceğini, ancak bunları aşmak için yeterli fren gücünü de harekete geçirebildiğini görürüz. (Erdemli kişinin çok az sayıda "şeytani" düşünceye sahip olduğu ve bu nedenle de sağlam frenlere ihtiyaç duymadığı durumlar da olabilir. Ama böyle baktığımızda, şeytana uymamak için daha büyük bir savaş veren kişinin, ondan daha erdemli olduğunu söylemek de yanlış olmasa gerek.) Bu türden bir yaklaşım, insanların tek bir zihne (*mens rea*, "suçlu zihin" kavramında olduğu gibi) sahip olduğuna inandığımızda değil, perde arkasındaki rekabeti açıkça gördüğümüzde mümkün hale gelir. Elimizdeki yeni gereçlerle, artık farklı beyin bölgeleri arasındaki çarpışmayı ve bu çarpışmanın sonucunu daha ayrıntılı şekilde gözleyebiliriz. Bu ise adalet sistemi içindeki rehabilitasyon uygulamaları için yeni kapılar açacaktır: Beynin gerçekte nasıl çalıştığını ve bazı insanların dürtülerini denetlemekte neden başarısız olduklarını anladıktan sonra, uzun dönemli karar verme süreçlerini güçlendirip, çarpışmayı bu süreçler lehine çevirmede işe yarayacak dolaysız ve yeni stratejiler geliştirebiliriz.

Beyni anlamak, bunun da ötesinde bizi cezalandırma sistemleri konusunda daha üst seviyeye taşıyacaktır. Bir önceki bölümde gördüğümüz gibi, "suçtan sorumlu tutulabilirlik" ile özetlenen sorunlu kavramın yerine, geriye dönük (*Suçtaki payı neydi?*) değil, ileriye yönelik (*Bundan sonra nasıl bir tutum izleyecek olabilir?*) ve uygulanabilir bir ceza sistemi getirebiliriz sözgelimi. Ve hukuk sistemi, günün birinde sinirsel ve davranışsal sorunlara, tıbbın akciğer ya da kemik sorunlarına yaklaştığı gibi yaklaşabilir. Böylesi bir biyolojik gerçeklik suçluları ortadan kaldırmayacak ama geriye değil, ileriye yönelik bir yaklaşımla akılcı bir ceza sisteminin yanında özelleşmiş bir rehabilitasyon sistemini de mümkün kılacaktır.

Nörobiyolojiyle ilgili daha iyi bir anlayışa kavuşmak, daha iyi toplumsal politikaları da beraberinde getirecektir. İyi de bu, kendi yaşamımızı anlamamızla ilgili ne söyleyecektir bize?

## KENDİNİ BİLMEK

> "Bil öyleyse kendini ve bırakma işini Tanrı'ya. İnsansa üzerinde çalışacağın, bakacağın da yine insandır, unutma."
>
> –Alexander Pope

Fransız deneme yazarı Michel de Montaigne otuz sekizinci yaş günü olan 28 Şubat 1571'de, hayatında kökten bir değişime gitme kararı aldı. Toplumsal hayattan elini eteğini çekti, büyük malikânesinin arkasındaki kuleye bin kitaplık bir kütüphane kurdu ve yaşamının geri kalanını onu en çok ilgilendiren karmaşık, uçucu ve çok yönlü konu hakkında denemeler yazarak geçirdi. Bu konu, *kendisi* idi. Vardığı ilk sonuç, insanın kendini bilme arayışının abesle iştigalden öte bir şey olmadığıydı; çünkü sürekli değişim geçiren özbenlik, tanımın önüne geçmeye mahkûmdu. Ama bu, onu yine de aramaktan alıkoyamadı. Sorduğu soru ise yüzyıllar boyunca kulaklarda çınladı: *Que sais-je?* (Ne biliyorum?)

Bu, o zamanlarda olduğu kadar, günümüzde de iyi bir sorudur. İçsel evrenle ilgili gözlemlerimiz, kendimizi bilmek konusunda varmış olduğumuz o ilk yalın ve sezgisel görüşlerden kurtarır bizi. Görürüz ki kendimizi tanımak, içeriden olduğu kadar (iç gözlem yoluyla) dışarıdan da (bilim yoluyla) çalışmayı gerektirir. Bu, iç gözlem konusunda kendimizi geliştiremeyeceğimiz anlamına gelmez. Ne de olsa, orada gerçekten ne gördüğümüze tıpkı bir ressam gibi dikkat etmeyi öğrenebilir, iç sinyallerimizle de tıpkı bir yogi gibi daha yakından ilgilenebiliriz. Ama iç gözlemin de sınırları vardır. Şu kadarını düşünün yeter: Çevresel sinir sisteminiz, bağırsaklarınızda gerçekleşen etkinliklerin denetimi için tam yüz milyon nöronu görevlendirmiştir (buna "enterik" [bağırsak ile ilgili] sinir sistemi adı verilir). Yüz milyon nörondan bahsediyoruz burada. Ve istediğiniz kadar iç gözlemde bulunun, bu işleyişi değiştirecek hiçbir şey yapamazsınız. Gerçi yapmak da istemezsiniz olasılıkla. Sistemin bu şekliyle, yani otomatik ve optimize düzenekler halinde işleyerek yiyecekleri bağırsaklarınızda yönlendirmesi, fikrinizi sormadan sindirim fabrikasını denetleyecek kimyasal sinyalleri sağlaması sizin için çok daha hayırlı olacaktır.

Bırakın erişim yokluğunu, erişim yasağı bile söz konusu olabilir böyle bir durumda. Meslektaşım Read Montague bir keresinde bizi kendimizden koruyan algoritmalara sahip olabileceğimiz düşüncesini dile getirmişti. Bilgisayarlar, işletim sistemince erişilmez olan önyükleme kesimine (boot sector) sahiptir. Önyükleme kesimi, bilgisayarın çalışması için, üst düzeyde başka sistemlerin, erişebilecekleri iç yollar bulmalarına izin verilemeyecek ölçüde önemlidir. Montague, kendimiz üzerinde ne zaman çok fazla düşünsek, bir anda "boşluğa düşme" eğilimine girdiğimizi söylemişti. Bunun nedeni, belki de önyükleme kesimine fazla yaklaşmamızdı. Ralph

Waldo Emerson ise bir yüzyılı aşkın süre önce şöyle yazmıştı: "Her şey, kendimize ulaştığımız yolu keser."

Bizi biz yapan şeyin büyük bölümü, görüşlerimizin ya da seçimlerimizin dışında kalır. Güzellik ya da cazibe anlayışınızı değiştirmeye çalıştırdığınızı varsayın. Toplum sizden, şu anda tercih etmediğiniz cinse karşı bir eğilim geliştirip bunu sürdürmenizi isteseydi ne olurdu? Ya da cazip bulduğunuz yaş aralığının çok dışındaki bir kişiye ilgi göstermenizi bekleseydi? Ya da başka bir türe? Bunu yapabilir miydiniz? Çok kuşkulu. En temel güdüleriniz, nöral devrelerinizin dokusuna sıkıca kaynamış durumdadır ve bunlar sizin için erişilmezdir. Bazı şeyleri diğerlerinden daha çekici bulsanız da nedenini bilmezsiniz.

Enterik sinir sisteminiz ve kendi cazibe anlayışınız size ne kadar yabancıysa, iç evreninizin neredeyse tümü de o kadar yabancıdır. Aklınıza birden gelen yeni fikirler, hayaller âlemine daldığınız zamanki düşünceleriniz, rüyalarınızın tuhaf içeriği... Bütün bunlar, size gözden ırak kafa-içi mağaraların sunduğu şeylerdir.

Öyleyse bütün bunlar, Didim'deki Apollon Tapınağı'nın girişinde belirgin harflerle yazılmış Yunanca γνώθι σεαυτόν –kendini bil– ifadesi açısından ne anlam taşır? Nörobiyolojimizi inceleyerek kendimizi daha iyi tanımamız mümkün müdür? Evet ama yalnızca belirli koşullarda. Fizikçi Niels Bohr, kuantum fiziğinin sunduğu büyük gizemler karşısında, atomun yapısını anlamanın tek yolunun, "anlamak" fiilinin tanımını değiştirmek olduğunu söylemişti. Artık atomun resmi çizilemiyordu, doğru, ama bunun yerine "davranışlarını" on dört ondalık basamağa ulaşabilen ayrıntıyla açıklayacak deneyler tasarlanabiliyordu. Kaybedilen varsayımların yerini çok daha zengin başka şeyler almıştı artık.

Tıpkı bunun gibi, insanın kendisini bilmesi de "bilmek" fiilinin tanımını değiştirmekten geçiyor olabilir. Kendinizi bilmek, artık bilinçli *siz*in beynin dev malikânesinde yalnızca küçücük bir odada oturduğu ve sizin için kurulan gerçekliğin üzerinde çok az söz hakkı olduğu anlayışını gerektirmektedir. Bu kavram, artık yeni yollarla ele alınmak zorundadır.

Diyelim ki, kendini bilme fikrinin Yunan kökenleri hakkında daha fazla şey öğrenmek için benden onu biraz daha açıklamamı istediniz. Eğer size "Bilmek istediğiniz her şey, γνώθι σεαυτόν harflerinde gizli" şeklinde bir yanıt verirsem, bu işinize fazla yaramayacaktır. Eğer Yunanca okumayı bilmiyorsanız, bu harfler sizin için gelişigüzel birtakım şekiller olmaktan öteye gitmez. Yunanca okumayı *bilseniz bile* ifadenin altında yatan fikir, harflerden çok daha fazlasını içermektedir. Bu nedenle, ifadenin köken aldığı kültürü, iç gözleme yapılan vurguyu ve aydınlanmaya götürecek bir yol olarak neden önerildiğini bilmek istersiniz.[3] Sonuçta bu deyişi anlamak, harfleri öğrenmekten fazlasını gerektirir. İşte trilyonlarca nörona ve bunların oradan oraya giden seksilyonlarca protein ve biyokimyasallarına baktığımızda da durum farksızdır. O halde, bize hiç de aşina gelmeyen bu perspektiften bakıldığında ne anlama gelir kendimizi bilmek? Birazdan göreceğimiz gibi, nörobiyolojik verilere ihtiyacımız var ve ayrıca bundan epeyce fazlasına da.

Biyoloji muhteşem bir yaklaşımdır ama sınırlıdır da. Sevgiliniz size şiir okurken, bir tıbbi skopi cihazının borusunu boğazından aşağı doğru ittiğinizi düşünün. Spazmlar halinde kasılıp gevşeyen sümüksü ve parlak ses tellerini böylelikle yakından iyice görebilirsiniz. Mideniz bulanana kadar incelemeye devam etseniz de –ki, biyolojinin sunduğu bu görüntüye ne kadar tahammül edebileceğinize bağlı olarak, incelemeniz o kadar da uzun sürmeyebilir– gördükleriniz size sevgilinizle yaptığınız gece sohbetlerini neden bu kadar sevdiğinizi daha iyi anlatmayacaktır. Biyoloji ham haliyle ancak kısmi bir bakış sunar size. Şu anda yapabileceğimiz en iyi şey biyolojiden destek almak olsa da, eksiksiz olmaktan çok uzak bir tabloyla karşı karşıyayız. Şimdi bu konuyu biraz daha ayrıntılı inceleyelim.

## FİZİKSEL PARÇALARDAN OLUŞMAK NE DEMEKTİR VE NE DEMEK DEĞİLDİR?

Beyin hasarıyla ilgili en ünlü örneklerden birinin öznesi, Phineas Gage adlı yirmi beş yaşındaki bir ustabaşıdır. *Boston Post* gazetesi, 21 Eylül 1848'de "Korkunç Kaza" başlığı altında kendisiyle ilgili kısa bir yazı yayımlamıştı:

> Cavendish'teki demiryollarında ustabaşı olarak çalışan Phineas Gage, kaya parçalamak için barut doldururken toz aniden patla-

> dı ve o sırada kullanmakta olduğu üç buçuk santimetre çapında, yüz on üç santimetre boyundaki aletin başına saplanmasına neden oldu. Demir çubuk yüzünün yan tarafından girip üst çeneyi parçaladıktan sonra sol gözün arkasından geçerek başın üst kısmından dışarı çıktı.

Demir çubuk şangırtıyla yirmi metre kadar öteye düşmüştü. Gage, fırlayan bir cismin kafatasını delmesi sonucu beyninin bir parçasını kaybeden ilk kişi olmasa da, böyle bir olay sonucunda ölmeyen ilk kişiydi. Bilincini bile kaybetmemişti.

Olay yerine gelen ilk hekim olan Dr. Edward H. Williams, Gage'in ifadesine inanmayarak "aldanmış olabileceğini" düşünmüştü. Williams işin ciddiyetini ancak "Bay G. ayağa kalkıp da kustuğunda" anlamıştı: "Kusmanın yarattığı basınçla yarım çay fincanı boyutlarında bir beyin parçası da dışarı itilerek yere düştü."

Vakayı inceleyen Harvardlı cerrah Dr. Henry Jacob Bigelow ise şöyle yazıyordu: "Bu vakanın en çarpıcı özelliği, olanaksızlığıdır. ... Cerrahi literatürü içinde eşi benzeri yoktur."[4] *Boston Post* ise bu olanaksızlığı tek bir cümle ilavesiyle özetleyivermişti: "Bu üzüntü verici olayı benzerlerinden ayıran en çarpıcı yönü, Phineas Gage'in bugün öğleden sonra saat iki itibariyle, üstelik de aklı başında ve ağrısız sancısız halde hayatta olmasıdır."[5]

Gage'in hayatta kalmış olması bile onu ilginç bir vaka kılmaya tek başına yeterdi ama vaka ilginç olmakla kalmayıp ünlenmişti de çünkü gün ışığına çıkan bir şey daha vardı. Kazadan iki ay sonra dokturu Gage'in "kendisini her bakımdan daha iyi hissettiğini ... evin içinde rahat rahat dolaştığını ve başında herhangi bir ağrı olmadığını" rapor etmişti. Ama "iyileşme sürecine girmiş gibi görünüyor; tabii kontrol edilebilmesi durumunda" sözleri daha büyük bir sorunun habercisiydi.

"Kontrol edilebilmesi durumunda" sözleriyle neyi kastediyordu? Anlaşıldı ki, kazadan önceki Gage, ekibi arasında "çok sevilen", işverenleri tarafından da "ustabaşları arasında en verimli ve beceriklisi" olarak betimlenen bir kişiyken, beynindeki değişim sonucunda işverenlerinin gözündeki yeri tümüyle değişmişti: "Zihnindeki değişim öylesine büyüktü ki, işverenleri onu bir daha işe alamayacaklarını söylediler." Gage'in tedavisini üstlenen Dr. John Martyn Harlow, 1868'de şöyle yazıyordu:

> Zihinsel becerileriyle hayvansal eğilimleri arasındaki denge, ortadan kalkmış görünüyor. Son derece değişken, saygısız ve kimi zaman da (eskiden asla yapmayacağı şekilde) olabilecek en kaba küfürleri savurabiliyor. Arkadaşlarına çok nadiren saygıyla yaklaşıyor, arzularıyla çelişen herhangi bir kısıtlama ya da öğüt karşısında sabırsız, bazen inanılmayacak ölçüde inatçı, ama buna rağmen yine de kaprisli ve kararsız. Geleceğe ilişkin çok sayıda plan yapıyor ama bunları kurguladığı anda bir kenara atıp daha uygun gördüğü yenilerine yöneliyor. Zihinsel kapasite ve uygulamalarında bir çocuk, ama güçlü bir adamın hayvansal tutkularına sahip. Oysa kazadan önce eğitim görmemiş olduğu halde dengeli bir zihne sahipti ve kendisine bütün iş planlarını sebatla uygulayan enerjik, becerikli ve akıllı bir işadamı gözüyle bakılırdı. Zihni, bu açıdan kökten bir değişime sahne olmuş durumda, üstelik de öylesine büyük bir kararlılıkla ki, bütün arkadaş ve tanıdıkları, onun "eski Gage olmadığını" söylüyorlar.[6]

Aradan geçen 143 yıl içinde doğanın buna benzer trajik deneylerinden daha pek çoğuna (beyin kanamaları, tümörler, doku bozulmaları ve hasarın aklınıza gelebilecek her türü) tanık olduk ve bunlar da Phineas Gage'inkine benzer birçok başka vaka ortaya çıkardı. Bütün bu vakalardan alınabilecek ders aynıdır: Beyninizin içinde bulunduğu koşullar, kim olduğunuz açısından merkezi önem taşır. Bütün arkadaşlarınızın tanıyıp sevdiği *siz*, beyninizdeki transistör ve vidalar yerli yerinde olmaksızın var olamaz. Eğer buna inanmıyorsanız, herhangi bir hastanedeki herhangi bir nöroloji servisine girin ve bakın. Beynin küçük parçalarına gelen hasarlar bile şaşılası derecede özel bazı becerilerin kaybıyla sonuçlanabilir; hayvanları isimlendirme, müziği işitme, riskli davranışlarla baş etme, renkleri ayırt etme ve basit kararlar vermede yaşanan kayıplar gibi. Buna benzer durumları, hareketi algılama becerisi kaybolan hasta örneğiyle 2. Bölüm'de, riskli davranışlarda denetim becerilerini kaybeden Parkinson hastası kumarbazlar ve frontotemporal hasarlı arakçılar örnekleriyle de 6. Bölüm'de gördük. Beyindeki değişimle birlikte, bu kişileri kendileri yapan şey de değişmişti.

Tüm bunlar, bizi çok temel olan bir soruya yöneltiyor: Biyolojimizden ayrı olan bir ruh taşıyor muyuz; yoksa umutlarımızı, özlemlerimizi, düşlerimizi, arzularımızı, espri anlayışımızı ve tutkularımızı mekanik biçimde üreten son derece karmaşık bir biyolojik ağdan mı ibaretiz yalnızca?[7] Gezegendeki insanların çoğu oylarını biyoloji dışı ruh yönünde kullanırken, nörobilimcilerin çoğu da ikincisi, yani çok geniş bir fiziksel sistemden kaynaklanan doğal bir özellik biçiminde tanımlanabilecek bir "öz" yönünde kullanır. Hangi yanıtın doğru olduğunu biliyor muyuz? Hayır, kesin biçimde bilmiyoruz ama Gage ve benzeri vakaların kefeyi belli bir tarafa doğru eğdiği de ortada.

*Maddeci* (materialist) bakış açısı, bize temelde yalnızca fiziksel maddelerden yapılı olduğumuzu söyler. Buna göre beyin, işleyişi kimya ve fizik yasalarıyla yönlendirilen bir sistemdir; sonuçta da bütün düşünce, duygu ve kararlarımız, en düşük potansiyel enerji düzeyinde bile yerel yasalara tabi doğal tepkilerin ürünüdür. Bizler beynimiz ve içerdiği kimyasalların ta kendisiyizdir ve hangi düzeyde olursa olsun sinir sistemimizin düğmeleriyle oynandığında *kim olduğumuz* da değişikliğe uğrar. Maddeciliğin karşımıza sık çıkan bir versiyonu da *indirgemecilik*tir (reductionism). Bu kuram da mutluluk, açgözlülük, narsisizm, şefkat, kin, temkinlilik ve hayranlık gibi karmaşık fenomenleri anlamamızın yolunun, onları küçük ölçekli biyolojik parçalarına kademeli biçimde *indirgemekten* geçtiğini ileri sürer.

İndirgemeci görüş, ilk bakışta çok kişiye saçma gelir. Bunu biliyorum, çünkü uçakta yanımda oturanlara sıklıkla bu konudaki fikirlerini sorarım, onlar da genellikle şuna benzer bir şeyler söyler bana: "Çevrendeki onca şeye bir bak. Karıma nasıl âşık olduğum, şimdiki işimi nasıl seçtiğim ve bunun gibi bir sürü şeyin, *beynimin* kimyasıyla hiçbir ilişkisi yok. Bu sadece benim *kim olduğumla* ilgili." Sizin bir kişi olarak özünüz ile süngerimsi bir hücreler ittifakının uzaktan yakından bir ilgisi olamayacağını düşünmekte haklıdırlar da. Bu yolcuların kararları, gözle görülemeyecek küçüklükteki döngüler boyunca akıp giden bir alay kimyasaldan değil, *kendilerinden* çıkmıştır ne de olsa; öyle değil mi?

Öyleyse Phineas Gage'inki gibi durumlarla karşılaştığımızda ne olacak? Ya da dikkatimizi, etkisini beyin üzerinde göstererek kişiliğin değişmesine neden olan, demir bir çubuktan çok daha incelikli başka etkenlere çevirdiğimizde?

Narkotik maddeler adını verdiğimiz küçük moleküllerin güçlü etkilerini düşünün. Bunlar bilinç durumunu değiştirir, bilişselliği etkiler ve davranışlara yön verir. Bizler bu maddelerin kölesiyizdir. Tütün, alkol ve kokain, ruh halini değiştirmek gibi evrensel bir amaçla insanların kendilerine uyguladıkları maddelerdir. Nörobiyoloji hakkında başka hiçbir şey bilmesek de, narkotiklerin varlığı bile, davranış ve psikolojimizin moleküler düzeyde yönlendirilebileceğine dair bütün kanıtları sunmak için yeterlidir. Örnek olarak kokaini alalım. Bu kimyasal, ödüllendirici olayları (susuzluğunuzu soğuk bir buzlu çayla gidermekten tutun beklediğiniz gülümsemeyi görmeye, zor bir problemi çözmekten tutun "İyi iş çıkardın!" övgüsünü duymaya varana dek her türlü ödüllendirici durumu) kaydeden özel bir beyin ağıyla etkileşim halindedir. "Mezolimbik dopamin sistemi" olarak bilinen bu yaygın nöral devre olumlu sonuçları, onlara kaynak olan davranışlara bağlayarak dünyayla kurduğumuz ilişkide davranışlarımıza en uygun biçimi vermeyi öğrenir; yiyecek, içecek ve eş bulmada olduğu kadar günlük kararlarımızı vermede de bize yardımcı olur.*

Kokain tek başına aslında hiç de ilgi çekici bir molekül değildir: on yedi karbon, yirmi hidrojen, bir azot ve dört oksijen atomu. Kokaini *kokain* yapan, kazara almış olduğu şeklin, ödül devrelerinin mikroskopik düzeneğiyle anahtar-kilit uyumu göstermesidir. Aynı şey bağımlılık yapan dört temel kimyasal sınıfı için de geçerlidir: alkol, nikotin, uyarıcılar (amfetaminler gibi) ve opiyatlar (morfin gibi). Bunların hepsi o ya da bu yoldan ödül devrelerine bağlanır.[8] Mezolimbik sistemi canlandıran maddeler kullanıcıda kendilerini pekiştirici etkide bulunur ve bu kişiler sırf bu özel biçimli molekül-

* Bu ödül devresinin temel mimarisi evrimsel süreç içinde büyük ölçüde korunmuştur. Bir balarısının beyni, sizin beyninizle aynı ödül programlarından yararlanır; aynı yazılım programını, daha kompakt bir donanım üzerinde çalıştırır yalnızca. (Bkz. Montague ve ark. "Bee foraging" / "Arılarda besin bulma")

leri almayı sürdürebilmek için dükkân soymak ya da yaşlılardan çalmaktan çekinmezler. Aynı kimyasallar, sihirlerini saç teli kalınlığının binde biri ölçeklerde göstererek, kullanıcıların kendilerini yenilmez ve aşırı mutlu hissetmelerini sağlar. Dopamin sistemine bağlanan kokain ve akrabaları, beyne bundan daha iyisinin olamayacağını söyleyerek, ödül sisteminin yönetimini ele geçirir ve bu kadim devreler böylece kaçırılmış olur.

Kokain molekülleri, Phineas Gage'in beynini delip geçen demir çubuktan yüz milyonlarca kez küçük olmakla birlikte, alınacak ders aynıdır: Kim olduğumuz, nörobiyolojimiz üzerindeki toplam etkiye bağlıdır.

Dopamin sistemi, verilebilecek yüzlerce örnekten yalnızca biridir üstelik. Düzinelerce başka sinirsel ileticinin (örneğin; serotonin) mutlak düzeyleri kendinizi nasıl biri olarak gördüğünüz konusunda kritik önem taşır. Eğer klinik depresyondan mustaripseniz, size reçete edilen ilaç, büyük olasılıkla seçici serotonin geri-alım baskılayıcısı (selective serotonin reuptake inhibitor – SSRI) olarak bilinen ilaç grubunun bir üyesi olacaktır: fluoksetin, sertralin, paroksetin ya da sitalopram. Bu ilaçların etkilerini nasıl gösterdiğine dair bilmeniz gereken her şey "geri-alım baskılayıcısı" sözcüklerinde gizlidir: Normalde, "taşıyıcı" (transporter) olarak adlandırılan kanallar, nöronlar arası boşlukta bulunan fazla serotonini geri toplar; bu kanalların baskılanması, beyindeki serotonin düzeyinin artmasına neden olur. Artmış serotonin konsantrasyonu ise biliş (cognition) ve duygular üzerinde doğrudan etki gösterir. Bu ilaçları alanlar, öncesinde yatağın kenarına oturmuş ağlarken, şimdi ayağa kalkmış, duşunu almış, işini geri kazanmış ve yaşamındaki insanlarla yeniden sağlıklı ilişkiler kurmuş olarak bulabilirler kendilerini. Ve bunların hepsi de sinirsel iletici sistemleri üzerinde yapılan belli belirsiz bir ince ayar sayesindedir.[9] Anlattığım, artık bu kadar sıradan hale gelmiş bir öykü olmasaydı, işin tuhaflığı daha iyi anlaşılabilirdi.

Bilişsel durumunuzu etkileyen, yalnızca sinirsel ileticiler değildir. Aynı şey kanda dolaşıp, uğradığı her noktada ortalığı karıştıran küçücük moleküller olan hormonlar için de geçerlidir. Eğer bir dişi sıçana östrojen verirseniz anında eş aramaya başlar; erkek fareye verilen testosteron ise onda saldırganlığa neden olur. Bir önceki bölümde, aldığı fazla miktarda testosteron sonucu geçirdiği hormonal öfke krizi sırasında karısıyla çocuğunu öldüren güreşçi Chris Benoit'nın öyküsünü öğrendik. 4. Bölüm'de ise vazopresin hormonunun sadakatle ilişkili olduğunu gördük. Bir başka örnek olarak da, normal âdet döngülerine eşlik eden hormonal değişimleri ele alalım. Geçenlerde, âdet döngüsünün etkisiyle ruh hali diplere vurmuş bir arkadaşım, yorgun bir gülümsemeyle bana şöyle dedi: "Biliyorsun, her ayın birkaç gün boyunca ben, ben değilim." Kendisi de bir nörobilimci olan bu arkadaşım, sonra bir an durdu, düşündü ve devam etti: "Ya da belki ben gerçekte *buyum* ve ayın geri kalan yirmi yedi gününde de başka biriyim." İkimiz de güldük. Kendisini, vücudundaki kimyasalların bir toplamı olarak görmek, onu hiçbir şekilde ürkütmüyordu. Kendisini *kim olarak* gördüğümüzün, zamansal bir ortalamaya bağlı olduğunun farkındaydı.

Tüm bunlar özbenliğimizle ilgili tuhaf denebilecek bir anlayışa götürür bizi. Biyolojik çorbamızda müdahale edemediğimiz dalgalanmalar nedeniyle kendimizi kimi günler diğer günlere göre daha sinirli, esprili, hoşsohbet, sakin, enerji dolu ya da akıllı bulabiliyoruz. İç yaşamımız ve dış davranışlarımız, ne doğrudan bir tanışıklığımız ne de doğrudan bir erişimimiz olan biyolojik kokteyllerce yönlendiriliyor.

Zihinsel yaşamımız üzerindeki etkilerin sıralı olduğu uzun listenin kimyasalların ötesine de uzanarak, devrelerdeki ayrıntıları da içerdiğini unutmamak gerekir. Sara örneğini ele alalım. Sara nöbeti eğer şakak lobundaki (temporal lob) belirli bir noktada odaklanıyorsa kişi motor nöbetler geçirmeyecek, daha üstü kapalı bir deneyim yaşayacaktır. Bir tür bilişsel nöbet olarak tanımlanabilecek bu etki, kişilik değişimleri, aşırı dinsellik (din saplantısı ve din konusunda kendinden aşırı emin olma), hipergrafi (genellikle de din olmak üzere belirli bir konuda aşırı derecede yazma isteği duyma), çevrede bir dışsal varlık olduğu yanılgısı ve sıklıkla da, tanrıya atfedilen sesler duyma gibi durumlarla kendini gösterir.[10] Tarihte ortaya çıkmış peygamberler, kahramanlar ve liderlerin bir bölümünün şakak lobu odaklı sara hastaları olduğu düşünülmektedir.[11] Baş melek Mikail'in, İskenderiyeli Azize Katerina'nın, Azize Margaret'in ve Cebrail'in seslerini duyduğu konusunda hem kendisini hem de Fransız askerlerini ikna ederek on altı yaşındayken Yüz Yıl Savaşları'nın gidişatını değiştirmeyi başaran Jean D'Arc'ı düşünün. Kendisi, bu deneyimini şöyle anlatmıştı: "On üç yaşımdayken, Tanrı'nın, kendimi yönlendirmemde bana yardımcı olan sesini duydum. İlk seferinde çok korkmuştum. Ses bana öğle vakti duyurmuştu kendini. Mevsimlerden yazdı ve o sırada babamın bahçesindeydim." Şöyle devam ediyordu: "Tanrı bana gitmemi emrettiğine göre gitmeliydim. Ve bu emri bana veren Tanrı olduğu için, yüz babaya ve yüz anneye sahip olsaydım ya da bir kralın kızı olsaydım bile giderdim yine de." Geriye dönük kesin tanı koymak bu durumda olanaksız olsa da Jean D'Arc'ın sunduğu veriler, artan dindarlığı, süregiden sesler, şakak lobu sarasıyla kesinlikle uyumludur. Beyin doğru noktada uyarıldığında, insan sesler duyar. Doktor, sara etkilerine karşı koyacak ilaçlar yazdığındaysa nöbetler ortadan kalkar, sesler kaybolur. Sonuçta gerçekliğimiz, biyolojimizin ne işler karıştırdığına bağlıdır.

Bilişsel yaşamınızı etkileyen faktörler arasında insan dışı minicik yaratıklar da yer alır: Virüs ve bakteri gibi mikroorganizmalar, içimizde göze görünmeyen savaşlara yol açarak davranışı son derece özgül biçimde yönlendirebilir. Mikroskopik ölçekteki bir organizmanın dev bir makinenin davranışına nasıl hükmedebildiğine ilişkin en sevdiğim örnek, kuduz virüsüdür. Bir memeliden diğerine ısırıkla geçen bu mermi biçimli küçücük virüs, yol olarak kullandığı sinirler üzerinden beynin şakak lobuna varır. Burada yerel nöronlara kendisini sinsice kabul ettirir ve yine yerel düzeydeki etkinlik örüntülerini değiştirerek bulaştığı canlıda saldırganlık ve şiddetli öfke nöbetlerinin yanında, ısırma dürtüsüne de neden olur. Virüsün tükürük bezlerine de yerleşebiliyor olması, ısırıkla birlikte bir sonraki canlıya geçişini sağlar. Sonuçta, hayvanın davranışlarını yönlendirerek, başka hayvanlara yayılımını da garanti altına almıştır. Bunu bir düşünün: Boyutları metrenin yetmiş beş milyarda birini aşmayan küçücük bir virüs, kendisinden yirmi beş milyon kat büyük bir hayvanın devasa vücuduna komuta ederek hayatta kalmayı başarıyor. 45.000 kilometre uzunluğunda bir canlının davranışlarını kendi istediğiniz yöne çekmenin akıllıca bir yolunu bulmanıza eşdeğer bir durumdur bu.[12] Bundan alınacak kritik önemdeki ders, beyin içinde gerçekleşen gözle görülemeyecek ölçüdeki küçük değişimlerin bile, davranışta çok büyük değişimlere neden olabileceğidir. Seçimlerimiz, içimizdeki düzeneğin en küçük ayrıntılarına bile ayrılmaz biçimde bağlanmış durumdadır.[13]

Biyolojiye olan bağımlılığımıza son örnek olarak, tek bir gendeki küçük bir mutasyonun da davranışı belirleyip değiştirebileceğini söyleyelim. Alın korteksinde (frontal korteks) ilerleyerek gelişen bazı hasarların kişilik değişimlerine yol açtığı Huntington hastalığında saldırganlık, sekse aşırı düşkünlük (hiperseksüalite), dürtüsel ve toplumsal kuralları hiçe sayan davranışlar vb. belirtiler, fark edilmesi daha kolay spastik kol bacak hareketlerinden yıllar önce ortaya çıkar.[14] Burada konumuz açısından asıl önemli nokta, Huntington hastalığının tek bir gende gerçekleşen bir mutasyonla ortaya çıktığıdır. Robert Sapolsky'nin özetlediği gibi "On binlerce gen arasından tek bir tanesindeki bir değişiklik, ömrün ortalarında bir yerde dramatik bir kişilik değişimiyle sonuçlanacaktır."[15] Bu tür örnekler karşısında kimliğimizin özünün, biyolojimizin ayrıntılarına bağımlı olduğu dışında bir sonuca varabilir miyiz? Bir Huntington hastasına, özgür iradesini kullanıp böyle tuhaf davranmaktan vazgeçmesini söyleyebilir miyiz?

Böylece anlıyoruz ki narkotik, sinirsel iletici, hormon, virüs ve gen olarak adlandırdığımız görünmez moleküller, küçücük ellerini davranışlarımıza yön veren dümenin üzerine yerleştirebiliyorlar. Ne zaman ki içeceğinize biraz alkol katılır, sandviçinizin üzerine hapşırılır ya da genomunuzda bir mutasyon gerçekleşir, işte teknenin rotası da o zaman sapar. İstediğiniz kadar direnin, içinizdeki düzenekte gerçekleşen değişiklikler sizi de değiştirecektir. Bütün bu gerçeklerin ışığında, nasıl biri olmak istediğimizi "seçme" şansına sahip olup olmadığımız bile belli olmaktan çok uzaktır. Nöroetik uzmanı Martha Farah'ın ifadesiyle, bir antidepresan tableti "günlük sorunlarımızı mesele yapmamamıza, bir uyarıcı ilaç da işyerindeki işleri zamanında yetiştirmemize ve görevlerimizi yerine getirmemize yardımcı olabiliyorsa, temkinli ve ölçülü bir ruh hali de insan vücudunun bir niteliği olamaz mı? Yanıt eğer evetse, insanlarla ilgili olup da onların vücutlarının bir özelliği *olmayan* bir şey var mıdır o zaman?"[16]

Nasıl biri haline geldiğiniz öylesine büyük bir etkenler ağına bağlıdır ki, moleküllerle davranışlar arasında bire bir eşleştirme yapmak tahminen hiçbir zaman mümkün olmayacaktır (birazdan bu konuya değineceğiz). Ancak bütün bu karmaşıklığa rağmen dünyanız biyolojinize doğrudan bağlanmış durumdadır. Ve eğer ruh diye bir şey varsa da, bunun da en iyi ihtimalle mikroskopik ayrıntılarda geriye dönüşsüz biçimde düğümlenip kaldığını düşünebiliriz ancak. Gizemli varlığımızla ilişkili olarak ortalıkta başka neler dönüyor olursa olsun, biyolojiyle olan bağımız konusunda kuşku yoktur. Bu açıdan baktığımızda, biyolojik indirgemeciliğin modern beyin bilimlerinde neden sağlam bir tutunma noktası bulduğunu anlayabiliriz. Ancak bütün hikâye de indirgemecilikten ibaret değildir.

## PASAPORTUNUZUN RENGİNDEN, BELİREN ÖZELLİKLERE

Çoğu kişi, genetik kod çizelgemizde yer alan milyarlarca harf uzunluğundaki dizilimin şifresini başarıyla çözmüş olduğumuz İnsan Genom Projesi'nden haberdardır. Proje, aldığı alkışı hak eden devrim niteliğindeki bir başarıdır.

Ama projenin bir bakımdan da başarısız olduğunu duyanların sayısı fazla değildir. Kodun dizilimi bir bütün olarak ortaya çıktığında, yalnızca insanda var olan genlerle ilgili bulmayı umduğumuz çığır açıcı yanıtlar ortada yoktu bir kere. Onun yerine keşfettiğimiz şey, biyolojik organizmalara ait temel yapıların inşasını içeren devasa bir tarifler kitabıydı. Gördük ki, başka hayvanlar da temelde bizimle aynı genoma sahipti; çünkü yalnızca farklı şekillerde düzenlenmiş aynı temel parçalardan oluşmaktaydılar. İnsan genomu kurbağa genomundan o kadar da farklı olmasa bile, insanlar kurbağalardan ciddi biçimde farklıdırlar; en azından başlangıçta birbirlerinden oldukça farklı *görünürler*. Ancak hatırlayalım ki her ikisi de göz, dalak, deri, kemik, kalp gibi organ ve dokuların yapımı için tariflere gereksinim duyar. Sonuçta iki genom birbirinden o kadar da farklı değildir. Farklı fabrikaları ziyaret edip kullanılan vidaların diş aralıkları ve uzunluklarını incelediğinizi farz edin. Bu inceleme size nihai ürünün ne olduğu hakkında (örneğin; tost makinesi mi saç kurutma makinesi mi) çok az şey söyleyecektir. Çünkü her ikisi de, farklı işlevler görmek üzere farklı şekilde düzenlenmiş benzer elemanlar içerir.

Öğrenmeyi umduğumuz şeyi öğrenememiş olmamız, İnsan Genom Projesi'ne yöneltilen bir eleştiri değildir; çünkü bunun bir ilk adım olarak zaten yapılması gerekiyordu. Asıl hayal kırıklığı, birbirini izleyen indirgenme düzeylerinin, bizler için önemli sorular hakkında çok az şey söyleyebilecek olduğunun anlaşılmasıdır.

Huntington hastalığı örneğine dönersek, hastalığa yakalanıp yakalanmayacağınızın tek bir genle belirleniyor olması, indirgemecilik açısından bir başarı hikâyesi olarak algılanabilir. Ama unutmayalım ki bu hastalık, bu tür bir etkinin varlığının belirlenebildiği çok az sayıdaki örnekten biridir. Bir hastalığın *tek bir* mutasyona indirgenmesi son derece ender rastlanan bir durumdur, çünkü birçok hastalık "poligenetik" özelliktedir; yani onlarca, hatta yüzlerce farklı genin katkısıyla ortaya çıkar. Ayrıca, bilim daha iyi teknikler geliştirdikçe anlamaya başladık ki, genlerin yalnızca kodlayan bölümleri değil, bir zamanlar "hurda DNA" olarak adlandırılan ara bölgeler de önemlidir. Birçok hastalık, fazlasıyla karmaşık biçimlerde bir araya gelebilen çok sayıda küçük değişimin birer sonucudur.

Ancak durum, bir çoklu-gen sorunundan çok daha ciddidir: Genomun gerçek payı, ancak çevreyle etkileşim bağlamı içinde anlaşılabilir. Devreye giren genlerin çeşitli araştırma ekiplerince onlarca yıldır aranmakta olduğu şizofreniyi ele alalım. Bu hastalıkla ilişkilendirilebilen genler bulundu mu? Evet, bulundu; hatta yüzlercesi. Peki bu genlerden herhangi birine sahip olmak, kimin genç bir yetişkin olarak şizofreniye yakalanacağı hakkında bir tahminde bulunmamıza yardımcı oluyor mu? Çok az. Şöyle ifade edelim: Hiçbir tek-gen mutasyonu, şizofreninin öngörülebilirliği açısından pasaportunuzun renginin söylediği kadarını söyleyemez.

Pasaportunuzun şizofreniyle ne ilgisi mi var? Öyle anlaşılıyor ki, yeni bir ülkede göçmen olarak yaşamanın getirdiği toplumsal baskı, şizofreninin gelişmesinde devreye giren kritik etkenlerden biri.[17] Birçok ülkeyi kapsayan çalışmalara göre, kültür ve dış görünüş bakımından ev sahibi ülkeden en büyük farklılığı sergileyen göçmenler, en büyük risk grubunu oluşturmaktadır. Bir başka deyişle, çoğunluğun arasına kabul düzeyi ne kadar düşükse, şizofreninin ortaya çıkma olasılığı da o kadar yükselir. Henüz anlaşılamayan nedenlerle, toplumca reddedilmenin yinelenmesi durumunun, dopamin sistemlerinin normal işleyişini aksattığı düşünülmektedir. Ama bu genellemeler bile resmin bütününü göstermekte yetersiz kalır çünkü tek bir göçmen grubu içinde bile, kendini etnik farklılıkları bakımından daha kötü hissedenlerde psikozların gelişme olasılığı daha yüksekken, köklerinden gurur duyan ve bu konuda rahatsızlık duymayanlar, zihinsel bakımdan daha güvendedir.

Bu bilgi, çoğu kişiyi şaşırtmıştır. Şizofreni genetik bir hastalık mıdır, değil midir peki? Yanıt, genetiğin de *rol* oynadığı yönündedir. Eğer genetik, biçimleri diğerlerinden biraz ayrılan parçalar üretirse, belirli koşullardaki bir çevreye yerleştirilen sistem, bir bütün olarak normalin dışında bir işleyişe geçebilir. Bu biçim farklılıkları, bir başka çevrede hiçbir önem taşımayabilir de. Bütün bunların ışığında, bir kişinin nasıl birine dönüştüğü, DNA'sındaki moleküler seçeneklerden çok daha fazlasıyla belirlenmektedir.

Hatırlarsanız, eğer Y kromozomunu taşıyorsanız, bir şiddet suçu işleme olasılığınızın yüzde 828 kez fazla olduğunu söylemiştik. Bu ifade gerçeklere dayalı olsa da sorulacak asıl soru şu olmalıdır: Neden *bütün* erkekler birer suçluya dönüşmez? Erkeklerin yalnızca yüzde biri cezaevlerine kapatıldığına göre[18], nedir olup biten?

Bu soruya ancak, genlerinizdeki bilginin tek başına davranış hakkında çok da fazla şey söyleyemeyeceği yanıtını verebiliriz. Maryland'in kırsal bölgelerinde, maymunları doğal ortamlarında yetiştiren Stephen Suomi'nin çalışmalarını ele alalım. Araştırmacı, böyle bir çevrede maymunların toplumsal davranışlarını doğdukları günden başlayarak izleyebilmiştir.[19] Dikkatini çeken ilk şeyse, maymunların şaşılası ölçüde erken bir yaşta farklı kişilikler sergilemeye başlamaları olmuştu. Neredeyse bütün sosyal davranışlar dört ila altı ay arasında akranlarla oyun sırasında ortaya çıkıyor, bunlar defalarca uygulanıyor ve geliştiriliyordu. Bu gözlemin kendisi bile yeterince ilginçti ama Suomi bununla yetinmeyerek davranışlarla ilgili gözlemlerini, çeşitli hormon ve metabolit düzeylerinin düzenli arlıklarla ölçüldüğü kan testleriyle ve yanı sıra genetik analizlerle birleştirdi.

Sonuçlar, maymun yavrularının yüzde 20'sinin toplumsal kaygı (anksiyete) yaşadığını gösteriyordu. Yeni ve ılımlı ölçüde stres yaratıcı toplumsal durumlar karşısında gösterdikleri sıra dışı korku ve endişe davranışları, kanlarındaki uzun süreli stres hormonu artışlarıyla ilişkilendirilebilmekteydi.

Toplumsal yelpazenin öteki ucunda ise, yavruların yüzde 5'i normalin üzerinde saldırgandı. Hem dürtüsel hem de koşullarla orantısız olan bu davranışları sergileyen maymunların kanında, serotonin yıkımıyla ilgili bir metabolizma ürününün düzeyi düşük çıkmıştı.

İncelemelerini derinleştiren Suomi ve ekibi, serotoninin taşınmasında rol alan bir proteini kodlayan genin, bir bireyde iki farklı formdan (genetikçiler bunlara "alel" adını verir) biri halinde bulunabileceğini keşfettiler.[20] Bunları şimdilik kısa ve uzun formlar olarak adlandırırsak, genin kısa formuna sahip maymunlar öfke denetiminde başarısız olurken, uzun formu taşıyanlar normal davranış kontrolüne sahipti.

Ancak bu, hikâyenin yalnızca bir kısmıydı. Bir maymunun kişiliğinin nasıl geliştiği, yaşadığı ortama da bağlıydı. Yavru maymunun yetişmesinin iki yolu vardı: Ya annesinin yanı başında (olumlu ortam koşulları) ya da akranlarıyla (güvensiz bağlılık ilişkileri) büyüyecekti. Genin kısa formuna sahip maymunlar, akranlarıyla birlikte büyüdüklerinde saldırgan tipe dönüşüyor, ama annelerinin bakımı altında yetiştirildiklerinde sonuç çok daha olumlu olabiliyordu. Uzun gen formuna sahip maymunlarda ise yetişme koşulları pek bir şey değiştirmiyor gibiydi; maymunlar her iki duruma da uyum sağlayabiliyorlardı.

Bu sonuçları yorumlamanın en az iki yolu vardır. Birincisine göre uzun alel, olumsuz bir çocukluk ortamına karşı direnç sağlayan "iyi gen"dir (bir sonraki sayfadaki tabloda, sol-alt köşe). İkincisine göre ise iyi bir anne bakımı, normalde ortalıkta "kötü tohum" olarak dolaşabilecek maymunlara, zaaflarına karşı direnç sağlamaktadır (sağ-üst köşe). Getirilebilecek diğer yorumlar bir yana, bu iki yorum da aslında aynı önemli sonuca işaret eder: Nihai ürün, genetik ve çevrenin birleşiminin bir sonucudur.

| | *Akranlarla yetişmiş* | *Anne bakımında yetişmiş* |
|---|---|---|
| Kısa alel | **saldırgan** | **olumlu** |
| Uzun alel | **olumlu** | **olumlu** |

Maymunlarla yapılan çalışmaların kazandığı başarı sonucunda, gen-çevre etkileşimleri insanlar üzerinde de incelenmeye başladı.[21] 2001 yılında Avshalom Caspi ve çalışma arkadaşlarının depresyonla ilgili genlerin de var olup olmadığını merak ederek çıktıkları arayış, ilginç bir yanıta götürmüştü onları: "Eh işte." Bulgular, sizi depresyona yatkın hale getiren genlerin gerçekten de bulunduğunu, ama hastalığa yakalanıp yakalanmamanızın yaşadığınız olaylara bağlı olduğunu gösteriyordu.[22] Araştırmacılar bu sonuca varmadan önce düzinelerce kişiyle görüşmeler yapmış ve yaşamlarında ne tür travmatik olaylarla (sevilen birini kaybetmek, ciddi bir trafik kazası, vb.) karşılaştıklarını öğrenmeye çalışmışlardı. Çalışmada, özellikle de beyindeki serotonin düzeyinin ayarlanmasında devreye giren genin bir formu üzerinde yoğunlaşan araştırmacılar, her bir katılımcının genetik yapısını da incelemişlerdi. İnsanlar genden iki kopya taşıdıkları için (biri anneden, biri babadan olmak üzere), karşımıza üç farklı kombinasyon çıkabilmektedir: kısa/kısa, kısa/uzun ve uzun/uzun. Ortaya çıkan ilginç sonuç, kısa/kısa kombinasyonunun insanları klinik depresyona yatkın hale getirebildiği, ama bu etkinin yalnızca travmatik olayların artışıyla kendini gösterdiği biçimindeydi. Eğer iyi bir yaşam sürecek kadar şanslılarsa, kısa/kısa formunu taşısalar bile klinik depresyona yakalanmaları olasılığı, diğerlerine göre daha fazla değildi. Ama eğer birtakım ciddi sorunlar yaşamak durumunda kaldılarsa (özellikle de tümüyle kontrolleri dışında kalan sorunlar), bu kişilerde depresyon gelişmesi olasılığı, uzun/uzun kombinasyonunu taşıyanlardakine göre iki kat fazlaydı.

İkinci bir çalışma da toplumu derinden ilgilendiren bir endişeyi konu alıyordu. Anne babasının tacizine uğramış çocukların kendilerinin de benzeri davranışlar sergileyeceği endişesidir bu. Çoğu kişi buna inanır ama bu ifade doğru mudur gerçekten? Araştırmacıların dikkatini çeken şey, kötü muamele görmüş bazı çocukların büyüdüklerinde şiddete eğilimli kişiler olmasına karşılık, aynı durumun benzer başka çocuklar geçerli olmamasıydı. Bütün aşikâr etkenler kontrol altındayken, çocuklukta maruz kalınan kötü muamelenin, kişinin nasıl biri olacağında tek başına belirleyici olmadığı ortaya çıkıyordu. Şiddeti devam ettirenlerle ettirmeyenler arasındaki farkı anlamak isteyen Caspi ve meslektaşları, iki çocuk grubu arasındaki ayrımın, belirli bir genin ifade ediliş biçiminde* ortaya çıkan bir farktan kaynaklandığını buldular.[23] Genin düşük derecelerde ifade edildiği grupta, davranış bozukluklarının ortaya çıkması ve bu çocukların ileride şiddet suçu işlemeleri olasılığı daha yüksekti. Ancak bu istenmeyen sonucun ortaya çıkma olasılığı çocukların tacize uğramış olmaları durumunda çok daha yüksekti. Genin "kötü" versiyonunu barındırdıkları halde kötü muamele görmemişlerse, kendileri de ileride büyük olasılıkla bu tür davranışları benimsemeyeceklerdi. Genin "iyi" versiyonunu taşıyanlar ise, çocuklukta şiddetli tacize uğramış olsalar bile bu, şiddet döngüsünü ille de tekrarlayacakları anlamına gelmiyordu.

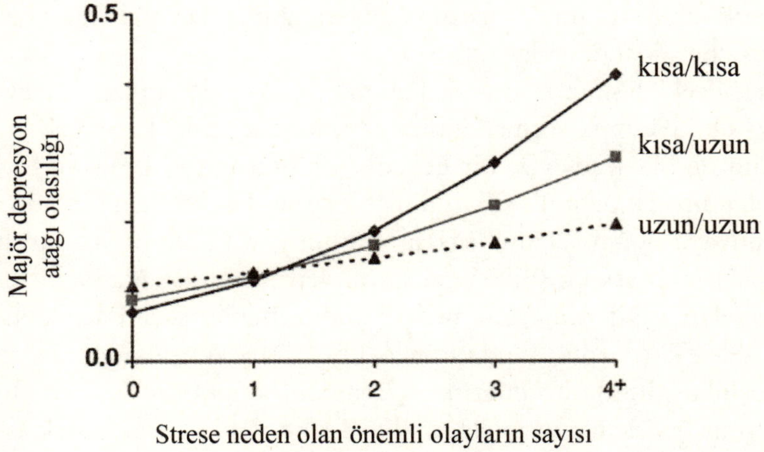


Genlerle gelen yatkınlık. Stres kaynağı olan deneyimler, neden herkeste değil de yalnızca bazı kişilerde depresyona yol açar? Yanıt, genetik yatkınlıkta gizli olabilir. Caspi ve ark., *Science*, 2003.

* "Gen ifadesi" terimi, genin kodladığı özelliğin dışavurumunu ifade eder, Ç.N.

Üçüncü bir örnek de, ergenlik döneminde esrar içmenin, yetişkinlikte psikoz olasılığını artırdığı yolundaki gözlemden gelmektedir. Bu bağlantı yalnızca bazı insanlar için geçerlidir. Buradaki can alıcı noktayı tahmin etmişsinizdir: Böyle bir duruma yatkınlığın altında yatan etken, genetik bir varyasyon olabilir. Belirli bir alel kombinasyonuyla, esrar kullanımı ve yetişkin psikozu arasında güçlü bir ilişki kurulabilirken, farklı bir kombinasyonla bu ilişki zayıflar.[24]

Angela Scarpa ve Adrian Raine adlı psikologlar da benzer şekilde, antisosyal kişilik bozukluğu (suçlular arasında sıklıkla görülen ve başkalarının duygu ve haklarını tümüyle hiçe sayma tutumuyla özetlenebilecek bir sendrom) tanısı konmuş kişilerde beyindeki işlevsel farklılıkları ölçtüler. Bulgulara göre, sendromun ortaya çıkma olasılığı, beyin anormalliklerinin olumsuz çevresel deneyimlerle *bir araya geldiği* kişilerde en yüksekti.[25] Bir başka deyişle, beyninizle ilgili bazı sorunlarınız olsa bile, iyi bir ev ortamında yetişmişseniz böyle bir sıkıntı yaşamayabilirsiniz. Ama hafif beyin hasarına kötü bir ev yaşamı da eşlik ediyorsa, zarların lehinize gelmesi olasılığı çok düşüktür.

Bu örnekler, kişiliği belirleyen nihai etkenin ne tek başına biyoloji ne de tek başına çevre olduğunu göstermektedir.[26] İş gelip de "genetik mi, çevre mi?" sorusuna dayandığında, cevap hemen her zaman "her ikisi de" olacaktır.

Bir önceki bölümde de gördüğümüz üzere, doğamızı da çevremizi de kendimiz seçmediğimiz gibi, aralarındaki karmaşık etkileşimi de biz seçmeyiz. Bir genetik şablonu miras almış ve bizi biçimlendirecek olan ilk yıllarda hiçbir seçim hakkımızın olmadığı bir dünyaya doğmuşuzdur. İnsanların dünyayla ilgili bunca farklı bakış açısına, farklı kişiliklere ve karar verme konusunda da farklı kapasitelere sahip olmasının nedeni budur. Bunlar seçim değil, elimize gelen kartlardır. Bundan önceki bölümde vurgulanan nokta, bu koşullar altında insanların suçlarından hangi oranda sorumlu olduğunu belirlemenin güçlüğüydü. Bu bölümde vurgulamak istediğimiz nokta ise, bizi biz yapan düzeneğin basit olmaması bir yana, bilimin de elindeki parçalardan zihni nasıl inşa edeceğini anlamaktan henüz çok uzak oluşudur. Zihin ve biyoloji hiç kuşkusuz birbirine bağlıdır ama salt indirgemeci bir yaklaşımla çözmeyi umabileceğimiz türden bir bağ değildir bu.

İndirgemecilik, iki nedenle yanıltıcı olabilir. Birincisi; az önce görmüş olduğumuz gibi gen-çevre etkileşiminin kavranamaz karmaşıklığı bizi, herhangi bir kişinin (hayat boyu yaşadığı deneyimler, yaptığı konuşmalar, maruz kaldığı tacizler, mutlulukları, yedikleri, aldığı keyif verici maddeler ve ilaçlar, maruz kaldığı pestisitler, gördüğü eğitim vb. ile birlikte) nasıl bir gelişim göstereceğini anlamaktan çok uzak kılmaktadır. Bu, gerçekten de bizim için fazla karmaşık bir tablodur ve olasılıkla da öyle kalacaktır.

İkinci olarak; beyin kanamaları, hormonlar, ilaçlar ve mikroorganizmalar vb. aracılığıyla kuşku götürmez biçimde öğrendiğimiz üzere moleküllerimize, proteinlerimize ve nöronlarımıza sıkı sıkıya bağlı olmamız, bir "parçalar yığını" olarak tanımlanmamızı gerektirmez. Bizi oluşturan hücrelerden *ibaret olduğumuz* yolundaki aşırı indirgemeci görüş, insan davranışlarını anlamaya çalışan biri için yanıltıcı bir başlangıç noktası olacaktır. Bir sistemin çeşitli parçalardan oluşması ve bu parçaların da sistemin işleyişi için kritik önem taşıması, doğru bir betimleme için uygun bir çıkış noktası oluşturdukları anlamına gelmez.

Öyleyse indirgemeci görüş, neden daha başlangıçta tutunmuştu? Bunu anlamak için, kavramın tarihsel köklerine inmemiz gerekir. Son yüzyıllarda, düşünen erkekler ve kadınlar belirlenimci (deterministik) bilimin serpilmesini Galileo, Newton ve diğerlerinin belirlenimci denklemleri aracılığıyla izlediler. Yaylar gerip toplar yuvarlayıp ağırlıklar atan bu biliminsanları, nesnelerin neler yapabileceğini basit denklemlerle giderek daha fazla tahmin edebilir oldular. Pierre-Simon Laplace on dokuzuncu yüzyılda, evrendeki her bir parçacığın yerinin bilinmesi durumunda, bütün geleceği öğrenecek şekilde ileriye yönelik hesaplamalar yapılabileceği (sonra da denklemlerin geriye döndürülerek geçmişteki her şeyin öğrenilebileceği) görüşünü ileri sürmüştü. İşte bu tarihsel başarı öyküsü, büyük olan her şeyin, parçalarının giderek daha küçük ölçeklerde kavranmasıyla anlaşılabileceği temelindeki indirgemeciliğin özünü oluşturur. Bu bakış açısıyla "anlamak", hep daha küçük düzeyler ele alınarak mümkün hale gelir: İnsanlar, biyoloji temelinde anlaşılabilir; biyoloji, kimya ile; kimya ise atom fiziği denklemleriyle. İndirgemecilik Rönesans öncesinden beri, bilimin motoru olmuştur.

Ancak bu kavram her şey için en doğru bakış açısını sunmadığı gibi, beyin ve zihin arasındaki ilişkiyi açıklayamayacağı da kesindir. Bunun nedeni, *belirme* olarak bilinen bir özelliktir.[27] Çok sayıda parçayı bir araya getirdiğinizde oluşan bütün, toplamdan daha büyük bir şey olarak ortaya çıkabilir. Bir uçağı oluşturan iri metal parçaların hiçbiri tek başına *uçma* özelliğine sahip olmasa da, hepsi bir araya getirildiğinde beliren ürün pekâlâ havalanabilir. İnce bir metal çubuk, bir jaguarı kontrol altına almada pek işe yaramaz, ama bunlardan paralel olarak yerleştirilen birkaç tanesi, topluca *sınırlama* özelliğine sahip olur. "Beliren özellikler" kavramı, bütünü oluşturan parçalardan hiçbirinin doğasında olmayan yepyeni bir "şey"in ortaya konabileceğini ima eder.

Bir başka örnek verecek olursak, bir kentsel otoyol planlamacısı olduğunuzu ve kentinizin trafik akışını (arabaların daha çok nerelerde kümelendiğini, nerede daha çok hız yapıldığını ve tehlikeli sollama girişimlerinin en çok nerelerde gerçekleştiğini) anlamaya çalıştığınızı varsayın. Bunları çözümlemek için sürücü psikolojisi hakkında bazı modellere de ihtiyacınız olduğunu fark etmeniz fazla zaman almayacaktır. Vidaların uzunluğunu ya da bujilerin yanma verimliliğini araştırmayı önerecek olursanız, işinizi kaybedersiniz. Çünkü bunlar, trafik sıkışıklığını anlamada işinize yaramayacak açıklama düzeylerini oluşturur.

Tüm bunlar küçük parçaların önem taşımadığı anlamına gelmez; çünkü taşırlar. Beynin işleyişinde gördüğümüz gibi, narkotik madde ilavesi, sinirsel iletici düzeylerinin değiştirilmesi ya da gen mutasyonu bir kişiyi kendisi yapan özelliklerde büyük değişimlere neden olabilir. Benzer biçimde, vida ve bujilerde yaptığınız değişiklikler de motorun farklı biçimde çalışmasını sağlayarak arabayı hızlandırabilir ya da yavaşlatabilir ve böylece diğer arabaların ona çarpma olasılığını yükseltebilir. Öyleyse sonuç açık: Trafik akışı parçaların bütünlüğüne bağlı olsa da, anlamlı denebilecek hiçbir şekilde parçalara *eşit* değildir. *Simpson Ailesi* programının neden komik olduğunu anlamak istiyorsanız, plazma ekran televizyonunuzun arkasındaki transistör ve kapasitörleri incelemek sizi fazla ileriye götürmeyecektir. Elektronik parçaların ayrıntılarını büyük ölçüde ortaya çıkarabilir, hatta elektrikle ilgili olarak daha önceden bilmediğiniz bir iki şey de öğrenebilirsiniz ama bu, sizi mizahı anlamaya daha yakın kılmayacaktır. *Simpson Ailesi*'ni seyredebilmeniz tamamen transistörlerin bütünlüğüne bağlı olsa da, parçaların kendileri hiç de komik değildir. Benzer şekilde, zihin de nöronların bütünlüğüne bağlıdır ama nöronların kendisi düşünemez.

Bu durum, beyinle ilgili nasıl bir bilimsel açıklama getireceğimiz konusu üzerinde bizi yeniden düşünmeye zorlar. Nöronlar ve içerdikleri kimyasalların fiziğini tümüyle ortaya çıkarmamız, zihni aydınlığa kavuşturacak mıdır? Büyük olasılıkla kavuşturmayacaktır. Beynin fiziğin kurallarını çiğnemiyor olması, ayrıntılı biyokimyasal etkileşimleri açıklayan denklemlerin bize doğru açıklama düzeyini sağlayacağı anlamına gelmez. Karmaşıklık kuramcısı Stuart Kauffman'ın ifadesiyle "Seine nehrinin kıyısında yürüyen iki sevgili, gerçekte Seine nehrinin kıyısında yürüyen iki sevgilidir; yoksa salt hareket halindeki parçacıklar değil."

İnsan biyolojisiyle ilgili olarak inşa edilecek anlamlı bir kuram, kimya ve fiziğe indirgenemez ve evrim, rekabet, ödül, arzu, ün, kin, dostluk, güven, açlık vb. için kendi kullandığı dilin sözcükleriyle irdelenmelidir. Trafik akışı, nasıl ki vida ve bujilerin terminolojisiyle değil, hız sınırlandırmaları, işe gidiş geliş saatleri, yol senin-benim kavgaları ve insanların iş günü bitiminde evlerine, ailelerine bir an önce dönme isteği temelinde anlam kazanırsa, sözünü ettiğimiz kuram da kendi dili çözüldüğünde anlam kazanabilir.

İnsan deneyimlerini tam olarak anlamada beyne ait aksamın tek başına yeterli olmamasının bir nedeni daha vardır: Beyniniz, kim olduğunuzu anlama oyununda işe karışan tek biyolojik oyuncu olmayıp "büyük sinir sistemi" olarak da ifade edilebilecek endokrin (iç salgı sistemi) ve bağışıklık sistemleriyle iki yönlü ve sabit bir bağ kurmuş durumdadır. "Büyük sinir sistemi" ise gelişimini etkileyen kimyasal çevreye (besin, kurşunlu boyalar, hava kirliliği vs.) güçlü biçimde bağımlıdır. Siz de kurduğunuz her bir etkileşimle biyolojinizi değiştiren ve karşılığında sizin de davranışlarınızla değiştirebildiğiniz karmaşık bir toplumsal ağın parçasısınızdır. Bütün bunlar, sınırları düşündüğünüzde ilginç sorularla karşı karşıya bırakır sizi: *Siz* dediğimiz şeyi nasıl tanımlamamız gerekir? Nerede başlar, nerede bitersiniz? Tek çözüm, beyni *sizliğin* en yoğun biçimi olarak ele almaktır. Beyin, dağın zirvesidir; dağın kendisi olmasa da. "Beyin" ve davranıştan söz ettiğimizde, aslında çok daha geniş bir sosyobiyolojik sistem için kullandığımız bir kısaltmadan söz etmiş oluruz.* Beyin, zihnin konutundan çok, merkezidir aslında.

Öyleyse nerede olduğumuzu bir özetleyelim. Giderek küçülen ölçeklere doğru ilerleyen tek yönlü bir yol izlemek, indirgemecilerin yaptığı ve bizim de kaçınmak istediğimiz hatadır. "Siz, beyninizsiniz" gibisinden kısaltılmış bir ifadeyle karşılaştığınızda, nörobilimin beyne devasa bir atomlar grubu ya da uçsuz bucaksız bir nöron ormanı gözüyle baktığını düşünmeyin. Çünkü zihinle ilgili olarak kazanmayı beklediğimiz anlayış, beyin işletim sisteminin en tepesinde yer alan ve hem iç düzenekler hem de çevreyle etkileşimin yönlendirdiği etkinlik örüntülerini çözümlemeye bağlıdır. Fiziksel maddeyle öznel deneyimler arasındaki ilişkiyi anlamak için şu anda dünyanın dört bir köşesindeki laboratuvarlarda çalışmalar yapılmaktaysa da bu, henüz çözülmeye oldukça uzak görünen bir sorundur.

* * *

1950'li yılların başında felsefeci Hans Reichenbach, insanlığın dünyayla ilgili tam, bilimsel ve nesnel bir betimlemeyle; "bilimsel bir felsefe" ile karşı karşıya olduğunu söylemişti.[28] Bu altmış yıl önceydi. Peki o noktaya ulaştık mı? En azından şimdilik değil.

Hatta oldukça uzağında olduğumuzu da söyleyebiliriz. Bazıları, bilim her şeyi çözmek üzereymiş gibi davranarak çıkar işin içinden. Biliminsanları, gerek destek kuruluşlarından gerekse popüler medyadan kaynaklanan büyük bir baskı altındadırlar gerçekten de. Onlardan beklenen, temel soruların her an yanıtlanabileceği izlenimini vermeleridir. Ama işin gerçeği, koskoca bir soru işaretleri tarlasına bakmakta olduğumuzdur ve göz alabildiğine uzanan bir tarladır bu.

Bu durum, ilgili konuları incelerken açık olmayı gerektirir. Söz-

* *Lifelines* [Yaşam Çizgileri] adlı kitabında biyolog Steven Rose, indirgemecilikle ilgili görüşlerini şöyle ifade eder: "İndirgemeci bakış açısı biyologları, anlamaya çalıştığımız olgular üzerinde doğru biçimde düşünmekten alıkoyar ve iki önemli toplumsal sonuç doğurur: Olguların toplumsal kökenleri ve belirleyicilerinin incelenmesindense ... toplumsal sorunların kaynağı olarak insanın hedef gösterilmesine neden olur; ikinci olarak da, hem dikkati hem de fonları toplumsal çalışmalardan moleküler çalışmalara yönlendirir."

gelimi, kuantum mekaniği alanı, *gözlem* kavramını içerir: Bir gözlemci bir fotonun konumunu ölçmeye kalktığında, bu eylem, yalnızca bir an önce sayısız olasılıktaki durumlarda bulunabilecek olan fotonu tek bir konuma "çökertir". *Gözlem* dediğimiz şeyi bunun neresine oturtacağız? İnsan zihni, evrenin maddesiyle etkileşime girer mi?[29] Bilimde tümüyle çözülmemiş bir mesele olarak kalmış olan bu durumun, gelecekte fizikle nörobilim arasında kritik bir buluşma noktası olması beklenmektedir. Bilimcilerin çoğu günümüzde fizik ve nörobilime birbirinden tümüyle ayrı iki alan olarak bakmakta ve ikisi arasındaki bağlantılara daha derinden eğilmeye çalışan araştırmacılar da ne yazık ki sıklıkla dışlanmaktadır. Bu arayışla alay eden epeyce biliminsanı da vardır: "Kuantum mekaniği gizemlerle dolu bir alan. Nörobilim de gizemlerle dolu bir alan. Öyleyse ikisi aynı şey olmalı." Böylesi bir ilgisizlik ve hafife alma tutumu, alanın zararınadır. Hemen belirteyim ki, ben kuantum mekaniğiyle bilinç arasında bir bağlantı olduğunu iddia etmiyor, yalnızca bunun *mümkün olabileceğini* ve böyle bir olasılığı baştan reddetmenin bilimsel sorgulama geleneği ve bilimsel ilerlemeye ters düştüğünü söylüyorum. Beyin işlevlerinin klasik fizikle tümüyle açıklanabileceği söylendiğinde, bunun yalnızca bir iddia olduğunu anlamak önemlidir. Hangi bilimsel dönemi yaşıyor olursak olalım, bulmacanın hangi parçalarının eksik olduğunu bilmek zordur.

Buna bir örnek olarak, beynin "radyo kuramı" olarak nitelendirdiğim bir olgudan söz edeceğim. Farz edin ki bir Kalahari yerlisisiniz ve kumda yürürken bir transistörlü radyoya rastlıyorsunuz. Onu elinize alıyorsunuz, düğmelerini kurcalıyorsunuz ve birden hayretle fark ediyorsunuz ki bu tuhaf küçük kutudan sesler akıyor dışarıya. Eğer meraklı bir kişiliğe ve bilimsel bir zihne sahipseniz ne olup bittiğini anlamaya çalışacak, belki arka kapağı açacak ve küçük bir tel yuvasıyla karşılaşacaksınız. Diyelim ki seslerin kaynağını bulmak için dikkatle bir bilimsel çalışmaya giriştiniz. Yeşil teli ne zaman çekseniz, seslerin kesildiğini fark ediyorsunuz; teli yeniden bağladığınızda ise yeniden ses gelmeye başlıyor. Aynı şey kırmızı tel için de geçerli. Siyah teli çektiğinizde sesler karışıyor, sarı teli çektiğinizdeyse sesin şiddeti azalarak neredeyse fısıltıya dönüşüyor. Bütün kombinasyonlar üzerinden tek tek giderek, sonunda açık bir sonuca varıyorsunuz: Sesler, tümüyle devrenin bütünlüğüne bağlı. Devre bağlantılarını değiştirirseniz, ses çıkışına da zarar vereceksiniz.

Bu yeni keşiflerden duyduğunuz gururla harekete geçiyor ve bazı tel düzenlemelerinin bu sihirli sesleri nasıl ortaya çıkardığının bilimini geliştirmeye adıyorsunuz yaşamınızı. Çalışmalarınızın bir noktasında gencin biri geliyor ve size bazı elektrik sinyal döngülerinin nasıl olup da müzik ve konuşma üretebildiğini soruyor. Yanıtı bilmediğinizi itiraf ediyorsunuz ama bilimsel çalışmalarınızın, bunun yanıtını vermek üzere olduğu konusunda da ısrarlısınız.

Sonuçlarınız eksik ve sınırlı, çünkü ne radyo dalgaları ne de daha genel olarak elektromanyetik ışınımla ilgili bir şey biliyorsunuz. Uzaktaki kentlerde –ışık hızında yol alabilen görünmez dalgaları karıştırma yoluyla sinyal gönderen– radyo kulesi adı verilen yapıların var olduğu gerçeği size öylesine uzak ki, böyle bir şeyi hayal bile edemezsiniz. Radyo dalgalarının tadına bakamazsınız, onları göremez, koklayamazsınız. Üstelik onları düşleyebilecek kadar yaratıcı olmanızı gerektirecek bir baskı da yok üzerinizde. Hadi diyelim ki, ses taşıyan görünmez radyo dalgalarını gerçekten de aklınızda kurgulayabildiniz; bu varsayımınızla kimi ikna edeceksiniz? Dalgaların varlığını gösterecek teknolojiye sahip değilsiniz ama herkes de haklı olarak ikna edilmeyi bekliyor.

Böylece bir radyo "maddecisi" haline geliyor ve telleri doğru şekilde düzenlemenin, bir şekilde klasik müzik ve zekice konuşmalar ürettiği sonucuna varıyorsunuz. Bulmacanın çok büyük bir parçasının eksik olduğunun farkında bile değilsiniz.

Beynin bir radyo gibi olduğu –yani oradan buradan gelen sinyalleri toplayan birer alıcı olduğumuz ve bunun için de sinirsel devrelerimizin yerli yerinde olması gerektiği– iddiasında değilim; yalnızca bunun *mümkün olabileceğini* söylüyorum. Bilim, bugünkü durumuyla bu söylediklerimi geçersiz kılacak veriye sahip değildir. Tarihin bu noktasında bildiklerimizin ne kadar az olduğunu göz önüne alarak, bu tür kavramları, henüz ne kabul edip ne de yadsıyabildiğimiz fikirleri yerleştirdiğimiz büyük dosya dolabında saklamak zorundayız. Sıra dışı varsayımlar üzerinde deney tasarlayan biliminsanlarının sayısı her zaman az olacaktır ama bu tür fikirler, kanıtlar belirli bir yöne işaret edene kadar birer olasılık olarak önerilmeli ve buna uygun biçimde geliştirilmelidir.

Tutumluluk (Occam'ın usturası olarak da bilinen ve "doğru açıklamanın, olasılıkla en basit açıklama olduğu" biçiminde özetlenebilecek ilkede olduğu gibi), biliminsanları arasında sık geçen bir kavram olsa da içerdiği bariz zarafetin tuzağına düşmememiz gerekir; çünkü bu akıl yürütme biçimi geçmişte başarılı olduğu kadar başarısız da olmuştur. Örnek verecek olursak Güneş'in Dünya çevresinde dolandığı, en küçük ölçekteki atomların, daha büyük ölçekli cisimlerle aynı kurallara tabi olduğu ya da algıladıklarımızın gerçeği yansıttığı görüşleri, bu tutumluluk ilkesiyle uyuştuğu halde hepsinin yanlış olduğu ortaya çıktı. Bana kalırsa, bu tutumluluk tartışması, aslında tartışma bile değildir; tek işlevi daha ilginç görüşlerin önünü kesmek olmuştur. Tarihe bir kılavuz gözüyle bakacaksak eğer, bir bilimsel problemi köşeye sıkıştırmış olduğumuzu varsaymanın hiçbir zaman iyi bir fikir olmadığını görebiliriz.

Tarihin bulunduğumuz noktasında ise, nörobilim camiasının çoğunluğu maddeci ve indirgemeci bakış açısını benimsemiş durumdadır. Bunun kapsadığı modele göre kendimizi anlamanın yolu, insanı, her biri kimya ve fiziğin temel kurallarına uyan bir hücreler, kan damarları, hormonlar, proteinler ve sıvılar topluluğu olarak ele almaktan geçer. Nörobilimciler her sabah laboratuvarlarına gider ve parçaları yeterince anlamanın bütünü de anlamamızı sağlayacağı varsayımıyla işe koyulurlar. Bu "en küçük parçaya kadar ayırma" yaklaşımı, ne de olsa bilimin fizik ve kimyada, yanı sıra elektronik gereçlerde devreye giren tersine-mühendislikte yararlandığı başarılı yaklaşımın ta kendisidir.

Ancak bunun nörobilimde de işe yarayacağının gerçek bir garantisi yoktur. Özel ve öznel deneyimleriyle beyin, şu ana kadar üstesinden gelmeyi başardığımız bilimsel problemlerin hiçbirine benzemez. Size, indirgemeci bir yaklaşımla problemi köşeye sıkıştırmış olduğumuzu söyleyecek bir nörobilimci, aslında problemin karmaşıklığını anlamamıştır bile. Unutmayın ki, bizden önceki kuşaklar da evreni anlamak için gerekli temel donanıma sahip olduklarını varsayımıyla işe koyulmuş ve istisnasız biçimde hepsi de yanılmıştı. Optik kurallarını anlamadan gökkuşağıyla ilgili bir kuram oluşturmaya, elektrikle ilgili bilgi sahibi olmadan yıldırımı anlamaya ya da sinirsel ileticiler keşfedilmeden Parkinson hastalığıyla baş etmeye çalıştığınızı düşünün. Kapsayıcı bilim düşünün nihayet gerçekleştiği, kusursuz koşullara sahip bir nesle doğacak kadar şanslı ilk kişilerin bizler olduğu düşüncesi size mantıklı geliyor mu? Yoksa önümüzdeki yüz yıl içinde, insanlar geriye dönüp baktığında, onların bilip de bizim bilmediğimiz şeylerin eksikliğiyle bugün nasıl yaşadığımızı merak etmeleri mi daha olası? Tıpkı 4. Bölüm'de sözünü ettiğimiz kör kişiler gibi, bizler de bilgi yokluğunun olduğu noktalarda kara birer delik algılamayız; herhangi bir eksiğimiz olduğunun farkında değilizdir, o kadar.[30]

Maddeciliğin yanlış olduğunu söylemediğim gibi, yanlış olduğunu umduğumu bile söylemiyorum. Ne de olsa maddeci bir evren bile aklımızı başımızdan alacak kadar muhteşem ve ilginç olacaktır. Bir an için, moleküllerin bir araya gelip doğal seçilimin kurallarınca çoğalmalarından oluşan milyarlarca yıllık bir sürecin birer ürününden ibaret olduğumuzu düşünün: Dans edip duran milyarlarca hücrenin içinde sıvı ve kimyasalların aktığı yığınla yoldan oluşmuşuz yalnızca. İçimiz, paralel seyreden trilyonlarca sinaptik konuşmanın vızıltısından geçilmiyor; mikron ölçeğindeki devrelerden oluşmuş bu geniş yumurtamsı doku, modern bilimin hayal bile edemeyeceği algoritmalar kullanıyor ve bu nöral programlar da bizim kararlarımızın, aşklarımızın, tutkularımızın, korkularımızın ve isteklerimizin doğmasına yol açıyor. Bu, bana göre inanılmaz bir deneyim olurdu; kutsal kitaplarda savunulan her şeyden daha muhteşem bir deneyim. Bilimin şimdiki sınırları dışında yer alan ne varsa, hepsi de gelecek nesiller için açık birer soru konumundadır; isterse katı kurallı bir maddecilik olsun. Bu bile yeter de artar.

Arthur C. Clarke, yeterince ilerlemiş durumdaki bir teknolojinin sihirden farkı olmadığını ara ara hatırlatmaktan hoşlanırdı. Bundan hareketle, ben de kendi merkezimizin tahtından inmenin üzücü olduğunu düşünmüyor ve bunu bir tür sihir olarak görüyorum. Kitap boyunca, *kendimiz* olarak nitelendirdiğimiz biyolojik sıvı torbasının içindeki her şeyin şimdiden sezgilerimizin çok ötesinde kaldığını, böylesine geniş kapsamlı etkileşimlerin düşünme kapasitemizi, hatta "bizim ötemizde bir şey" olduğu yolundaki iç gözlemimizi bile fazlasıyla aştığını gördük. Oluşturduğumuz sistemin karmaşıklığı, Clarke'ın sihirli teknolojisinden ayırt edilemeyecek ölçüde geniştir. Bilinen şu deyişle ifade edecek olursak, "Eğer beyinlerimiz, anlaşılabilecek kadar basit olsaydı, bizler onu anlayacak kadar akıllı olamazdık."

Evren, onu şimdiye kadar düşlemiş olduğumuzdan nasıl daha büyükse, bizler de iç gözlem yoluyla hissettiğimizden daha büyük birer varlığız. Şu sıralarda iç uzayın enginliğine ilk bakışlarımızı atmaktayız. Bu içsel, gizli ve yakın evrenin kendi hedeflerini, kendi gereklilikleri ve kendi mantığını dayattığını görüyoruz. Beyin, kendimize yabancı hissettiğimiz, tuhaf bir organ olsa da, ayrıntılı devre örüntüleri içsel yaşantımızın manzarasına biçim verebiliyor. Ne inanılmaz, ne şaşırtıcı bir şaheserdir beyin. Ve bizler de ne şanslıyız ki, dikkatimizi ona yoğunlaştırmamıza olanak sağlayan teknoloji ve iradeye sahip bir neslin üyeleriyiz. Evrende keşfetmiş olduğumuz en harikulade şey bu: Beynimiz, yani ta kendimiz.

# Ek

## Dramatis Personae*

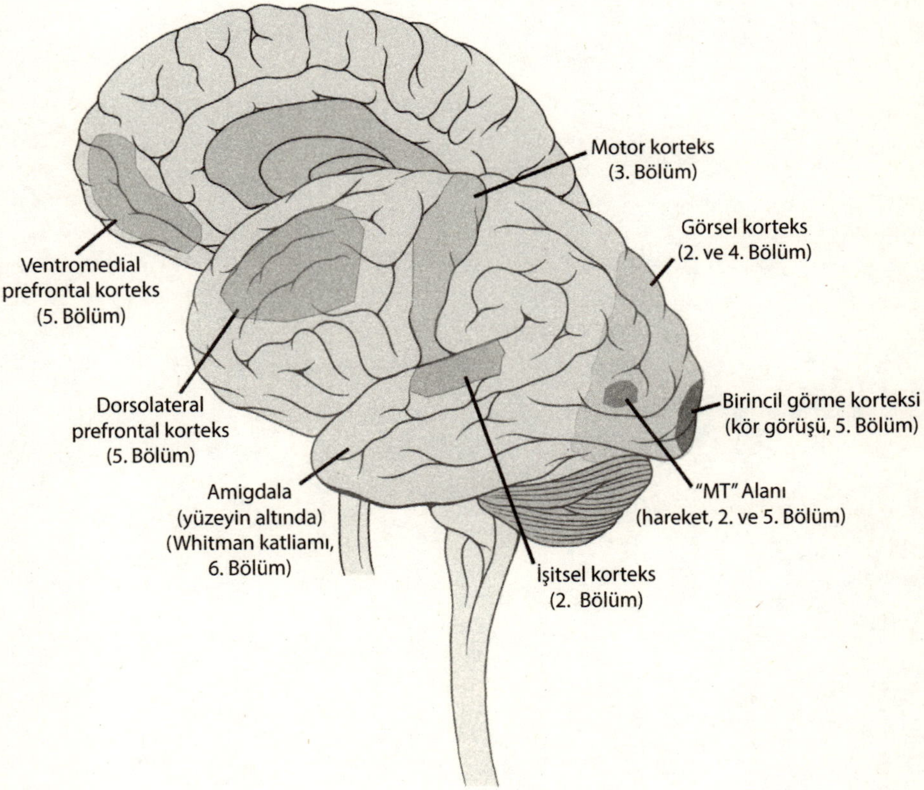


* Oyundaki karakterler anlamında, Ç.N.

# Teşekkür

Bu kitabı kaleme almada bana esin kaynağı olan birçok kişi oldu. Kiminin atomları, benimkiler bir araya gelmeden çok önceleri kendi yollarına devam etmişti bile. Belki atomlarımdan birkaçını onlardan almış olabilirim, ama asıl önemlisi, denize bırakılmış şişe içindeki mesaj misali geride bıraktıkları fikirlerin bir kısmını miras alacak kadar şanslı olmamdır. Şanslı olduğum bir diğer konuysa, inanılmaz derecede akıllı kişilerden oluşan bir ağla aynı dönemi paylaşmış olmamdır: başta annem ve babam Cirel ve Arthur, sonra tez danışmanım Read Montague ve Salk Enstitüsü'nde çalışan Terry Sejnowski ve Francis Crick gibi akıl hocalarım. Birkaçının adını vermem gerekirse Jonathan Downar, Brett Mensh, Chess Stetson, Don Vaughn, Abdul Kudrath ve Brian Rosenthal gibi meslektaşlar, öğrenciler ve dostlarımdan günbegün aldığım ilhamın da tadını çıkarmaktayım. Uzman gözüyle yaptıkları editoryal geribildirimleri için Dan Frank ve Nick Davies'e, kitabı satır satır okuyan Tina Borja'ya ve Tommy Sprague, Steffie Tomson, Ben Bumann, Brent Parsons, Mingbo Cai ve Daisy Thomson-Lake dahil laboratuvarımdaki bütün öğrencilere ayrıca teşekkür ederim. 5. Bölüm'de aktardığım düşüncelerden bir kısmına biçim veren semineri için Jonathan D. Cohen'e minnettarlığımı belirtmek isterim. Shaunagh Darling Robertson'a ise, *Incognito* başlığını önerdiği için teşekkürü borç bilirim. Kitaplarımı yetenekli Andrew Wylie, benzersiz becerileriyle Sarah Chalfant ve bütün becerikli çalışma arkadaşları da dahil, Wylie Ajansı'nın sunduğu sağlam ilkeler çerçevesinde yayımlayabildiğim için şanslıyım. Bana ve bu kitaba en başından inanan ilk temsilcim Jane Gelfman'a derin şükranlarımı iletmek isterim. Jamie Byng'e de sınırsız hevesi ve büyük destekleri için teşekkür ederim. Ve son olarak sevgisi, mizah duygusu ve desteği için eşim Sarah'ya teşekkür etmek istiyorum. Geçenlerde, üzerinde MUTLULUK yazan bir tabelayla karşılaştığımda, zihnimde anında beliren manşetin, "Sarah düşüncesi" olduğunu fark ettim. Mutluluk ve Sarah, beynimdeki ormanın derinliklerinde sinaptik birer eşanlamlıdır sanki. Ve yaşamımdaki varlığı için ona minnettarım.

* * *

Kitap boyunca, yazarlık geleneğine uygun olarak "ben" yerine "biz" sözcüğünün kullanıldığını fark edeceksiniz. Bunun üç nedeni var. Birincisi, çok miktarda bilgiyi bir araya getiren her kitapta olduğu gibi, benim de bu kitapta yüzyılları kapsayan bir süre boyunca gelmiş geçmiş binlerce biliminsanı ve tarihçiyle işbirliği yapmış olmamdır. İkinci neden, okuyucuyla yazar arasında olması gereken etkin işbirliğidir. Üçüncü neden de şuna dayanır: Beyinlerimiz, çoğuna herhangi bir erişimimizin bulunmadığı engin, karmaşık ve değişken alt parçacık gruplarından oluşur. Bu kitap ise birkaç yıllık süre içinde, hepsinin de adı David Eagleman olan ama her geçen saat az çok değişen birkaç farklı kişi tarafından kaleme alındı.

# Notlar

Kaynakça bölümünde ayrıntılarıyla verilen kaynaklar, burada kısaltılarak belirtilecektir.

## 1. Bölüm - Kafamın İçinde Biri Var Ama O Ben Değilim

1 Music: "Tremendous Magic," *Time* 4 Aralık, 1950.

2 Galileo'nun öldüğü yıl olan 1642'de Isaac Newton'un doğması ve daha sonra Güneş çevresindeki gezegen yörüngelerinin denklemlerini açıklayarak Galileo'nun başladığı işi bitirmesi, bana hep etkileyici gelmiştir.

3 Aquinas, *Summa theologiae.*

4 Leibniz, ikili sayıları temsil eden misketlerden yararlanan ve şimdilerde delgili kartların akrabası olarak nitelendirdiğimiz bir düzenekle yönlendirilen bir makine tasavvur etmişti. Yazılım ayrıştırmayla ilgili kavramlar daha çok Charles Babbage ve Ada Lovelace ile ilişkilendirilse de, günümüz bilgisayarları Leibniz'in düşlemiş olduğundan temelde pek farklı değildir: "Bu [ikili] kalkülüs, –tekerleksiz– bir makineyle şu şekilde kolaylıkla uygulanabilir. Bir muhafaza, açılıp kapatılabilen deliklerle donatılacaktır. 1'e karşılık gelen yerlerdeki delikler açık, 0'a karşılık gelen yerdelikler de kapalı kalacaktır. Küçük küpler ya da misketler, açık olan kapılardan geçerek ilgili yollara düşecek, diğerlerinden herhangi bir şey geçmeyecektir. Bu [kapılar dizgesi] gerektiğinde sütundan sütuna taşınabilecektir." Bkz. Leibniz, *De Progressione Dyadica.* George Dyson'a, literatürdeki bu keşfinden dolayı teşekkür ederim.

5 Leibniz, *New Essays on Human Understanding*, 1765. Leibniz,

"hissedilemez cisimcikler" ifadesiyle Newton, Locke ve başkalarınca da ileri sürülen bir görüşe atıfta bulunuyordu. Bu görüşe göre maddesel cisimler, duyulara hitap eden özelliklerini kendilerine kazandıran "hissedilemez cisimcikler"den oluşuyordu.

6 Herbart, *Psychology as a Science.*

7 Michael Heidelberger, *Nature from Within.*

8 Johannes Müller, *Handbuch der Physiologie des Menschen, dritte verbesserte Auflage*, 2 cilt (Coblenz: Hölscher, 1837–1840).

9 Cattell, "The time taken up," 220–242.

10 Cattell, "The psychological laboratory," 37–51.

11 Bkz. http://www.iep.utm.edu/f/freud.htm.

12 Freud ve Breuer, *Studien über Hysterie.*

## 2. Bölüm - Duyuların Tanıklığı

1 Eagleman, "Visual illusions."

2 Sherrington, *Man on His Nature.* Ayrıca bkz. Sheets-Johnstone, "Consciousness: a natural history."

3 MacLeod ve Fine, "Vision after early blindness."

4 Eagleman, "Visual illusions."

5 Dünyanın ne kadar küçük bir bölümünü algıladığımızla ilgili interaktif gösterimler için bkz. eagleman.com/incognito. Değişim körlüğüyle ilgili kusursuz değerlendirmeler için bkz. Rensink, O'Regan ve Clark, "To see or not to see"; Simons, "Current approaches to change blindness" ve Blackmore, Brelstaff, Nelson ve Troscianko, "Is the richness of our visual world an illusion?"

6 Levin ve Simons, "Failure to detect changes to attended objects."

7 Simons ve Levin, "Failure to detect changes to people."

8 Macknik, King, Randi ve ark., "Attention and awareness in stage magic."

9 "İki buçuk boyutlu eskiz" kavramı, nörobilimci merhum David Marr tarafından ortaya atılmıştı. Marr bu kavramı, başlangıçta görsel sistemin üç boyutlu bir model geliştirme yolunda attığı bir ara adım olarak önermiş olsa da, üç boyutlu modelin gerçek beyinlerde aslında hiçbir zaman tam olarak gelişmediği ve buna gerek de olmadığı, sonradan açıklık kazanmıştır. Bkz. Marr, *Vision.*

10 O'Regan, "Solving the real mysteries of visual perception" ve Edelman, *Representation and Recognition in Vision.* Sorunun niteliği, 1978 gibi

erken bir tarihte bir araştırma grubu tarafından belirlenmiş, ancak genel kabul görmesi için uzun zaman geçmesi gerekmişti. Reitman, Nado ve Wilcox, "Machine perception" s. 72'de şöyle yazmışlardı: "Algının temel işlevi, içsel çerçeveyi geniş dışsal bellekle ve *dış ortamın kendisiyle uyumlu halde tutmaktır.*"

11 Yarbus, "Eye movements."

12 Bu olgu "binoküler rekabet" adını alır. Değerlendirmeler için bkz. Blake ve Logothetis, "Visual competition" ve Tong, Meng ve Blake, "Neural bases."

13 Fotoreseptörlerin olmadığı bölgedeki "yama"nın nedeni görme sinirinin, retinanın bu bölgesinden geçmesi ve ışık algılayıcı hücrelere yer bırakmamasıdır. Chance, "Ophthalmology" ve Eagleman, "Visual illusions."

14 Helmholtz, *Handbuch.*

15 Ramachandran, "Perception of shape."

16 Kersten, Knill, Mamassian ve Bülthoff, "Illusory motion."

17 Mather, Verstraten ve Anstis, *The Motion Aftereffect* ve Eagleman, "Visual illusions."

18 Dennett, *Consciousness Explained.*

19 Baker, Hess ve Zihl, "Residual motion"; Zihl, von Cramon ve Mai, "Selective disturbance" ve Zihl, von Cramon, Mai ve Schmid, "Disturbance of movement vision."

20 McBeath, Shaffer ve Kaiser, "How baseball outfielders."

21 Balıklar ve süprüntü sinekleri gibi, avcı pilotların da takip görevleri sırasında aynı algoritmadan yararlandıkları ortaya çıkmıştır. Pilotlar: O'Hare, "Introduction"; balıklar: Lanchester ve Mark, "Pursuit and prediction" ve süprüntü sinekleri: Collett ve Land, "Visual control."

22 Kurson, *Crashing Through.*

23 Bazı körler, algıladıkları dünyayı iki ya da üç boyutlu çizimlere dönüştürebilirler. Ancak bir koridorun yakınsayan çizgilerini çizmek, onlar için, olasılıkla görebilen kişilerin anlık duyumsal deneyimlerinden farklı bir şey yansıtan, bilişsel bir egzersiz konumundadır.

24 Noë, *Action in Perception.*

25 P. Bach-y-Rita, "Tactile sensory substitution studies."

26 Bach-y-Rita, Collins, Saunders, White ve Scadden, "Vision substitution."

27 Bu çalışmalarla ilgili genel bilgi için bkz. Eagleman, *Live-Wired.* Dokunsal verilerin doğrudan dile yerleştirilen bir elektrot levha

aracılığıyla alınması, bugünlerde yaygın olan bir uygulamadır. Bkz. Bach-y-Rita, Kaczmarek, Tyler ve Garcia-Lara, "Form perception."

28 Eagleman, *Live-Wired*.

29 C. Lenay, O. Gapenne, S. Hanneton, C. Marque ve C. Genouel, "Sensory substitution: Limits and perspectives",*Touching for Knowing, Cognitive Psychology of Haptic Manual Perception* (Amsterdam: John Benjamins, 2003), 275–92 ve Eagleman, *Live-Wired*.

30 BrainPort adı verilen levha, beyin esnekliği konusunda öncü çalışmalar yapan Paul Bach-y-Rita'nın kurmuş olduğu Wicab şirketince üretilmiştir.

31 Bach-y-Rita, Collins, Saunders, White ve Scadden, "Vision substitution"; Bach-y-Rita, "Tactile sensory substitution studies"; Bach-y-Rita, Kaczmarek, Tyler ve Garcia-Lara, "Form perception"; M. Ptito, S. Moesgaard, A. Gjedde ve R. Kupers, "Cross-modal plasticity revealed by electrotactile stimulation of the tongue in the congenitally blind," *Brain* 128 (2005), 606–14 ve Bach-y-Rita, "Emerging concepts of brain function," *Journal of Integrative Neuroscience* 4 (2005), 183–205.

32 Yancey Hall. "Soldiers may get 'sight' on tips of their tongues," *National Geographic News*, 1 Mayıs 2006.

33 B. Levy, "The blind climber who 'sees' with his tongue," *Discover*, 23 Haziran 2008.

34 Hawkins, *On Intelligence* ve Eagleman, *Live-Wired*.

35 Gerald H. Jacobs, Gary A. Williams, Hugh Cahill ve Jeremy Nathans, "Emergence of novel color vision in mice engineered to express a human cone photopigment," *Science* 23 (2007): cilt 315. no. 5819, 1723–25. Sonuçların yorumuyla ilgili olumsuz bir eleştiri için bkz. Walter Makous, "Comment on 'Emergence of novel color vision in mice engineered to express a human cone photopigment," *Science* (2007): cilt 318. no. 5848, 196. Yazar burada farelerin içsel deneyimleriyle ilgili herhangi bir sonuçta bulunmanın olanaksız olduğunu ve yaşadıkları deneyimin farklı ışık düzeyleri değil de renkli görüş olduğunu iddia etmek için, içsel deneyimlerini de mutlaka bilmek gerektiğini savunmaktadır. Ancak iç deneyimleri ne olursa olsun, fare beyninin yeni fotopigmentlerden gelen bilgiyi entegre ettiği ve böylece hayvanların daha önce ayırdına varamadıkları özelliklerin varlığını algıladıkları açıktır. Bu tekniğin şimdi makaklara da uygulanabiliyor olması, önemli bir sonuçtur çünkü yöntemin algıyla ilgili doğru ve ayrıntılı sorular sormaya olanak tanıyacağı düşünülmektedir.

36 Jameson, "Tetrachromatic color vision."
37 Llinas, *I of the Vortex*.
38 Brown, "The intrinsic factors." Brown 1920'lerde öncü niteliğindeki nörofizyoloji deneyleriyle tanınsa da, 1930'lu yıllarda dağcılığıyla ve Mont Blanc'ın zirvesine bulduğu yeni yollarla daha da büyük ün kazanmıştı.
39 Bell, "Levels and loops."
40 McGurk ve MacDonald, "Hearing lips" ve Schwartz, Robert-Ribes ve Escudier, "Ten years after Summerfield."
41 Shams, Kamitani ve Shimojo, "Illusions."
42 Gebhard ve Mowbray, "On discriminating"; Shipley, "Auditory flutterdriving" ve Welch, Duttonhurt ve Warren, "Contributions."
43 Tresilian, "Visually timed action"; Lacquaniti, Carrozzo ve Borghese, "Planning and control of limb impedance"; Zago ve ark., "Internal models"; McIntyre, Zago, Berthoz ve Lacquaniti, "Does the brain model Newton's laws?"; Mehta ve Schaal, "Forward models"; Kawato, "Internal models"; Wolpert, Ghahramani ve Jordan, "An internal model" ve Eagleman, "Time perception is distorted during visual slow motion," Society for Neuroscience, özet, 2004.
44 MacKay, "Towards an information-flow model"; Kenneth Craik, *The Nature of Explanation* (Cambridge, UK: Cambridge University Press, 1943); Grush, "The emulation theory". Ayrıca bkz. Kawato, Furukawa ve Suzuki, "A hierarchical neural-network model"; Jordan ve Jacobs, "Hierarchical mixtures of experts"; Miall ve Wolpert, "Forward models" ve Wolpert ve Flanagan, "Motor prediction."
45 Grossberg, "How does a brain . . . ?"; Mumford, "On the computational architecture"; Ullman, "Sequence seeking" ve Rao, "An optimal estimation approach."
46 MacKay, "The epistemological problem."
47 Gıdıklanmayla ilgili daha fazla bilgi için bkz. Blakemore, Wolpert ve Frith, "Why can't you tickle yourself?" Genellemek gerekirse, duysal beklentilere ters düşen durumlar, beyni sorumluluk konusunda uyarır (eylemi ben mi gerçekleştirdim, başkası mı?). Şizofrenide görülen sanrılar da kişinin kendi motor eylemleriyle ilgili beklentilerinin, eylemle birlikte ortaya çıkan duyusal sinyallerle uyuşmaması sonucunda gerçekleşiyor olabilir. Kişinin kendi eylemlerini bağımsız unsurlardan ayıramaması, iç sesleri başkasına atfetmesinin de nedenidir. Bununla ilgili daha fazla

bilgi için bkz. Frith ve Dolan, "Brain mechanisms."

48 Symonds ve MacKenzie, "Bilateral loss of vision."

49 Eagleman ve Sejnowski, "Motion integration" ve Eagleman, "Human time perception."

50 Eagleman ve Pariyadath, "Is subjective duration . . . ?"

## 3. Bölüm - Aradaki Boşluk: Zihin

1 Macuga ve ark., "Changing lanes."

2 Schacter, "Implicit memory."

3 Ebbinghaus, *Memory: A Contribution to Experimental Psychology*.

4 Horsey, *The Art of Chicken Sexing*; Biederman ve Shiffrar, "Sexing day-old chicks"; Brandom, "Insights and blindspots of reliabilism" ve Harnad, "Experimental analysis."

5 Allan, "Learning perceptual skills."

6 Cohen, Eichenbaum, Deacedo ve Corkin, "Different memory systems" ve Brooks ve Baddeley, "What can amnesic patients learn?"

7 Bilinçdışı düzeyde gerçekleşen ilişkilendirmelere bir başka örnek verecek olursak; bir deneyde katılımcılara önce karbonatlı içecek verilmiş, ardından sandalyeleri ileri geri sallanarak midelerinin bulanması sağlanmıştı. Katılımcılar, içeceğin mide bulandırıcı hareketle hiçbir ilişkisi olmadığını (bilinçli olarak) bildikleri halde, bu içeceğe karşı tiksinti hissi geliştirmişlerdi. Bkz. Arwas, Rolnick ve Lubow, "Conditioned taste aversion."

8 Greenwald, McGhee ve Schwartz, "Measuring individual differences."

9 Örtülü ilişkilendirme testine https://implicit.harvard.edu/implicit/demo/selectatest.html adresinden erişilebilir.

10 Wojnowicz, Ferguson, Dale ve Spivey, "The self-organization of explicit attitudes." Ayrıca bkz. Freeman, Ambady, Rule ve Johnson, "Will a category cue attract you?"

11 Jones, Pelham, Carvallo ve Mirenberg, "How do I love thee?"

12 a.g.e.

13 Pelham, Mirenberg ve Jones, "Why Susie sells" ve Pelham, Carvallo ve Jones, "Implicit egotism."

14 Abel, "Influence of names."

15 Jacoby ve Witherspoon, "Remembering without awareness."

16 Tulving, Schacter ve Stark, "Priming effects." Sözcükleri "açık" biçimde hatırlayamayacağınızdan emin olana kadar dikkatinizi dağıtsam bile,

etki kendini gösterir ve sözcük tamamlamada aynı ölçüde başarılı olursunuz. Bkz. Graf ve Schacter, "Selective effects."

17 "Hazırlama" fikri edebiyat ve gösteri dünyasında zengin bir tarihe sahiptir. J. G. Ballard'ın *Subliminal Adam (The Subliminal Man)* (1963) öyküsündeki Hathaway karakteri, yolların kenarında yükselen, devasa boyutlardaki düzinelerce boş panonun, aslında insanları daha fazla işte çalışmaya ve daha fazla tüketim yapmaya teşvik eden subliminal reklam makineleri olduğundan kuşkulanan tek kişidir. Subliminal Adam'ın daha eğlenceli bir versiyonuna ise komedyen Kevin Nealon'un *Saturday Night Live* programında canlandırdığı karakterde rastlayabiliriz: "Bu programı her zaman sevmişimdir (mide bulandırıcı). Programda konuk olmak da oldukça eğlenceli (işkence). Burası benim için ikinci bir ev gibi (Titanik).

18 Graf ve Schacter, "Implicit and explicit memory."

19 Bkz. Tom, Nelson, Srzentic ve King, "Mere exposure." Beynin, dikkatini vermediği durumlarda bile gördüğü şeyleri soğurabilme becerisiyle ilgili daha temel bir yaklaşım için, bkz. Gutnisky, Hansen, Iliescu ve Dragoi, "Attention alters visual plasticity."

20 Bu sözleri ilk söyleyenin kim olduğu konusunda kimsenin emin olmaması, ironik bir durumdur. Mae West, P. T. Barnum, George M. Cohan, Will Rogers ve W. C. Fields, olası adaylar arasındadır.

21 Hasher, Goldstein ve Toppino, "Frequency and the conference of referential validity."

22 Begg, Anas ve Farinacci, "Dissociation of processes in belief."

23 Cleeremans, *Mechanisms of Implicit Learning.*

24 Bechara, Damasio, Tranel ve Damasio, "Deciding advantageously."

25 Damasio, "The somatic marker hypothesis"; Damasio, *Descartes' Error* ve Damasio, *The Feeling of What Happens.*

26 Eagleman, *Live-Wired.*

27 Montague, *Your Brain Is (Almost) Perfect.*

28 Sporculara yakından baktığınızda, kendilerini havaya sokmak için bazı fiziksel rutinlerden yararlandıklarını görürsünüz. Sözgelimi, basketbolcular, genellikle topu potaya atmadan önce üç kez zıplatır ve boyunlarını sola kıvırırlar. Bu ritüeller bir anlamda öngörülebilirlik sağlayarak kişiyi daha az bilinçli bir duruma getirmek yoluyla rahatlatıcı etkide bulunur. Tekrarlamalı ve öngörülebilir nitelikteki ritüeller, bazı dinsel uygulamalarda da aynı amaca hizmet eder. Sözgelimi ezbere dua

okumak, tespih çekmek ya da ilahi söylemek, bilinçli zihnin gürültüsünü azaltmada yardımcıdır.

## 4. Bölüm - Düşünülebilir Düşünceler

1 Blaise Pascal, *Pensées*, 1670.

2 Bütün bu sinyaller (radyo, mikrodalga, X-ışını, gama ışını, cep telefonu iletimleri, televizyon yayınları, vs.) aslında el fenerinizin önünden çıkan şeyle aynıdır; tek fark, dalga boylarında yatar. Bazı okuyucular bunu bilse de, bu basit bilimsel gerçek öylesine hayret vericidir ki, kendimi bu eklemeyi yapmaya mecbur hissettim.

3 Jakob von Uexküll "umwelt" fikrini 1909'da ortaya attı ve 1940'lı yıllar boyunca da üzerinde incelemeler yaptı. Kavram, daha sonra onlarca yıl unutulmuş olarak kaldı, ta ki imbilimci Thomas A. Sebeok onu 1979'da yeniden keşfedip hayat verene kadar; Jakob von Uexküll, "A stroll through the worlds of animals and men." Ayrıca bkz. Giorgio Agamben, *The Open: Man and Animal*, çev. Kevin Attell (Palo Alto: Stanford University Press, 2004) (Orijinal eser 2002'de *L'aperto: l'uomo e l'animale* başlığıyla İtalyanca olarak yayımlanmıştır) içinde 10. Bölüm: "Umwelt.

4 K. A. Jameson, S. Highnote ve L. Wasserman, "Richer color experience in observers with multiple photopigment opsin genes," *Psychonomic Bulletin & Review*, 8, no.2 (2001): 244–61 ve Jameson, "Tetrachromatic color vision."

5 Sinesteziyle ilgili daha fazla bilgi için, bkz. Cytowic ve Eagleman, *Wednesday Is Indigo Blue*.

6 Sizde de sinestezi olabileceğini düşünüyorsanız www.synesthete.org sitesindeki ücretsiz testi uygulayabilirsiniz Bkz. Eagleman ve ark., "A standardized test battery for the study of synesthesia."

7 Sinestezinin ayrıntıları, beyindeki küçük değişikliklerin gerçeklik algısında büyük değişimlerle nasıl sonuçlanabildiğini anlamanın bir yolu olarak laboratuvarımızda da ele alınmaktadır; bkz. www.synesthete.org.

8 Bir başka deyişle, bu formlar zihinsel uzamda parmakla işaret edilebilecek birer konuma sahiptir. Eğer sizde uzamsal dizi sinestezisi yoksa, arabanızın, önünüzdeki boşlukta park etmiş olarak durduğunu hayal edin. Onu orada bir sanrı görür gibi görmediğiniz halde, ön tekerleğine, şoför koltuğunun yanındaki pencereye ya da arka tampona

vs. işaret etmekte güçlük çekmezsiniz. Araba, size ait zihinsel uzamda üç boyutlu koordinatlara sahiptir. Aynı şey otomatik olarak tetiklenen sayı formları için de geçerlidir. Sanrılardan farklı olarak bunlar dış görsel dünyanın üzerini örtmez, onun yerine, zihinsel bir uzayda yaşarlar. Hatta, kör insanlar bile sayı formu sinestezisi deneyimi yaşayabilir; bkz. Wheeler ve Cutsforth, "The number forms of a blind subject." Uzamsal dizi sinestezisiyle ilgili daha geniş bir değerlendirme için, bkz. Eagleman, "The objectification of overlearned sequences" ve Cytowic ve Eagleman, *Wednesday Is Indigo Blue.*

9 Eagleman, "The objectification of overlearned sequences."

10 İlginç bir görüş de, bütün beyinlerin sinestezik olduğu, ancak çoğumuzun farkındalık yüzeyi altında gerçekleşen duyusal birleşimlerden tümüyle bihaber olduğumuz yolundadır. Buna göre, herkes diziler için örtülü durumdaki sayı doğrularına bile sahip olabilir. Örneğin, düşündüğümüzde tamsayılar doğrusunun, soldan sağa gittikçe artan sayılardan oluştuğunu fark edebiliriz. Uzamsal dizi sinestezisine sahip kişilerin diğerlerinden farkı, dizileri otomatik, tutarlı ve somut konfigürasyonlarla açık bir şekilde üç boyutlu olarak algılamsıdır. Bkz. Eagleman, "The objectification of over-learned sequences" ve Cytowic ve Eagleman, *Wednesday Is Indigo Blue.*

11 Nagel, *The View from Nowhere.*

12 Konuyla ilgili genel bilgi için bkz. Cosmides ve Tooby, *Cognitive Adaptations*; ayrıntılarla ilgili harikulade bir okuma deneyimi için bkz. Steven Pinker, *The Blank Slate* (Boş Sayfa, Boğaziçi Üniversitesi Yayınevi).

13 Johnson ve Morton, "CONSPEC and CONLERN."

14 Meltzoff, "Understanding the intentions of others."

15 Pinker, *The Blank Slate* [*Boş Sayfa*, Boğaziçi Üniversitesi Yayınevi].

16 Wason ve Shapiro, "Reasoning" ve Wason, "Natural and contrived experience."

17 Cosmides ve Tooby, *Cognitive Adaptions.*

18 Barkow, Cosmides ve Tooby, *The Adapted Mind.*

19 Cosmides ve Tooby, "Evolutionary psychology: A primer" 1997; http://www.psych.ucsb.edu/research/cep/primer.html

20 James, *The Principles of Psychology.*

21 Tooby ve Cosmides, *Evolutionary Psychology: Foundational Papers* (Cambridge, MA: MIT Press, 2000).

22 Singh, "Adaptive significance" ve "Is thin really beautiful?" ve Yu ve Shepard, "Is beauty in the eye?"

23 Genelleme yapmak gerekirse, bel ölçüsü bundan daha ince olan kadınların daha saldırgan ve hırslı, daha geniş olanlarınsa daha sevecen ve sadık oldukları düşünülmektedir.

24 Ramachandran, "Why do gentlemen . . .?"

25 Penton-Voak ve ark., "Female preference for male faces changes cyclically."

26 Vaughn ve Eagleman, "Faces briefly glimpsed."

27 Friedman, McCarthy, Förster ve Denzler, "Automatic effects." Alkolle ilgili başka kavramlar da (sosyallik gibi), yine alkolle ilgili sözcüklerle "hazır hale getirilmek" suretiyle uyarılıyor olabilir; öyle ki, bırakın içmeyi, bir kadeh şarap görmek bile, daha rahat bir sohbet ve daha fazla göz temasıyla sonuçlanabilir. Daha tartışmalı ve çözümlemesi de bir o kadar güç bir başka olasılık ise, yollardaki reklam panolarında görülen içki reklamlarının, sürüş performansını azaltabileceği yolundadır.

28 Tıpkı iç döllenme gibi, vücut içinde gerçekleşen yumurtlama da (yumurtaların dışarıya bırakıldığı durumlara karşılık), erkekleri dişilerine karşı her an ilgili kılmayı sağlayan (ve böylece terk edilme olasılığını azaltan) bir mekanizma olarak gelişmiş olabilir.

29 Roberts, Havlicek ve Flegr, "Female facial attractiveness increases."

30 Yumurtlama sırasında kulaklar, memeler ve parmaklardaki simetri için bkz. Manning, Scutt, Whitehouse, Leinster ve Walton, "Asymmetry," Scutt ve Manning, "Symmetry"; daha açık cilt tonu için, bkz. Van den Berghe ve Frost, "Skin color preference."

31 G. F. Miller, J. M. Tybur ve B. D. Jordan, "Ovulatory cycle effects on tip earnings by lap-dancers: Economic evidence for human estrus?" *Evolution and Human Behavior*, 28 (2007): 375–81.

32 Liberles ve Buck, "A second class." İnsanlar, bu reseptör ailesini kodlayan genleri de taşıdıkları için, feromonların insanlarda oynadığı rolün ortaya çıkarılmasında izlenecek en iyi yol, bu genlerin araştırılması olacaktır.

33 Pearson, "Mouse data."

34 C. Wedekind, T. Seebeck, F. Bettens ve A. J. Paepke, "MHC-dependent mate preferences in humans." *Proceeding of the Royal Society of London Series B: Biological Sciences* 260, no. 1359 (1995): 245–49.

35 Varendi ve Porter, "Breast odour."

36 Stern ve McClintock, "Regulation of ovulation by human pheromones." Bir arada yaşayan kadınların âdet döngülerinin de eşzamanlı hale geldiğine yaygın biçimde inanılsa da, bu doğru değil gibi görünmektedir. Bu konudaki çalışmalara ait raporların ve izleyen büyük ölçekli çalışmaların ayrıntılı biçimde incelenmesi, istatistiksel dalgalanmaların, eşzamanlılık *izlenimii* verse de aslında bunun tesadüften öteye geçmediğini göstermektedir. Bkz. Zhengwei ve Schank, "Women do not synchronize."

37 Moles, Kieffer ve D'Amato, "Deficit in attachment behavior."

38 Lim ve ark., "Enhanced partner preference."

39 H. Walum, L. Westberg, S. Henningsson, J. M. Neiderhiser, D. Reiss, W. Igl, J. M. Ganiban ve ark.,"Genetic variation in the vasopressin receptor 1a gene (AVPR1A) associates with pair-bonding behavior in humans." *PNAS* 105, no.37 (2008): 14153–56.

40 Winston, *Human Instinct*.

41 Fisher, *Anatomy of Love*.

## 5. Bölüm - Bir Rakipler Takımı Olarak Beyin

1 Bkz. Marvin Minsky"nin kitabı *Society of Mind*, 1986.

2 Diamond, *Guns, Germs, and Steel* [*Tüfek, Mikrop ve Çelik, TÜBİTAK Yayınları*].

3 "Toplum" mimarisinin avantajları ve yetersizlikleriyle ilgili somut bir örnek olarak, öncülüğü robotik araştırmacısı Rodney Brooks tarafından yapılan "kapsama mimarisi" ("subsumption architecture") kavramını ele alalım (Brooks, "A robust layered"). Kavrama mimarisinde temel organizasyon birimi, modüldür. Her modül bir tür bağımsız, alt düzeyli işte özelleşmiştir (bir algılayıcı ya da uygulayıcının kontrolü gibi) ve yine her modül bir diğerinden bağımsız olarak çalışır. Modüllerde bir girdi, bir de çıktı sinyali bulunur. Modülün girdisinin önceden belirlenmiş olan eşiği aşması, çıktıyı etkinleştirir. Girdilerin kaynağı ya algılayıcılar ya da bir başka modüldür. Her modül ayrıca bir baskılayıcı ("suppression signal") ve bir engelleyici ("inhibition signal") sinyal kabul eder. Baskılayıcı sinyal, normal girdi sinyaline baskın çıkarken, engelleyici sinyal ise çıktının tümüyle engellenmesine neden olur. Bu sinyaller davranışların birbirini bastırmasına olanak tanıyarak, sistemin tutarlı bir davranışlar bütünü üretmesini sağlar. Modüller, bu amaçla katmanlar halinde düzenlenmiştir. Her katman, belirli bir davranışın

(dolaşmak ya da hareket eden bir nesneyi izlemek gibi) ortaya çıkmasını sağlar. Katmanlar hiyerarşik bir düzen izler: Üst düzeydekiler, baskılama ya da engelleme yoluyla daha alttakilerin davranışlarını ortadan kaldırabilir. Bu durum, her düzeye kendi rütbesiyle uyumlu bir denetim yetkisi de verir. Bu türden bir mimari, algı ve eylemi sıkı biçimde bir araya getirerek, tepkisel gücü yüksek bir makine ortaya çıkarır. Ancak sistemin bir dezavantajı vardır ki, o da bütün davranış örüntülerinin önceden belirlenmiş olmasıdır. Kapsama mimarisi ürünleri hızlı olsa da, ne yapacakları konusunda tümüyle dışarıdan aldıkları komutlara bağımlıdır ve bu da onları tümüyle dönüşlü (refleksif) kılar. Bu yapıların davranışlarının zekâdan hayli uzak olmasının bir nedeni de, dünyanın, karar vermede hareket noktası olarak alacakları bir iç modeline sahip olmayışlarıdır. Rodney Brooks bunun bir avantaj olduğunu iddia eder: Temsil etme gücünden yoksun olmak, dünya modellerini okuma, yazma, kullanma ve koruma adına zaman harcamayı da gereksiz kılar. Ama insan beyni bu zamanı harcar ve bunu da akıllıca yollarla yapar. Bana göre insan beynini simüle etmenin tek yolu, tecrit edilmiş uzmanlardan oluşan montaj hattı fikrini aşıp, çok sayıda partinin aynı konuda oylamaya gittiği ve çekişme temelinde işleyen bir zihinsel demokrasi fikrine geçiş yapmaktır.

4 Örneğin; bu yaklaşım yapay nöral ağlarda sıklıkla kullanılır: Jacobs, Jordan, Nowlan ve Hinton, "Adaptive mixtures."

5 Minsky, *Society of Mind.*

6 Ingle, "Two visual systems"; daha geniş bir çerçevede yer alan görüşler için, bkz. Milner ve Goodale, *The Visual Brain.*

7 Beyindeki çatışmaların önemi için, bkz. Edelman, *Computing the Mind.* Optimal düzeyde çalışan bir beyin, birbiriyle çatışan birimler içerebilir; bkz. Livnat ve Pippenger, "An optimal brain"; Tversky ve Shafir, "Choice under conflict"; Festinger, *Conflict, Decision, and Dissonance.* Ayrıca bkz. Cohen, "The vulcanization" ve McClure ve ark., "Conflict monitoring."

8 Miller, "Personality," Livnat ve Pippenger, "An optimal brain"den alıntı.

9 "İkili-süreç" ile ilgili değerlendirmeler için, bkz. Evans, "Dual-processing accounts."

10 Bkz. a.g.e. Tablo 1.

11 Freud, *Beyond the Pleasure Principle* (1920). Freud, ruh (psyche) ile

ilgili olarak oluşturduğu üç parçalı modeldeki görüşlerini, üç yıl sonra *The Standard Edition* içinde yer alan *Das Ich und das Es* kitabında genişletmişti.

12 Örneğin; bkz. Mesulam, *Principles of Behavioral and Cognitive neurology*; Elliott, Dolan ve Frith, "Dissociable functions" ve Faw, "Prefrontal executive committee." Bu konuda devreye giren nöroanatomi ve ilgili tartışmalar epeyce ayrıntı içerir, ancak bunlar açıklamak istediğim husus bakımından merkezi önem taşımamaktadır.

13 Bazı yazarlar, bu sistemleri kuru bir biçimde Sistem 1 ve Sistem 2 süreçleri olarak nitelendirmiştir (örneğin; bkz. Stanovich, *Who is rational?* ya da Kahneman ve Frederick, "Representativeness revisited"). Biz, kendi amacımıza uygun olarak, duygusal ve akılcı sistemleri sezgilerimize en uygun biçimiyle kullanacağız; her ne kadar kusurlu olsa da. Bu alanda, bu tür bir kullanımla sıkça karşılaşılır; örneğin; bkz. Cohen, "The vulcanization" ve McClure ve ark., "Conflict monitoring."

14 Duygusal tepkiler bu anlamda, bir matematik problemi kadar karmaşık birer bilgi işlem süreci olarak görülebilir. Aradaki fark, dış yerine iç dünyayla meşgul olmalarında yatar. Bu bilgi işlem sürecinin çıktısı, canlıya basit bir eylem planı (şunu yap, şunu yapma gibi) sağlayabilir.

15 Greene ve ark., "The neural bases of cognitive conflict."

16 Bkz. Niedenthal, "Embodying emotion" ve Haidt, "The new synthesis."

17 Frederick, Loewenstein ve O'Donoghue, "Time discounting."

18 McClure, Laibson, Loewenstein ve Cohen, "Separate neural systems." Daha fazla getiri sağlayacak olan uzun dönemli ödüllerin seçildiği durumlarda etkinleşen beyin bölümleri, biraz daha sınırlandırmak gerekirse "lateral prefrontal" ve "posterior parietal" korteks bölgeleriydi.

19 R. J. Shiller, "Infectious exuberance," *Atlantic Monthly*, Temmuz/Ağustos 2008.

20 Freud, "The future of an illusion" (*The Standard Edition)*.

21 Illinois *Daily Republican*, Belvidere, IL, 2 Ocak 1920.

22 Arlie R. Slabaugh, *Christmas Tokens and Medals* (Chicago: yazar tarafından basıldı, 1966), ANA Library Catalogue No. RM85.C5S5.

23 James Surowiecki, "Bitter money and christmas clubs," *Forbes.com*, 14 Şubat 2006.

24 Eagleman, "America on deadline."

25 Thomas C. Schelling, *Choice and Consequence* (Cambridge, MA

Harvard University Press, 1984); Ryan Spellecy, "Reviving Ulysses contracts," *Kennedy Institute of Ethics Journal* 13, no. 4 (2003): 373–92; Namita Puran, "Ulysses contracts: Bound to treatment or free to choose?" *York Scholar* 2 (2005): 42–51.

26 Etik kurulların, hastanın gelecekteki zihinsel durumunu doğru biçimde kestireceği konusunda bir garanti olmasa da, geleceğe ilişkin bilgi eksikliğinden dolayı Odysseus anlaşmalarının her zaman sıkıntıya düştüğü de bir gerçektir.

27 Bu ifadeyi, meslektaşım Jonathan Downar'dan ödünç aldım ki, aslında kendisi şöyle demişti: "Kendi dorsolateral prefrontal korteksinize güvenemediğinizde, bir başkasınınkini ödünç alın." İfadenin orijinal halini ne kadar sevsem de, amacımıza uygun biçimde basitleştirme gereğini hissettim.

28 Ayrık beyin hastalarıyla ilgili, onlarca yıllıkçalışmaların ayrıntılı bir özeti için bkz. Tramo ve ark., "Hemispheric Specialization." Genel okuyucuya hitap eden bir özet için, bkz. Michael Gazzaniga, "The split-brain revisited."

29 Jaynes, *The Origin of Consciousness.*

30 Örneğin; bkz. Rauch, Shin ve Phelps, "Neurocircuitry models." Ürkütücü anılarla zaman algısı arasındaki ilişki üzerine yapılan bir inceleme için bkz. Stetson, Fiesta ve Eagleman, "Does time really . . . ?"

31 Bellek ve "aralıksız yeniden icat" varsayımıyla ilgili olarak ele alınabilecek bir durumu da şöyle açıklayabiliriz: Nörobilimciler belleği tek bir olgu olarak değil, farklı birçok alt tipin bir toplamı olarak düşünürler. En geniş ölçekte kısa dönemli ve uzun dönemli bellek yer alır. Kısa dönemli bellek, bir telefon numarasını, onu tuşlayacak kadar hatırladığınızda devreye giren bellektir. Uzun dönemli bellek ise bildirimsel belleği (örneğin; kahvaltıda ne yediğiniz ya da nerede evlendiğiniz) ve bildirimsel olmayan belleği (örneğin; nasıl bisiklet sürdüğünüz) içerir. Genel bilgi için, bkz. Eagleman ve Montague, "Models of learning." Nörobilimcileri bu bölümlemeyi yapmaya iten neden, hastalarda belirli bir bellek tipinin hasara uğrayıp, diğerlerinin uğramadığı durumların varlığı olmuştur. Ancak bellekle ilgili olarak ortaya çıkan nihai tablo büyük olasılıkla doğal kategorilere o kadar da kolay ayrılmayacaktır; onun yerine farklı bellek mekanizmalarına ait alanların birbiriyle örtüştüğüne tanık olacağız. (Örneğin; birbirinden ayrılabilir durumda olan ve sırasıyla medial temporal lob ve bazal

ganglionlarca denetlenen "bilişsel bellek" ve "alışkanlık belleği" ile ilgili genel bilgi için bkz. Poldrack ve Packard, "Competition") Belleğe biraz da olsa katkıda bulunabilecek herhangi bir devre sonunda güçlenecektir. Eğer bu gerçekten doğruysa, yeni nöroloji asistanları için hep gizemli kalmış bir sorunun açıklanmasına da katkıda bulunacaktır: Gerçek vakalar, neden ders kitabı tanımlamalarına nadiren uyar? Bunun nedeni kitapların keskin sınırlı ayrımları, gerçek beyinlerin ise örtüşen stratejileri yeğlemesidir. Sonuçta gerçek beyinler hem daha sağlam, hem de insan merkezli etiketlemelere karşı daha dirençlidir.

32 Hareket algısıyla ilgili farklı modelleri konu edinen bir değerlendirme için, bkz. Clifford ve Ibbotson, "Fundamental mechanisms."

33 Modern nörobilimde çok sayıda çözümün bu şekilde devreye sokulduğu birçok örnek vardır. 2. Bölüm'de sözünü ettiğmiz hareket art etkisini ele alalım. Bir şelaleye bir dakika süresince bakıp sonra da bakışlarınızı başka bir şeye –diyelim ki, kenardaki kayalara– çevirdiğinizde, konumları aslında sabit olan kayaların yukarı doğru hareket ettiği izlenimine kapılırsınız. Bu yanılsamanın nedeni, sistemin bu sırada bir uyum sağlama sürecinden geçiyor olmasıdır: Görsel beyin, aşağıya doğru yapılan bu hareketle ilgili yeni bir bilgi sağlayamadığını fark ettiğinde iç ölçeklerini, hareketin yönünü sıfırlayacak biçimde ayarlamaya tabi tutar ve sonuçta, daha önce durağan olan nesneler yukarı doğru hareket ettikleri izlenimini vermeye başlar. Biliminsanları bu uyumun retina düzeyinde ve görme sisteminin erken gelişim evrelerinde mi ortaya çıktığı, yoksa daha geç evrelerde mi kendini gösterdiği sorusunu yıllarca yanıtlamaya çalışmışlardır. Bu süre içinde dikkatle tasarlanmış birçok deney sayesinde soru nihayet yanıtına kavuşmuştur: Sorunun tek yanıtı yoktur, çünkü sorunun kendisi kusurludur. Buna göre, uyum mekanizmaları, görsel sistemin birçok düzeyinde işlemektedir (Mather, Pavan, Campana ve Casco, "The motion aftereffect"). Bazı alanlar hızlı, bazıları yavaş, bazıları da aradaki hızlarda uyum sağlar. Bu strateji, beynin bazı bölgelerinin içeriye yönlenen veri akışındaki değişimleri duyarlı biçimde izlemesine olanak sağlarken, diğer bölgeler kalıcı kanıtlar elde etmeden tutumlarını değiştirmemekte direnebilir. Yukarıda sözünü ettiğimiz bellek konusuna dönersek, Tabiat Ana'nın da anıları farklı birkaç zaman ölçeğinde saklamak için çeşitli yöntemler bulduğu düşünülmektedir. Buna göre, eski anıları yenilerinden daha kararlı kılan etken de, bu zaman ölçeklerinin birbirleriyle olan etkileşimidir. Eski

anıların daha kalıcı olduğu görüşü "Ribot yasası" adıyla bilinir. Beyin esnekliğinin, farklı zaman ölçeklerinden yararlanması fikriyle ilgili daha fazla bilgi için, bkz. Fusi, Drew ve Abbott, "Cascade models."

34 Daha büyük bir biyolojik pencereden bakarsak, rakipler takımı çerçevesinin, beynin Darwinci bir sistem olduğu görüşüyle uyum içinde olduğunu anlarız. Bu bağlamda, dışarıdan gelen uyarılar, şans eseri bazı nöral devre örüntülerine uygunken bazılarına da değildir. Dış dünyanın uyarılarına şans eseri yanıt veren devreler güçlenir, diğerleri de uyum sağlayabilecekleri bir devre bulana kadar ortalıkta dolaşır, kendilerini "uyaracak" bir şey bulamadıklarında da ölüp giderler. Tersinden söyleyecek olursak, dış dünyadaki uyaranlar, beyindeki belirli devreleri diğerlerinin arasından "seçer" ve bazı devrelerle şans eseri etkileşim kurabilirken bazılarıyla kuramazlar. Rakipler takımı çerçevesi "nöral Darwinizm" ile güzel bir uyum sergileyerek, nöral devrelerde işleyen Darwinci seçilim sürecinin, hepsi de belirli bir uyaran ya da işle ilişkilendirilebilen ve çok farklı kökenlerden olabilen *birçok* devreyi güçlendireceğini söyler. Bu devreler, beyin meclisinde yer alan farklı grupları oluşturur. Beyni Darwinci bir sistem olarak ele alan görüşle ilgili değerlendirmeler için, bkz. Gerald Edelman, *Neural Darwinism*; Calvin, *How Brains Think*; Dennett, *Consciousness Explained* ya da Hayek, *The Sensory Order*.

35 Bkz. Weiskrantz, "Outlooks" ve *Blindsight*.

36 Teknik olarak sürüngenler, aşırı hareketli nesneleri saymazsak dillerinin erimi dışında kalan şeyleri pek görmezler. Bu nedenle eğer bir kertenkelenin üç metre uzağında şezlongunuza oturmuş dinleniyorsanız, bilin ki, büyük olasılıkla onun için yoksunuz.

37 *Zombi sistemler* teriminin kullanımı için örneğin; bkz. Crick ve Koch, "The unconscious homunculus."

38 Yakın geçmişte ortaya çıkan bir bulgu, hipnoz sırasında yapılan bir telkinin ardından Stroop etkisinin kaybolabileceğini göstermiştir. Amir Raz liderliğindeki bir araştırma ekibi, tümüyle bağımsız bir test dizisiyle, hipnotize edilebilir kişileri seçerek bir katılımcı havuzu oluşturdu. Hipnoz sırasında katılımcılara, daha sonraki bir görevde yalnızca mürekkep rengini dikkate almaları talimatı verildi. Bu katılımcılara daha sonra uygulanan test ise, Stroop etkisinin büyük ölçüde kaybolduğunu göstermişti. Hipnoz, sinir sistemi düzeyinde bütünüyle anlaşılmış bir olgu olmadığı gibi, neden bazı kişilerin hipnoza daha yatkın olduğu,

dikkatin ya da ödül mekanizmalarının hipnozun etkilerini açıklamada nasıl bir rol üstlendiği de açıklık kazanmamıştır. Ancak veriler yine de iç değişkenler (kaçma isteğine karşı, kalıp savaşma isteği gibi) arasındaki sürtüşmenin azalmasıyla ilgili ilginç sorular ortaya çıkarmaktadır. Bkz. Raz, Shapiro, Fan ve Posner, "Hypnotic suggestion."

39 Bem, "Self-perception theory"; Eagleman, "The where and when of intention."

40 Gazzaniga, "The split-brain revisited."

41 Eagleman, Person ve Montague, "A computational role for dopamine." Bu çalışmada beyindeki ödül sistemlerini temel alan bir model oluşturduk ve modeli aynı bilgisayar oyununda uygulamaya soktuk. Bu basit modelin, insanların çizdiği stratejilerin önemli özelliklerini yakalamış olması, dikkate değerdi. Bu durum, yaptığımız seçimlerin, altta yatan şaşırtıcı ölçüdeki basit mekanizmalarca yönlendirildiğine işaret etmekteydi.

42 M. Shermer, "Patternicity: Finding meaningful patterns in meaningless noise," *Scientific American*, Aralık 2008.

43 Konuyu fazla çapraşık hale getirmekten kaçınarak, teknik ismiyle "aktivasyon-sentez modeli" olarak bilinen "gelişigüzel etkinlik" varsayımını açıklamakla yetindim. (Hobson ve McCarley, "The brain as a dream state generator"). Aslında rüya görme ile ilgili birçok kuram vardır. Freud rüyaların, arzuları gerçekleştirme hedefi güden örtülü birer girişim olduğunu ileri sürmüştü. Ancak travma sonrası stres bozukluğundaki yinelemeli rüyalar gibi örnekleri düşündüğümüzde, bu pek de olası görünmemektedir. Daha sonra 1970'li yıllarda Jung, kişiliğin uyanıklıkta ihmal edilen bazı yönlerinin rüyalarla telafi edildiğini öne sürmüştü. Buradaki sorun ise, rüya temalarının (kaybolmak, yemek hazırlamak, sınava geç kalmak gibi) herkes için kabaca aynı olması, kültürler ve nesiller boyunca pek az değişiklik göstermesidir. Tüm bunların ihmal edilen kişilik yönleriyle ilişkisini anlamak da oldukça güçtür. Sonuçta, genel olarak vurgulamak istediğim, aktivasyon-sentez varsayımının nörobiyoloji çevrelerinde epeyce popüler olmasına karşın, rüyalar hakkında hâlâ açıklama bekleyen daha pek çok şey olduğudur.

44 Crick ve Koch, "Constraints."

45 Tinbergen. "Derived activities."

46 Kelly, *The Psychology of Secrets*.

47 Pennebaker, "Traumatic experience"

48 Petrie, Booth ve Pennebaker, "The immunological effects."

49 Açık olmak gerekirse, rakipler takımı çerçevesi yapay zekâ problemini tek başına çözmez. Bundan sonraki güçlük, alt parçaların nasıl denetleneceğini, denetimin dinamik biçimde uzman alt sistemler arasında nasıl dağıtılacağını, kavgaların nasıl çözüleceğini, yaşanan son başarı ve başarısızlıklar ışığında sistemin nasıl güncelleneceğini ve parçaların, yakın geleceğin dayatmaları karşısında nasıl davranacağı meta-bilgisinin nasıl kazanılacağını öğrenmek olacaktır. Alın (frontal) loblarımız, biyolojinin en incelikli numaralarından yararlanarak milyonlarca yılda gelişmiştir. Bizlerse, içerdikleri devrelerde gizlenmiş bulmacaları hâlâ çözebilmiş değiliz. Yine de, mimarinin özelliklerini en başından doğru biçimde anlamak, ileriye yönelik olarak şu anda yapabileceğimiz en iyi şeydir.

## 6. Bölüm - Sorumlu Tutulabilirlik Sorusu, Neden Özünde Yanlıştır?

1 Lavergne, *A Sniper in the Tower.*

2 Valiye sunulan rapor: Charles J. Whitman Catastrophe, Medical Aspects, 8 Eylül 1966.

3 S. Brown ve E. Shafer, "An Investigation into the functions of the occipital and temporal lobes of the monkey's brain," *Philosophical Transactions of the Royal Society of London: Biological Sciences* 179 (1888): 303–27.

4 Klüver ve Bucy, "Preliminary analysis". Aşırı cinsellik ve hiperoralitenin [hiperoralite, nesneleri ağız yoluyla inceleme ya da ağza atma alışkanlığı için kullanılan bir terimdir, Ç.N.] eşlik ettiği bu belirtiler toplamı, Klüver-Bucy sendromu olarak bilinir.

5 K. Bucher, R. Myers ve C. Southwick, "Anterior temporal cortex and maternal behaviour in monkey," *Neurology* 20 (1970): 415.

6 Burns ve Swerdlow, "Right orbitofrontal tumor."

7 Mendez ve ark., "Psychiatric symptoms associated with Alzheimer's disease"; Mendez ve ark., "Acquired sociopathy and frontotemporal dementia."

8 M. Leann Dodd, Kevin J. Klos, James H. Bower, Yonas E. Geda, Keith A. Josephs ve J. Eric Ahlskog, "Pathological gambling caused by drugs used to treat Parkinson disease," *Archives of Neurology* 62, no. 9 (2005): 1377–81.

9 Ödül sistemleriyle ilgili net bir açıklama için bkz. Montague, *Your Brain Is (Almost) Perfect.*

10 Rutter, "Environmentally mediated risks"; Caspi ve Moffitt, "Gene-environment interactions."

11 Suçlu zihin, *mens rea ("manevi unsur")* olarak bilinir. Eğer suç unsuru olan fiili (*actus reus*) eyleme döker ama bu arada *mens rea* durumunu sağlamadığınızı kanıtlarsanız, suçlu sayılmazsınız.

12 Broughton ve ark., "Homicidal somnambulism."

13 Bu yazının kaleme alındığı tarih itibariyle, Kuzey Amerika ve Avrupa mahkemelerinde buna benzer altmış sekiz vaka incelenmiştir (ilk vaka 1600 yılında kaydedilmiştir). Bunların bir kısmının sahte iddialardan oluştuğunu varsaysak bile hepsi böyle değildir. Daha yakın zamanlarda benzeri parasomni vakaları da mahkeme salonlarına uyku sırasında tecavüz ya da zina gibi suçlamalarla gelmiş, bu şahısların bir kısmı aynı nedenlerle beraat etmiştir.

14 Libet, Gleason, Wright ve Pearl, "Time"; Haggard ve Eimer, "On the relation"; Kornhuber ve Deecke, "Changes"; Eagleman, "The where and when of intention"; Eagleman ve Holcombe, "Causality"; Soon ve ark., "Unconscious determinants of free decisions."

15 Libet'in basit testinin özgür iradeyi anlamlı biçimde sınayamayacağını iddia edenler de vardır. Paul McHugh görüşlerini şöyle ifade etmiştir: "Eylemci açısından bakıldığında ne bir sonuç getirecek ne de herhangi bir önem taşıyacak gelgeç bir eylemden, zaten başka ne beklenebilir ki?"

16 Unutmayın ki, suçlu davranışları yalnızca eylemcinin genleri tarafından biçimlendirilmez. Şeker ve akciğer hastalıklarının, genetik yatkınlık kadar bol şekerli gıdalar ve artmış hava kirliliğinden de etkilenmesi gibi, suçlu davranışları da biyolojinin dış çevreyle etkileşiminin bir sonucudur.

17 Bingham, Önsöz.

18 Bkz. Eagleman ve Downar, *Cognitive Neuroscience.*

19 Eadie ve Bladin, *A Disease Once Sacred.*

20 Sapolsky, "The frontal cortex."

21 Scarpa ve Raine, "The psychophysiology" ve Kiehl, "A cognitive neuroscience perspective on psychopathy."

22 Sapolsky, "The frontal cortex."

23 Singer, "Keiner kann anders, als er ist."

24 Buradaki "anormallik" sözcüğü, yalnızca istatistiksel anlamda,

yani normal davranışlar dışında kalan davranışları ima etmek için kullanılmıştır. Çoğu insanın belirli biçimde davranıyor olması, o davranışın daha geniş olan etik çerçeve içinde doğru olduğu anlamına gelmez. Bu, yalnızca belirli bir zamandaki yerel yasalar, gelenekler ve ahlak anlayışının –yani "suç"un tanımında yararlanılan değişken kısıtların aynılarının– bir yansımasıdır.

25 Bkz. Monahan, "A jurisprudence" ya da Denno, "Consciousness."

26 Davranışların biyolojik açıklamasını bekleyen güçlük, sağ ve sol eğilimli tarafların kendi görüşlerini dayatmaya çalışacak olmalarıdır; bkz. Laland ve Brown, *Sense and Nonsense*, ayrıca O'Hara, "How neuroscience might advance the law." Bu konuda gerekli önlemlerin alınması büyük önem taşır, çünkü biyolojik çalışmalar geçmişte de çeşitli iddialara destek vermek amacıyla kötüye kullanılmıştır. Ancak eski hatalar, biyolojik çalışmalardan vazgeçilmesi gerektiği anlamına gelmez; yalnızca bunların iyileştirilmesi gerektiğine işaret eder.

27 Örneğin; bkz. Bezdjian, Raine, Baker ve Lynam, "Psychopathic personality" ya da Raine, *The Psychopathology of Crime.*

28 Lobotominin suçlu konumunda olmayan hastalarda başarılı bir uygulama olarak görülmesinin nedeni, büyük ölçüde ailelerden gelen parlak raporlardı. Kaynakların ne kadar yanlı olduğu başlangıçta anlaşılmamıştı. Ailelerinin kliniğe getirdiği sıkıntılı, gürültücü, sorunlu çocuklar, ameliyattan sonra çok kolay baş edilir hale geliyorlardı. Zihinsel sorunların yerini uysallık almıştı ve geribildirim de bu nedenle hep olumluydu. Bir kadın, annesinin geçirdiği lobotomi ameliyatından sonra durumu şöyle açıklamıştı: "Öncesinde çok ciddi biçimde intihara eğilimliydi. Transorbital lobotomi ameliyatından sonra bir şeyi kalmadı. Bu davranış biçimi aniden sona erdi. Ortalık sakinledi. Bunu size nasıl anlatabileceğimi bilmiyorum; göz açıp kapayıncaya kadar değişmişti her şey. O kadar çabuk. Sonuçta [Dr. Freeman'ın] yaptığı şey her ne idiyse, kesinlikle doğru bir şeydi."

Ameliyatın popülerliği arttıkça, kabul edilen yaş sınırı da giderek düşüyordu. Tedaviye alınan en genç kişi, Howard Dully adında, on iki yaşındaki bir çocuktu. Üvey annesi, ameliyatı onun açısından zorunlu kılan durumu şöyle anlatmıştı: "Gece yatağa gitmemekte direniyor ama yatınca da iyi uyuyor. Gündüzleri epeyce hayal kuruyor ve ne düşündüğü sorulunca 'bilmiyorum' yanıtını veriyor. Dışarısı apaydınlıkken odanın ışığını açıyor." Ve Howard, bu gerekçelerle bıçak altına yatmıştı.

29 Örneğin; bkz. Kennedy ve Grubin, "Hot-headed or impulsive?" ve Stanford ve Barratt, "Impulsivity."
30 Bkz. LaConte ve ark., "Modulating" ve Chiu ve ark., "Real-time fMRI." Stephen LaConte işlevsel manyetik rezonans görüntüleme (fMRI) tekniğinde gerçek-zamanlı geribildirimin öncülüğünü yapmıştır. Pearl Chiu ise psikoloji ve bağımlılık konularında uzman olup, sigara bağımlılığı tedavisiyle ilgili deneylerde bu teknikten yararlananlar arasında başı çekmektedir.
31 Rehabilitasyonu yüzde yüzlük başarıyla gerçekleştirebildiğimiz bir dünya düşleyin. Bu, ceza sistemlerinin ortadan kalkacağı anlamına mı gelir? Tam olarak değil. Cezayı yine de gerekli kılacak iki nedenden söz edilebilir: gelecekteki suçlular için caydırıcı etki ve doğal kin dürtüsünün tatmini.
32 Eagleman, "Unsolved mysteries."
33 Goodenough, "Responsibility and punishment."
34 Baird ve Fugelsang, "The emergence of consequential thought."
35 Eagleman, "The death penalty."
36 Greene ve Cohen, "For the law."
37 Bu kısa bölümde sunulan görüşler, aslında önemli vurgular ve incelikler taşır ki bunlara daha uzun ve ayrıntılı biçimde başka kaynaklarda yer verilmiştir. Daha fazla ayrıntıya ulaşmak isteyenler Nörobilim ve Bilim Girişimi'ne (Initiative on Neuroscience and Law) erişebilirler (www.neulaw.org). Nörobilimciler, avukatlar, etikçiler ve politika belirleyicileri, kanıta dayalı toplumsal politikalar yapılandırma hedefiyle bu girişimin çatısı altında bir araya gelmiştir. Daha fazla bilgi için, bkz. Eagleman, "Neuroscience and the law" ya da Eagleman, Correro ve Singh, "Why neuroscience matters."
38 Teşvik sistemlerinin yapılandırılmasıyla ilgili daha fazla bilgi için, bkz. Jones, "Law, evolution, and the brain" ya da Chorvat ve McCabe, "The brain and the law."
39 Mitchell ve Aamodt, "The incidence of child abuse in serial killers."
40 Eagleman, "Neuroscience and the law."

## 7. Bölüm - Hükümdarlıktan Sonra Yaşam

1 Paul, *Annihilation of Man.*
2 Mascall, *The Importance of Being Human.*
3 İfadenin tarihine değinecek olursak, Romalı şair Juvenal "Kendini bil"

sözlerinin doğrudan gökyüzünden *(de caelo)* indiğini düşünmüş, daha makul âlimler ise sözleri Spartalı Khilon, Heraklitos, Pisagor, Sokrates, Atinalı Solon, Miletli Thales'e atfetmiş ya da bildik bir atasözü olarak kabul etmişlerdir.

4 Bigelow, "Dr. Harlow's case."

5 *Boston Post*, 21 Eylül 1848. Vermont'ta bir yerel gazete olan *Ludlow Free Soil Union*'dan alıntılanmıştır. Metnin tırnak içinde belirtilen versiyonunda, ilk rapordaki bir yanlışlık ("çap" yerine yanlışlıkla "çevre" yazılması) da düzeltilmişti. Ayrıca bkz. Macmillan, *An Odd Kind of Fame*.

6 Harlow, "Recovery."

7 Yanlış anlamaya meydan vermemek için, geleneksel dini öykülerde geçen "ruh"tan söz etmediğimi belirtmeliyim. Burada ruh sözcüğüyle kastettiğim, bugüne kadar anlaşılmış olduğu kadarıyla biyolojik süreçlerin üzerinde ya da onların dışında yaşayan genel bir "öz"dür.

8 Pierce ve Kumaresan, "The mesolimbic dopamine system."

9 Hayvan modellerinde, serotonin reseptörleri "kapatıldıktan" sonra kaygı durumu ve davranışlarda ortaya çıkan değişimlerin, reseptörler yeniden etkinleştirildiğindeyse tekrar normal davranışın sergilendiği çalışmalar yapılmaktadır. Ör. bkz. Weisstaub, Zhou ve Lira, "Cortical 5-HT2A."

10 Waxman ve Geschwind, "Hypergraphia."

11 Şakak lobu (temporal lob) odaklı sara hastalarında dinselliği konu edinen çalışmalar için bkz. Trimble ve Freeman, "An investigation"; sara ve dinsellikle ilgili genel bir bakış için, bkz. Devinsky ve Lai, "Spirituality". Jean D'Arc'ın sara hastalığının yeni tanımlanan bir tip (işitsel özellikli idiyopatik kısmi sara / idiopathic partial epilepsy with auditory features–IPEAF) olduğu görüşü için, bkz. d'Orsi ve Tinuper, "'I heard voices'". Hz. Muhammed'e koyulan geriye dönük tarihsel tanı için bkz. Freemon, "A differential diagnosis". Freemon, vardığı sonucu şu şekilde açıklamıştır: "Mevcut bilgilerden yola çıkarak kesin bir karara varmak mümkün olmasa da, akla en uygun tanı psikomotor ya da karmaşık kısmi şakak lobu sarasıdır."

12 Cinsel yolla bulaşan virüslerin, kendi sağkalım kapasitelerini artırmak için yapabilecekleri en bariz şeyin, insanlarda cinsel davranışları teşvik edici mekanizmalar geliştirmek olduğunu sıklıkla düşünmüşümdür. Bunu destekleyen herhangi bir veriye rastlamadıysam da incelenmeye

değer olduğu görüşündeyim.

13 Küçük biyolojik dalgalanmaların büyük değişikliklerle sonuçlandığı örneklerin sayısı çoktur. Sözgelimi, belirli beyin bölgeleri zarar gören herpes simpleks ensefaliti hastaları, kliniğe, sözcükleri anlama ve konuşmada sıkıntı (sözgelimi bir fiilin şimdiki zaman ve geçmiş zamanı arasında ayrım yapamama) şikâyetiyle gelirler. Bunun kadar ele gelmez bir şeyin mikroskopik "düğmelere" doğrudan bağlı olamayacağını düşünüyorsanız, bir daha düşünün. Prion adı verilen anormal yapıdaki proteinlerden kaynaklanan Creutzfeldt-Jakob hastalığı ise genellikle her zaman kendini ihmal, ilgisizlik ve sinirlilikle gösteren genel bir demans ile son bulur. Hastalar yazma, okumayla ilgili belirli sorunlar ve sağ-sol yönelim bozukluğu yaşarlar. Sağ-sol algınızın, bir saç teli kalınlığının iki binde biri boyutlardaki bir proteinin tam olarak doğru biçimde katlanmasına bağımlı olduğu aklınıza gelir miydi?

14 Cummings, "Behavioral and psychiatric symptoms."

15 Sapolsky, "The frontal cortex."

16 Bkz. Farah, "Neuroethics."

17 Şizofreni ve göçmenlik arasındaki ilişkiyi ele alan bir varsayıma göre, sürekli toplumsal mağlubiyet, beyindeki dopaminin işlevini bozar. Değerlendirmeler için bkz. Selten, Cantor-Graae ve Kahn, "Migration" ya da Weiser ve ark., "Elaboration." İlgili literatüre dikkatimi çektiği için, meslektaşım Jonathan Downar'a ayrıca teşekkür ederim.

18 2008 yılı itibariyle ABD'de parmaklıklar ardındaki 2,3 milyon kişi, cezaevlerindeki vatandaşların yüzdesi bakımından ülkeyi dünyada birinci sıraya sokmuştu. Toplum mükerrer suçluların kapatılmasından yarar sağlasa da, cezaevlerindeki suçluların büyük bölümüyle (uyuşturucu bağımlıları gibi), hapsetmekten çok daha verimli ve etkili yöntemlerle uğraşılabilir.

19 Suomi, "Risk, resilience."

20 Söz konusu genetik değişim, serotonin taşıyıcı genin (serotonin transporter/5-HTT) "başlatıcı" (promoter) bölgesinde yer alır.

21 Uher ve McGuffin, "The moderation" ve Robinson, Grozinger ve Whitfield, "Sociogenomics."

22 Caspi, Sugden, Moffitt ve ark., "Influence of life stress on depression."

23 Caspi, McClay, Moffitt ve ark., "Role of genotype." Araştırmacıların bulduğu genetik değişim, monoamin oksidaz A'yı (MAOA) kodlayan genin "başlatıcı" (promoter) bölgesinde yer almaktaydı. MAOA,

duygudurum ve duygusal regülasyon için kritik önemdeki iki sinirsel iletici (noradrenalin ve serotonin) sistemini değişikliğe uğratan bir moleküldür.

24 Caspi, Moffitt, Cannon ve ark., "Moderation." Bu örnekte aradaki ilişki, katekol-O-metiltransferaz (COMT) enzimini kodlayan gendeki küçük değişimle tanımlanır.

25 Scarpa ve Raine, "The psychophysiology of antisocial behaviour."

26 Gen-çevre etkileşimini anlamak, önleme-koruma amaçlı yaklaşımlara yeni bir bakış açısı getirebilir mi? Bir düşünce deneyi yapalım: Genleri bir kez kavradıktan sonra, onların üzerinde değişiklik yapmalı mıyız? Çocuklukta kötü muamele gören herkesin, yetişkinlikte şiddete yönelmediğini gördük. Sosyologlar, geçmişte çocukların bir kısmını koruyabilecek toplumsal deneyimler üzerine yoğunlaşmışlardır (örneğin; çocuğu kötü muamele gördüğü evden kurtarıp onu güvenli ve korunaklı bir çevrede yetiştirebilir miyiz?). Ancak henüz üzerinde durulmamış bir konu vardır ki, o da genlerin koruyucu rolleridir; yani genlerin kişiyi çevresel saldırılara karşı koruyup koruyamayacağı. Bu görüş henüz bilimkurgu aşamasında olsa da, birilerinin bu tür durumlar için bir gen terapisi (belki de bir şiddet aşısı) önereceği günler çok da uzak değildir. Ancak bu tür müdahalelerin olumsuz bir yönü de vardır: canlıların yararına işleyen genetik çeşitliliği azaltmak. Sanatçı, sporcu, muhasebeci, mimar vs. yetiştirmek için bu çeşitliliğe gereksinim duyarız. Stephen Suomi'nin ifadesiyle "belirli genlerde, makak maymunları ve insanlarda görülen ama diğer primat türlerinde görülmeyen varyasyonlar, aslında bu canlıların tür düzeyinde sergiledikleri inanılmaz uyum becerisi ve dirence katkıda bulunuyor olabilir." Bir başka deyişle, hangi genetik kombinasyonların toplum için en yararlıları olduğunu anlama konusunda büyük bir bilgi açığımız vardır ve bu bilgi açığı da genetik müdahaleye karşı öne sürülebilecek en sağlam argümanı oluşturur. Bunun da ötesinde, kişinin kendisini içinde bulacağı çevreye bağlı olarak, aynı gen kümesi onu suça değil, kusursuzluğa da yöneltebilir. Saldırganlığa yatkın hale getiren genler, uygun çevrede yetenekli bir girişimci ya da becerikli bir şirket başkanı da yaratabilir; şiddete yatkın hale getiren genler ise ortaya hayranlık duyulan, yüksek maaşlı bir futbolcu çıkarabilir.

27 Kauffman, *Reinventing the Sacred.*

28 Reichenbach, *The Rise of Scientific Philosophy.*

29 Nörobilim ile kuantum mekaniği arasında ilişki kurarken ortaya çıkabilecek potansiyel bir düğüm noktası, beyin dokusunun üç yüz derece Kelvin civarında bir sıcaklığa sahip olması ve yakın çevresiyle sürekli etkileşim halinde bulunmasıdır. Bu özellikler, "dolanıklık" (entanglement) gibi ilginç makroskopik kuantum davranışlarıyla uyumlu değildir. Ancak yine de iki alan arasındaki boşluk kapanmaya başlamış ve iki tarafın bilimcileri de uçurumun karşı tarafına anlamlı bir el uzatma çabasına girişmiştir. Dahası, artık fotosentezin aynı sıcaklık aralığında kuantum mekaniği ilkelerine uygun biçimde işlediği de açıklık kazanmıştır ki bu da, Tabiat Ana'nın belli bir alanda yararlanmayı öğrendiği kurnazlıklardan bir başka alanda da yararlanabileceğini göstermektedir. Beyindeki olası kuantum etkileri hakkında daha fazla bilgi için, bkz. Koch ve Hepp, "Quantum mechanics" ya da Macgregor, "Quantum mechanics and brain uncertainty."

30 Kimi zaman neyin eksik olduğuyla ilgili bir sezgi sahibi olma şansını yakalarız. Örneğin; Albert Einstein, iş zamanın geçişi konusunu anlamaya gelince, kendi psikolojik filtrelerimize takılıp kaldığımızdan emindi. Aşağıdaki sözleri en yakın arkadaşı Michele Besso'nun kızkardeşi ve oğluna, Besso'nun ölümünden sonra yazmıştı: "Michele bu tuhaf dünyayı terk etmekte benden önce davrandı. Önemli değil. İkna olmuş ve inanmış fizikçiler olarak bizler için geçmiş, şimdi ve gelecek arasındaki ayrım, ne kadar ısrarcı olursa olsun, yalnızca bir yanılsamadır." Einstein–Besso yazışmaları, editör: Pierre Speziali (Paris: Hermann, 1972), 537–39.

# Kaynakça

Abel, E. 2010. "Influence of names on career choices in medicine." *Names: A Journal of Onomastics*, 58 (2): 65–74.

Ahissar, M. ve S. Hochstein. 2004. "The reverse hierarchy theory of visual perceptive learning." *Trends in Cognitive Sciences* 8 (10): 457–64.

Alais, D. ve D. Burr. 2004. "The ventriloquist effect results from nearoptimal bimodal integration." *Current Biology* 14: 257–62.

Allan, M. D. 1958. "Learning perceptual skills: The Sargeant system of recognition training." *Occupational Psychology* 32: 245–52.

Aquinas, Thomas. 1267–73. *Summa theologiae*, çev. Fathers of the English Dominican Province. Westminster: Christian Classics, 1981.

Arwas, S., A. Rolnick ve R. E. Lubow. 1989. "Conditioned taste aversion in humans using motion-induced sickness as the US." *Behaviour Research and Therapy* 27 (3): 295–301.

Bach-y-Rita, P. 2004. "Tactile sensory substitution studies." *Annals of the New York Academy of Sciences* 1013: 83–91.

Bach-y-Rita, P., C. C. Collins, F. Saunders, B. White ve L. Scadden. 1969. "Vision substitution by tactile image projection." *Nature* 221: 963–64.

Bach-y-Rita, P., K. A. Kaczmarek, M. E. Tyler ve J. Garcia-Lara. 1998. "Form perception with a 49-point electrotactile stimulus array on the tongue." *Journal of Rehabilitation Research Development* 35: 427–30.

Baird, A. A. ve J. A. Fugelsang. 2004. "The emergence of consequential thought: evidence from neuroscience." *Philosophical Transactions of the Royal Society of London B* 359: 1797–1804.

Baker, C. L. Jr., R. F. Hess ve J. Zihl. 1991. "Residual motion perception in a 'motion-blind' patient, assessed with limited-lifetime random dot stimuli." *Journal of Neuroscience* 11 (2): 454–61.

Barkow, J., L. Cosmides ve J. Tooby. 1992. *The Adapted Mind: Evolutionary Psychology and the Generation of Culture*. New York: Oxford University Press.

Bechara, A., A. R. Damasio, H. Damasio ve S. W. Anderson. 1994. "Insensitivity to future consequences following damage to human prefrontal cortex." *Cognition* 50: 7–15.

Bechara, A., H. Damasio, D. Tranel, A. R. Damasio. 1997. "Deciding advantageously before knowing the advantageous strategy." *Science* 275: 1293–95.

Begg, I. M., A. Anas ve S. Farinacci. 1992. "Dissociation of processes in belief: Source recollection, statement familiarity, and the illusion of truth." *Journal of Experimental Psychology* 121: 446–58.

Bell, A. J. 1999. "Levels and loops: The future of artificial intelligence and neuroscience." *Philosophical Transactions of the Royal Society of London B: Biological Sciences* 354 (1392): 2013–20.

Bem, D. J. 1972. "Self-perception theory." *Advances in Experimental Social Psychology* 6 içinde, ed. L. Berkowitz, 1–62. New York: Academic Press.

Benevento, L. A., J. Fallon, B. J. Davis ve M. Rezak. 1977. "Auditoryvisual interaction in single cells in the cortex of the superior temporal sulcus and the orbital frontal cortex of the macaque monkey." *Experimental Neurology* 57: 849–72.

Bezdjian, S., A. Raine, L. A. Baker ve D. R. Lynam. 2010. "Psychopathic personality in children: Genetic and environmental contributions." *Psychological Medicine* 20: 1–12.

Biederman, I. ve M. M. Shiffrar. 1987. "Sexing day-old chicks." *Journal of Experimental Psychology: Learning, Memory, and Cognition* 13: 640–45.

Bigelow, H. J. 1850. "Dr. Harlow's case of recovery from the passage of an iron bar through the head." *American Journal of the Medical Sciences* 20: 13–22. (Yeniden basım: Macmillan, *An Odd Kind of Fame*.)

Bingham, T. 2004. Preface to a special issue on law and brain. *Philosophical Transactions of the Royal Society of London B* 359: 1659.

Blackmore, S. J., G. Brelstaff, K. Nelson ve T. Troscianko. 1995. "Is the richness of our visual world an illusion? Transsaccadic memory for complex scenes." *Perception* 24: 1075–81.

Blakemore, S. J., D. Wolpert ve C. Frith. 2000. "Why can't you tickle yourself?" *Neuroreport* 3 (11): R11–6.

Blake, R. ve N. K. Logothetis. 2006. "Visual competition." *Nature Reviews Neuroscience* 3:13–21.

Brandom, R. B. 1998. "Insights and blindspots of reliabilism." *Monist* 81: 371–92.

Brooks, D. N. ve A. D. Baddeley. 1976. "What can amnesic patients learn?" *Neuropsychologia* 14: 111-29.

Brooks, R. A. 1986. "A robust layered control system for a mobile robot." *IEEE Journal of Robotics and Automation,* Nisan 14–23: RA–2.

Brown, G. 1911. "The intrinsic factors in the act of progression in the mammal." *Proceedings of the Royal Society of London B* 84: 308–19.

Broughton, R., R. Billings, R. Cartwright, D. Doucette, J. Edmeads, M. Edwardh, F. Ervin, B. Orchard, R. Hill ve G. Turrell. 1994. "Homicidal somnambulism: A case study." *Sleep* 17 (3): 253–64.

Bunnell, B. N. 1966. "Amygdaloid lesions and social dominance in the hooded rat." *Psychonomic Science* 6: 93–94.

Burger, J. M., N. Messian, S. Patel, A. del Prado and C. Anderson. 2004. "What a coincidence! The effects of incidental similarity on compliance." *Personality and Social Psychology Bulletin* 30: 35–43.

Burns, J. M. ve R. H. Swerdlow. 2003. "Right orbitofrontal tumor with pedophilia symptom and constructional apraxia sign." *Archives of Neurology* 60 (3): 437–40.

Calvert, G. A., E. T. Bullmore, M. J. Brammer ve ark. 1997. "Activation of auditory cortex during silent lipreading." *Science* 276: 593–96.

Calvin, W. H. 1996. *How Brains Think: Evolving Intelligence, Then and Now*. New York: Basic Books.

Carter, R. 1998. *Mapping the Mind*. Berkeley: University of California Press.

Caspi, A., J. McClay, T. E. Moffitt ve ark. 2002. "Role of genotype in the cycle of violence in maltreated children." *Science* 297: 851.

Caspi, A., K. Sugden, T. E. Moffitt ve ark. 2003. "Influence of life stress on depression: Moderation by a polymorphism in the 5-HTT gene." *Science* 301: 386.

Caspi, A., T. E. Moffitt, M. Cannon ve ark. 2005. "Moderation of the effect of adolescent-onset cannabis use on adult psychosis by a functional polymorphism in the COMT gene: Longitudinal evidence of a gene environment interaction." *Biological Psychiatry* 57: 1117–27.

Caspi, A. ve T. E. Moffitt. 2006. "Gene–environment interactions in psychiatry: Joining forces with neuroscience." *Nature Reviews Neuroscience* 7: 583–90.

Cattell, J. M. 1886. "The time taken up by cerebral operations." *Mind* 11: 220–42.

Cattell, J. M. 1888. "The psychological laboratory at Leipsic." *Mind* 13: 37–51.

Chance, B. 1962. *Ophthalmology*. New York: Hafner.

Chiu, P., B. King Casas, P. Cinciripini, F. Versace, D. M. Eagleman, J. Lisinski, L. Lindsey ve S. LaConte. 2009. "Real-time fMRI modulation of craving and control brain states in chronic smokers." Society for Neuroscience, Chicago, IL için sunulan özet.

Chorvat, T. ve K. McCabe. 2004. "The brain and the law." *Philosophical Transactions of the Royal Society of London B* 359: 1727–36.

Cleeremans, A. 1993. *Mechanisms of Implicit Learning*. Cambridge, MA: MIT Press.

Clifford, C. W. ve M. R. Ibbotson. 2002. "Fundamental mechanisms of visual motion detection: Models, cells and functions." *Progress in Neurobiology* 68 (6): 409–37.

Cohen, J. D. 2005. "The vulcanization of the human brain: A neural perspective on interactions between cognition and emotion." *Journal of Economic Perspectives* 19 (4): 3–24.

Cohen, N. J., H. Eichenbaum, B. S. Deacedo ve S. Corkin. 1985. "Different memory systems underlying acquisition of procedural and declarative knowledge." *Annals of the New York Academy of Sciences* 444: 54–71.

Collett, T. S. ve M. F. Land. 1975. "Visual control of flight behaviour in the hoverfly *Syritta pipiens*." *Journal of Comparative Physiology* 99: 1–66.

Cosmides, L. ve J. Tooby. 1992. *Cognitive Adaptions for Social Exchange*. New York: Oxford University Press.

Crick, F. H. C. ve C. Koch. 1998. "Constraints on cortical and thalamic projections: The no-strong-loops hypothesis." *Nature* 391 (6664): 245–50.

———. 2000. "The unconscious homunculus." *The Neuronal Correlates of Consciousness* içinde, ed. T. Metzinger, 103–110. Cambridge, MA: MIT Press.

Cui, X., D. Yang, C. Jeter, P. R. Montague ve D. M. Eagleman. 2007. "Vividness of mental imagery: Individual variation can be measured objectively." *Vision Research* 47: 474–78.

Cummings, J. 1995. "Behavioral and psychiatric symptoms associated with Huntington's disease." *Advances in Neurology* 65: 179–88.

Cytowic, R. E. 1998. *The Man Who Tasted Shapes*. Cambridge, MA: MIT Press.

Cytowic, R. E. ve D. M. Eagleman. 2009. *Wednesday Is Indigo Blue: Discovering the Brain of Synesthesia*. Cambridge, MA: MIT Press.

Damasio, A. R. 1985. "The frontal lobes." *Clinical Neuropsychology* içinde, ed. K. M. Heilman ve E. Valenstein, 339–75. New York: Oxford University Press.

———. 1994. *Descartes' Error: Emotion, Reason and the Human Brain*. New York: Putnam.

———. 1999. *The Feeling of What Happens: Body and Emotion in the Making of Consciousness*. New York: Houghton Mifflin Harcourt.

Damasio, A. R., B. J. Everitt ve D. Bishop. 1996. "The somatic marker hypothesis and the possible functions of the prefrontal cortex." *Philosophical Transactions: Biological Sciences* 351 (1346): 1413–20.

D'Angelo, F. J. 1986. "Subliminal seduction: An essay on the rhetoric of the unconscious." *Rhetoric Review* 4 (2): 160–71.

de Gelder, B., K. B. Bocker, J. Tuomainen, M. Hensen ve J. Vroomen. 1999. "The combined perception of emotion from voice and face: Early interaction revealed by human electric brain responses." *Neuroscience Letters* 260: 133–36.

Dennett, D. C. 1991. *Consciousness Explained*. Boston: Little, Brown and Company.

Dennett, D. C. 2003. *Freedom Evolves*. New York: Viking Books.

Denno, D. W. 2009. "Consciousness and culpability in American criminal law." *Waseda Proceedings of Comparative Law*, 12. cilt, 115–26.

Devinsky, O. ve G. Lai. 2008. "Spirituality and religion in epilepsy." *Epilepsy Behav*iour 12 (4): 636–43.

Diamond, J. 1999. *Guns, Germs, and Steel*. New York: Norton [*Tüfek, Mikrop ve Çelik*, çev. Ülker İnce. TÜBİTAK Yayınları].

d'Orsi, G. ve P. Tinuper. 2006. "'I heard voices . . .': From semiology, a historical review, and a new hypothesis on the presumed epilepsy of Joan of Arc." *Epilepsy and Behaviour* 9 (1): 152–57.

Dully, H. ve C. Fleming. 2007. *My Lobotomy*. New York: Crown.

Eadie, M. ve P. Bladin. 2001. *A Disease Once Sacred: A History of the Medical Understanding of Epilepsy*. New York: Butterworth-Heinemann.

Eagleman, D. M. 2001. "Visual illusions and neurobiology." *Nature Reviews Neuroscience* 2 (12): 920–26.

———. 2004. "The where and when of intention." *Science* 303: 1144–46.

———. 2005. "The death penalty for adolescents." Univision televizyon söyleşisi. *Too Young To Die?* 24 Mayıs.

———. 2005. "Distortions of time during rapid eye movements." *Nature Neuroscience* 8 (7): 850–51.

———. 2006. "Will the internet save us from epidemics?" *Nature* 441 (7093): 574.

———. 2007. "Unsolved mysteries of the brain." *Discover*, Ağustos.

———. 2008. "Human time perception and its illusions." *Current Opinion in Neurobiology* 18 (2): 131–36.

———. 2008. "Neuroscience and the law." *Houston Lawyer* 16 (6): 36–40.

———. 2008. "Prediction and postdiction: Two frameworks with the goal of delay compensation." *Brain and Behavioral Sciences* 31 (2): 205–06.

———. 2009. "America on deadline." *New York Times*. 3 Aralık.

———. 2009. "Brain time." *What's Next: Dispatches from the Future of Science* içinde, ed. M. Brockman. New York: Vintage Books. (Yeniden basım: Edge.org.)

———. 2009. "The objectification of overlearned sequences: A large-scale analysis of spatial sequence synesthesia." *Cortex* 45 (10): 1266–77.

———. 2009. "Silicon immortality: Downloading consciousness into computers." *What Will Change Everything?* içinde, ed. J. Brockman. New York: Vintage Books. (İlk basım: Edge.org.)

———. 2009. *Sum: Tales from the Afterlives*. Edinburgh: Canongate Books.

———. 2009. "Temporality, empirical approaches." *The Oxford Companion to Consciousness* içinde. Oxford, İngiltere: Oxford University Press.

———. 2010. "Duration illusions and predictability." *Attention and Time* içinde, ed. J. T. Coull ve K. Nobre. New York: Oxford University Press.

———. 2010. "How does the timing of neural signals map onto the timing of perception?" *Problems of Space and Time in Perception and Action* içinde, ed. R. Nijhawan. Cambridge, İngiltere: Cambridge University Press.

———. 2010. "Synaesthesia." *British Medical Journal* 340: b4616.

———. 2012. *Live-Wired: The Shape Shifting Brain*. Oxford: Oxford University Press.

Eagleman, D. M. ve S. Cheng. 2011. "Is synesthesia one condition or many?

A large-scale analysis reveals subgroups." *Journal of Neurophysiology*, (yayımlanacak).

Eagleman, D. M. M. A. Correro ve J. Singh. 2010. "Why neuroscience matters for a rational drug policy." *Minnesota Journal of Law, Science and Technology* (basımda).

Eagleman, D. M. ve J. Downar. 2011. *Cognitive Neuroscience: A Principles-Based Approach*. New York: Oxford University Press, (yayımlanacak).

Eagleman, D. M. ve M. A. Goodale. 2009. "Why color synesthesia involves more than color." *Trends in Cognitive Sciences* 13 (7): 288–92.

Eagleman, D. M. ve A. O. Holcombe. 2002. "Causality and the perception of time." *Trends in Cognitive Sciences*. 6 (8): 323–25.

Eagleman, D. M., J. E. Jacobson ve T. J. Sejnowski. 2004. "Perceived luminance depends on temporal context." *Nature* 428 (6985): 854–56.

Eagleman, D. M., A. D. Kagan, S. N. Nelson, D. Sagaram ve A. K. Sarma 2007. "A standardized test battery for the study of synesthesia." *Journal of Neuroscience Methods* 159: 139–45.

Eagleman, D. M. ve P. R. Montague. 2002. "Models of learning and memory." *Encyclopedia of Cognitive Science* içinde. Londra: Macmillan Press.

Eagleman, D. M. ve V. Pariyadath. 2009. "Is subjective duration a signature of coding efficiency?" *Philosophical Transactions of the Royal Society* 364 (1525): 1841–51.

Eagleman, D. M., C. Person ve P. R. Montague. 1998. "A computational role for dopamine delivery in human decision-making." *Journal of Cognitive Neuroscience* 10 (5): 623–30.

Eagleman, D. M. ve T. J. Sejnowski. 2000. "Motion integration and postdiction in visual awareness." *Science* 287 (5460): 2036–38.

———. 2007. "Motion signals bias position judgments: A unified explanation for the flash-lag, flash-drag, flash-jump and Frohlich effects." *Journal of Vision* 7 (4): 1–12.

Eagleman, D. M., P. U. Tse, P. Janssen, A. C. Nobre, D. Buonomano ve A. O. Holcombe. 2005. "Time and the brain: How subjective time relates to neural time." *Journal of Neuroscience*. 25 (45): 10369–71.

Ebbinghaus, H. (1885) 1913. *Memory: A Contribution to Experimental Psychology*, çev. Henry A. Ruger & Clara E. Bussenius. New York: Teachers College, Columbia University.

Edelman, G. M. 1987. *Neural Darwinism. The Theory of Neuronal Group*

*Selection*. New York: Basic Books.

Edelman, S. 1999. *Representation and Recognition in Vision*. Cambridge, MA: MIT Press.

———. 2008. *Computing the Mind: How the Mind Really Works*. Oxford: Oxford University Press.

Elliott, R., R. J. Dolan ve C. D. Frith. 2000. "Dissociable functions in the medial and lateral orbitofrontal cortex: Evidence from human neuroimaging studies." *Cerebral Cortex* 10 (3): 308–17.

Emerson, R. W. (1883) 1984. *Emerson in His Journals*. Reprint, Cambridge, MA: Belknap Press of Harvard University Press.

Ernst, M. O. ve M. S. Banks. 2002. "Humans Integrate visual and haptic information in a statistically optimal fashion." *Nature* 415: 429–33.

Evans, J. S. 2008. "Dual-processing accounts of reasoning, judgment, and social cognition." *Annual Review of Psychology* 59: 255–78.

Exner, S. 1875. "Experimentelle Untersuchung der einfachsten psychischen Processe." *Pflüger's Archive: European Journal of Physiology* 11: 403–32.

Farah, M. J. 2005. "Neuroethics: The practical and the philosophical." *Trends in Cognitive Sciences* 9: 34–40.

Faw, B. 2003. "Pre-frontal executive committee for perception, working memory, attention, long-term memory, motor control, and thinking: A tutorial review." *Consciousness and Cognition* 12 (1): 83–139.

Festinger, L. 1964. *Conflict, Decision, and Dissonance*. Palo Alto, CA: Stanford University Press.

Fisher, H. 1994. *Anatomy of Love: The Natural History of Mating, Marriage and Why We Stray*. New York: Random House.

Frederick, S., G. Loewenstein ve T. O'Donoghue. 2002. "Time discounting and time preference: A critical review." *Journal of Economic Literature* 40: 351.

Freeman, J. B., N. Ambady, N. O. Rule ve K. L. Johnson. 2008. "Will a category cue attract you? Motor output reveals dynamic competition across person construal." *Journal of Experimental Psychology: General* 137 (4): 673–90.

Freemon, F. R. 1976. "A differential diagnosis of the inspirational spells of Muhammad the prophet of Islam." *Epilepsia*. 17 (4): 423–27.

Freud, S. 1927. *The Standard Edition of the Complete Psychological Works of Sigmund Freud*. 21. Cilt, *The Future of an Illusion*, çev. James Strachey.

Londra: Hogarth Press, 1968.

Freud, S. ve J. Breuer. 1895. *Studien über Hysterie (Studies on Hysteria)*. Leipzig: Franz Deuticke.

Friedman, R. S., D. M. McCarthy, J. Forster ve M. Denzler. 2005. "Automatic effects of alcohol cues on sexual attraction." *Addiction* 100 (5): 672–81.

Frith, C. ve R. J. Dolan. 1997. "Brain mechanisms associated with topdown processes in perception." *Philosophical Transactions of the Royal Society of London B: Biological Sciences* 352 (1358): 1221–30.

Fuller, J. L., H. E. Rosvold ve K. H. Pribram. 1957. "The effect on affective and cognitive behavior in the dog of lesions of the pyriformamygdala-hippocampal complex." *Journal of Comparative and Physiological Psychology* 50 (1): 89–96.

Fusi, S., P. J. Drew ve L. F. Abbott. 2005. "Cascade models of synaptically stored memories." *Neuron* 45 (4): 599–611.

Garland, B., ed. 2004. *Neuroscience and the Law: Brain, Mind, and the Scales of Justice*. New York: Dana Press.

Gazzaniga, M. S. 1998. "The split-brain revisited." *Scientific American* 279 (1): 35–9.

Gebhard, J. W. ve G. H. Mowbray. 1959. "On discriminating the rate of visual flicker and auditory flutter." *American Journal of Experimental Psychology* 72: 521–28.

Gloor, P. 1960. *Amygdala. J. Field Handbook of Physiology* içinde, ed. H. W. Magoun ve V. E. Hall, 2. cilt, 1395–1420.Washington: American Physiological Society.

Goldberg, E. 2001. *The Executive Brain: Frontal Lobes and the Civilized Mind*. New York: Oxford University Press.

Goodenough, O. R. 2004. "Responsibility and punishment: Whose mind? A response." *Philosophical Transactions of the Royal Society of London B* 359: 1805–09.

Goodwin, D. Kearns. 2005. *Team of Rivals: The Political Genius of Abraham Lincoln*. New York: Simon & Schuster.

Gould, S. J. 1994. "The evolution of life on Earth." *Scientific American* 271 (4): 91.

Graf, P. ve D. L. Schacter. 1985. "Implicit and explicit memory for new associations in normal and amnesic subjects." *Journal of Experimental Psychology: Learning, Memory, and Cognition* 11: 501–518.

———. 1987. "Selective effects of interference on implicit and explicit memory for new associations." *Journal of Experimental Psychology: Learning, Memory, and Cognition* 13: 45–53.

Greene, J. ve J. Cohen. 2004. "For the law, neuroscience changes nothing and everything." *Philosophical Transactions of the Royal Society of London B* 359: 1775–85.

Greene, J., L. Nystrom, A. Engell, J. Darley ve J. Cohen. 2004. "The neural bases of cognitive conflict and control in moral judgment." *Neuron* 44 (2): 389–400.

Greenwald, A. G., D. E. McGhee ve J. K. L. Schwartz. 1998. "Measuring individual differences in implicit cognition: The implicit association test." *Journal of Personality and Social Psychology* 74: 1464–80.

Grossberg, S. 1980. "How does a brain build a cognitive code?" *Psychological Review* 87 (1):1–51.

Grush, R. "The emulation theory of representation: Motor control, imagery, and perception." *Behavioral and Brain Sciences* 27: 377–442.

Gutnisky, D. A., B. J. Hansen, B. F. Iliescu ve V. Dragoi. 2009. "Attention alters visual plasticity during exposure-based learning." *Current Biology* 19 (7): 555–60.

Haggard, P. ve M. Eimer. 1999. "On the relation between brain potentials and the awareness of voluntary movements." *Experimental Brain Research* 126: 128–33.

Haidt, J. 2001. "The emotional dog and its rational tail: A social intuitionist approach to moral judgment." *Psychological Review* 108: 814–34.

———.2007. "The new synthesis in moral psychology." *Science* 316 (5827): 998.

Harlow, J. M. 1868. "Recovery from the passage of an iron bar through the head." *Publications of the Massachusetts Medical Society* 2: 327–47. (Yeniden basım: Macmillan, *An Odd Kind of Fame içinde.*)

Harnad, S. 1996. "Experimental analysis of naming behavior cannot explain naming capacity." *Journal of the Experimental Analysis of Behavior* 65: 262–64.

Hasher, L., D. Goldstein ve T. Toppino. 1977. "Frequency and the conference of referential validity." *Journal of Verbal Learning and Verbal Behavior* 16: 107–12.

Hassin, R., J. S. Uleman ve J. A. Bargh. 2004. *The New Unconscious*. New York: Oxford University Press.

Hawkins, J. ile S. Blakeslee. 2005. *On Intelligence*. New York: Henry Holt.

Hayek, F. A. 1952. *The Sensory Order: An Inquiry into the Foundations of Theoretical Psychology*. Londra: Routledge & Kegan Paul.

Heidelberger, M. 2004. *Nature from Within: Gustav Theodor Fechner and His Psychophysical Worldview*, çev. C. Klohr. Pittsburgh, PA: University of Pittsburgh Press.

Helmholtz, H. von. 1857–67. *Handbuch der physiologischen Optik*. Leipzig: Voss.

Herbart, J. F. 1961. *Psychology as a Science, Newly Founded On Experience, Metaphysics and Mathematics. Classics in Psychology* içinde, ed. Thorne Shipley. New York: Philosophical Library.

Hobson, J. A. ve R. McCarley. 1977. "The brain as a dream state generator: An activation-synthesis hypothesis of the dream process." *American Journal of Psychiatry* 134: 1335–48.

Holcombe, A. O., N. Kanwisher ve A. Treisman. 2001. "The midstream order deficit." *Perception and Psychophysics* 63 (2): 322–29.

Honderich, T. 2002. *How Free Are You? The Determinism Problem*. New York: Oxford University Press.

Horsey, R. 2002. *The Art of Chicken Sexing*. University College London Working Papers in Linguistics.

Huxley, J. 1946. *Rationalist Annual*, 87. Londra: C. A. Watts.

Ingle, D. 1973. "Two visual systems in the frog." *Science* 181: 1053–55.

Jacobs, R., M. I. Jordan, S. J. Nowlan ve G. E. Hinton. 1991. "Adaptive mixtures of local experts." *Neural Computation* 3: 79–87.

Jacoby, L. L. ve D. Witherspoon. 1982. "Remembering without awareness." *Canadian Journal of Psychology* 32: 300–24.

James, W. 1890. *Principles of Psychology*. New York: Henry Holt.

Jameson, K. A. 2009. "Tetrachromatic color vision." *The Oxford Companion to Consciousness* içinde, ed. P. Wilken, T. Bayne ve A. Cleeremans. Oxford: Oxford University Press.

Jaynes, J. 1976. *The Origin of Consciousness in the Breakdown of the Bicameral Mind*. Boston: Houghton Mifflin.

Johnson, M. H. ve J. Morton. 1991. "CONSPEC and CONLERN: A two-process theory of infant face recognition." *Psychological Review* 98 (2): 164–81.

Jones, J. T., B. W. Pelham, M. Carvallo ve M. C. Mirenberg. 2004. "How do I love thee? Let me count the Js: Implicit egotism and interpersonal attraction." *Journal of Personality and Social Psychology* 87 (5): 665–83.

Jones, O. D. 2004. "Law, evolution, and the brain: Applications and open questions." *Philosophical Transactions of the Royal Society of London Series B: Biological Sciences* 359: 1697–1707.

Jordan, M. I. ve R. A. Jacobs. 1994. "Hierarchical mixtures of experts and the EM algorithm." *Neural Computation* 6: 181–214.

Jung, C. G. ve A. Jaffé. 1965. *Memories, Dreams, Reflections*. New York: Random House.

Kahneman, D. ve S. Frederick. 2002. "Representativeness revisited: Attribute substitution in intuitive judgment." *Heuristics and Biases* içinde, ed. T. Gilovich, D. Griffin ve D. Kahneman, 49–81. New York: Cambridge University Press.

Kauffman, S. A. 2008. *Reinventing the Sacred: A New View of Science, Reason, and Religion*. New York: Basic Books.

Kawato, M. 1999. "Internal models for motor control and trajectory planning." *Current Opinion in Neurobiology* 9: 718–27.

Kawato, M., K. Furukawa ve R. Suzuki. 1987. "A hierarchical neuralnetwork model for control and learning of voluntary movement." *Biological Cybernetics* 57: 169–185.

Kelly, A. E. 2002. *The Psychology of Secrets*. The Plenum Series in Social/Clinical Psychology. New York: Plenum.

Kennedy, H. G. ve D. H. Grubin. 1990. "Hot-headed or impulsive?" *British Journal of Addiction* 85 (5): 639–43.

Kersten, D., D. C. Knill, P. Mamassian ve I. Bülthoff. 1996. "Illusory motion from shadows." *Nature* 279 (6560): 31.

Key, W. B. 1981. *Subliminal seduction: Ad Media's Manipulation of a Not So Innocent America*. New York: New American Library.

Kidd, B. 1894. *Social Evolution*. New York ve Londra: Macmillan.

Kiehl, K. A. 2006. "A cognitive neuroscience perspective on psychopathy: Evidence for paralimbic system dysfunction." *Psychiatry Research* 142 (2–3): 107–28.

Kitagawa, N. ve S. Ichihara. 2002. "Hearing visual motion in depth." *Nature* 416: 172–74.

Kling, A. ve L. Brothers. 1992. "The amygdala and social behavior." *Neurobiological Aspects of Emotion, Memory, and Mental Dysfunction içinde*, ed. J. Aggleton. New York: Wiley-Liss.

Klüver, H. ve P. C. Bucy. 1939. "Preliminary analysis of functions of the temporal lobes in monkeys." *Archives of Neurology and Psychiatry* 42:

979–1000.

Koch, C. ve K. Hepp. 2006. "Quantum mechanics in the brain." *Nature* 440 (7084): 611.

Kornhuber, H. H. ve L. Deecke. 1965. "Changes in brain potentials with willful and passive movements in humans: The readiness potential and reafferent potentials." *Pflüger's Archive* 284: 1–17.

Kosik, K. S. 2006. "Neuroscience gears up for duel on the issue of brain versus deity." *Nature* 439 (7073): 138.

Kurson, R. 2007. *Crashing Through*. New York: Random House.

LaConte, S., B. King Casas, J. Lisinski, L. Lindsey, D. M. Eagleman, P. M. Cinciripini, F. Versace ve P. H. Chiu. 2009. "Modulating real time fMRI neurofeedback interfaces via craving and control in chronic smokers." Organization for Human Brain Mapping, San Francisco, CA için sunulan özet.

Lacquaniti, F., M. Carrozzo ve N. A. Borghese. 1993. "Planning and control of limb impedance." *Multisensory Control of Movement* içinde, ed. A. Berthoz. Oxford: Oxford University Press.

Laland, K. L. ve G. R. Brown. 2002. *Sense and Nonsense: Evolutionary Perspectives on Human Behavior*. New York: Oxford University Press.

Lanchester, B. S. ve R. F. Mark. 1975. "Pursuit and prediction in the tracking of moving food by a teleost fish (*Acanthaluteres spilomelanurus*). *Journal of Experimental Biology* 63 (3): 627–45.

Lavergne, G. M. 1997. *A Sniper in the Tower: The True Story of the Texas Tower Massacre*. New York: Bantam.

Leibniz, G. W. 1679. *De Progressione Dyadica, Pars I*. 15 Mart 1679 tarihli elyazması. Tıpkıbasımı (Almanca çeviriyle birlikte) *Herrn von Leibniz' Rechnung mit Null und Einz* içinde, ed. Erich Hochstetter ve Hermann-Josef Greve, s. 46–47. Berlin: Siemens Aktiengesellschaft, 1966. İngilizce çev. Verena Huber-Dyson, 1995.

Leibniz, G. W. 1704 (yayımlanma tarihi 1765). *Nouveaux essais sur l'entendement humain*. İngilizce basım, 1997: *New Essays on Human Understanding*, çev. Peter Remnant ve Jonathan Bennett. Cambridge, İngiltere: Cambridge University Press.

Levin, D. T. ve D. J. Simons. 1997. "Failure to detect changes to attended objects in motion pictures." *Psychonomic Bulletin & Review* 4 (4): 501–506.

Lewis, J. W., M. S. Beauchamp ve E. A. DeYoe. 2000. "A comparison of visual and auditory motion processing in human cerebral cortex." *Cerebral Cortex* 10 (9): 873–88.

Liberles, S. D. ve L. B. Buck. 2006. "A second class of chemosensory receptors in the olfactory epithelium." *Nature* 442, 645–50.

Libet, B., Gleason, C. A., Wright, E. W. ve Pearl, D. K. 1983. "Time of conscious intention to act in relation to onset of cerebral activity (readiness-potential): The unconscious initiation of a freely voluntary act." *Brain* 106: 623–42.

Libet, B. 2000. *The Volitional Brain: Towards a Neuroscience of Free Will*. Charlottesville, VA: Imprint Academic.

Lim, M., Z. Wang, D. Olazabal, X. Ren, E. Terwilliger ve L. Young. 2004. "Enhanced partner preference in a promiscuous species by manipulating the expression of a single gene." *Nature* 429: 754–57.

Livnat, A. ve N. Pippenger. 2006. "An optimal brain can be composed of conflicting agents." *Proceedings of the National Academy of Sciences* 103: 3198–3202

Llinas, R. 2002. *I of the Vortex*. Boston: MIT Press.

Loe, P. R. ve L. A. Benevento. 1969. "Auditory-visual interaction in single units in the orbito-insular cortex of the cat." *Electroencephalography and Clinical Neurophysiology* 26: 395–98.

Macaluso, E., C. D. Frith ve J. Driver. 2000. "Modulation of human visual cortex by crossmodal spatial attention." *Science* 289: 1206–8.

Macgregor, R. J. 2006. "Quantum mechanics and brain uncertainty." *Journal of Integrative Neuroscience* 5 (3): 373–80.

Macknik, S. L., M. King, J. Randi ve ark. 2008. "Attention and awareness in stage magic: Turning tricks into research." *Nature Reviews Neuroscience* 9: 871–879.

MacKay, D. M. 1956. "The epistemological problem for automata." *Automata Studies* içinde, ed. C. E. Shannon ve J. McCarthy, 235–51. Princeton: Princeton University Press.

MacKay, D. M. 1957. "Towards an information-flow model of human behavior." *British Journal of Psychology* 47: 30–43.

MacLeod, D. I. A. ve I. Fine. 2001. "Vision after early blindness." Özet. *Journal of Vision* 1 (3): 470, 470a.

Macmillan, M. 2000. *An Odd Kind of Fame: Stories of Phineas Gage*. Cambridge, MA: MIT Press.

Macuga, K. L., A. C. Beall, J. W. Kelly, R. S. Smith, J. M. Loomis. 2007.

"Changing lanes: Inertial cues and explicit path information facilitate steering performance when visual feedback is removed." *Experimental Brain Research* 178 (2): 141–50.

Manning, J. T., D. Scutt, G. H. Whitehouse, S. J. Leinster, J. M. Walton. 1996. "Asymmetry and the menstrual cycle in women." *Ethology and Sociobiology* 17, 129–43.

Marlowe, W. B., E. L. Mancall ve J. J. Thomas. 1975. "Complete Klüver-Bucy syndrome in man." *Cortex* 11 (1): 53–59.

Marr, D. 1982. *Vision*. San Francisco: W. H. Freeman.

Mascall, E. L. 1958. *The Importance of Being Human*. New York: Columbia University.

Massaro, D. W. 1985. "Attention and perception: An information-integration perspective. *Acta Psychologica (Amsterdam)* 60: 211–43.

Mather, G., A. Pavan, G. Campana ve C. Casco. 2008. "The motion aftereffect reloaded." *Trends in Cognitive Sciences* 12 (12): 481–87.

Mather, G., F. Verstraten ve S. Anstis. 1998. *The Motion Aftereffect: A Modern Perspective*. Cambridge, MA: MIT Press.

McBeath, M. K., D. M. Shaffer ve K. M. Kaiser. 1995. "How baseball outfielders determine where to run to catch fly balls." *Science* 268: 569–73.

McClure, S. M., D. I. Laibson, G. Loewenstein ve J. D. Cohen. 2004. "Separate neural systems value immediate and delayed monetary rewards." *Science* 306 (5695): 503–07.

McClure, S. M., M. M. Botvinick, N. Yeung, J. D. Greene ve J. D. Cohen. 2007. "Conflict monitoring in cognition-emotion competition." *Handbook of Emotion Regulation içinde*, ed. J. J. Gross. New York: The Guilford Press.

McGurk, H. ve J. MacDonald. 1976. "Hearing lips and seeing voices." *Nature* 264: 746–48.

McIntyre, J., M. Zago, A. Berthoz ve F. Lacquaniti. 2001. "Does the brain model Newton's laws?" *Nature Neuroscience* 4: 693–94.

Mehta, B. ve S. Schaal. 2002. "Forward models in visuomotor control." *Journal of Neurophysiology* 88: 942–53.

Meltzoff, A. N. 1995. "Understanding the intentions of others: Re-enactment of intended acts by 18-month-old children." *Developmental Psychology* 31: 838–50.

Mendez, M. F., R. J. Martin, K. A. Amyth, P. J. Whitehouse. 1990.

"Psychiatric symptoms associated with Alzheimer's disease." *Journal of Neuropsychiatry* 2: 28–33.

Mendez, M. F., A. K. Chen, J. S. Shapira ve B. L. Miller. 2005. "Acquired sociopathy and frontotemporal dementia." *Dementia and Geriatric Cognitive Disorders* 20 (2–3): 99–104.

Meredith, M. A., J. W. Nemitz ve B. E. Stein. 1987. "Determinants of multisensory integration in superior colliculus neurons. I. Temporal factors." *Journal of Neuroscience* 7: 3215–29.

Mesulam, M. 2000. *Principles of Behavioral and Cognitive Neurology*. New York: Oxford University Press.

Miall, R. C. ve D. M. Wolpert. 1996. "Forward models for physiological motor control." *Neural Network* 9 (8): 1265–79.

Miller, N. E. 1944. "Experimental studies in conflict." *Personality and the Behavior Disorders* içinde, ed. J. Hunt, 1. cilt, 431–65.

Milner, D. ve M. Goodale. 1995. *The Visual Brain in Action*. Oxford: Oxford University Press.

Minsky, M. 1986. *Society of Mind*. New York: Simon and Schuster.

Mitchell, H. ve M. G. Aamodt. 2005. "The incidence of child abuse in serial killers." *Journal of Police and Criminal Psychology* 20 (1): 40–47.

Mocan, N. H. ve R. K. Gittings. 2008. "The impact of incentives on human behavior: Can we make it disappear? The case of the death penalty." Ön rapor, National Bureau of Economic Research.

Moffitt, T. E. ve B. Henry. 1991. "Neuropsychological studies of juvenile delinquency and juvenile violence." *Neuropsychology of Aggression* içinde, ed. J. S. Milner. Boston: Kluwer.

Moles, A., B. L. Kieffer ve F. R. D'Amato. 2004. "Deficit in attachment behavior in mice lacking the mu-opioid receptor gene." *Science* 304 (5679): 1983–86.

Monahan, J. 2006. "A jurisprudence of risk assessment: Forecasting harm among prisoners, predators, and patients." *Virginia Law Review* 92 (33): 391–417.

Montague, P. R. 2008. *Your Brain Is (Almost) Perfect: How We Make Decisions*. New York: Plume.

Montague, P. R., P. Dayan, C. Person ve T. J. Sejnowski. 1995. "Bee foraging in uncertain environments using predictive Hebbian learning." *Nature* 377: 725–28

Morse, S. 2004. "New neuroscience, old problems." *Neuroscience and the*

*Law: Brain, Mind, and the Scales of Justice* içinde, ed. B. Garland. New York: Dana Press.

Mumford, D. 1992. "On the computational architecture of the neocortex. II. The role of cortico-cortical loops." *Biological Cybernetics* 66 (3): 241–51.

Nagel, T. 1986. *The View from Nowhere*. New York: Oxford University Press.

Nakayama, K. ve C. W. Tyler. 1981. "Psychophysical isolation of movement sensitivity by removal of familiar position cues." *Vision Research* 21 (4): 427–33.

Niedenthal, P. M. 2007. "Embodying emotion." *Science* 316 (5827): 1002.

Noë, A. 2005. *Action in Perception*. Cambridge, MA: MIT Press.

Norretranders, T. 1992. *The User Illusion: Cutting Consciousness Down to Size*. New York: Penguin Books.

O'Hara, E. A. ve D. Yarn. 2002. "On apology and consilience." *Washington Law Review* 77: 1121.

O'Hara, E. A. 2004. "How neuroscience might advance the law." *Philosophical Transactions of the Royal Society B* 359: 1677–84.

O'Hare, D. 1999. "Introduction to human performance in general aviation." *Human performance in general aviation içinde*, ed. D. O'Hare, 3–10. Aldershot, İngiltere: Ashgate.

O'Regan, J. K. 1992. "Solving the real mysteries of visual perception: The world as an outside memory." *Canadian Journal of Psychology* 46: 461–88.

Pariyadath, V. ve D. M. Eagleman. 2007. "The effect of predictability on subjective duration." *PLoS One* 2 (11): e1264.

Paul, L. 1945. *Annihilation of Man*. New York: Harcourt Brace.

Pearson, H. 2006. "Mouse data hint at human pheromones: Receptors in the nose pick up subliminal scents." *Nature* 442: 95.

Pelham, B. W., M. Carvallo ve J. T. Jones. 2005. "Implicit egotism." *Current Directions in Psychological Science* 14: 106–10.

Pelham, B. W., S. L. Koole, C. D. Hardin, J. J. Hetts, E. Seah ve T. DeHart, 2005. "Gender moderates the relation between implicit and explicit self-esteem." *Journal of Experimental Social Psychology*. 41: 84–89.

Pelham, B. W., M. C. Mirenberg ve J.T. Jones. 2002. "Why Susie sells seashells by the seashore: Implicit egotism and major life decisions." *Journal of Personality and Social Psychology* 82: 469–87.

Pennebaker, J. W. 1985. "Traumatic experience and psychosomatic disease: Exploring the roles of behavioral inhibition, obsession, and confiding." *Canadian Psychology* 26: 82–95.

Penton-Voak, I. S., D. I. Perrett, D. Castles, M. Burt, T. Koyabashi ve L. K. Murray. 1999. "Female preference for male faces changes cyclically." *Nature* 399: 741–42.

Petrie, K. P., R. J. Booth ve J. W. Pennebaker. 1998. "The immunological effects of thought suppression." *Journal of Personality and Social Psychology* 75: 1264–72.

Pierce, R. C. ve V. Kumaresan. 2006. "The mesolimbic dopamine system: The final common pathway for the reinforcing effect of drugs of abuse?" *Neuroscience and Biobehavioral Reviews* 30: 215–38

Pinker, S. 2002. *The Blank Slate: The Modern Denial of Human Nature*. New York: Viking Penguin [*Boş Sayfa*, çev. Mehmet Doğan. Boğaziçi Üniversitesi Yayınevi].

Poldrack, R. A. ve M. G. Packard. 2003. "Competition between memory systems: converging evidence from animal and human studies." *Neuropsychologia* 41: 245–51.

Prather, M. D., P. Lavenex, M. L. Mauldin-Jourdain ve ark. 2001. "Increased social fear and decreased fear of objects in monkeys with neonatal amygdala lesions." *Neuroscience* 106 (4): 653–58.

Raine, A. 1993. *The Psychopathology of Crime: Criminal Behavior as a Clinical Disorder*. Londra: Academic Press.

Ramachandran, V. S. 1988. "Perception of shape from shading." *Nature* 331 (6152): 163–66.

———.1997. "Why do gentlemen prefer blondes?" *Medical Hypotheses* 48 (1): 19–20.

Ramachandran, V. S. ve P. Cavanagh. 1987. "Motion capture anisotropy." *Vision Research* 27 (1): 97–106.

Rao, R. P. 1999. "An optimal estimation approach to visual perception and learning." *Vision Research* 39 (11): 1963–89.

Rauch, S. L., L. M. Shin ve E. A. Phelps. 2006. "Neurocircuitry models of posttraumatic stress disorder and extinction: human neuroimaging research—past, present, and future." *Biological Psychiatry* 60 (4): 376–82.

Raz, A., T. Shapiro, J. Fan ve M. I. Posner. 2002. "Hypnotic suggestion and the modulation of Stroop interference." *Archives of General Psychiatry*

59 (12): 1155–61.

Reichenbach, H. 1951. *The Rise of Scientific Philosophy*. Berkeley: University of California Press.

Reitman, W., R. Nado ve B. Wilcox. 1978. "Machine perception: What makes it so hard for computers to see?" *Perception and Cognition: Issues in the Foundations of Psychology* içinde, ed. C. W. Savage, 65–87. Minnesota Studies in the Philosophy of Science, Cilt IX . Minneapolis: University of Minnesota Press.

Rensink, R. A., J. K. O'Regan ve J. J. Clark. 1997. "To see or not to see: The need for attention to perceive changes in scenes." *Psychological Science* 8 (5): 368–73.

Rapor (Vali'ye). Charles J. Whitman Catastrophe, Medical Aspects. 8 Eylül 1966. Austin History Center. http://www.ci.austin.tx.us/library/ahc/whitmat.

Rhawn, J. 2000. *Neuropsychiatry, Neuropsychology, Clinical Neuroscience*. New York: Academic Press.

Ritter, M. 2006. "Brain-scan lie detectors coming in near future." Konuşma metni. Fox News, 31 Ocak.

Roberts, S. C., J. Havlicek ve J. Flegr. 2004. "Female facial attractiveness increases during the fertile phase of the menstrual cycle." *Proceedings of the Royal Society of London B,* 271 : S270–72.

Robert, S., N. Gray, J. Smith, M. Morris ve M. MacCulloch. 2004. "Implicit affective associations to violence in psychopathic murderers." *Journal of Forensic Psychiatry & Psychology* 15 (4): 620–41.

Robinson, G. E., C. M. Grozinger ve C. W. Whitfield. 2005. "Sociogenomics: Social life in molecular terms." *National Review of Genetics* 6 (4): 257–70.

Rose, S. 1997. *Lifelines: Biology, Freedom, Determinism*. New York: Oxford University Press.

Rosvold, H. E., A. F. Mirsky ve K. H. Pribram. 1954. "Influence of amygdalectomy on social behavior in monkeys." *Journal of Comparative and Physiological Psychology* 47 (3): 173–78.

Rutter, M. 2005. "Environmentally mediated risks for psychopathology: Research strategies and findings." *Journal of the American Academy of Child and Adolescent Psychiatry* 44: 3–18.

Sapolsky, R. M. 2004. "The frontal cortex and the criminal justice system." *Philosophical Transactions of the Royal Society B* 359 (1451): 1787–96.

Scarpa, A. ve A. Raine. 2003. "The psychophysiology of antisocial behavior: Interactions with environmental experiences." *Biosocial Criminology: Challenging Environmentalism's Supremacy içinde*, ed. A. Walsh ve L. Ellis. New York: Nova Science.

Schacter, D. L. 1987. "Implicit memory: History and current status." *Journal of Experimental Psychology: Learning, Memory, and Cognition* 13: 501–18.

Schwartz, J., J. Robert-Ribes ve J. P. Escudier. 1998. "Ten years after Summerfield: A taxonomy of models for audio-visual fusion in speech perception." *Hearing By Eye II* içinde. ed. R. Campbell, B. Dodd ve D. K. Burnham, 85. East Sussex: Psychology Press.

Scott, S. K., A. W. Young, A. J. Calder, D. J. Hellawell, J. P. Aggleton ve M. Johnson. 1997. "Impaired auditory recognition of fear and anger following bilateral amygdala lesions." *Nature* 385: 254–57.

Scutt, D. ve J. T. Manning. 1996. "Symmetry and ovulation in women." *Human Reproduction* 11: 2477–80.

Selten, J. P., E. Cantor-Graae ve R. S. Kahn. 2007. "Migration and schizophrenia." *Current Opinion in Psychiatry* 20 (2): 111–15.

Shams, L., Y. Kamitani and S. Shimojo 2000. "Illusions: What you see is what you hear." *Nature* 408 (6814): 788.

Sheets-Johnstone, M. 1998. "Consciousness: a natural history." *Journal of Consciousness Studies* 5 (3): 260–94.

Sherrington, C. 1953. *Man on His Nature*. 2. basım. New York: Doubleday.

Shipley, T. 1964. "Auditory flutter-driving of visual flicker." *Science* 145: 1328–30.

Simons, D. J. 2000. "Current approaches to change blindness." *Visual Cognition* 7: 1–15.

Simons, D. J. ve D. T. Levin. 1998. "Failure to detect changes to people during a real-world interaction." *Psychonomic Bulletin & Review* 5 (4): 644–49.

Singer, W. 2004. "Keiner kann anders, als er ist." *Frankfurter Allgemeine Zeitung*, 8 Ocak 2004. (Almanca.)

Singh, D. 1993. "Adaptive significance of female physical attractiveness: Role of waist-to-hip ratio." *Journal of Personality and Social Psychology* 65: 293–307.

Singh, D. 1994. "Is thin really beautiful and good? Relationship between waist-to-hip ratio (WHR) and female attractiveness." *Personality and*

*Individual Differences* 16: 123–32.

Snowden, R.J., N. S. Gray, J. Smith, M. Morris ve M. J. MacCulloch. 2004. "Implicit affective associations to violence in psychopathic murderers." *Journal of Forensic Psychiatry and Psychology* 15: 620–41.

Soon, C. S., M. Brass, H. J. Heinze ve J. D. Haynes. 2008. "Unconscious determinants of free decisions in the human brain." *Nature Neuroscience* 11 (5): 543–45.

Stanford, M. S. ve E. S. Barratt. 1992. "Impulsivity and the multiimpulsive personality disorder." *Personality and Individual Differences* 13 (7): 831–34.

Stanovich, K. E. 1999. *Who is Rational? Studies of Individual Differences in Reasoning*. Mahweh, NJ: Erlbaum.

Stern, K. ve M. K. McClintock. 1998. "Regulation of ovulation by human pheromones." *Nature* 392: 177–79.

Stetson, C., X. Cui, P. R. Montague ve D. M. Eagleman. 2006. "Motorsensory recalibration leads to an illusory reversal of action and sensation." *Neuron* 51 (5): 651–59.

Stetson, C., M. P. Fiesta ve D. M. Eagleman. 2007. "Does time really slow down during a frightening event?" *PLoS One* 2 (12): e1295.

Stuss, D. T. ve D. F. Benson. 1986. *The Frontal Lobes*. New York: Raven Press.

Suomi, J. S. 2004. "How gene–environment interactions shape biobehavioral development: Lessons from studies with rhesus monkeys." *Research in Human Development* 3: 205–22.

———. 2006. "Risk, resilience, and gene x environment interactions in rhesus monkeys." *Annals of the New York Academy of Science* 1094: 52–62.

Symonds, C ve I. MacKenzie. 1957. "Bilateral loss of vision from cerebral infarction." *Brain* 80 (4): 415–55.

Terzian, H. ve G. D. Ore. 1955. "Syndrome of Klüver and Bucy: Reproduced in man by bilateral removal of the temporal lobes." *Neurology* 5 (6): 373–80.

Tinbergen, N. 1952. "Derived activities: Their causation, biological significance, origin, and emancipation during evolution." *Quarterly Review of Biology* 27: 1–32.

Tom, G., C. Nelson, T. Srzentic ve R. King. 2007. "Mere exposure and the endowment effect on consumer decision making." *Journal of Psychology*

141 (2): 117–25.

Tong, F., M. Meng, R. Blake. 2006. "Neural bases of binocular rivalry." *Trends in Cognitive Sciences* 10: 502–11.

Tramo, M. J., K. Baynes, R. Fendrich, G. R. Mangun, E. A. Phelps, P. A. Reuter-Lorenz ve M. S. Gazzaniga. 1995. "Hemispheric specialization and interhemispheric integration." *Epilepsy and the Corpus Callosum* içinde. 2. basım. New York: Plenum Press.

Tresilian, J. R. 1999. "Visually timed action: Time-out for 'Tau'?" *Trends in Cognitive Sciences* 3: 301–10.

Trimble, M. ve A. Freeman. 2006. "An investigation of religiosity and the Gastaut-Geschwind syndrome in patients with temporal lobe epilepsy." *Epilepsy and Behaviour* 9 (3): 407–14.

Tulving, E., D. L. Schacter ve H. A. Stark. 1982. "Priming effects in word-fragment completion are independent on recognition memory." *Learning, Memory, and Cognition* 8: 336–41.

Tversky, A. ve E. Shafir. 1992. "Choice under conflict: The dynamics of deferred decision." *Psychological Science* 3: 358–61.

Uexküll, Jakob von. 1909. *Umwelt und Innenwelt der Tiere*. Berlin: J. Springer.

———.1934. "Streifzüge durch die Umwelten von Tieren und Menschen", çev. Claire H. Schiller, "A Stroll through the worlds of animals and men." *Instinctive Behavior: The Development of a Modern Concept içinde*, ed. Claire H. Schiller, 5–80. New York: International Universities Press, 1957.

Uher, R. ve P. McGuffin. 2007. "The moderation by the serotonin transporter gene of environmental adversity in the aetiology of mental illness: Review and methodological analysis." *Molecular Psychiatry* 13 (2): 131–46.

Ullman, S. 1995. "Sequence seeking and counter streams: A computational model for bidirectional information flow in the visual cortex." *Cerebral Cortex* 5 (1): 1–11.

Van den Berghe, P. L. ve P. Frost. 1986. "Skin color preference, sexual dimorphism and sexual selection: A case of gene culture coevolution?" *Ethnic and Racial Studies* 9: 87–113.

Varendi, H. ve R. H. Porter. 2001. "Breast odour as only maternal stimulus elicits crawling towards the odour source." *Acta Paediatrica* 90: 372–75.

Vaughn, D. A. ve D. M. Eagleman. 2011. "Faces briefly glimpsed are more attractive," (yayımlanacak).

Wason, P. C. 1971. "Natural and contrived experience in a reasoning problem." *Quarterly Journal of Experimental Psychology* 23: 63– 71.

Wason, P. C. ve D. Shapiro. 1966. "Reasoning." *New Horizons in Psychology* içinde, ed. B. M. Foss. Harmondsworth: Penguin.

Waxman, S. ve N. Geschwind. 1974. "Hypergraphia in temporal lobe epilepsy." *Neurology* 24: 629–37.

Wegner, D. M. 2002. *The Illusion of Conscious Will.* Cambridge, MA: MIT Press.

Weiger, W. A. ve D. M. Bear. 1988. "An approach to the neurology of aggression." *Journal of Psychiatric Research* 22: 85–98.

Weiser,M., N. Werbeloff, T. Vishna, R. Yoffe, G. Lubin, M. Shmushkevitch ve M. Davidson. 2008. "Elaboration on immigration and risk for schizophrenia." *Psychological Medicine* 38 (8): 1113–19.

Weiskrantz, L. 1956. "Behavioral changes associated with ablation of the amygdaloid complex in monkeys." *Journal of Comparative and Physiological Psychology* 49 (4): 381–91.

Weiskrantz, L. 1990. "Outlooks for blindsight: Explicit methodologies for implicit processes." *Proceedings of the Royal Society of London* 239: 247–78.

Weiskrantz, L. 1998. *Blindsight: A Case Study and Implications.* Oxford: Oxford University Press.

Weisstaub, N. V., M. Zhou, A. Lira ve ark. 2006. "Cortical 5-HT2A receptor signaling modulates anxiety-like behaviors in mice." *Science* 313 (5786): 536–40.

Welch, R. B., L. D. Duttonhurt ve D. H. Warren. 1986. "Contributions of audition and vision to temporal rate perception." *Perception & Psychophysics* 39: 294–300.

Welch, R. B. ve D. H. Warren. 1980. "Immediate perceptual response to intersensory discrepancy." *Psychological Bulletin* 88: 638–67.

Wilson, T. 2002. *Strangers to Ourselves: Discovering the Adaptive Unconscious.* Cambridge, MA: Harvard University Press.

Winston, R. 2003. *Human Instinct: How Our Primeval Impulses Shape Our Modern Lives.* Londra: Bantam Press.

Wheeler, H. R. ve T. D. Cutsforth. 1921. "The number forms of a blind subject." *American Journal of Psychology* 32: 21–25.

Wojnowicz, M. T., M. J. Ferguson, R. Dale ve M. J. Spivey. 2009. "The self-organization of explicit attitudes." *Psychological Science* 20 (11):

1428–35.

Wolpert, D. M. ve J. R. Flanagan. 2001. "Motor prediction." *Current Biology* 11: R729–32.

Wolpert, D. M., Z. Ghahramani ve M. I. Jordan. 1995. "An internal model for sensorimotor integration." *Science* 269 (5232): 1880–82.

Yarbus, A. L. 1967. "Eye movements during perception of complex objects." *Eye Movements and Vision içinde*, ed. L. A. Riggs, 171–96. New York: Plenum Press.

Yu, D. W. ve G. H. Shepard. 1998. "Is beauty in the eye of the beholder?" *Nature* 396: 321–22.

Zago, M., B. Gianfranco, V. Maffei, M. Iosa, Y. Ivanenko ve F. Lacquaniti. 2004. "Internal models of target motion: Expected dynamics overrides measured kinematics in timing manual interceptions." *Journal of Neurophysiology* 91: 1620–34.

Zeki, S. ve O. Goodenough. 2004. "Law and the brain: Introduction." *Philosophical Transactions of the Royal Society of London B: Biological Sciences* 359 (1451): 1661–65.

Zhengwei, Y. ve J. C. Schank. 2006. "Women do not synchronize their menstrual cycles." *Human Nature* 17 (4): 434–47.

Zihl, J., D. von Cramon ve N. Mai. 1983. "Selective disturbance of movement vision after bilateral brain damage." *Brain* 106 (Pt. 2): 313–40.

Zihl, J., D. von Cramon, N. Mai ve C. Schmid. 1991. "Disturbance of movement vision after bilateral posterior brain damage: Further evidence and follow-up observations." *Brain* 114 (Pt. 5): 2235–52.

## *Görseller*

Sayfa 16© Randy Glasbergen, 2001
Sayfa 25© Tim Farrell (üst) and Ron Rensink (alt)
Sayfa 29© Springer
Sayfa 31© astudio
Sayfa 36© Fotosearch (sol) ve Mark Grenier (sağ)
Sayfa 50© Elsevier

# Dizin

# Yazar Hakkında

**David Eagleman** New Mexico'da büyüdü. Üniversite eğitimini İngiliz ve Amerikan Edebiyatı üzerine yaptıktan sonra Nörobilim dalında doktorasını tamamladı. Teksas, Houston'daki Baylor Tıp Fakültesi'nde Algı ve Eylem Laboratuvarı'nın başında olan Eagleman, Nörobilim ve Hukuk Teşebbüsü'nün de kurucu ve yöneticisi. Bilimsel araştırmaları *Science, Nature* gibi prestijli yayınlarda yer aldı; nörobilim üzerine *Wednesday is Indigo Blue: Discovering the Brain of Synesthesia* isimli kitabı yazdı. Yazarın Türkiye'de Domingo Yayınevi tarafından yayımlanmış olan *Ve... Sonraki Hayattan Kırk Öykü (Sum: Tales from the Afterlives)* isimli kitabı uluslararası çok satan listelerinde yer aldı.